KB102765

[개정2판]

관리소장 필수 지침서

법제처 국토부 유권해석 및 법원판례

주택관리사 정 병 문 편저

공동주택관리법.령 규칙 국토부 고시

집건법 및 서울시관리규약 준칙 요점참조

(공동주택관리법 일부개정 2018.1.30. 시행일9월14일)

(시행령 일부개정2018년. 9월11일 시행일 9월14일)

(국토부고시 제2018-614호개정 2018.10.31.)

(서울시 공동주택 관리규약준칙 개정 2019.2.22)

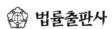 법률출판사

머리말

    국민의 70% 정도가 공동주택에 거주하고 있는바 공동주택을 직접 관리하는 주택관리사 (관리소장)의 역할은 많은 영역을 담당하고 있습니다. 수시로 개정되는 공동주택관리에 관한 법령 등을 따라가기도 바쁜데 공동주택에 거주하는 입주자 등의 민원은 천태만상으로 어디서부터 어디까지인지 끝도 없이 발생하고 있습니다. 이러한 환경 속 에서 직접 몸으로 부딛치는 관리소장은 만물박사도 감당하기 어려운 힘든 직업입니다. 또한 행정청은 민원인의 주장을 토대로 행정지도를 하다 보니 더욱 관리에 어려움을 느끼고 있습니다. 이러한 관리소장의 어려움에 조금이라도 도움이 될까바 관리소장으로서는 반드시 알아야 할 관리소장 필수지침서를 편집하게 되었습니다. 본인은 주택관리사 제6회 출신으로 그동안 관리 현장에서 많은 관리업무에 대한 어려움을 겪었으며 현재는 서울시청 공동주택과에서 운영하는 공동주택 상담위원으로 위촉을 받아 2013년도 2월부터 현재까지 공동주택에 대한 상담을 통해 그 동안 공동주택 입주자등과 입주자대표회의 구성원 선거관리위원 관리소장 자치구 공동주택담담 공무원 자생단체 등 많은 분들과 상담을 통해 관리현장에서 발생하는 현안들을 위주로 편집을 하고 법원판례 법제처 국토부 유권해석 공동주택관리법령 시행규칙 국토부 고시 집건법 및 서울시 공동주택 관리규약준칙(2019년2월22일)등의 요점을 참조하여 관리실무자들은 반드시 알아야 할 내용을 수록하였습니다. 공동주택관리 분야는 공동주택관리법령을 적용받는 일정규모 이상인 분양공동주택에서 임대공동주택 주상복합 건축물과 기타 집건법 등 시설물의 유지관리와 운영관리 공동체활성화에 이어 입주자등의 다양한 생활 패턴과 욕구에 부흥하여 주거환경을 개선하거나 생활의 질을 높이기 위한 관리가 요구되고 있고 앞으로는 자산관리 측면까지 그 영역이 확대될 것으로 전망되고 있습니다. 주택관리사(보)등 주택관리업무에 종사하는 사람들은 전문가로서 자질과 능력을 끊임없이 연마하고 함양하여야 합니다. 그러기 위해서는 무엇보다 성실하고 정직한 관리책임자로서 품성과 덕목을 갖추고 관계법령 등 전문지식의 습득을 위하여 끊임없이 연마하여 어떤 상황에서도 실무에 능숙하게 대처할 수 있도록 자기 개발에 소홀함이 없도록 노력해야 할 것입니다. 필자도 13년간 관리소장으로 근무 시 어떠한 사건이나 어려움이 있을때에만 관련법령이나 현재 사항에 대한 해결책을 찾으려고 했을 때에는 당황스럽기도 하고 여기 저기 묻고 할 때 그 어려움을 익히 경험을 했습니다. 관리소장님들은 사전에 관리업무에 대한 지식을 사전에 습득하시어 어떤 어려움이 있더라도 해결할 수 있는 능력을 갖추시길 바랍니다. 관리소장 필수지침서가 공동주택 관리현장에서 고분분투 하시는 관리소장님들께 조금이라도 도움이 되었으면 하는 바람입니다.

2019년 3월
편저자 주택관리사 정 병 문(010-3705-0261)

차 례

관리소장 필수 지침서

1. 사업 주체

★ **공동주택관리법 제11조(관리의 이관)** ① 의무관리대상 공동주택을 건설한 사업주체는 입주예정자의 과반수가 입주할 때까지 그 공동주택을 관리하여야 하며, 입주예정자의 과반수가 입주하였을 때에는 입주자등 에게 대통령령으로 정하는 바에 따라 그 사실을 통지하고 해당 공동주택을 관리할 것을 요구하여야 한다.

② 입주자 등이 제1항에 따른 요구를 받았을 때에는 그 요구를 받은 날부터 3개월 이내에 입주자를 구성원으로 하는 입주자대표회의를 구성하여야 한다.

③ 입주자대표회의의 회장(직무를 대행하는 경우에는 그 직무를 대행하는 사람을 포함한다. 이하 같다)은 입주자등이 해당 공동주택의 관리방법을 결정(위탁관리 하는 방법을 선택한 경우에는 그 주택관리업자의 선정을 포함한다)한 경우에는 이를 사업주체에게 통지하고, 대통령령으로 정하는 바에 따라 관할 특별자치시장·특별자치도지사·시장·군수·구청장(자치구의 구청장을 말하며 이하 같다.)에게 신고하여야 한다. 신고한 사항이 변경되는 경우에도 또한 같다.

※ 제11조제3항 관리방법의 결정 및 변경 제19조에 따른 관리규약의 제정 및 개정 입주자 대표회의의 구성 및 변경 등의 신고를 하지 아니한 자 500만원 이하의 과태료를 부과 한다.(법 제102조 제3항 제3호)

※ 사업주체 관리기간 중 기존 주택관리업자와 계약기간 도과 시 자동연장 여부 사업주체 관리기간의 관리업체와의 위 수탁 관리계약 만료 후 3개월이 지난시점에 입대의가 구성됐다. 위 수탁 계약서에는 계약만료 1개월 전까지 계약만료 통보가 없을 시에는 동일한 조건으로 자동 연장된다는 단서가 있다 이에 관리업체는 관리계약이 자동연장 됐다고 주장하는데 법적으로 유효한지 여부

- 공동주택관리법 제7조에 따라 주택관리업자 선정은 국토부 장관이 고시하는 경쟁입찰의 방법으로 주택관리업자를 선정해야 하며 계약기간이 만료된 주택관리업자를 당해 공동주택의 관리주체로 재선정하기 위해서는 관리규약에서 정하는 절차에 따라 입주자등 으로부터 의견을 청취한 결과 입주자등의 10분지1 이상이 서면으로 이의를 제기하지 아니하지 아니한 경우에 한정하여 입주자대표회의 구성원의 3분지2 이상의 찬성을 얻어 결정할 수 있다 따라서 질의와 같이 계약기간이 만료됐으나 입대의가 구성되지 않아 다른 조치를 취하지 못할 경우 기존 주택관리업자와 계약기간이 자동연장 되는 것이 아니라 귀 공동주택 입대의에서 경쟁입찰로 새로운 주택관리업자를 선정하거나 또한 기존 주택관리업자와의 재계약 여부가 결정될 때 까지 기존 주택관리업자가 한시적으로 관

※ 사업승인 가구수 500가구 중 분양가구가 400가구인 경우 공동주택관리법에 입주예정자 과반수 입주 시 사업주체는 입주자 등에게 입주자대표회의를 구성하라고 통보를 하는데 총 가구수와 분양가구수가 다를 경우에는 입대의 구성시기가 251가구 이상 충족할 때 인지 아니면 분양가구의 과반수인 201가구 이상 충족할 때 인지요?

- 공동주택관리법 제11조 제1항에 따라 의무관리 공동주택을 건설한 사업주체는 입주예정자의 과반수가 입주할 때까지 그 공동주택을 관리해야 하며 입주예정자의 과반수가 입주했을 때에는 입주자 등에게 대통령령으로 정하는 바에 따라 그 사실을 통지하고 해당 공동주택을 관리해야 할 것을 요구해야 합니다. 이 경우 입주예정자의 과반수란 총 건설가구수의 과반수를 의미하는 것입니다. 따라서 귀 공동주

택의 경우 분양가구수와 관계없이 총건설가구(500가구)중 과반수(251가구)가 입주한 경우 사업주체가 입주자 등에게 해당 공동주택을 관리할 것을 통보를 해야 합니다. 〈중앙공동주택관리지원센터 전자민원- 2017.4.26〉

※ 입주예정자 과반수가 입주했으나 입대의가 구성되지 않은 경우 위탁관리수수료를 시행사에서 지급해야 되는지 아파트 관리비에서 지급해야 되는지 여부와 입주예정자 과반수가 입주해 입대의 구성을 요청했으나 구성되지 않을 경우 시행사에서의 추후 처리방안은 무었인지요?

- 질의와 같이 입대의가 구성되지 않은 경우에는 입대의가 구성될 때까지 부득이 사업주체가 해당 공동주택을 관리해야 하며 사업주체의 관리기간은 동법 제13조에서 규정하는 해당 관리주체에게 공동주택의 관리업무를 인계하기 전까지입니다. 따라서 사업주체가 해당 공동주택을 관리하는 기간에 사업주체의 편의에 따라 그 관리업무를 주택관리업자에게 위탁해 관리하는 경우라면 그 위탁관리수수료는 사업주체가 부담하는 것이 타당합니다. 〈건설부 주택건설공급과- 2018.1〉

※ 사업주체 관리기간 중에도 주택관리업자 및 사업자선정 지침이 적용되는지?

- 공동주택관리법 제12조에 따라 사업주체는 입주예정자의 과반수가 입주할 때까지 그 공동주택을 직접관리 하도록 하고 있다. 따라서 사업주체가 직접 관리하는 기간 동안만을 위한 주택관리업체 선정에 대해서는 사업자 선정지침이 적용되지 않는다. 단 경비.청소.소독 등 여타 용역업체 선정은 선정지침을 적용해야 함

● **사업주체가 법 제12조**에 의거 주택관리업자를 선정할 때는 사업자 선정지침을 작용하지 않아도 된다 그러나 용역업체(경비 청소 소독 등)를 선정할 때 선정지침 제2조제2항을 적용해야 한다.

● 국토부 고시 사업자 선정지침 제2조 제2항

사업주체 관리기간 중 제1항 제2호에 따라 사업자를 선정할 때에는 동 지침에서 정하고 있는 입주자대표회의의 역할을 사업주체가 대신하는 것으로 적용한다. (2015.11.16. 일시행)

※ 임대아파트의 과반수 이상이 분양돼 입주자대표회의를 구성 운영하고 있을 경우 실제 관리권행사 시점은 언제부터 인지요?

- 회신: 사업주체로부터 관리업무를 인계받은 시점부터 관리업무 개시
- 사업주체는 입주예정자의 과반수가 입주했을 때 (임대를 목적으로 해 건설한 공동주택을 분양 전환하는 경우에는 그 공동주택 전체세대수의 과반수가 분양 전환된 때를 말함)에는 입주자등 에게 그 사실을 알리고 그 공동주택을 자치관리하거나 위탁관리업자에게 관리할 것을 요구하여야 한다 (공동주택관리법 제11조제1항)이에 따라 입주자대표회의가 위탁관리업자를 선정했음을 통지한 경우나 자치관리 기구를 구성한 경우 사업주체는 1개월 이내에 해당 관리주체에 공동주택의 관리업무를 인계해야 한다 (공동주택관리법 제13조 제1항)따라서 귀 공동주택의 입주자대표회의는 이러한 절차에 따라 사업주체로부터 관리업무를 인계받은 시점부터 공동주택의 관리업무를 개시할 수 있을 것으로 판단된다. 〈국토부 주택건설 공급과 777- 2013.2.20.〉

※ 미분양세대 관리비예치금 사업주체가 납부해야

※ 질의: 미 분양세대 관리비 예치금 납부는 누가 해야 하는지요?
※ 입주 지정일 종료일 이후 분양은 됐으나 잔금과 관리비예치금을 납부하지 않은 세대에 대해서는 관리비를 누구에게 청구해야 하는지?

- 회신: 사업주체가 미분양세대 관리비예치금 납부해야
- 미 분양세대의 관리비 예치금은 해당 공동주택의 소유자인 사업주체가 납부해야할 것으로 판단된다. 의무관리 공동주택의 입주자 및 사용자는 그 공동주택의 유지관

리를 위해 필요한 관리비를 관리주체에 납부해야 하므로 (공동주택관리법 제23조 제1항)분양 후 미 입주세대의 관리비 등의 처리비용은 해당 공동주택의 소유자인 사업주체가 납부해야할 것으로 판단된다. 〈주택건설 공급과 2014- 10.15〉

※ 가. 입주예정자의 과반수가 입주했으나 사업주체가 입주민에게 관련 사실을 통보하지 않고 관련의무를 의도적으로 회피하고 있을 때 입주민이 자체적으로 공동주택관리법 · 령에 따라 입대의를 구성할 수 있는 방법은?

※ 나.사업주체가 공동주택을 관리함에 있어 입찰을 통하지 않고 300만원 초과 최대 수억원 해당의 용역과 수의계약을 체결할 때 적법성 여부?

- 가. 사업주체는 입주예정자의 과반수가 입주했을 때에는 입주자등에게 그 사실을 알리고 자치관리하거나 위탁관리 하도록 요구해야 하며 입주자등은 해당 요구를 받았을 때에 3개월 이내에 입주자대표회의를 구성해야 합니다.(공동주택관리법 제11조 제1항 제2항)이와 관련 입주예정자 과반수가 입주했음에도 불구하고 사업주체가 의도적으로 입주자에게 필요한 사항을 요구하지 않고 있다면 공동주택 관리에 관한 지도 감독권한을 가진 지방자치단체에서 필요한 조치를 할 수 있을 것으로 사료됩니다.

- 나. 사업주체 관리기간 동안 사업주체는 주택관리업자를 임의로 선정할 수 있지만 다른 사업자(용역업체) 선정은(입대의의무 대행) 경쟁입찰에 의한 입찰방법으로 사업자를 선정해야 하는 바 수의계약으로 사업자를 선정한 것은 사업자 선정지침에 적합히지 않습니다. 다만 주택관리업자 및 사업자 선정지침 [별표2]에서 정하는 수의계약의 대상은 수의계약(입대의 의결)이 가능합니다. 〈국토부주택건설 공급과 4087- 2013.10.21.〉

– 공동주택관리법 제13조 제2항에 따라 공동주택의 관리주체가 변경되는 경우에는
기존 관리주체는 새로운 관리주체에게 해당 공동주택의 관리업무를 1개월 이내에
인계하도록 규정하고 있으며 이를 위반할 경우 법 제102조 제2항제1호에 의거 10
00만원 이하의 과태료 대상입니다. 공동주택관리법 제93조에 따라 감독기관인 지
자체장의 시정명령 등이 가능하며 불이행시 과태료 부과가 가능할 것으로 판단되
나 공동주택관리법 등의 위반으로 인한 과태료 행정처분은 질서위반행위규제법에
따라 고의 또는 과실여부 등을 확인해 행정처분의 권한을 가진 해당 지자체에서
결정할 사항입니다. 〈국토부 주택건설 공급과– 2018.3〉

※ 공동주택관리방법(위탁.자치)을 혼용하여 관리할 수 있는지요?

– 공동주택관리법 제5조 제1항에 따르면 입주자등은 의무관리대상 공동주택을 자치
관리하거나 주택관리업자에게 위탁해 관리해야 한다고 규정하고 있습니다. 공동
주택관리방법 두가지를 혼용할 수 있는지에 대한 것으로 자치관리와 위탁관리를
혼용하는 것은 공동주택관리법에 규정된 관리방법이 아니므로 동 법령에 적합하지
않는 것으로 판단 됩니다. 〈국토부 주택건설공급과– 2018– 3〉

2. 의무관리 대상 공동주택의 적용범위

◎ **공동주택관리법 시행령 제2조(의무관리대상 공동주택의 범위)** 「공동주택관리법」(이하 "법"이라 한다) 제2조 제1항 제2호에 따른 의무관리대상 공동주택의 범위는 다음 각 호와 같다.

1. 300세대 이상의 공동주택

2. 150세대 이상으로서 승강기가 설치된 공동주택

3. 150세대 이상으로서 중앙집중식 난방방식(지역난방방식을 포함한다)의 공동주택

4. 「건축법」제11조에 따른 건축허가를 받아 주택 외의 시설과 주택을 동일건축물로 건축한 건축물로서 주택이 150세대 이상인 건축물

● **주택법 제2조 제3호**

　　3. 공동주택이란 건축물의 벽.복도.계단이나 그 밖의 설비 등의 전부 또는 일부를 공동으로 사용하는 각 세대가 하나의 건축물 안에서 각 각 독립된 주거생활을 할 수 있는 구조로 된 주택을 말하며 그 종류와 범위는 대통령령으로 정한다.

　　4. 준 주택이란 주택외의 건축물과 그 부속토지로서 주거시실로 이용 가능한 시설 등을 말하며 그 범위와 종류는 대통령령으로 정한다.(준주택:기숙사 다중이용시설 노인복지주택 오피스텔)

　　※ 다중주택: 면적330㎡ 이하 3층 이하 기숙사형태의 원룸 욕실 있고 취사는 불가

　　※ 연립주택: 1개동 면적이 660㎡초과 4층 이하

　　※ 다세대주택: 연면적660㎡ 이하 4층 이하 19세대 이하

　　※ 다가구주택: 연면적 660㎡ 이하 3층 이하

※ 비의무관리대상 아파트는 어떤 부분에 대해서 공동주택관리법·령 적용 받는지요?

– 주택관리업자 등에 의한 의무관리대상 공동주택의 범위에 포함되지 않는 공동주택의 경우 입주자대표회의의 구성 및 변경신고 관리방법의 결정 관리규약 제. 개정 등은 의무사항이 아니다. (비의무사항이라도 자체적으로 따를 수 있음) 또한 비 의무관리 대상 공동주택은 주택관리업자 및 사업자 선정지침을 의무적으로 적용을 받지 아니 한다 다만 용도변경 등 행위허가 사업주체 하자보수의무 장기수선계획의 수립 등은 공동주택관리법. 령을 따라야 함.

● **소규모 공동주택에 적용되는 공동주택관리법·령**

1. 공동주택관리법 제18조[관리규약](지자체장에게 신고 의무사항은 아니라도 관리업무상 관리기구 구성과 입대의구성 및 관리규약은 제정해야)

2. 공동주택관리법 제29조[장기수선계획]

3. 공동주택관리법 제30조[장기수선충당금의 적립]

4. 공동주택관리법 제32조[안전관리계획 및 교육 등]

5. 공동주택관리법 제33조[안전점검]

6. 공동주택관리법 제35조[행위허가 기준 등]

7. 공동주택관리법 제36조[하자담보 책임]

8. 공동주택관리법 제37조 [하자보수 등]

3. 동별 대표자의 선출 및 해임절차 및 임기 등

■ 공동주택관리법 · 령 유권해석 법령해석 변경알림(동별 대표자 중임제한 규정 대법원 판례관련)

구 주택법 시행령 제50조 제7항의 중임제한 규정 시행일(2010년 7월6일)이전에 해당 공동주택 관리규약으로 동별 대표자 중임제한 규정을 정하여 동별 대표자로 선출된 경우 동별 대표자 임기 횟수 산정 시 포함하여야 한다 (대법원판례 2016년 9월8일선고 2015다39357)국토교통부 주택건설공급과─ 13766 (2016년 12월28일)호와 관련입니다.

■ 법제처 유사 유권해석 요약(법제처 13─ 1023 2013.5.7.)

공동주택관리법 시행령 제11조에 따른 동별 대표자 선거에서 단독 입후보한 자가 투표자의 과반수가 찬성하지 아니하여 동별 대표자로 선출되지 못한 경우 곧 바로 다음 재선거에 입후보할 수 있을 것으로 판단됩니다.

■ 법제처 유권해석 요약 동별 대표자의 임기(법제처 14─ 0122 2014.4.8.)

전임자 임기만료일 이후에 동별 대표자가 선출된 경우 동별 대표자 임기는 해당 대표자가 선출된 날부터 시작한다고 볼 것이며 전임자 임기 만료일 이후에 동별 대표자가 선출된 경우 동별 대표자 임기의 만료점은 기존 동별 대표자 임기 만료일의 다음날로부터 2년이 되는 날로 보아야 할 것임

■ 판례: 회장이 한 동대표 선출공고 이후 구성된 선관위가 추인 의결했다면 위법 아니다.

부산진구 소재 모 아파트의 입주자대표회의 회장은 임기가 만료된 선거관리위원이 아직 선출되지 않는 상태에서 회장 명으로 동 대표 선출공고를 했다. 그 이후 선출된 5명의 선거관리위원들은 선거관리위원장을 선출하고 입대의 회장이 한 동별 대표자 후보등록공고에 대한 추인의결을 했으며 선거관리위원회의 주관 하에 동별 대표자 선출을 진행해 동 대표들을 모두 선출했다. 부산진구 구청장은 이 아파트 선거관리위원회에 대해 관리규약 제22조에 따라 선거관리위원회에서 동별 대표자 선출 공고를 해 다시 선거를 실시하라는 시정명령을 내렸고 선관위가 이를 이행하지 않자 500만원의 과태료를 부과 했다 선거관리위원회에서는 부산진구 구청장의 과태료 처분에 대해 이의신청을 했고 법원은 약식절차에서 과태료 500만원을 부과했으며 이에 대해 다시 이의신청을 하자 1심법원은 과태료 250만원을 처하는 결정을 내렸으나 선거관리위원회는 항고를 제기했다. 법원은 입주자대표회의가 한 동별 대표자 선출 후보등록 공고가 이 사건 아파트 관리규약 및 구 주택법 시행령을 위반한 것을 인정했다. 그러나 후보등록 이후 선거관리위원회가 구성되었고 선거관리위원회는 위 후보등록을 추인하는 의결을 하고 이를 선거관리위원장이 공고 했는 바 이러한 선거관리위원회 행위에 특별한 문제가 없으며 입후보를 희망하는 입주민이 동별 대표자 후보로 등록하는데 실질적인 지장을 초래하지 않는 것으로 평가했다. 따라서 선관위가 한 추인의결 및 이에 대한 공고는 관리규약이 정하는 동별 대표자 선출에 관한 공고로 볼 수 있으므로 선거관리위원회에 과태료를 부과한 것은 위법하다고 판단하면서 과태료를 부과하지 않기로 하는 결정을 내렸다. (부산지법 제16민사부 (항고)결정 결정일2016. 11.16.)

※ 최소한의 범위의 업무는 관리비 집행에 대한 결재 관리사무소 직원의 임금지급 현재 계약된 공사등의 대금 결재 등

◎ 공동주택관리법 시행령 제11조(동별 대표자의 선출) ① 법 제14조제3항에 따라 동별 대표자(같은 조 제1항에 따른 동별 대표자를 말한다. 이하 같다)는 선거구별로 1명씩 선

출하되 그 선출방법은 다음 각 호의 구분에 따른다.

> 1. 후보자가 2명 이상인 경우 : 해당 선거구 전체 입주자등의 과반수가 투표하고 후보자 중 최다 득표자를 선출
> 2. 후보자가 1명인 경우 : 해당 선거구 전체 입주자등의 과반수가 투표하고 투표자 과반수의 찬성으로 선출

② 법 제14조 제3항제1호에서 "대통령령으로 정하는 기간"이란 6개월을 말한다.

③ **법 제14조 제4항제5호에서 "대통령령으로 정하는 사람"이란 다음 각 호의 어느 하나에 해당하는 사람을 말한다.**

> 1. 법 또는 「주택법」, 「민간임대주택에 관한 특별법」, 「공공주택 특별법」, 「건축법」, 「집합건물의 소유 및 관리에 관한 법률」을 위반한 범죄로 100만원 이상의 벌금을 선고받은 후 2년이 지나지 아니한 사람
> 2. 법 제15조제1항에 따른 선거관리위원회 위원(사퇴하거나 해임 또는 해촉된 사람으로서 그 남은 임기 중에 있는 사람을 포함한다)
> 3. **공동주택의 소유자가 서면으로 위임한 대리권이 없는 소유자의 배우자나 직계존비속**
> 4. 해당 공동주택 관리주체의 소속 임직원과 해당 공동주택 관리주체에 용역을 공급하거나 사업자로 지정된 자의 소속 임원. 이 경우 관리주체가 주택관리업자인 경우에는 해당 주택관리업자를 기준으로 판단한다.
> 5. 해당 공동주택의 동별 대표자를 사퇴한 날부터 1년(해당 동별 대표자에 대한 해임이 요구된 후 사퇴한 경우에는 2년을 말한다)이 지나지 아니하거나 해임된 날부터 2년이 지나지 아니한 사람
> 6. 제23조 제1항부터 제5항까지의 규정에 따른 관리비 등을 최근 3개월 이상 연속하여 체납한 사람

④ 공동주택 소유자의 결격사유(법 제14조제4항 및 이 조 제3항에 따른 결격사유를 말한다. 이하 같다)는 그를 대리하는 자에게 미치며, 공유(共有)인 공동주택 소유자의 결격사유를 판단할 때에는 지분의 과반을 소유한 자의 결격사유를 기준으로 한다.

◎ **시행령 제13조(동별대표자의 임기)** ③ 제11조제1항 및 이 조 제2항에도 불구하고 2회의 선출공고에도 불구하고 동별 대표자의 후보자가 없는 선거구의 경우에는 동별 대표자

를 중임한 사람도 선출공고를 거쳐 해당 선거구 입주자등의 2분의 1 이상의 찬성으로 동별 대표자로 선출될 수 있다. 이 경우 후보자 중 동별 대표자를 중임하지 아니한 사람이 있으면 동별 대표자를 중임한 사람은 후보자의 자격을 상실한다.(개정2018. 9.1)

★ **법 제22조(전자적 방법을 통한 의사결정)** 입주자등은 동별 대표자나 <u>입주자대표회의의 임원을 선출하는 등 공동주택의 관리와 관련하여 의사를 결정하는 경우</u>(서면동의에 의하여 의사를 결정하는 경우를 포함한다) 대통령령으로 정하는 바에 따라 전자적 방법(「전자문서 및 전자거래 기본법」 제2조제2호에 따른 정보처리시스템을 사용하거나 그 밖에 정보통신기술을 이용하는 방법을 말한다)을 통하여 그 의사를 결정할 수 있다. 〈개정 2017.8.9. 시행 2018.2.10.〉.

◆ **관리규약준칙 제17조(동별 대표자의 선출)** ① 입주자대표회의를 구성하는 동별 대표자는 법 제14조제1항 및 영 제11조제1항에 따라 동별 세대수에 비례[최대세대수와 최소세대수 비율이 2배를 초과하지 아니하여야 한다]하여 다음 각 호의 선거구 별로 1명씩 총 ○ 명의 정원을 선출한다. 이 경우 입주자대표회의의 원활한 운영을 위하여 정원을 30명 이내로 할 수 있다.(2017.11.14.개정)

◆ **관리규약준칙 제18조(동별 대표자의 임기)** ① 동별 대표자의 임기는 ○월 ○일부터 다음다음 년도 ○월 ○일까지(2년간)로 하며, 한번만 중임할 수 있다. <u>다만 2회의 선출공고에도 불구하고 후보자가 없는 선거구의 경우 3차 선출공고 부터 동별 대표자를 중임한 사람도 해당 선거구 입주자등의 2분의 1 이상의 찬성으로 다시 선출될 수 있으나, 후보자 중 동별 대표자를 중임하지 아니한 사람이 있으면 동별 대표자를 중임한 사람은 후보자의 자격을 상실한다</u>(시행령개정2018.9.11.준칙개정 2019.2.22)
② 보궐선거로 선출된 동별 대표자의 임기가 6개월 미만인 경우에는 임기의 횟수에 포함하지 아니한다.

◆ **관리규약준칙 제23조(동별 대표자 등의 해임 및 결격사유 등)** ① 영 제19조제1항제3호에 따른 동별 대표자 및 임원의 해임사유는 다음 각 호의 어느 하나와 같다. 다만(전임기와

현 임기를 포함한다)중에 한행위에 한정하며 객관적 증거자료를 제시하여야 한다)

1. 공동주택관리에 관계된 법령을 위반한 때

2. 이 규약 및 선거관리 규정을 위반한 때

3. 관리비등을 횡령한 때

4. 고의 또는 중대한 과실로 공용시설물을 없어지게 하거나 훼손 또는 부수어 입주자등에게 손해를 끼친 때

5. 공동주택관리업무와 관련하여 벌금형 이상을 선고받은 때(명예훼손죄, 모욕죄, 폭행죄, 배임죄, 횡령죄 등을 포함한다)

6. 주택관리업자, 공사 또는 용역업자 선정과 관련하여 해당 업체에 입찰정보를 제공하거나, 관리주체에 낙찰압력을 행사하는 등의 입찰의 공정성을 훼손한 때

7. 주택관리업자, 공사 또는 용역업자로부터 금품을 요구하거나 받은 때

8. 법 제17조 및 영 제18조에 따른 입주자대표회의 운영 및 윤리교육을 매년 4시간 이상 이수하지 않은 때

9. 특별한 사유를 통보하지 아니하고 3회 이상 연속하여 입주자대표회의에 참석하지 아니한 자(회의도중 자진퇴장 한자도 포함)

② 동별 대표자가 제1항 각 호의 어느 하나의 해임사유에 해당할 때에는 해임사유에 해당하는 객관적 증거자료를 첨부하여 해당 선거구의 10분의 1 이상의 입주자등의 서면동의를 받거나 입주자대표회의 구성원 과반수 찬성으로 의결하여 선거관리위원회에 해임절차의 진행을 서면으로 요청할 수 있다. 이 경우 요청을 받은 선거관리위원회는 해임사유에 대한 객관적 증거자료와 함께 입주자등의 서면동의서(서면동의서에는 그 서면동의를 하는 사람의 동·호수를 명확히 표시하고, 입주자등으로부터 대리권이나 위임을 받아서 하는 경우라면 그 본인과 대리권 등을 행사하는 자를 모두 표시하여야 한다. 이하 같다) 또는 입주자대표회의의 회의록이 제출되면 해임절차를 진행하여야 한다.

③ 제2항에 따라 해임이 요청된 경우 해임투표 당사자인 동별 대표자의 직무는 해임투표 공고일 부터 해임투표 확정시까지 정지된다. 임원의 경우 그 직무도 함께 정지된다.

④ 제2항에 따라 해임절차의 진행을 요청받은 선거관리위원회는 해임투표 당사자인 동별 대표자에게 7일 이상의 소명자료를 제출할 기간을 주어야 하며, 해임사유와 소명자료를 해당 선거구의 입주자등에게 투표공고와 동시에 7일 이상 공개하여야 한다. (개정 2019. 2. 22.)

제2항에 따라 해임절차의 진행을 요청받은 선거관리위원회는 해임투표 당사자인 동별 대표자에게 5일 이상의 소명자료를 제출 할 기간을 주어야 하며, 해임사유와 소명자료를 해당 선거구의 입주자등에게 투표일 10일 전에 7일 이상 공개하여야 한다.

⑤ 제2항에 따른 해임은 요청받은 날 부터 30일 이내에 해당 선거구 입주자등의 과반수가 투표하고 투표자 과반수 찬성으로 해임한다. 단, 해임투표가 부결된 경우 제3항에 따른 직무정지가 해제되고 해임투표 공고일 이전의 직무를 수행한다.

⑥ 500세대 이상 공동주택 또는 500세대 미만의 공동주택으로 전체 입주자등의 직접선거로 선출된 회장 및 감사가 제1항의 해임사유에 해당할 때에는 해임사유에 해당하는 객관적 증거자료를 첨부하여 전체 입주자등의 10분의 1 이상의 서면동의를 받거나 입주자대표회의 구성원 과반수 찬성으로 의결하여 선거관리위원회에 해임절차의 진행을 서면으로 요청할 수 있다. 이 경우 요청을 받은 선거관리위원회는 해임사유에 대한 객관적 증거자료와 함께 입주자등의 서면동의서 또는 입주자대표회의의 회의록이 제출되면 해임절차를 진행하여야 한다.(2017.11.24. 일부삭제)

⑦ 제6항에 따라 해임이 요청된 경우 해임투표 당사자인 회장 및 감사의 직무는 해임투표 공고일 부터 해임투표 확정시까지 정지된다.

⑧ 제6항에 따라 해임절차의 진행을 요청받은 선거관리위원회는 해임투표 당사자인 회장 및 감사에게 7일 이상의 소명자료를 제출할 기간을 주어야 하며, 해임사유와 소명자료를 전체 입주자등에게 투표공고와 동시에 7일 이상 공개하여야 한다.

⑨ 제6항에 따른 해임은 요청받은 날 부터 30일 이내에 전체 입주자등 10분의 1 이상이 투표하고 그 투표한 입주자등 과반수 찬성으로 해임한다. 단, 해임투표가 부결된 경우 제7항에 따른 직무정지가 해제되고 회장 및 감사로서의 직무를 수행한다.

⑩ 이사 또는 500세대 미만인 공동주택으로 입주자대표회의에서 선출된 회장 및 감사가 제1항의 해임사유에 해당할 때에는 입주자대표회의 회장(입주자대표회의 회장 해임안건에 대해서는 입주자대표회의 회장 직무대행자가 회의를 소집한다)은 해임을 위한 회의를 소집하여야 하며 이를 선거관리위원회에 통보하여야 한다. 이 경우 해임을 위한 회의주재 및 진행은 선거관리위원회가 하며 선거관리위원회는 해임당사자에게 소명자료 제출 또는 입주자대표회의에 출석하여 소명할 기회를 제공하여야 하며, 입주자대표회의 구성원의 과반수 찬성으로 해임한다.(개정 2019.2.22)

⑪ 해임된 회장 및 감사는 그 지위를 상실하되 동별 대표자의 자격은 유지된다.

⑫ 동별 대표자의 결격사유는 법 제14조제4항 및 영 제11조제3항에 따른다.

⑬ 동별 대표자는 법 제17조 및 영 제18조에 따라 구청장이 실시하는 운영 및 윤리교육을 이수하여야 하며, 영 제18조제2항의 교육대상자로서 매년 4시간 이상 교육을 이수하지 않은 경우 동별 대표자의 직무(임원의 직무를 포함한다.)는 교육을 이수하기 전까지 정지된다. 다만, 시장이 실시하는 교육을 이수한 경우 교육을 이수한 것으로 한다.

⑭ 동별 대표자 또는 임원이 자진 사퇴하고자 할 경우에는 서면으로 <u>입주자대표회의 또는 선거관리위원회 또는 관리사무소에 사퇴서를 제출하여야 하며, 사퇴의 효력은 사퇴서 도달 즉시 발효된다(2017.11.14)</u>

⑮ 제10항에 따라 입주자대표회의에서 임원을 해임한 경우와 제14항에 따라 입주자대표회의에서 사퇴서를 제출받은 경우에는 즉시 선거관리위원회에 통보하여야 한다.

⑯ 선거관리위원회는 제5항에 따른 동별 대표자의 해임의 결정, 제9항 또는 제10항에 따른 회장, 감사 및 이사의 해임의 결정, 제14항의 사퇴에 관한 사항을 입주자등이 알 수 있도록 즉시 공고하여야 한다.

◆ **관리규약준칙 제24조(보궐선거)** ① 동별 대표자 또는 임원(회장, 감사에 한함)의 사퇴 또는 해임 등으로 결원이 생겼을 때에는 결원이 생긴 날부터 60일 이내에 다시 선출하고, 그 임기는 전임자의 남은 기간으로 한다. (개정 2019.2.22.)

② 제1항에도 불구하고 관리규약에서 정한 정원의 3분의 2 이상의 동별 대표자가 선출된 경우 보궐선거를 하지 아니할 수 있다. 이 경우에도 해당 선거구 입주자 중에서 [별지 제2호서식]의 후보등록신청서를 선거관리위원회에 제출하여 동별 대표자 출마를 희망하는 경우 14일 이내에 후보등록신청서가 제출된 선거구를 포함한 결원인 모든 선거구의 동별 대표자를 선출하기 위한 선거를 진행하여야 한다.

※ 공동주택관리법 시행령 제13조 제3항 동별 대표자를 중임한 사람도 2차 공고 시까지 입후보자가 없을 경우 3회차 에서 선출공고를 거쳐 선거구 입주자등의 2분지1 이상의 찬성으로 선출과 시행령 제11조 제1항 제2호에서 후보자가 1명인 경우 선거구 입주자등의 과반수가 투표하고 그 투표자 과반수의 찬성으로 선출 한다 여

기서 2분지1이상과 과반수의 차이점은 무었인 지요?

– 과반수와 2분지1 이상의 차이점은 과반수란 100세대를 기준으로 할 경우 51세대 이상을 말하며 2분지1이란 50세대 이상을 말합니다. 〈국토부주택건설공급과– 2019.1〉

※ 동대표 입후보 시 위임장 미제출 및 위임장 작성 시 위임자의 서명누락의 사유가 있었으나 선관위에서는 이와 같은 사유를 인지하지 못하고 동대표 후보로 서류접수를 통과 시켰습니다. 하지만 동대표 선거당일 위와 같은 사실을 인지했을 경우 동대표 선거는 무효가 되고 다시 동대표 후보자 등록을 받아야 되는 지요?

– 공동주택관리법 제14조 제4항 동법 시행령 제11조 제3항에 따라 서류제출 마감일을 기준으로 공동주택의 소유자가 서면으로 위임한 대리권이 없는 소유자의 배우자나 직계존비속은 동별 대표자가 될 수 없으며 그 자격을 상실하는 것입니다. 따라서 위와 같이 선거당일 위임장 미 제출 등 법령으로 정한 동별 대표자 결격사유가 확인된 후보자는 동별 대표자가 될 수 없습니다. 아울러 해당 선거구의 동별 대표자의 후보자에 결격사유가 확인된 후보자 1명만 입후보한 경우라면 새로운 동별 대표자 선출공고를 통해 해당 선거구의 동별 대표자를 선출해야 할 것입니다. 〈공동주택관리지원쎈타 전자민원– 2017.11.1.〉

※ 단지 내 각각 다른동에 2가구를 소유한 자가 한 동에는 어린이집을 운영하고 다른 한 동에서는 거주를 하고 있습니다. 소유자가 어린이집을 운영하는 가구에 주민등록을 마쳤다면 동대표 자격이 있는지요?

– 동별 대표자는 해당 공동주택단지안에서 주민등록을 마친 후 6개월이상 거주하고 있어야 할 뿐만 아니라 해당 선거구에 주민등록을 마친 후 거주하고 있어야 합니다(법 제14조3항2호)거주란 일정한 곳에 머물러 생활을 영위하는 것을 뜻하는 말로서 거주가 아닌 영업을 목적으로 머무르는 것은 거주로 보기 어렵습니다. 따라서 소유자는 어린이집이 위치한 가구가 속한동의 경우 선거구내 거주요건을 결여

했고 주거지가 위치한 가구가 속한동의 경우 주민등록의 요건을 결려했으므로 위 아파트의 동별 대표자가 될 수 없습니다. 〈중앙공동주택관리지원쎈타 전자민원-201711.7〉

※ 출가한 딸 소유의 집에 친정아버지가 거주하고 있으며 주민등록상에는 딸은 등재 돼 있지 않습니다. 이 경우 친정아버지는 동대표 출마 자격이 있는지요?

− 질의와 같이 소유자의 직계존속인 친정 아버지가 동별 대표자 선출공고에서 정한 각종 서류제출 마감일을 기준으로 해당 공동주택단지에 주민등록을 마친 후 계속 해서 6개월 이상 거주하고 있고 해당 선거구에 주민등록을 마친 후 거주하고 있는 경우라면 소유자인 딸의 주민등록 여부와 상관없이 소유자인 딸의 대리권을 수여 받아 동별 대표자로 출마할 수 있습니다. 〈중앙공동주택관리지원센타 전자민원-2017.11.7.〉

※ 동별 대표자로 선출되었으나 의결정족수 미달로 의결사항이 없었고 업무수행도 하지 않는 경우 중임제한 임기 횟수에 포함되는 지요?

− 입주자대표회의 의결정족수가 미달돼 동별 대표자로서 정상적인 활동을 못했다 하 더라도 최소한의 범위내에서 업무수행이 가능하므로 동별 대표자로서 업무를 수행 한 것으로 볼 수 있습니다. 따라서 동별 대표자 의결정족수에 미달돼 정상적인 업 무수행을 하지 않았더라도 동별 대표자로 선출되고 일정기간동안 동별 대표자 자 격을 유지했다면 동별 대표자 중임제한 횟수에 포함 됩니다. 〈주택건설공급과− 2018.3〉

※ 등기부상 소유자 위임을 받은 배우자로서 동별 대표자에 당선됐으나 소유자의 위 임장에 소유자의 서명이 없다는 이유로 동별 대표자의 자격이 상실 되는 지요?

− 공동주택 소유자가 서면으로 위임한 대리권이 없는 소유자의 배우자나 직계비속은

동별 대표자가 될 수 없으며(공동주택관리법 시행령 제11조 제3항제3호)소유자의 위임장은 선거관리위원회에 서면으로 제출하여야 합니다 단 동별 대표자 선출공고 및 후보자 서류 접수 과정에서 위임장에 소유자의 서명이 누락된 경우라면 현재라도 해당 동별 대표자로 하여금 위임장을 제출할 수 있도록 안내하고 그 제출 여부에 따라서 자격상실 여부를 결정하는 것이 타당할 것으로 판단 됩니다. 〈국토부 주택건설공급과– 2018.3〉

※ 공동주택단지 내 1개동(분양150가구 임대200가구)에 분양주택과 임대주택이 혼합돼 있을 경우 분양주택의 입주자대표회의 동별 대표자를 선출하기 위한 과반수 가구 기준은 분양주택인 150가구의 과반수인지 분양 임대포함 350가구의 과반수인지요?

– 임대주택과 분양주택이 혼합돼 있는 경우 해당 선거구 과반수 기준은 임대주택 가구를 제외한 150가구를 기준으로 공동주택관리법 시행령 제11조 제1항에 따라 동별 대표자를 선출합니다. 〈국토부 주택건설공급과– 2017.8〉

※ 주택 소유자의 직계존비속이 동별 대표자에 입후보하려는 경우 입후보하려는 주택의 소유자자의 배우자나 직계존비속 외에 주택의 소유자도 공동주택관리법 제14조 제3항에 따른 거주요건을 갖추고 있어야 하는지 여부?

– 입주자로서 주택소유자의 배우자나 직계존비속이 동별 대표자에 입후보하려는 경우 공동주택관리법 제14조 제3항의 거주요건을 갖추고 있어야 하나 그 주택의 소유자는 위 거주요건을 갖추지 않아도 된다고 할 것입니다. (단 소유자가 출마 시 거주요건을 갖추어야 함 〈법제처 12– 0080 2012.5.11.〉

※ 동별 대표자 선출공고일 현재 해당 공동주택단지 내에서 주민등록을 마치고 계속해서 6개월 이상 거주하고 있는 입주자가 단지 내 아들 아파트로 주소지를 이전해 거주할 경우 동별 대표자 후보자가 될 수 있는지요?

– 해당 공동주택 단지 안에서 6개월 이상 거주하고 있는 입주자일 경우 동별 대표자 후보자가 될 수 있습니다. 아들이 거주하고 있는 주택의 소유자일 경우 그 선거구의 동별 대표자로 선출될 수 있으며 아들이 그 주택의 소유자일 경우 아들의 위임을 받아 동별 대표자 후보가 가능합니다. 단 주민등록을 마쳐야 합니다.

※ 동별 대표자로 선출돼 법원에서 자격 무효된 동별 대표자가 한번 더 동별 대표자로 선출돼 임기가 종료된다면 중임에 해당하는 지?

– 공동주택관리법 제14조 제4항에 따른 결격사유에 해당함에도 불구하고 동별 대표자로 선출된 후 그 결격사유로 인해 그 임기를 다 마치지 못한 경우에도 그 임기는 시행령 제13조 제2항에 따른 중임횟수 산정시 임기 1회에 포함됩니다.(법제처 법령해석 2016.1)따라서 질의와 같이 동별 대표자로 선출된 후 선거관리규정 위반으로 2년의 임기를 모두 채우지 못한 경우에도 공동주택관리법 시행령 제13조 제2항에 따른 중임제한 규정에 해당 됩을 알려 드립니다. 〈국토부 주택건설공급과– 2016.3〉

※ 질의: 동대표 선출 입후보서류 보관 방법은 서류 등은 영구 보관해야 하는지 아니면 일정기간 보관 후 폐기해야 하는지?

회신: 공동주택관리법·령에는 아파트에서 보관 관리해야할 일반 문서에 대해서도 별도로 규정하고 있는 내용은 없다. 관리주체의 업무 등을 참고해 귀 공동주택에서 보관 관리해야 할 문서와 보관기간 등은 자체적으로 관리규약으로 정하기 바란다 (주택건설 공급과 831– 2013.2.25.)

※ 재건축조합 아파트 공동주택을 분양받아 구청으로부터 임시사용승인을 받아 분양대금 및 취득세 등을 납부하고 주민등록을 마친 후 거주하고 있으나 사업주체의 사정으로 소유권 이전등기를 경료하지 못한 경우 소유권 이전등기 전이라도 동별 대표자로 선출될 수 있다는 입주자로 볼 수 있는지?

- 회신: 소유권이전 등기 전이라도 동대표로 선출될 수 있어(법제처 유권해석 12- 0 549.2013.1.14.)
- 공동주택을 분양받아 분양대금 및 취득세 등을 납부하고 주민등록을 마친 후 거주하고 있는 자로서 사업주체의 사정으로 소유권 이전 등기를 경료하지 못한 자의 경우 소유권 이전 등기 전이라도 공동주택관리법 제14조 제3항 시행령 제11조 제3항에 따라 동별 대표자로 선출될 수 있는 입주자로 볼수 있다는 회신을 했고 관련 판례(대법원 2005.12.6자 2004마515 서울고등법원 2012.3.21자 2011라 1350)에서도 같은 취지로 결정한 바 있다 법제처의 회신에 따라 상기와 같은 경우에 해당하는 자는 입주자로 볼 수 있기 때문에 동별 대표자 입후보가 가능하다. 〈주택건설 공급과 774- 2013.3.20.〉

◆ **관리규약준칙 제9조(입주자등의 자격)** ① 입주자의 자격은 소유자가 공동주택 1세대의 구분소유권을 취득(<u>분양대금 및 취득세 등을 납부하고 주민등록을 마친 사람으로서 사업주체의 사정으로 소유권등기를 이전 받지 못한 사람을 포함한다</u>)한 때에 발생하고, 그 구분 소유권을 상실한 때에 소멸한다.

> ※ 동별 대표자 후보자 등록서류에 부부공동소유의 경우 입찰공고에 그에 대한 서류 제출 안내가 없었고 위임장의 보완을 요청하지 않았음에도 일방적으로 후보 자격을 박탈할 수 있는지?

- 회신: 공동 소유한 경우 해당 입후보자에 지분위임장 제출토록 안내해야
- 공동주택을 여러명이 소유한 경우라도 해당 공동주택에 대한 피 선거권은 1명에만 부여되기 때문에 1세대를 공동소유하고 있는 경우에는 피선거권을 행사할 사람에게 나머지 소유자의 지분 위임장을 제출토록 해야 한다. 이와 관련 동별 대표자 선출 공고 시 공동주택 공동소유자의 지분위임장에 대한 서류제출 안내가 없었고 해당 서류를 보완할 것을 요청하지 않은 상태에서 지분위임장을 제출하지 않은 사유로 후보 자격을 박탈한 것은 타당하지 않다. 따라서 해당 입후보자로 하여금 지분위임장을 제출할 수 있도록 안내하고 이에 따라 후보자격 여부를 결정해야 할

것으로 판단한다. 〈국토부 주택건설 공급과 943- 2013.3.4〉

> ※ **질의: 재임 중 관리비 3개월 이상 체납 시 동대표 자격여부?** 동별 대표자 재임 중
> 관리비를 3개월 이상 연속해 체납했다가 완납한 경우 동별 대표자 자격을 상실하
> 게 되는 시점은 또한 자격 상실시 자동으로 해임되는지? 연체된 관리비를 납부한
> 경우 동별 대표자 후보가 될 수 있는지요?

- 회신: 관리비를 3개월 이상 연속으로 체납했다면 동대표 자격이 상실되며 납부 후
  보궐선거 출마가능
- 관리비 등을 3개월 이상 연속해 체납한 사람은 동별 대표자가 될 수 없으며 그 자
  격을 상실한다.(시행령 제11조 제3항 제6호) 따라서 동별 대표자 재임 중 관리비를
  연속 3개월 이상 체납한 경우는 그 체납시점에서 별도의 절차 없이 자동으로 동별
  대표자 자격이 상실 된다. 동별 대표자 자격이 상실된 사람이 포함돼 의결된 경우
  에는 그 자격 상실된 사람을 제하고 의결정족수를 충족했는지를 판단해야 한다 제
  외 했을 경우 의결정족수 에 미달한다면 의결되지 않은 것임 다만 그 의결에 따른
  후속조치로 집행한 사안이 유효한지 여부는 별도의 사법적 판단이 필요하다. 〈국
  토부 전자민원 999- 2013.3.6.〉

※ 단 동대표 궐위로 인한 보궐선거에는 관리비를 3개월 이상 체납하여 자격이 상실된 사
람도 연체된 관리비를 납부했다면 동대표 보궐선거에 다시 입후보가 가능합니다.

★ **법 제14조 ⑤항** 동별 대표자가 임기 중에 제3항에 따른 자격요건을 충족하지 아니하게
된 경우나 제4항 각 호에 따른 결격사유에 해당하게 된 경우에는 당연히 퇴임한다.
〈신설 2018.3.13.〉

> ※ **질의: 해산 결의시 동대표 선출 여부**
> ※ 현재 입주자대표회의에서 해산 결의를 할 경우 현재 동별 대표자는 다시 동별 대
> 표자로 선출될 수 있는지?

– 공동주택관리법·령에는 해산(전체)에 대해 별도로 규정하고 있는 내용이 없으므로 해산당시의 상황에 따라 그 해산이 사퇴인지 해임인지 여부를 결정해 공동주택관리법 시행령 제11조 제3항 제5호에 따른 동별 대표자 결격사유에 해당한지 여부를 판단해야 한다. 〈주택건설 공급과 전자민원 2013.6.13.〉

※ 동별 대표자 한명이 사퇴서를 입주자대표회의 회장에게 사퇴서를 제출했으나 본인의 뜻에 따라 자진 반려해 갔을 경우 사퇴한 것으로 보아야 하는지?

– 동대표 및 임원의 사퇴는 본인의 의사가 중요하다고 판단되며 사퇴시 처리방법이나 절차 등은 귀 공동주택 관리규약이나 선거관리위원회 규정 등 제반 규정에 따라 자체적으로 판단해야 한다 동별 대표자 및 임원의 사퇴서는 입주자대표회의 선거관리위원회 또는 관리사무소에 제출 할 수 있으며 사퇴의 효력은 사퇴서 도달 즉시 효력이 발생합니다. (관리규약준칙 제23조제14항)

◆ **관리규약준칙 제23조** ⑭ 동별 대표자 또는 임원이 자진 사퇴하고자 할 경우에는 서면으로 입주자대표회의 선거관리위원회 또는 관리사무소에 사퇴서를 제출하여야 하며, 사퇴의 효력은 사퇴서 도달 즉시 발효된다.

※ **사퇴의 시기 즉각적이지 않는 경우 사퇴의 효력발생 시기**
※ 아파트 대표회의 회장이자 101동 대표인 A씨는 2016년 4월3일 일신상의 이유로 회장 및 동대표 지위에서 물러나겠다면서 사퇴서를 제출했으며 사퇴서 상의 사퇴일은 2016년 5월28일 이였습니다. 그런데 사퇴서상의 사퇴일이 도래하기 전에 A씨는 사퇴의사를 철회했습니다. 관리규약에는 사퇴시 서면으로 입주자대표회의 선거관리위원회에 제출해야 하고 제출과 동시에 발효된다고 규정하고 있습니다. 사퇴의 효력이 발생한 것인지 아니면 사퇴철회가 인정돼야 하는지요?

– 사안에서와 같이 사퇴상의 사퇴일자 (2016년 5.28)가 사퇴서 제출일자 (2016년 4.

3)보다 뒤늦은 경우에는 사임의사가 즉각적이라고 볼 수 없는 특별한 사정이 있는 경우라 할 것입니다. 따라서 관리규약의 규정을 그대로 적용해 사퇴서 제출과 동시에 사퇴의 효력이 발생한다고 볼 수 없고 사퇴의 효력발생일은 사퇴서상의 사퇴일자라고 할 것입니다. 〈수원지방법원 성남지원 2017.2.24. 결정 2017카합 50030〉

※ 동별 대표자 정원8명 중 6명은 사퇴 회장과 감사는 동별 대표자 해임절차에 따라 해임했으나 해당 회장과 감사가 해임 무효소송을 진행할 경우 차기 입주자대표회의 회장과 감사가 결정될 때 까지 해임된 회장과 감사가 관리주체의 업무통제와 감사업무를 수행할 수 있는지 수행 가능하다면 관리규약에 따른 업무추진비는 지급이 될 수 있는지요?

－ 입주자등 으로부터 해임된 입대의 회장과 감사는 업무를 수행할 수 없으며 법원으로부터 해임 무효 확정판결을 받기 전까지는 입대의 회장과 감사업무를 수행 할 없습니다.

※ 당 아파트 입주자대표회의 구성원의 임기가 2018년 12월31일부로 만료 예정(1번 중임)인데 차기 동대표 후보자가 없을 시 관리규약으로 차기 동대표가 선출될 때 까지 한시적으로 임기를 연장할 수 있는지?

－ 동대표 임기는 2년으로 하며 한번만 중임할 수 있다(공동주택관리법 시행령 제13조 제1항 및 제2항)따라서 질의내용과 같이 관리규약으로 한번 중임한 동대표 임기를 연장할 수 없으며 단 차기 동별 대표자가 선출될 때 까지 한시적으로 업무를 대행할 수 는 있습니다.

※ 아들과 며느리 공동소유인 아파트에서 아버지가 아들로부터 위임장을 받아 동별 대표자에 당선됐을 때 며느리의 위임장을 받아 당선을 확정할 수가 있는지? 며느리는 직계존비속이 아니므로 소유지분을 위임할 수 없는 것인지?

– 질의와 같이 해당가구를 아들과 며느리가 공동소유하고 있는 경우 공동소유자인 아들이 그 배우자(며느리)로부터 지분위임을 받아 소유권을 완전하게 한 후 그 아버지에게 대리권을 위임할 수 있을 것으로 판단 됩니다. 〈국토부 주택건설공급과 3878- 2013.10.11.〉

※ 2017년 당시 당해 아파트에서 A동 동별 대표자가 단지내 B동으로 이사를 가면서 그 당시 관리사무소장이 사퇴서를 제출해야 한다고 해 사퇴사유를 가족 전체이사 라고 해 제출했고 B동에서 동별 대표자에 당선돼 현재까지 그 직을 유지하고 있을 때 동별 대표자 자격이 유효한지?

– 공동주택관리법 시행령 제11조 제3항 제5호에 따라 해당공동주택의 대표자를 사퇴(1년)하거나 해임된 날로부터 2년이 지니지 않는 사람은 동별 대표자가 될 수 없습니다. 다만 질의의 해당인이 단지내 선거구 이외의 곳으로 이사함에 따라 그 직을 수행할 수 없는 경우에는 자격이 자동 상실되는 경우로 사퇴와 해임에 해당하지 않으므로 다른 사유가 아닌 이사만을 이유로 해당 아파트에서 사퇴서를 제출하게 했다면 B동 대표자의 자격은 유효할 것으로 판단 됩니다 〈국토부 주책건설공급과 3886)〉

※ 동별 대표자 선출시 단독 입후보자로 출마 후 낙선하였을 때 재선거시 출마 가능 여부?

– 단독후보로 출마했으나 해당 선거구 입주자 등의 과반수가 투표하여 낙선된 경우라도 곧 바로 다음 재선거시에 입후보가 가능합니다. 〈법체처 유권해석 2015.11.5.〉

※ 동별 대표자 선거후 개표직전에 후보사퇴를 한 경우 다음 동별 대표자 선거에 출마할 자격이 있는지?

– 해당 공동주택의 동별 대표자를 사퇴(1년)하거나 해임된 날로부터 2년이 지나지

않는 사람은 동별 대표자가 될 수 없으며 그 자격을 상실합니다.(공동주택관리법 시행령 제11조 제3항 제5호)다만 질의와 같이 동별 대표자 후보직을 사퇴한 경우라면 동별 대표자 사퇴에 해당하지 않아 다음 동별 대표자 선출에 출마할 자격이 있습니다.(국토부 주택건설공급과 3919- 2013- 10.14)

※ 주택의 소유자를 대리하는 배우자나 직계존비속이 위임을 받아 동별 대표자가 된 이후에 금고 이상의 실형 선고를 받아 선출된 동대표가 공동주택관리법 제14조 제4항 제4호에 따른 동별 대표자 결격사유에 해당하게 된 경우 주택의 소유자도 동별 대표자의 결격사유에 해당되어 동별 대표자에 입후보할 수 없는지?

– 주택의 소유자가 금고 이상의 실형을 선고 받아 동별 대표자 결격사유에 해당하는 경우 주택의 소유자를 대리하는 배우자나 직계존비속은 동별 대표자에 입후보할 수 없고 이미 동별 대표자인 경우에는 동대표의 자격을 상실한다고 할 것입니다. 그러나 위와 같은 사안에서 소유자는 동별 대표자에 선출될 수 있습니다.

※ 동별 대표자 선거구 및 선거구의 가구 편차 기준을 어디에서 규정하고 있는지?

– 입주자대표회의는 4명 이상으로 구성하되 동별 가구수에 비례해 공동주택 관리규약으로 정한 선거구에 따라 선출된 동별 대표자로 구성해야 합니다.(공동주택관리법 제14조 제1항) 이 경우 공동주택 관리규약으로 동별 가구수에 비례해 선거구를 정할 때 각 선거구 가구수의 비례의 범위는 귀 공동주택에서 동수 동별 가구 수 선거구 구획에 따른 각 선거구별 가구 수 등을 감안해 선거구별로 많은 차이가 나지 않도록 귀 공동주택의 상황에 맞게 관리규약 으로 정할 사항을 알려 드립니다. (국토부 주택건설 공급과 2015.10)

◆ **관리규약준칙 제17조(동별 대표자의 선출)** ① 입주자대표회의를 구성하는 동별 대표자는 법 제14조제1항 및 영 제11조제1항에 따라 동별 세대수에 비례[최대세대수와 최소세대수 비율이 2배를 초과하지 아니하여야 한다]하여 다음 각 호의 선거구 별로 1명씩

총 ○ 명의 정원을 선출한다. 이 경우 입주자대표회의의 원활한 운영을 위하여 정원을 30명 이내로 할 수 있다 (2017.11.14.개정)

※ 주민등록 여부와 관계없이 선거권이 부여되는지?

- 동별 대표자는 선거구 입주자등의 보통 평등 직접 비밀선거를 통해 선출한다.(공동주택관리법 제14조 제3항)따라서 동별 대표자를 선출할 수 있는 자는 실재 해당 공동주택에 거주하는 입주자등 으로서 주민등록 등재 여부와 관계없이 입주자 명부에 등재된 입주자 및 사용자는 모두 동대표 선거권이 있다. (국토부 주택건설 공급과 – 5012 2012.9.20.)

※ 고의로 본인의 범죄 경력을 숨기고 동별 대표자에 당선된 경우 어떤 처벌을 받을 수 있는지?

- 동별 대표자 결격사유에 해당함에도 불구하고 고의로 그 사실을 숨기고 당선된 경우에는 그 자격이 상실 됩니다 처벌은 별도로 정하고 있지 않습니다. 참고로 입주자등은 입대의회장과 감사 및 동별 대표자를 민주적이고 공정하게 선출하기 위해 자체적으로 선관위를 구성하므로 (공동주택관리법 제15조)해당 선관위에서 동별 대표자 후보자의 제출서류 시 결격사유를 면밀히 검토하여 후보등록을 받아야 할 것입니다. (주택건설 공급과 2014.5)

★ **법 제14조** ⑤ 동별 대표자가 임기 중에 제3항에 따른 자격요건을 충족하지 아니하게 된 경우나 제4항 각 호에 따른 결격사유에 해당하게 된 경우에는 당연히 퇴임한다. 〈신설 2018.3.13.〉

※ 일부 동별 대표자 후보자가 범죄경력조회를 거부하고 있는바 범죄 경력조회에 대한 법적근거는?

- 금고이상의 실형선고 후 2년 미만 미 경과자 금고 이상의 형의 집행유예선고 후 유
예기간 중에 있는 자 등은 동별 대표자가 될 수 없으므로 (공동주택관리법 제14조
제4항)해당 동별 대표자 후보자에 대한 범죄경력조회는 불가피 합니다. 이를 위해
공동주택관리법 제16조제1항 시행령 제17조제1항 에서는 선거관리위원회 위원장
입주자대표회의회장 관리소장이 후보자의 동의를 받아 경찰관서의 장에게 범죄경
력조회를 요청하여 그 결과에 대한 회신을 받을 수 있도록 규정하고 있습니다.

★ 법 제16조(동별 대표자 후보자 등에 대한 범죄경력 조회 등) ① 선거관리위원회 위원장
(선거관리위원회가 구성되지 아니하였거나 위원장이 사퇴, 해임 등으로 궐위된 경우에
는 입주자대표회의의 회장을 말하며, 입주자대표회의의 회장도 궐위된 경우에는 관리
사무소장을 말한다. 이하 같다)은 동별 대표자 후보자에 대하여 제14조제3항에 따른
동별 대표자의 자격요건 충족 여부와 같은 조 제4항 각 호에 따른 결격사유 해당 여부
를 확인하여야 하며, 결격사유 해당 여부를 확인하는 경우에는 동별 대표자 후보자의
동의를 받아 범죄경력을 관계 기관의 장에게 확인하여야 한다. 〈개정 2018.3.13.〉

② 선거관리위원회 위원장은 동별 대표자에 대하여 제14조제3항에 따른 자격요건 충족
여부와 같은 조 제4항 각 호에 따른 결격사유 해당 여부를 확인할 수 있으며, 결격사유
해당 여부를 확인하는 경우에는 동별 대표자의 동의를 받아 범죄경력을 관계 기관의 장에게
확인하여야 한다. 〈신설 2018.3.13.〉

③ 제1항 및 제2항에 따른 범죄경력 확인의 절차, 방법 등에 필요한 사항은 대통령령으로
정한다. 〈개정 2018.3.13.〉[제목개정 2018.3.13.][시행일 : 2018.9.14.] 제16조}

◎ 시행령제17조(동별 대표자 후보자에 등 대한 범죄경력 조회) ① 법 제16조 제1항 또는
제2항에 따라 선거관리위원회 위원장은 동별 대표자 후보자 또는 동별 대표자에 대한
범죄경력의 확인을 경찰관서의 장에게 요청하여야 한다. 이 경우 동별 대표자 후보자
또는 동별 대표자의 동의서를 첨부하여야 한다. 〈개정 2018. 9. 11. 시행9.14.〉

② 제1항에 따른 요청을 받은 경찰관서의 장은 동별 대표자 후보자 또는 동별 대표자가
법 제14조 제4항 제3호 제4호 또는 이 영 제11조 제3항 제1호에 따른 범죄의 경력이 있는지
여부를 확인하여 회신하여야 한다. 〈개정 2018. 9. 11. 시행9.14〉

※ 사실혼 관계인 부인이 공동주택 소유자인 경우 배우자인 남편이 동별 대표자가 될 수 있는지?

– 본인이 공동주택의 소유자가 아닌 경우 소유자를 대리하는 배우자이어야 하는 바 (공동주택관리법 제2조 제1항5호)질의와 같이 법률혼이 아닌 사실혼 관계에 있는 배우자는 해당하지 않는 것으로 판단되며 따라서 동별 대표자가 될 수 없을 것으로 판단 됩니다.(국토부 주택건설공급과2014.10)

※ 동별 대표자 선출을 위해 2회 이상 공고했으나 출마자가 없어 다시 선출공고 시 중임한 사람 2명이 같은 선거구에서 함께 동별 대표자로 출마한 경우 선출방법은?

– 2회의 선출공고에도 불구하고 동별 대표자의 후보자가 없는 경우에는 동별 대표자를 중임한 사람도 선출공고를 거처 해당 선거구 입주자등의 2분지1 이상의 찬성으로 다시 동별 대표자로 선출될 수 있습니다. 동별 대표자를 중임한 사람이 2명일 경우에는 입주자 등은 한사람에게 투표하고 후보자 2명 중 어느 한사람이 해당 선거구 입주자등의 2분지1 이상의 찬성을 얻어야 합니다. 단 중임을 하지 아니한 사람이 후보로 나올 경우 중임자는 후보자격이 자동 상실됩니다.(국토부 주택건설공급과 2016.11)

※ 지방법원에서 경비용역 업체계약과 관련 관리주체가 아닌 입주자대표회장 명으로 계약을 한 경우 100만원 이상의 벌금을 선고했고 이에 대해 항소가 진행 중일 경우 해당인은 동별 대표자로 입후보 할 수 있는지?

– 형사피고인은 유죄의 판결이 확정될 때 까지는 무죄로 추정되므로(헌법 제27조4항)최종판결이 확정되지 않는 사람은 동별 대표자로 입후보할 수 있습니다 다만 해당인이 동별 대표자로 당선된 이후 1심과 같은 내용으로 판결이 확정된다면 자동으로 그 자격이 상실 됩니다.(국토부 주택건설공급과6310- 2012- 11.14)

- 동별 대표자는 1개 선거구에 1명을 선출해야 하므로(시행령 제11조 제1항) 1개 선 거구에 2명이상을 선출도록 한 것은 타당하지 않습니다. 이와 관련해서 귀 공동주 택 관리규약으로 1개 선거구에 2명 이상의 동별 대표자를 선출토록하고 2투표 또 는 1인 3투표를 하도록 하고 있다면 관리규약을 개정해 동별 대표자를 다시 선출 해야 할 것이 타당할 것입니다.(국토부 주택건설 공급과 4944 2012. - 09.13)

- 회신: 4대원칙 지킨다면 방문투표도 가능
- 동별 대표자는 선거구 입주자등의 보통 평등 직접 비밀선거를 통해 선출하되 후보 자가 2명이상일 경우에는 과반수 투표에 다 득표자를 선출해야 합니다.(시행령 제 11조 제1항 제1호)질의의 경우 방문투표에 대해서는 주택법령에 별도로 규정한바 가 없습니다. 따라서 후보자가 2명 이상인 경우라도 상기주택법령에서 규정된 4대 원칙을 지킨다면 방문투표도 가능하다고 판단됩니다. 관리규약에 정하지 아니한 경우에는 선거관리규정에 정한 후 방문투표를 실시하시기 바랍니다.(국토부 주택 건설 공급과 758- 2013.2.20.)

- 회신: 세대수에 비례해 선거구 정해야
- 입주자대표회의는 동별 세대수에 비례해 관리규약으로 정한 선거구에 따라 선출된 동대표로 구성 (공동주택관리법 제14조 제1항)하며 선거구는 2개동 이상으로 묶거나 통로나 층별로 구획해 정하도록 하고 있다 (공동주택관리법 제14조 제1항)일부 동 세 대수가 2배라면 세대수가 작은 동을 2개동 이상으로 묶거나 세대수가 많은 동을 통 로나 층별로 구획하는 등 세대수에 비례해서 선거구를 정해야 한다 선거구별로 2배

이상 차이가 나면 바람직하지 않다.(국토부 주택건설공급과 전자민원 2013.5.12.)

◆ **관리규약 준칙 제17조(동별 대표자의 선출)** ① 입주자대표회의를 구성하는 동별 대표자는 법제14조제1항 및 영 제11조제1항에 따라 동별 세대수에 비례[최대세대수와 최소세대수 비율이 2배를 초과하지 아니하여야 한다]하여 다음 각 호의 선거구 별로 1명씩 총0명의 정원을 선출한다.

※ **동별 대표자 선출을 위해 투표를 실시할 때 기권표가 투표율에 해당하는 지 여부 및 아무런 기표 표시 없이 투표용지를 투표함에 넣었을 때 투표율에 해당하는 지요?**

– 동별 대표자 선거구 선출절차와 해임 등에 대한 사항은 관리규약으로 규정할 사항으로(공동주택관리법 시행령 제19조 제1항 제3호)질의한 동별 대표자 선출절차 및 투표방법 등에 대해서는 해당 관리규약으로 정하거나 선거관리규정으로 정해 운영하거나 자체적으로 판단 할 사항입니다. 투표인 명부에 날인하고 투표용지를 받아 기표여부에 관계없이 투표함에 넣는 경우에는 투표율에 포함 하는 것으로 볼 수 있습니다.

※ **동별 대표자가 며느리에게 소유권을 이전했을 때 동별 대표자 자격이 유지되는지요?**

– 동별 대표자는 입주자 중에서 선출하며 입주자는 해당 공동주택의 소유자 또는 소유자를 대리하는 배우자 및 직계존비속을 말합니다.(주택관리법 제2조 제5호)소유자인 동별 대표자가 그 소유권을 며느리에게 이전한 경우 소유자인 며느리는 직계존비속에 해당하지 않아 그 며느리로부터 동별 대표자 피선거권에 대한 위임을 받을 수 없어 동별 대표자 자격을 상실하게 됩니다 (국토부 주택건설 공급과 2013.7.5.).

※ 해당 아파트에 국내 거소신고가 완료된 한국계 외국인(소유자)이 동대표 입후보가 가능한지요?

- 법·령에 규정된 각종 절차와 거래관계 등에서 주민등록증 주민등록표 등본 초본 외국인 등록증 또는 외국인 등록사실증명이 필요한 경우에는 국내 거소신고증이나 사실증명으로 그에 갈음할 수 있도록 하고 있으므로 (재외 동포의 출입국과 법적 지위에 관한 법률 제9조)해당인의 거소 신고증상 주택의 소유자이면서 거소가 귀 공동주택으로 되어 있고 다른 결격사유에 해당하지 않을 경우 동별 대표자로 입후보할 수 있습니다.

● **재외 동포의 출입국과 법적지위에 관한 법률제9조 (주민등록 등과의 관계)** 법령에 규정된 각종 절차와 거래관계 등에서 주민등록증, 주민등록표 등본·초본, 외국인등록증 또는 외국인등록 사실증명이 필요한 경우에는 국내거소신고증이나 국내거소신고 사실증명으로 그에 갈음할 수 있다.

[전문개정 2008.3.14.] [본조제목개정 2008.3.14]

※ 1.해임무효 확인소송에서 1심에서 승소 항소되어 계류중인 경우 1심 승소판결에 의해 동별 대표자 자격이 회복되는 지 아니면 최종 판결이 확정된 경우 회복되는지요?
2.질의의 입대의에서 해임된 동별 대표자가 차기 동별 대표자 선출시 입후보한 경우 1심 법원의 동별 대표자 해임무효 판결사항이 공동주택관리법령상 동별 대표자 결격사유에 해당하는지요?

1. 해임무효 확인에 대한 최종판결 내용에 따라 자격의 회복여부가 판단될 것으로 판단됩니다.
2. 동별 대표자 선출공고에서 정한 각종서류 제출일 현재 법원으로부터 해임무효 판결이 확정되면 동별 대표자로 선출될 수 있으나 해임이 유효한 것으로 판결되면 입주자대표회의에서 해임된 날을 기준으로 2년이 지나지 않으면 동별 대표자로 선

출될 수 없습니다. (국토부 주택건설공급과6440 2011.10.28.)

※ 선거관리위원회 구성이 되지 않으면 동별 대표자를 선출할 수 없는지 선거과리위
원회 업무를 관리사무소에서 시행하여 동별 대표자를 선출할 수 없는지요?

– 입주자등은 입주자대표회의 회장과 감사 및 동별 대표자를 민주적이고 공정하게
선출(해임)하기 위하여 자체적으로 선거관리위원회를 구성합니다.(공동주택관리
법 제15조 제1항)따라서 선거관리위원회 구성이 되지 않으면 동별 대표자를 선출
할 수 없을 것이며 선거관리위원회 고유 업무를 관리사무소에서 시행할 수 없을
것으로 판단 됩니다. (국토부 주택건설공급과 FAQ– 2013.12.31.)

3-2. 동별 대표자 결격사유

★ **공동주택관리법 제14조 제③** 동별 대표자는 동별 대표자 선출공고에서 정한 각종 **서류 제출 마감일**(이하 이 조에서 "서류 제출 마감일"이라 한다)**을 기준**으로 다음 각 호의 요건을 갖춘 입주자(입주자가 법인인 경우에는 그 대표자를 말한다) 중에서 대통령령으로 정하는 바에 따라 선거구 입주자등의 보통·평등·직접·비밀선거를 통하여 선출한다.

1. 해당 공동주택단지 안에서 주민등록을 마친 후 계속하여 대통령령으로 정하는 기간(6개월)이상 거주하고 있을 것(최초의 입주자대표회의를 구성하거나 제2항 단서에 따른 입주자대표회의를 구성하기 위하여 동별 대표자를 선출하는 경우는 제외한다)

2. **해당 선거구에 주민등록을 마친 후 거주하고 있을 것**

④ 서류 제출 마감일을 기준으로 다음 각 호의 어느 하나에 해당하는 사람은 동별 대표자가 될 수 없으며 그 자격을 상실한다. 〈개정 2015.8.28.〉

1. 미성년자, 피성년후견인 또는 피한정후견인

2. 파산자로서 복권되지 아니한 사람

3. 이 법 또는 「주택법」, 「민간임대주택에 관한 특별법」, 「공공주택 특별법」, 「건축법」, 「집합건물의 소유 및 관리에 관한 법률」을 위반한 범죄로 금고 이상의 실형 선고를 받고 그 집행이 끝나거나(집행이 끝난 것으로 보는 경우를 포함한다) 집행이 면제된 날부터 2년이 지나지 아니한 사람

4. 금고 이상의 형의 집행유예선고를 받고 그 유예기간 중에 있는 사람

5. 그 밖에 대통령령으로 정하는 사람

⑤ 동별 대표자가 임기 중에 제3항에 따른 자격요건을 충족하지 아니하게 된 경우나 제4항 각 호에 따른 결격사유에 해당하게 된 경우에는 당연히 퇴임한다. 〈신설 2018.3.13.〉

※ 피 성년후견인: 질병 장애 노령 그 밖의 사유로 인한 정신적 제약으로 사무를 처리할 능력이 지속적으로 결여된 사람으로서 가정법원으로부터 피 성년후견 개시의 심판을

받은 자

※ 피 한정후견인: 질병 장애 노령 그 밖의 사유로 인한 정신적 제약으로 사무를 처리할 능력이 부족한 사람으로서 가정법원으로부터 피 한정후견인 개시의 심판을 받은 자

★ **법제16조(동별 대표자 후보자 등에 대한 범죄경력 조회 등)** ① 선거관리위원회 위원장 (선거관리위원회가 구성되지 아니하였거나 위원장이 사퇴, 해임 등으로 궐위된 경우에는 입주자대표회의의 회장을 말하며, 입주자대표회의의 회장도 궐위된 경우에는 관리사무소장을 말한다. 이하 같다)은 동별 대표자 후보자에 대하여 제14조제3항에 따른 동별 대표자의 자격요건 충족 여부와 같은 조 제4항 각 호에 따른 결격사유 해당 여부를 확인하여야 하며, 결격사유 해당 여부를 확인하는 경우에는 동별 대표자 후보자의 동의를 받아 범죄경력을 관계 기관의 장에게 확인하여야 한다. 〈개정 2018.3.13.〉

② 선거관리위원회 위원장은 동별 대표자에 대하여 제14조제3항에 따른 자격요건 충족 여부와 같은 조 제4항 각 호에 따른 결격사유 해당 여부를 확인할 수 있으며, 결격사유 해당 여부를 확인하는 경우에는 동별 대표자의 동의를 받아 범죄경력을 관계 기관의 장에게 확인하여야 한다. 〈신설 2018.3.13.〉

③ 제1항 및 제2항에 따른 범죄경력 확인의 절차, 방법 등에 필요한 사항은 대통령령으로 정한다. 〈개정 2018.3.13.〉 [제목개정 2018.3.13.] [시행일 : 2018.9.14.] 제16조

※ 경비원에 대한 성범죄 조회 근거: 아동 청소년 보호에 관한 법률 제57조

◎ **시행령 제11조 제③항** 법 제14조제4항 제5호에서 "대통령령으로 정하는 사람"이란 다음 각 호의 어느 하나에 해당하는 사람을 말한다.

　　1. 법 또는 「주택법」, 「민간임대주택에 관한 특별법」, 「공공주택 특별법」, 「건축법」, 「집합건물의 소유 및 관리에 관한 법률」을 위반한 범죄로 100만원 이상의 벌금을 선고받은 후 2년이 지나지 아니한 사람

　　2. 법 제15조제1항에 따른 선거관리위원회 위원(사퇴하거나 해임 또는 해촉된 사람으로서 그 남은 임기 중에 있는 사람을 포함한다)

　　3. 공동주택의 소유자가 서면으로 위임한 대리권이 없는 소유자의 배우자나 직계존비속

4. 해당 공동주택 관리주체의 소속 임직원과 해당 공동주택 관리주체에 용역을 공급하거나 사업자로 지정된 자의 소속 임원. 이 경우 관리주체가 주택관리업자인 경우에는 해당 주택관리업자를 기준으로 판단한다.

5. 해당 공동주택의 동별 대표자를 사퇴한 날부터 1년(해당 동별 대표자에 대한 해임이 요구된 후 사퇴한 경우에는 2년을 말한다)이 지나지 아니하거나 해임된 날부터 2년이 지나지 아니한 사람

6. 법 제23조제1항부터 제5항까지의 규정에 따른 관리비 등을 최근 3개월 이상 연속하여 체납한 사람

④ 공동주택 소유자의 결격사유(법 제14조제4항 및 시행령 제11조 제3항에 따른 결격사유를 말한다. 이하 같다)는 그를 대리하는 자에게 미치며, 공유(共有)인 공동주택 소유자의 결격사유를 판단할 때에는 지분의 과반을 소유한 자의 결격사유를 기준으로 한다.

> ※ 동별 대표자로 선출된 후 다른 선거구에 있는 주택에서 거주하고 있으나 주민등록을 이전하지 않을 경우 동별 대표자 자격은 어떻게 되는 지요?

─ 공동주택관리법 제14조 제3항제1호에 따르면 동별 대표자로 출마하기 위해서는 동별 대표자 선출공고에서 정한 각종 서류제출 마감일을 기준으로 해당 공동주택 단지 안에서 주민등록을 마친 후 계속해서 6개월 이상 거주하고 해당 선거구에 주민등록을 마친 후 거주하고 있어야 동별 대표자로 선출될 수 있도록 규정하고 있습니다. 또한 동별 대표자로 선출된 후 다른 선거구에 거주하는 경우 주민등록을 이전하지 않았더라도 그 사실이 확인된 즉시 동별 대표자 자격이 자동으로 상실됩니다. 〈국토부 주택건설공급과─ 2018.8〉

★ **법 제14조** ⑤ 동별 대표자가 임기 중에 제3항에 따른 자격요건을 충족하지 아니하게 된 경우나 제4항 각 호에 따른 결격사유에 해당하게 된 경우에는 당연히 퇴임한다. 〈신설 2018.3.13.〉

– 동별 대표자 격격사유에 대해서는 공동주택관리법 제14조 제4항 및 동법 시행령 제11조 제3항 등으로 정하고 있으나 입대의 임원의 결격사유에 대해서는 별도로 규정하고 있지 않습니다. 이와 관련 동별 대표자로 선출되면 입대의 임원으로 출마할 수 있는 자격이 부여되므로 이와 별도로 임원의 결격사유를 두지 않았으며 동별 대표자로서 갖는 기본적인 권리인 입대의 임원의 피선거권을 공동주택관리법령이 아닌 해당 공동주택 관리규약으로 정해 제한하는 것은 타당하지 않습니다.

〈국토부 주택건설공급과– 2018.8〉

※ 동 대표 선출시 결격사유에 해당하는 신원확인 방법은?

– 동별 대표자의 선출시 미성년자 피 성년후견인 또는 피 한정후견인 (2014년 4월25일부터 적용)파산자로 복권되지 않은 사람 금고 이상의 실형 선고자등은 동별 대표자가 될 수 없으므로 (공동주택관리법 제14조제4항) 동별 대표자 선거전 후보자 본인이 소명(서류제출)등을 거쳐 결격사유에 해당하지 않는 경우에 한해 동별 대표자로 입후보 할 수 있도록 하는 것이 타당 합니다.

참고: 범죄 경력사유 조회관련 (공동주택관리법 제16조 시행령 제17조) 본인조회가 원칙

① 범죄경력조회: 선거관리위원회 위원장 (선거관리위원회 미 구성시 부득이한 경우에는 입주자대표회장이나 관리사무소장이 본인의 동의서 받아 가능) 이 관할 경찰관서의 장에게 제출하여 회신을 받을 수 있다.

② 금치산자 한정치산자 파산자 피 성년후견인 피 한정후견인 조회: 후보자 본인이 본적지 행정청에 신청하고 피성년후견인 피한정후견인 조회는 가정법원에 본인이 직접신청: 후견인 등기사항 부존해 증명서 발급요청

시행규칙 별지3호서식: 범죄경력 확인 동의서

위 본인은 공동주택 동별 대표자 후보자 또는 동별 대표자로서 공동주택관리법 제16조 제1항

제2항 같은법 시행령 제17조 제1항 및 같은 법 시행규칙 제5조 제2항에 따라 범죄경력 확인에 동의합니다.

위 동의서 양식으로 법 제16조제1항 시행령 제17조 제1항의 동별 대표 후보자 범죄경력 조회 확인에 대한 사항을 선관위원장 입대의회장 또는 관리소장에게 동의서를 제출하여 범죄경력 확인신청서를 관할 경찰관서의 장에게 제출하여 회신서를 받을 수 있다.

※ 경비원에 대한 성범죄 조회 근거: 아동 청소년 보호에 관한 법률 제57조

> ※ 동별 대표자에 대한 해임이 요구돼 사퇴한 경우 2년이 지나면 동별 대표자 후보로 출마할 수 있는데 해임이 요구된 날에 입주자 등이 구두로 사퇴요구한 날을 포함하는지?

– 공동주택관리법 시행령 제11조 제3항 제5호에 따라 해당 공동주택의 동별 대표자를 사퇴한 날부터 1년(해당 동별 대표자에 대한 해임이 요구된 후 사퇴한 경우 2년)이 지나지 않거나 해임된 날부터 2년이 지나지 않은 사람은 동별 대표자가 될 수 없습니다. 이와 관련 '해임이 요구된 후'의 의미는 관리규약으로 정한 해임요구 방법을 기준으로 판단하는 것이 타당할 것으로 사료됩니다 〈 국토부 주택건설공급과– 2018. 7〉

> ※ 해당 공동주택에 경비용역을 제공하는 A사의 임원과 해당 공동주택에게 용역 등을 제공하고 있지 않으나 A사와 대표가 같은 회사인 B사의 임원은 동별 대표자가 될 수 있는지?

– 해당 공동주택 관리주체의 소속 임직원과 관리주체에 용역을 공급하거나 사업자로 지정된 자의 소속 임원은 동별 대표자가 될 수 없습니다. (공동주택관리법 시행령 제11조 제3항 제4호)
따라서 질의와 같이 해당 공동주택에 용역을 제공하고 있는 법인(A사)의 임원은 동별 대표자가 될 수 없으며, 해당 공동주택에 용역 등을 제공하지 않은 법인(B사)의 임원은 양 사의 소유자가 같더라도 별개의 법인으로 해당 공동주택에 용역을 제공하지 않으므로 해당 공동주택에서 동별 대표자가 될 수 있음을 알려드립니다.

〈 국토부 주택건설공급과- 2018. 6. 〉

※ 해당 공동주택 선거관리규정으로 동별 대표자 결격사유를 공동주택관리법 및 시행령 과 다르게 정할 수 있는지?

– 질의의 경우 공동주택관리법령에 규정된 동별 대표자 결격사유와 달리 선거관리규정으로 공동주택관리법 제14조 제4항 시행령 제11조 제3항에 규정된 동별 대표자 결격사유를 일부 삭제하거나 추가해 다르게 규정할 수 없으며 동대표 피선거권을 박탈해서는 안됩니다. 참고로 현재 동별 대표자 결격사유는 개인의 피선거권인 기본적인 권리를 제한하는 내용으로 권리 제한사항을 일반적으로 법령에 근거를 두고 있습니다. (국토부 주택건설공급과 2015.10)

※ 개인 회생절차 및 개인 파산절차가 확정된 경우 동별 대표자 자격상실 사유가 되는지요?

– 파산자로서 복권되지 않는 사람은 동별 대표자가 될 수 없으며 (공동주택관리법 제14조 제4항 제2호)따라서 개인 회생절차가 확정된 자는 동별 대표자의 결격사유에 해당하지 않으나 파산자는 법원에서 파산선고를 받으면 동별 대표자의 자격이 상실될 것으로 판단 됩니다. (국토부 주택건설 공급과 2016.12.)

※ 해당 공동주택관리주체의 소속 임직원과 관리주체에 용역을 공급하거나 사업자로 지정된 자의 소속임원은 동별 대표자로 될 수 없다고 정하고 있음 A라는 주택관리업체 소속으로 B공동주택관리사무소장으로 재직하고 있는 자가 A주택관리업체 가 위탁관리를 맡고 있는 당해 공동주택의 동별 대표자가 될 수 있는지요?

- 공동주택관리법 시행령 제11조 제3항 제4호 해당 공동주택 관리주체의 소속 임직원과 해당 공동주택 관리주체에 용역을 공급하거나 사업자로 지정된 자의 소속 임원. 이 경우 관리주체가 주택관리업자인 경우에는 해당 주택관리업자를 기준으로 판단한다. 해당 공동주택 관리업무를 위탁받은 업체소속의 임.직원이 다른 공동주택의 관리사무소장 및 직원으로 재직하고 있다면 동별 대표자가 될 수 없습니다 (법제처 최종해석) (국토부 주택건설공급과 - 5403 2012- 10.9)

※ 상해혐의 모욕죄 명예훼손 폭력행위로 벌금 100만원을 선고받은 경우에도 공동주택 관리와 관련된 벌금 100만원에 해당 되는지?

- 공동주택관리법 시행령 제11조 제3항 법 제14조 제4항 제5호에서 "대통령령으로 정하는 사람"이란 다음 각 호의 어느 하나에 해당하는 사람을 말한다.
- 법 또는 「주택법」, 「민간임대주택에 관한 특별법」, 「공공주택 특별법」, 「건축법」, 「집합건물의 소유 및 관리에 관한 법률」을 위반한 범죄로 100만원 이상의 벌금을 선고받은 후 2년이 지나지 아니한 사람을 말합니다. 공동주택관리에 따른 벌금 및 관리비 등의 횡령 관리주체의 업무방해 배임 등에 따른 벌금이 해당할 것입니다. 따라서 무고죄 명예훼손이나 폭력행위 등 개인 간에 발생으로 인한 벌금은 공동주택 관리와 관련한 벌금에 해당하지 않습니다.

※ 배임 수재죄로 징역 8월에 집행유예 2년 추징금 4000만원의 형을 선고받은 경우 공동주택관리법 시행령 제11조 제3항 제1호에 따른 공동주택 관련 벌금 100만원 이상에 해당하는지요?

- 배임수재 죄로 징역8월 집행유예2년을 선고받은 경우는 공동주택관리법 제14조 제4항 제4호 금고 이상의 형의 집행유예선고를 받고 그 유예기간 중에 있는 사람에 해당될 것으로 판단됩니다. 따라서 금고 이상의 형은 공동주택관리와 관련된 형에 국한된 것이 아닌 모든 경우의 금고 이상의 형을 의미하며 집행유예 선고를 받은 사람이 그 유예기간이 종료된 때에는 동별 대표자 결격사유에 해당하지 않아

동별 대표자로 출마를 할 수 있습니다. (국토부 주택건설 공급과 2016.4)

※ 가, 당아파트 사업자로 지정된 회사에 근무하며 직책은 고문으로 돼 있을 때 공동주택관리법 시행령 제11조 제3항 제4호에 따른 동별 대표자 결격사유에 해당하는지?

※ 나. 결격사유에 해당하는 사람을 동별 대표자로 선출했을 때 동별 대표자를 하고 있을 당시 결격사유를 발견한다면 즉시 자격이 상실되는지?

- 가. 해당 관리주체의 소속 임직원과 관리주체에 용역을 공급하거나 사업자로 지정된 자의 소속임원은 동별 대표자가 될 수 없으며 그 자격을 상실합니다. 사업자로 지정된 자의 소속임원이란 법인 등기부등본에 등록된 임원을 말합니다. 질의의 고문이 법인 등기부등본에 등록된 임원에 해당된다면 동별 대표자가 될 수 없습니다.

- 나. 동별 대표자를 선출한 후에 해당 동별 대표자가 결격사유에 해당되어 확인 되었다면 별도의 절차 없이 그 자격이 상실됩니다.(국토부 주택건설공급과3492- 2013.9.25.)

◆ **법 제14조(입주자대표회의의 구성 등)⑤** 동별 대표자가 임기 중에 제3항에 따른 자격요건을 충족하지 아니하게 된 경우나 제4항 각 호에 따른 결격사유에 해당하게 된 경우에는 당연히 퇴임한다. 〈신설 2018.3.13.〉

※ **재건축조합 임직원의 동대표 결격사유 여부?**
- 재건축 분양아파트에서 입주자대표회의 구성을 위해 선거절차를 진행중인데 지역주택조합의 임원 주택재건축 및 재개발사업조합의 임직원을 해당공동주택 관리주체 소속 임직원으로 보고 동대표입후보를 제한할 수 있는지?

- 회신: 사업주체인지에 따라 동대표 결격사유 인정
- 동별 대표자의 결격사유는 공동주택관리법 제14조 제4항 및 시행령 제11조 제3항에 규정돼 있는바 해당 공동주택 관리주체의 소속임직원이 포함되어 있습니다. 공

동주택 관리주체는 관리업무를 인계하기 전의 사업주체가 포함되어 있으므로 질의의 지역주택조합 및 주택재건축재개발사업조합이 사업주체라면 관리주체이고 그 관리주체의 임직원은 최초로 선출되는 동별 대표자가 될 수 없는바 질의의 조합이 사업주체인지에 따라 동별 대표자 결격사유가 결정됩니다. 참고로 소속임원은 법원 등기부에 등록된 임원을 의미합니다.(국토부 주택건설공급과 전자민원- 2014. 11.3.)

※ 재건축(전체 리모델링)조합이 소송문제 등으로 조합 청산절차를 이행하지 않은 상태에서 현 조합장이 동별 대표자로 출마할 수 있는지?

– 사업주체가 관리업무를 인계하기 전에 최초로 입주자대표회의를 구성하는 경우라면 해당 재건축조합이 사업주체에 해당하는 경우 그 사업주체는 관리주체가 되므로 그 조합의 소속 임직원은 동별 대표자가 될 수 없습니다. 그러나 질의와 같이 이미 입대의가 구성돼 사업주체가 관리업무를 인계한 경우라면 사업주체의 소속 임직원은 동별 대표자 결격사유에 해당하지 않으므로 질의의 재 건축조합장은 동별 대표자로 입후보 할 수 있습니다

※ 동별 대표자 결격사유 중 해당 관리주체에 용역을 제공하거나 사업자로 선정된 자의 소속임원은 동별 대표자가 될 수 없음(영제11조제3항제4호)이 경우 그 해당범위는 ?

자치관리: 관리주체가 관리소장이므로 (법제2조제14호)관리소장 및 소속 직원 관리사무소장에게 용역제공 사업자의 소속임원(등기된 임원)

위탁관리: 관리주체가 주택관리업자 이므로 주택관리업자 소속 임직원 및 해당 공동주택의 관리사무소장과 그 직원 그 주택관리업자가 관리하는 여타 공동주택의 관리사무소장과 직원도 해당됨. (법제처 최종해석)

주택관리업자에 용역 제공자나 사업자(해당 공동주택에 용역제공자(사업자)의 소속임원

※ 여타 공동주택에서 타 주택관리업자에게 용역을 제공한자는 해당 없음.

> ## ※ 동별 대표자 재임중인 자가 관리주체에 지속적으로 피복 및 기타 물품들을 납품하여 왔다면 동별 대표자로서 자격이 상실되는 지요?

- 공동주택관리법 시행령 제11조 제3항제4호에 따라 공동주택 관리주체의 소속 임직원과 관리주체에 용역을 공급하거나 사업자로 지정된 자의 소속임원은 동별 대표자가 될 수 없으며 그 자격을 상실하게 됩니다. 지속적으로 납품한 것이 사업자 등에 해당되기 위해서는 계약서 등을 작성하여 일정 계약기간을 두고 계속적으로 거래가 이루어지는 경우를 뜻하는 것입니다. (국토부 주택건설공급과 FAQ- 2013.01.30.)

> ## ※ 공동주택관리법 시행령 제11조 제4항에 의하면 공동주택 소유자의 결격사유를 판단할 때에는 지분의 과반을 소유한 자의 결격사유를 기준으로 한다고 규정되어 있고 공유자 지분이 각각 50%일 경우에는 두 사람 모두 과반에 미치지 못할 경우 어떻게 결격사유를 확인해야 하는지요? 남편의 지분이 51%이고 부인이 49%일 경우에 부인이 입후보자로 입후보할 경우 부인의 결격사유와 상관없이 과반을 소유하고 있는 남편의 결격사유가 없다면 부인이 동대표로 출마하는데 상관이 없는지 아니면 남편과 부인이 모두 결격사유가 없어야 하는지요?

- 공유인 공동주택 소유자의 결격사유를 판단할 때는 지분의 과반을 소유한자의 결격사유를 기준으로 합니다.(공동주택관리법시행령 제11조제4항)따라서 주택 소유 지분이 각각 과반을 넘지 못하거나 대리권을 위임할 배우자의 지분이 과반 이상인 경우에는 대리권을 위임할 공동소유자가 동별 대표자의 결격사유에 해당하지 않아야 하며 동별 대표자로 출마하려는 공동소유자 본인 또한 동별 대표자 결격사유에 해당하지 않아야 동별 대표자가 될 수 있습니다. (국토교통부 유사민원- 2016.9.26.)

- 동별 대표자의 해임사유는 관리규약으로 정하도록 규정하고 있으므로(시행령 제13조 제4항제1호 및 제19조 제1항제3호)입주민 과반수의 찬성을 통해 관리규약에 해임사유로 정한다면 그에 따를 수 있습니다.(국토부 주택건설공급과 FAQ- 2013.01.29.)

※ 동별 대표자 자격상실의 경우 사퇴나 해임으로 보아 결격사유에 해당하여 일정기간 입주자대표 입후보가 불가능한지?

- 자격상실은 사퇴나 해임에 해당하지 않으므로 사퇴나 해임의 경우 적용되는 동별 대표자 입후보제한(공동주택관리법 제14조 제4항 시행령 제11조 제3항)은 적용되지 않습니다. 또한 단순이사 관리비3개월 이상 연체자는 자격상실에 해당되나 결격사유는 아닙니다.

※ 공무원 신분으로 아파트 동별 대표자가 될 수 있는지 여부?

- 공무원의 경우는 동별 대표자의 결격사유에 해당하지 않으므로 동별 대표자가 될 수 있습니다 다만 공무원에게는 영리행위 금지나 겸직금지의 의무 ·등이 있으므로 이에 저촉되는 지 여부는 해당공무원이 소속된 기관의 복무담당자와 협의하는 것이 좋을 것으로 사료 됩니다.(국토부 주택건설 공급과 6381- 11.09)

※ 자격요건이 갖추어지지 아니하였으나 동별 대표자로 선출되어 자격이 상실된 사람이 다음 동별 대표자 후보자가 될 수 있는지요?

- 결격사유에 해당하는 사람이 동별 대표자로 선출되어 자격이 상실된 사람은 동별 대표자 결격사유애 해당 하지 않습니다. 현재 선출공고에서 정한 각종 서류제출 마감일 기준으로 다른 결격사유가 없다면 다음 동별 대표자 후보자가 될 수 있습니다.(국토부 주택건설 공급과- 6663 2012.12.4.)

– 커뮤니티 센타에서 근무하는 입주민과 관리주체 사이의 노무계약을 체결하지 않았
다면 해당 공동주택관리주체의 소속 임직원으로 볼 수 없으므로 해당 입주민은 동
별 대표가 돼 입주자대표회의 임원이 될 수 있습니다 다만 임기수행 중에 관리주
체와 노무관련 계약을 체결한다면 관리주체의 임직원으로서 시행령 제11조 제3항
제4호의 결격사유에 해당합니다. (국토부 주택건설 공급과 2013.10.14.)

※ 입주자대표회의 회장이 동대표직을 유지하면서 회장직만 사퇴한 후 다시 입주자
대표회의 회장 보궐선거에 후보자로 출마가 가능한지요?

– 입주자대표회의 임원은 동대표 중에서 선출하므로(공동주택관리법 시행령 제12조
제2항)입대의 회장직은 사퇴했으나 동대표직을 유지하고 있다면 다시 입대의 회장
으로 출마가 가능할 것으로 판단됩니다.

※ 당 아파트 선거관리규정에 통·반장은 선거운동을 할 수 없도록 규정하고 있는데
통.반장을 역임하면서 동대표가 될 수 있는지요?

– 공동주택관리법 · 령에는 통.반장에 대한 동별 대표자 자격을 금지하는 규정은 없
으나 공동주택관리법 시행령 제19조 제1항 제3호에 동별 대표자의 선거구 선출절
차와 해임사유 절차 등에 관한사항은 관리규약으로 정하도록 규정한 바 귀 공동주
택관리규약에 통.반장은 선거운동은 할 수 없지만 동별 대표자가 될 수 없다고는
볼 수 없습니다.

※ 소유자의 위임을 받은 배우자로 동별 대표자에 당선됐으나 소유자의 위임장에 소유자의 서명이 없다는 이유로 동별 대표자의 자격이 상실되는 지요?

- 공동주택의 소유자가 서면으로 위임한 대리권이 없는 소유자의 배우자나 직계존비속은 동별 대표자가 될 수 없으며 (시행령 제11조제3항제3호)소유자의 위임장은 선거관리위원회에 서면으로 제출해야 합니다. 단 동별 대표자 선출공고 및 후보자 서류접수 과정에서 위임장에 소유자의 서명이 누락된 경우라면 지금이라도 위임장을 제출할 수 있도록 안내하고 그 제출 여부에 따라 자격상실 여부를 결정하는 것이 타당할 것으로 판단 됩니다. 〈국토부 주택건설공급과— 2018.3〉

4. 입주자대표회의의 구성

■ 판례: 입주자대표회의 법적성격과 전임회장의 직무수행 범위

입주자대표회의는 동별 세대수에 비례하여 선출되는 동별 대표자들을 구성원으로 하는 법인 아닌 사단이고 그 동별 대표자는 각 동별 입주자가 선출한 것이므로 동별 대표자가 적법하게 선출되어 입주자대표회의가 적법하게 구성된 이후에 있어서는 후임 동별 대표자를 선출하는 것은 비법인 사단으로서의 입주자대표회의가. 동일성을 잃지 않은 채 그대로 존속하면서 단순히 그 구성원을 변경하는 것에 지나지 아니하므로 새로운 동별 대표자의 선출절차가 위법하여 효력이 없다면 그 동별 대표자는 입주자대표회의 구성원으로서의 지위를 취득할 수 없고 종전의 동별 대표자가 여전히 입주자대표회의 회장 등이 변경될 때마다 종전과는 별개 독립의 새로운 비법인 사단이 구성 성립 되는 것으로 볼 것은 아니며 입주자대표회의가 비법인 사단인 이상 그 존속기간의 정함이 있는 것으로도 볼 수도 없다. 민법상 법인과 그 기관인 이사의 관계는 위임자와 수임자의 법률관계와 같은 것으로서 이사의 임기가 만료하면 일단 그 위임관계는 종료되는 것이 원칙이나 그 후임 이사 선임 시 까지 이사가 존재하지 않는다면 기관에 의하여 행위를 할 수 밖에 없는 법인으로서는 당장 정상적인 활동을 중단하지 않을 수 없는 상태에 처하게 되고 <u>이는 민법 제691조에 규정된 급박한 사정이 있는 때와 같이 볼 수 있으므로 임기가 만료되거나 사임한 이사라고 할 지라도 그 임무를 수행함이 부적당하다고 인정할 만한 특별한 사정이 없는 한 그 급박한 사정을 해소하기 위하여 필요한 범위내에서 신임 이사가 선임될 때 까지 이사의 직무를 계속 수행할 수 있고</u> 이러한 법리는 법인아닌 사단에서도 마찬가지 임 공동주택 입주자대표회의 회장의 임기만료에 따른 후임 회장의 선출이 부적법하게 효력이 없게 된 사안에서 차기 회장이 적법하게 선출될 때 까지 전임회장이 일정한 범위내에서 대표자 직무를 수행할 수 있고 입주자대표회의 당사자 능력이 소멸되는 것은 아니라고 함 (대법원 2007다 6307 6월15일선고)

■ **판례: 회장에게 업무상 횡령죄 적용 벌금형 선고:**

노인회 부녀회 아닌 모 단체(입주민)식사비 입대의 및 관리직원 송년회비등은 공동체생활 활성화비용 회의 시 필요한 식사비용에 포함 안돼 법원은 공동체생활 활성화를 위한 비용이란 아파트 입주민의 단합과 소통을 위해 사용하는 비용으로서 아파트 노인회 부녀회 등에 지원하는 비용을 의미하며 회의 시 필요한 식비란 입대의가 개최될 때 필요한 식비를 의미한다. 또한 년말에 입대의 송년회비 및 송년회 후 뒤풀이비로 지불한 비용은 입대의 개최를 전제로 한 것이 아니어서 회의 시 식비에 해당하지 않는다고 밝혔다. 관리사무소 직원 경비원 미화원을 위해 지출한 식사비용등이 아파트 입주민들을 위한 단합을 위한 것이라고 보이지 않으며 연말회식비 명절선물비용 또한 공동체생활 활성화를 위한 비용에 해당하지 않으며 횡령에 해당한다고 못박았다. (광주 지방법원 형사11단독 판사염효준)

★ **법 제14조(입주자대표회의의 구성 등)**

① 입주자대표회의는 4명 이상으로 구성하되, 동별 세대수에 비례하여 관리규약으로 정한 선거구에 따라 선출된 대표자(이하 "동별 대표자"라 한다)로 구성한다. 이 경우 선거구는 2개 동 이상으로 묶거나 통로나 층별로 구획하여 정할 수 있다.

② 하나의 공동주택단지를 수 개의 공구로 구분하여 순차적으로 건설하는 경우(임대주택은 분양전환된 경우를 말한다) 먼저 입주한 공구의 입주자등은 제1항에 따라 입주자대표회의를 구성할 수 있다. 다만, 다음 공구의 입주예정자의 과반수가 입주한 때에는 다시 입주자대표회의를 구성하여야 한다.

③ 동별 대표자는 동별 대표자 선출공고에서 정한 각종 서류 제출 마감일(이하 이 조에서 "서류 제출 마감일"이라 한다)을 기준으로 다음 각 호의 요건을 갖춘 입주자(입주자가 법인인 경우에는 그 대표자를 말한다) 중에서 대통령령으로 정하는 바에 따라 선거구 입주자등의 보통·평등·직접·비밀선거를 통하여 선출한다.

　　1. 해당 공동주택단지 안에서 주민등록을 마친 후 계속하여 대통령령으로 정하는 기간(6개월)이상 거주하고 있을 것(최초의 입주자대표회의를 구성하거나 제2항 단서에 따른 입주자대표회의를 구성하기 위하여 동별 대표자를 선출하는 경우는 제외한다)

　　2. 해당 선거구에 주민등록을 마친 후 거주하고 있을 것

④ 서류 제출 마감일을 기준으로 다음 각 호의 어느 하나에 해당하는 사람은 동별 대표자가

될 수 없으며 그 자격을 상실한다. 〈개정 2015.8.28.〉

1. 미성년자, 피성년후견인 또는 피한정후견인

2. 파산자로서 복권되지 아니한 사람

3. 이 법 또는 「주택법」, 「민간임대주택에 관한 특별법」, 「공공주택 특별법」, 「건축법」, 「집합건물의 소유 및 관리에 관한 법률」을 위반한 범죄로 금고 이상의 실형 선고를 받고 그 집행이 끝나거나(집행이 끝난 것으로 보는 경우를 포함한다) 집행이 면제된 날부터 2년이 지나지 아니한 사람

4. 금고 이상의 형의 집행유예선고를 받고 그 유예기간 중에 있는 사람

5. 그 밖에 대통령령으로 정하는 사람

⑤ 동별 대표자가 임기 중에 제3항에 따른 자격요건을 충족하지 아니하게 된 경우나 제4항 각 호에 따른 결격사유에 해당하게 된 경우에는 당연히 퇴임한다. 〈신설 2018.3.13.〉

⑥ 입주자대표회의에는 대통령령으로 정하는 바에 따라 회장, 감사 및 이사를 임원으로 둔다. 〈개정 2018.3.13. ⑤항을 ⑥항으로〉

⑦ 입주자대표회의는 그 회의를 개최한 때에는 회의록을 작성하여 관리주체에게 보관하게 하고, 관리주체는 입주자등이 회의록의 열람을 청구하거나 자기의 비용으로 복사를 요구하는 때에는 관리규약으로 정하는 바에 따라 이에 응하여야 한다. 〈개정 2018.3.13. ⑥항을⑦항으로.〉

⑧ 동별 대표자의 임기나 그 제한에 관한 사항, 동별 대표자 또는 입주자대표회의 임원의 선출이나 해임 방법 등 입주자대표회의의 구성 및 운영에 필요한 사항과 입주자대표회의의 의결 방법은 대통령령으로 정한다. 〈개정 2018.3.13. ⑦항을 ⑧항으로〉

⑨ 입주자대표회의의 의결사항은 관리규약, 관리비, 시설의 운영에 관한 사항 등으로 하며, 그 구체적인 내용은 대통령령으로 정한다. 〈개정 2018.3.13. ⑧항을⑨항으로〉 [시행일 : 2018.9.14.] 제14조

※ 신원증명은 후보자 본인이 본적지 행정청에 직접 신청할 수 있으며 후견인 등기사항 부존재 증명서 발급은 본인이 가정법원에 발급 요청

※ 제14조제7항을 위반하여 회의록을 작성하여 보관하게 하지 아니하거나(회장) 열람 청구 또는 복사요구에 응하지 아니한 자(관리소장) 500만원 이하의 과태료를 부과 한다 (법 제102조 제3항4호)

■ 입주자대표회의 미 구성시 전자투표제 도입가능 여부

※ 당 아파트는 신규 아파트로 입주자대표회의가 구성되지 않았다. 이러한 경우 전자투표제를 도입할 수 있는지요?

★ 공동주택관리법 일부 개정 2017.8.9. 시행2018.2.10. 법률제14853호

★ 제22조(전자적 방법을 통한 의사결정) 입주자등은 동별 대표자나 입주자대표회의의 임원을 선출하는 등 공동주택의 관리와 관련하여 의사를 결정하는 경우(서면동의에 의하여 의사를 결정하는 경우를 포함한다) 대통령령으로 정하는 바에 따라 전자적 방법(「전자문서 및 전자거래 기본법」 제2조제2호에 따른 정보처리시스템을 사용하거나 그 밖에 정보통신기술을 이용하는 방법을 말한다)을 통하여 그 의사를 결정할 수 있다. 〈개정 2017.8.9. 시행 2018.2.10.〉

◆ 관리규약 준칙 제48조(전자적 방법을 통한 입주자등의 의사결정) ① 입주자등은 다음 각 호의 어느 하나에 해당하는 경우 국가(미래창조과학부 또는 국가사이버안전센터)가 지정하는 정보보호 전문업체의 보안진단 또는 보안적합성 검증을 받았거나, 암호모듈 검증(KCMVP)을 받은 보안시스템을 적용한 전자투표로 그 의사를 결정하여야 한다. 이 경우에도 보통, 직접, 비밀, 평등 투표가 보장되어야 하며 현장투표가 가능하도록 별도의 투표소를 운영하여야 한다.

  1. 입주자대표회의의 구성원이나 그 임원을 선출하는 경우
  2. 입주자대표회의의 구성원이나 그 임원을 해임하는 경우
  3. 법 제5조에 따라 공동주택의 관리방법을 결정하거나 변경하려는 경우
  4. 법 제18조제2항에 따른 공동주택관리규약을 제정하거나 개정하려는 경우
  5. 법 제8조에 따라 공동관리 및 구분관리를 결정하는 경우
  6. 법 제29조제3항에 따른 장기수선계획을 조정하는 경우(입주자에 한함)
  7. 그 밖에 공동주택의 관리와 관련하여 전체 입주자등의 10분의 1 이상의 서면동의 또는 입주자대표회의 구성원 과반수의 찬성으로 의결하여 선거관리위원회에 요청한

경우

② 영 제22조제1항제3호에 따른 본인확인의 방법은 다음 각 호와 같다.

1. 이메일 또는 휴대전화 문자 등「전자서명법」제2조제1호에 따른 전자문서를 제출하는
   방법

2.「전산조직에 의한 투표 및 개표에 관한 규칙」제3조에 따른 터치스크린 전자투표
   시「공직선거법」제157조제1항에 따른 신분증명서를 확인한 후, 투표권카드를 사용
   하는 방법

※ 다만, 제2호 또는 제6호의 사항은 2018.2.10.부터 적용한다(2017년11월 개정)

◆ **관리규약준칙 제38조(입주자대표회의의 의무와 책임)** ① 입주자대표회의의 구성원은 선
량한 관리자의 주의로써 영 제14조 및 규칙 제4조에 따른 업무를 수행하여야 한다.

② 입주자대표회의의 구성원은 고의 또는 중과실로 인하여 입주자등에게 손해를 끼친 경우
에는 그 손해를 배상할 책임이 있다.

③ 입주자대표회의는 제32조 [별표 4]에 해당하는 사업 또는 1천만원 이상의 유지보수사업
중 주민이 참여하는 검수를 할 경우 검수 7일 전에 관리주체로 하여금 공고(게시판, 통합정보
마당)하여 입주자등에게 알리고, 검수에 참여할 주민을 5명 이내로 신청 받아 결정하여
관리주체가 사업에 대해 설명한 후 검수에 참여하게 하여야 한다.

> ※ **공동주택관리법 시행령 제21조에서 '입주자대표회의 구성된 날로부터 30일 이내'**
> **에서 입대의 구성된 날은 언제인지?**

– 공동주택관리법 시행령 제21조에 따르면 법 제19조에 따른 신고를 하려는 입대의
의 회장(관리규약 제정의 경우 사업주체를 말함)은 관리규약이 제정·개정되거나
입대의가 구성·변경된 날부터 30일 이내에 신고서를 시장·군수·구청장에게 제
출하도록 규정돼 있습니다.

여기에서 입대의 구성된 날은 입대의 구성원(임원 등) 선출이 확정된 날을 의미함
을 알려드립니다.〈 국토부 주택건설공급과– 2018. 6.〉

- 법제처 법령해석에 따르면 동별 대표자 선출을 위한 입주자 등의 과반수란 '총 건설 가구수의 과반수'가 아니라 '분양된 총 입주예정 가구수(소유자 또는 세입자 모두를 의미)의 과반수'를 말합니다. 이와 관련 공동주택관리법 제11조에 따라 입주예정자의 과반수가 입주해 입대의를 구성하고자 하는 경우라면, 과반수가 입주하지 않은 2개동(선거구)에서도 동별 대표자 선출을 진행할 수 있습니다. 〈 국토부 주택건설공급과− 2018. 6.〉

※ 관리규약으로 정한 입대의 정원 4명을 선출하여 구성신고를 마친 후 입대의 운영 중 2명이 사퇴한 경우 보궐선거로 1명의 동별 대표자만 추가로 선출하면 입대의 운영이 가능한지요?

- 법제처 법령해석(2014.11)에 따르면 입대의가 4명의 동별 대표자로 구성된 후 그 일부가 궐위돼 일시적으로 3명이 된 경우에도 입대의 운영이 가능하다고 했습니다. 따라서 해당 공동주택 입대의 정원인 4명이 선출돼 임기가 시작된 이후 2명의 동별 대표자가 사퇴했다면 1명을 추가로 선출해 입대의 정원 4명의 과반수인 3명의 찬성으로 의결이 가능합니다. (국토부 주택건설공급과− 2017.6)

※ 차기 입대의가 구성되기 전 전임 회장의 결재 범위

※ 후임 동별 대표자가 미 구성된 기간 동안 전임 회장이 아파트 관리를 위해 최소한의 범위내에서 필요한 결재를 할 경우 그 결재 범위는 ?

- 새로운 입자대표회의 미 구성으로 임기가 만료된 동별 대표자가 수행할 수 있는 최소한의 업무 범위는 관리직원 인건비 계약만료 후 재계약(용역) 등 집행이 불가피하거나 급박한 사정 등을 해소하기 위한 업무 등이 해당될 것으로 판단 됩니다.

따라서 질의의 직원급여 용역비용 및 공용부분에 대한 긴급보수 등 최소한의 범위에 해당할 것이며 보다 구체적이고 개별적인 사안에 대해서는 자체적으로 판단할 사항입니다.

※ 입대의의 구성신고 반려 시 입대의 소집의결 가능 여부? 주택법령 및 관련규정에 위반된 사유로 입주자대표회의의 구성신고가 반려 됐음에도 불구하고 해당 구성원이 입주자대표회의를 소집하고 의결할 수 있는지?

– 입주자대표회의 구성 신고는 수리를 요하는 신고이므로 (공동주택관리법 제19조 및 시행령 제21조)해당 지자체에서 그 신고를 수리할 경우 효력이 발생 된다. 따라서 입주자대표회의 구성신고가 반려된 상태에서는 입대의 구성원으로 볼 수 없으므로 그 구성원들에게 의한 입주자대표회의 및 의결은 가능하지 않습니다 (국토부 주택건설 공급과 서면민원 2014.4.7.)

※ 현 동대표임기가 남은 상태에서 모두 사퇴한 경우 차기 입대의가 출범해도 되는지 임기는 현 동대표의 잔여임기로 해야 하는지 아니면 새로운 임기 2년으로 해도 되는지 여부?

– 입대의 구성원 모두가 사퇴해 새로운 입대의가 구성할 경우 그 임기를 종전의 입대의의 잔여 임기로 할 것인지 이니면 새로운 임기 2년으로 할 것인지는 귀 공동주택 관리규약으로 정해 운영할 수 있을 것으로 판단됩니다. (국토부 주택건설 공급과 2729– 2013.8.19.)

※ 입주자대표회의 회장의 배우자가 단지내 어린이집 운영자로 선정된 경우 입대의 회장의 동별 대표자 자격유지 여부는?

– 동별 대표자가(배우자 및 직계존비속 포함)해당공동주택의 사업자(어린이집 운영자)로 지정된 경우 그 자격이 상실됨을 알려드립니다. (국토부 주택건설공급과 828. 2012. 2. 20.)

4- 2.입주자대표회의의 운영비(임원의 업무추진비 운영 기준)

■ **대법원 판례: 변호사 선임료 지출의 위법성(대법원 2011.9.29. 2011도4677)**

집합건물 입주자대표회의 회장과 대표자인 자신들의 형사사건 변호사 선임비용을 입주자 대표회의비로 지출하였다고 하여 업무상 횡령죄로 기소된 사안에서 피고인 갑(회장)에 대한 형사소송은 다른 입주자대표자들의 자격. 기존의 입주자대표회의가 처리해온 업무의 효력등과 연관되어 있다는 점에서 그와 관련한 변호사 비용을 지출한 것은 단체의 업무수행에 필요한 비용을 지급한 것이나 피고인들(동대표)의 개인적인 형사사건을 위하여 단체의 비용으로 변호사 선임료를 지출한 것은 위법하다고 할 것임

■ **법제처 유권해석 요점**

> ※ 공동주택관리법 제18조 제2항에 따라 입주자와 사용자가 공동주택 관리규약의 준칙을 참조하여 공동관리규약을 정할 때 입주자대표회의 운영비의 용도 및 사용금액에 대한 핵심적 구체적인 내용을 관리규약에 직접 규정하여야 하는 지요?

- 공동주택관리법 제18조 제2항에 따라 입주자와 사용자가 공동주택관리규약의 준칙을 참조하여 공동주택관리규약을 정할 때 입주자대표회의 운영비의 용도 및 금액에 대한 핵심적 구체적인 내용을 공동주택관리법 시행령 제19조 제1항 제6호. (영 제23조 제3항 제8호에 따른 입주자대표회의 운영경비의 용도 및 사용금액 운영 · 윤리교육 수강비용을 포함한다)에 의거 관리규약에 직접 규정하도록 한 취지는 입대의 운영비가 방만하게 편성되거나 집행될 경우에 그 금액을 부담하는 입주자 및 사용자에게 예상치 못한 재산상 손실을 초래할 수 있는 등 입대의 운영비의

중요성을 고려한 처사로 볼 수 있습니다. (법제처 2013- 0194)

★ **법 제17조(입주자대표회의의 구성원 등 교육)** ① 시장·군수·구청장은 대통령령으로 정하는 바에 따라 입주자대표회의의 구성원에게 입주자대표회의의 운영과 관련하여 필요한 교육 및 윤리교육을 실시하여야 한다. 이 경우 입주자대표회의의 구성원은 그 교육을 성실히 이수하여야 한다.

② 제1항에 따른 교육 내용에는 다음 각 호의 사항을 포함하여야 한다.

 1. **공동주택의 관리에 관한 관계 법령 및 관리규약의 준칙에 관한** 사항

 2. **입주자대표회의 구성원의 직무·소양 및 윤리에 관한** 사항

 3. **공동주택단지 공동체의 활성화에 관한** 사항

 4. **관리비·사용료 및 장기수선충당금에 관한** 사항

 5. **입주민 간 분쟁의 조정에 관한 사항**

 6. **하자 보수에 관한 사항**

 7. 그 밖에 입주자대표회의의 운영에 필요한 사항

③ 시장·군수·구청장은 입주자등이 희망하는 경우에는 제1항의 교육을 입주자등에게 실시할 수 있다. 〈신설 2018.3.13.〉

④ 제1항 및 제3항에 따른 교육의 시기·방법, 비용 부담 등에 필요한 사항은 대통령령으로 정한다. 〈개정 2018.3.13.〉 [제목개정 2018.3.13.] [시행일 : 2018.9.14.] 제17조

◎ **시행령 제18조(입주자대표회의의 구성원 등 교육)** ① 법 제17조제1항 또는 제3항에 따라 시장·군수·구청장은 입주자대표회의 구성원 또는 입주자등에 대하여 입주자대표회의의 운영과 관련하여 필요한 교육 및 윤리교육(이하 이 조에서 "운영·윤리교육"이라 한다)을 하려면 다음 각 호의 사항을 교육 10일 전까지 공고하거나 교육대상자에게 알려야 한다. 〈개정 2018. 9. 11.〉

 1. 교육일시, 교육기간 및 교육장소

 2. 교육내용

 3. 교육대상자

 4. 그 밖에 교육에 관하여 필요한 사항

② 입주자대표회의 구성원은 매년 4시간의 운영·윤리교육을 이수하여야 한다.

③ 운영·윤리교육은 집합교육의 방법으로 한다. 다만, 교육 참여현황의 관리가 가능한 경우에는 그 전부 또는 일부를 온라인교육으로 할 수 있다.

④ 시장·군수·구청장은 운영·윤리교육을 이수한 사람에게 수료증을 내주어야 한다. 다만, 교육수료사실을 입주자대표회의 구성원이 소속된 입주자대표회의에 문서로 통보함으로써 수료증의 수여를 갈음할 수 있다.

⑤ 입주자대표회의 구성원에 대한 운영·윤리교육의 수강비용은 제23조제3항제8호에 따른 입주자대표회의 운영경비에서 부담하며 입주자등에 대한 운영 윤리교육의 수강비용은 수강생 본인이 부담한다. 다만, 시장·군수·구청장은 필요하다고 인정하는 경우에는 그 비용의 전부 또는 일부를 지원할 수 있다. 〈개정 2018. 9. 11.〉

⑥ 시장·군수·구청장은 입주자대표회의 구성원의 운영·윤리교육 참여현황을 엄격히 관리하여야 하며, 운영·윤리교육을 이수하지 아니한 입주자대표외의 구성원에 대해서는 법 제93조제1항에 따라 필요한 조치를 하여야 한다.

〈개정 2018. 9. 11.〉 [제목개정 2018. 9. 11.]

◆ **관리규약 준칙 제37조(운영비)** ① 입주자대표회의는 영 제23조제3항제8호에 따른 입주자대표회의의 운영비에 관한 사용규정("운영비사용규정"이라 한다. 이하 같다)을 정하여야 한다. 이 경우 [별첨 4]의 입주자대표회의 운영비 사용규정을 참조할 수 있다.

② 입주자대표회의의 운영비는 다음 각 호와 같이 구성한다.

　1. 회의 출석수당 ： 1회 ○만원(1회당 최대 5만원 이내로 하되, 월○만원을 초과할 수 없다)

　2. 회장 업무추진비 : 매월 ○만원

　3. 감사 업무추진비 : 1인당 매월 ○만원

　4. 그 밖에 입주자대표회의 운영에 소요되는 비용

　　가. 영 제18조제5항에 따른 운영, 윤리교육비 및 제75조에 따른 직무교육비 등 교육비 : 년간 ○만원

　　나. 제90조제2항에 따른 입주자대표회의 회장의 보증보험 등의 가입비용

　　다. 회의 시 다과, 간식, 식비(회의 시 안건 토의가 길어져 부득이 식사시간을 경과한

경우에 한하   여 참석자 1인당 1만원 이내 지출)

라. 회의에 필요한 물품구입 비용, 교통비

마. 입주자대표회의에서 자문이 필요하다고 의결한 전문가 자문비용4. 감사 업무추

진비 :1인당 매   월 ○만원 (개정 2019.2.22.)

③ 관리주체는 운영비사용규정에 따라 입주자대표회의에서 제출한 사용내역을 매월 별도의 장부(증빙자료를 포함한다)로 작성하여 5년간 보관 및 관리하여야 하며 다음달 말일까지 게시판, 통합정보마당에 공개하여야 한다.

※ 가 입주자대표회의 임기 만료 후 차기 동별 대표자가 선출되지 않는 상태에서 회장의 인감은 전임 회장이 계속 보관하여 통상적인 관리업무에 대한 결재권을 행사할 수 있는지?

※ 나. 전임 회장이 통상적인 관리업무 (자금 지출업무 포함)에 대한 결재권 행사시 관리규약에 명시된 입대의 회장 업무추진비를 지출할 수 있는지?

- 가. 기존 동별 대표자의 임기가 만료됐으나 새로이 동별 대표자를 선출하지 못한 경우 기존 동별 대표자가 그 임무를 수행함이 부적당하다고 인정할만한 특별한 사정이 없는 한 그 급박한 사정을(민법제691조) 해소하기 위하여 필요한 범위 내에서 새로운 동대표가 선출될 때까지 그 직무를 계속 수행할 수 있을 것으로 사료됨 (대법원판례 2007다 6307 06.15선고) 참고로 기존 동별 대표자가 부당하게 사실상의 임기연장을 노리고 새로운 동별 대표자 선출을 방해하는 등의 사유가 있을 경우에는 상기 그 임무를 수행함이 부적당하다고 인정될만한 특별한 사정으로 볼 수 있을 것입니다.

- 나. 입대의 구성이 어려워 전임 입대의회장이 그 직무를 계속 수행할 경우에는 회장의 직무를 대행하는 것으로 회장 업무추진비를 계속 지급할 수 있을 것으로 판단되나 보다 구체적인 사항은 공동주택 관리규약 또는 입대의 운영비 사용규정으로 정해야 할 것입니다. (국토부 주택건설 공급과 4872- 2012- 09.10)

— 공동주택관리법 시행령 제23조 제3항 제8호에 따른 입주자대표회의의 운영비의
용도 및 사용금액은 시행령 제19조 제1항 제6호에 따라 관리규약으로 정하는 것이
며 입주자대표회의 회장 등의 업무추진비는 관리규약이 정하는 바에 의거 회계처
리 하는 것입니다. 입주자대표회의 회장 등 임원에게 지급하는 업무추진비는 실비
변상적인 일종의 인건비성 판공비로서 규약에 따른 수급권자가 임의로 사용할 수
있는 것이 원칙이며 서울시 공동주택 관리규약준칙(예시)제88조 관련 공동주택관
리 회계처리기준 제17조 제2호 나목에 판공비 등 부득이 영수증을 징구하지 못한
경우에는 지급증으로 갈음할 수 있다고 규정하고 있으며 서울시공동주택관리규약
준칙 [별표4]입대의 운영비에 관한 사용규정(안) 제10조(운영비의 정산)제3호 업
무추진비는 현금지급증으로 갈음한다 라고 규정하고 있습니다. 참고하시기 바랍
니다.

◆ 준칙[별첨 4] (제37조제1항 관련) 입주자대표회의 운영비에 관한 사용규정(안)

제10조 (운영비의 정산) 운영비의 정산은 아래 각 호의 기준에 따른다.

1. 모든 운영비는 사용내역을 별도의 장부에 기록하여야 하며 관리주체 회계담당자가
   관리한다.

2. 회의비는 참석부, 회의록 등 증빙서류에 따라 실비 정산한다.

3. 업무추진비는 해당자에게 현금 지급증으로 갈음한다.

4. 실비보상금은 실제 소요된 비용에 한해 증빙서류(신용카드 명세서, 현금영수증 등)에
   따라 정산하되 영수증을 받기 어려운 사항은 업무추진자의 추진과정보고서로 대체하
   며, 추진과정 보고서로 대체하는 비용은 각 비용 전체의 30%를 초과할 수 없다.(단,
   교통비는 특별한 사유가 없는 한 대중교통을 이용한다)

5. 회의출석수당 및 업무추진비는 개별 동별 대표자(임원 포함)가 지정하는 금융기관의 계좌로 이체하여 지급한다.

※ 입주자대표회의 운영비에 정기회의 후 실시하는 저녁식사비가 포함되 있지 않을 경우 운영비로 식사를 할 수 있는지요?

– 입주자대표회의 운영비의 용도 및 사용금액은 입주자대표회의 운영비 사용규정이나 관리규약으로 정하도록 하고 있으므로 동별 대표자가 회의 후 저녁식사를 정기적으로 하고자 하는 경우에는 입대의운영비 사용규정이나 관리규약에 정해 운영해야 함 (국토부 주택건설공급과 419 2013.4.17.)

※ 입주자대표회의의 운영비 등 사용내역 공개 방법 입주자대표회의의 운영 및 윤리교육비 동별 대표자 참석수당 임원의 업무추진비 공동체생활의 활성화를 위한 비용 등의 공개와 관련 법 · 령에서는 어떻게 규정하고 있는지요?

– 대표회의 운영비 및 윤리교육비용 동별 대표자 회의 참석수당 임원의 업무추진비 등 대표회의 운영비의 용도 및 사용금액은 관리규약으로 정하도록 규정되어 있고 사용내역의 공개에 대해서도 관리규약으로 정해 운영할 사항입니다. (국토부 주택건설공급과 2012.3.5.)

◎ **시행령 제23조 제3항 제8호** 입주자대표회의 운영경비 제9호선거관리위원회 운영경비 ⑧ 항 제1항부터 제5항까지의 규정에 따른 관리비 등을 입주자등에게 부과한 관리주체는 법 제23조제4항에 따라 그 명세(제1항 제7호 · 제8호 및 제3항 제1호부터 제4호까지는 사용량을, 장기수선충당금은 그 적립요율 및 사용한 금액을 각각 포함한다)를 다음 달 말일까지 해당 공동주택단지의 인터넷 홈페이지와 법 제88조제1항에 따른 공동주택관리정보시스템(이하 "공동주택관리정보시스템"이라 한다)에 공개하여야 한다. 잡수입(재활용품의 매각 수입, 복리시설의 이용료 등 공동주택을 관리하면서 부수적으로 발생하는 수입을 말한다. 이하 같다)의 경우에도 동일한 방법으로 공개하여야 한다.

★ **법23조 ⑧ 공개범위:** <u>해당 공동주택단지의 인터넷 홈페이지</u> 인터넷 홈페이지가 없는 경우에는 해당 공동주택단지의 관리사무소나 게시판 등을 말한다. 이하 같다. <u>공동주택관리정보시스템에 공개</u>하여야 한다.)

◆ **관리규약준칙 제78조(관리비 및 사용료등의 집행 및 공개) 제③항** 관리주체는 관리비등의 월별 징수·사용·보관 및 예치 등에 관한 자료를 통합정보마당에 공개하여야 한다.(단, 법 제27조제2항제1호 및 제2호에 의한 정보는 제외한다)

> ※ **입대의 운영비를 입대의 의결로 증액이 가능한지요?**

- 입주자대표회의 운영비는 입대의에서 의결 또는 입주자등 10분지1 이상 제안한 후 전체입주자 등 과반수의 찬성에 따라 관리규약에 정하거나 입대의에서 입주자대표회의 운영비 사용규정(안)을 10일 이상 게시판에 공고하여 입주자등의 여론을 수렴하여 이의가 없는 경우 입주자대표회의의 의결로 입주자대표회의 운영비 사용규정으로 제정하여 운영하셔야 합니다. 이 경우에도 관리규약에서 정한 범위내에서 가능합니다.

> ※ **입주자대표회의를 소집하였는데 의결정족수에 미달하는 인원이 참석하여 회의를 진행하지 못하고 산회한 경우 해당 회의를 회의회차로 인정할 수 있는지 및 참석자에게 출석수당을 지급할 수 있는지요?**

- 회의를 진행하지 못하고 산회된 경우를 회의 회차에 포함시킬지 여부는 공동주택법·령에 정하고 있는 내용이 없으므로 귀 공동주택에서 합리적으로 판단하여 정하시기 바랍니다. 입주자대표회의 운영비의 용도 및 사용금액은 관리규약으로 정하도록 하고 있으므로 (공동주택관리법 시행령 제19조 제1항 제5호)회의를 진행하지 못하였을 경우 참석자에게 출석수당을 지급할지 여부는 귀 공동주택에서 관리규약 해당 규정의 제정 취지 등을 감안하여 자체적으로 판단하시기 바랍니다.

※ 입주자대표회의 임원에게 지급하는 업무추진비 외에 회장 차량유지대 회식비 등을 입주자대표회의 의결 없이 회장권한으로 지출할 수 있는지요?

- 입주자대표회의의 운영비의 용도 및 사용금액은 관리규약으로 정하도록 하고 있으므로 (공동주택관리법 시행령 제19조 제1항 제6호)입주자대표회의 회장이 임의로 지출할 수 있는 것은 아니며 귀 공동주택 관리규약 및 입대의 운영비 사용규정으로 정한 내용에 따라야 할 것입니다.

5. 입주자대표회의의 의결

1. 기존 동별 대표자의 임기가 만료 되었으나 새로이 동별 대표자를 선출하지 못한 경우에는 기존 동별 대표자가 그 업무를 수행함이 부적당하다고 인정될 만한 특별한 사정이 없는 한 그 급박한 사정(민법 제691조)을 해소하기 위하여 필요한 범위 내에서 새로운 동별 대표자가 선출될 때 까지는 그 직무를 계속 수행할 수 있는 것으로 사료됩니다. (대법원판례 2007년 6월15일 선고 2007다63607)

2. 다만 이 경우에도 임기가 만료된 동별 대표자는 최소한의 범위 내에서 필요한 업무를 수행함이 타당할 것이며 조속히 동별 대표자를 선출하여 입주자대표회의의 정상적인 운영을 도모해야 할 것입니다. (부산지법 제16민사부(항고)결정 결정일 2016.11.16.) (대법원판례 2007년 6월15일 선고 2007다6307)

※ 최소한의 범위의 업무는 관리비 집행에 대한 결재 관리사무소 직원의 임금지급 용역비 지불 계약만료된 용역업체의 재계약 현재 계약된 공사 등의 대금결재 등

■ 판례: 입주자대표회의 결의 효력(대법원 2008.9.25.선고 2006다86597)

공동주택 입주자대표회의는 동별 세대수에 비례하여 선출된 동별 대표자를 구성원으로 하는 법인 아닌 사단이므로 동별 대표자의 선출결의의 무효 확인을 구하는 것은 결국 입주자대표회의의 구성원 자격을 다투는 것이어서 입주자대표회의는 그 결의의 효력에 관한 분쟁의 실질적인 주체로서 그 무효 확인 소송에서 피고 적격을 갖임 또한 입주자대표회의 구성원은 그 임기가 만료되더라도 특별한 사정이 없는 한 필요한 범위 내에서 새로운 구성원이 선출될 때 까지 직무를 수행할 수 있으므로 입주자대표회의 임기가 만료되었

다는 사정만으로는 그 구성원이 무효인 동별 대표자의 선출결의를 다툴 확인의 이익이 없는 것이라고 보기 어려움

● **입주자대표회의의 권한과 의무**

입주자대표회의는 공동주택의 관리비등의 예산확정과 단지 내의 전기 도로 상하수도 주차장 승강기 등의 공용시설물의 유지 및 운영기준 공용부분의 보수 교체 및 개량 등 공동주택관리와 관련된 제반 사항에 대한 의결권을 갖는다.

의결방법: 구성원의 과반수 찬성으로 의결 [공동주택관리법 시행령 제14조 제1항]

◎ **시행령 제14조(입주자대표회의 의결방법 및 의결사항 등)** ① 법 제14조제8항에 따라 입주자대표회의는 입주자대표회의 구성원 과반수의 찬성으로 의결한다.

② 법 제14조제9항에 따른 입주자대표회의의 의결사항은 다음 각 호와 같다. 〈개정2017.1.10

1. 관리규약 개정안의 제안(제안서에는 개정안의 취지, 내용, 제안유효기간 및 제안자 등을 포함한다. 이하 같다)

2. 관리규약에서 위임한 사항과 그 시행에 필요한 규정의 제정 · 개정 및 폐지

3. 공동주택 관리방법의 제안

4. 제23조제1항부터 제5항까지에 따른 관리비 등의 집행을 위한 사업계획 및 예산의 승인(변경승인을 포함 한다)

5. 공용시설물 이용료 부과기준의 결정

6. 제23조제1항부터 제5항까지에 따른 관리비 등의 회계감사 요구 및 회계감사보고서의 승인

7. 제23조제1항부터 제5항까지에 따른 관리비 등의 결산의 승인

8. 단지 안의 전기 · 도로 · 상하수도 · 주차장 · 가스설비 · 냉난방설비 및 승강기 등의 유지 · 운영 기준

9. 자치관리를 하는 경우 자치관리기구 직원의 임면에 관한 사항

10. 장기수선계획에 따른 공동주택 공용부분의 보수 · 교체 및 개량

11. 법 제35조제1항에 따른 공동주택 행위허가 또는 신고 행위의 제안

12. 제39조제5항 및 제6항에 따른 공동주택 공용부분의 담보책임 종료 확인

13. 주민운동시설 위탁 운영의 제안

14. 장기수선계획 및 안전관리계획의 수립 또는 조정(비용지출을 수반하는 경우로 한정한다)

15. 입주자등 상호간에 이해가 상반되는 사항의 조정

16. 공동체 생활의 활성화 및 질서유지에 관한 사항

17. 그 밖에 공동주택의 관리와 관련하여 관리규약으로 정하는 사항

③ 입주자대표회의는 관리규약으로 정하는 바에 따라 회장이 그 명의로 소집한다. 다만, 다음 각 호의 어느 하나에 해당하는 때에는 회장은 해당일부터 14일 이내에 입주자대표회의를 소집하여야 하며, 회장이 회의를 소집하지 아니하는 경우에는 관리규약으로 정하는 이사가 그 회의를 소집하고 회장의 직무를 대행한다.

1. 입주자대표회의 구성원 3분의 1 이상이 청구하는 때

2. 입주자등의 10분의 1 이상이 요청하는 때

④ 입주자대표회의는 제1항 각 호의 사항을 의결할 때에는 입주자등이 아닌 자로서 해당 공동주택의 관리에 이해관계를 가진 자의 권리를 침해해서는 아니 된다.(단지내 상가 입점자 등)

⑤ 입주자대표회의는 주택관리업자가 공동주택을 관리하는 경우에는 주택관리업자의 직원인사 · 노무관리 등의 업무수행에 부당하게 간섭해서는 아니 된다.

※ 공동주택의 관리업무는 공동주택의 운영 관리 유지 보수 교체 개량 및 리모델링에 관한 업무와 이러한 업무를 집행하기 위한 관리비 및 장기수선충당금이나 그 밖의 경비의 청구 수령 지출 및 그 금원을 관리하는 업무 공동주택의 하자의 발견 하자보수청구 장기수선계획의 조정 시설물 안전계획의 수립 및 건축물의 안전점검에 관한 업무가 해당 됩니다.(2013년 8.27. 법제처 법령해석)

◎ **영 제4조제3항** 자치관리기구 관리사무소장은 입주자대표회의가 입주자대표회의 구성원(관리규약으로 정한 구성원의 3분지2 이상이 선출된 경우에는 그 선출된 인원을 말한다 이하 같다) 과반수의 찬성으로 선임한다.

◆ **관리규약준칙제26조(회의개최)** ① 영 제14조제3항에 따라 입주자대표회의는 정기회의

와 임시회의(이하 "회의"라 한다)로 구분하고, 회장이 이를 소집하고 회의의 의장(이하 "의장"이라 한다)이 된다. 다만, 회장이 해당일로부터 14일 이내에 회의를 소집하지 아니하는 경우 이사 중 연장자가 그 회의를 소집하고 회장의 직무를 대행한다.

② 정기회의는 원칙적으로 매월 1회 개최한다.

③ 임시회의는 다음 각 호의 어느 하나에 해당하는 경우에 개최한다.

    1. 회장이 공동주택의 관리를 위하여 필요하다고 인정하는 때

    2. 감사결과를 보고하기 위하여 감사가 회의 소집을 요구하는 때

    3. 관리주체가 회의의 소집이유 등을 분명하게 적어 회의소집을 요청하는 때

    4. 입주자등의 10분의 1 이상이 연서하여 회의소집을 요구하는 때

    5. 입주자대표회의 구성원 3분의 1 이상이 청구하는 때

④ 관리사무소장 또는 안건을 제출한 해당분야 관리책임자 및 입주자등은 회의에 참석하여 해당 안건을 보고하고 발언할 수 있다.(개정 2019.2.22.)

⑤ 단지 내 상가의 관리단 대표는(미 구성 된 때는 유사기능을 하는 대표를 포함한다) 입주자대표회의 회장에게 사전 허가를 받아 회의에 참석하여 발언을 할 수 있다.

⑥ 동주민자치 위원회 위원 또는 해당 공동주택단지를 포함하는 통장은 회장의 사전허가를 받아 회의에 참석하여 발언을 할 수 있다.

◆ **관리규약준칙 제27조(회의방청)** ① 의장은 회의를 개최함에 있어 입주자등 또는 이해관계자가 회의방청을 위하여 회의시작 10분전까지 회의 장소에서 입주자대표회의에 신청을 한 경우에는 공동주택관리의 투명화를 위하여 회의를 방청하게 하여야 한다. 다만, 다음 각 호의 어느 하나에 해당하는 자는 방청을 제한한다.

    1. 흉기 또는 위험한 물품을 휴대한 사람

    2. 음주자 또는 정신이상이 있는 사람

② 방청자는 발언할 수 없다. 다만, 의장이 안건심의와 관련하여 발언을 허가한 경우와 전문가 등에게 필요한 의견을 진술하게 한 경우에는 그러하지 아니하다.

③ 의장은 다음 각 호의 어느 하나에 해당하는 자가 방청하고 있는 경우에는 퇴장을 명할 수 있으며, 그 방청자는 의장의 명에 따라야 한다.

    1. 폭력 및 욕설을 하는 등 질서유지에 방해가 되는 사람

2. 동별 대표자의 발언에 대하여 의견을 개진하거나 손뼉을 치는 사람

3. 방청하면서 식음 · 흡연을 하거나 잡지 등을 보는 사람

4. 그 밖에 회의진행을 방해하는 사람

◆ **관리규약준칙 제28조(회의소집절차)** ① 회장이 회의를 소집하고자 할 때에는 회의개최 5일 전까지 일시 · 장소 및 안건을 동별 대표자에게 서면 또는 수신확인이 가능한 이메일 등 전자적 방법으로 통지하고, 관리주체는 이를 게시판과 통합정보마당에 공개하여야 한다. 다만, 같은 목적으로 회의를 다시 소집하거나 안전사고 등 긴급한 경우에는 회의개최 일정을 단축할 수 있다.

② 입주초기 또는 임대주택을 분양 전환하여 최초로 입주자대표회의를 구성하는 때의 회의 소집은 관리사무소장이 하며, 이때의 회의진행자는 선출된 동별 대표자 중에서 연장자가 수행하여야 한다.

◆ **관리규약준칙 제29조(안건의 제안)** ① 안건은 [별지 제7호서식]에 따라 동별 대표자, 관리사무소장 또는 입주자등이 제안 할 수 있다.

② 안건을 제안하는 자는 제안이유와 주요내용을 제시하면 관리사무소장은 제안자와 협의 후 비용추계서, 근거 등을 첨부하여 회장에게 서면으로 제출하여야 한다. 다만, 인신공격, 사생활, 반복적인 제안 등은 제외한다.

③ 회장은 제2항에 따라 안건이 제출된 때에는 입주자대표회의에 상정하여야 한다.

◆ **관리규약준칙 제30조(입주자대표회의의 의결사항)** 영 제14조제1항에 따라 입주자대표회의는 그 구성원 과반수의 찬성으로 의결한다. 다만, 입주자대표회의가 그 구성원의 과반수에 미달하여 의결할 수 없는 경우에는 전체 입주자등의 과반수의 찬성으로 결정할 수 있으며(장기수선, 하자관련 등 입주자가 결정해야 할 사항은 전체 입주자의 과반수로 한다), 영 제14조제2항제17호의 입주자대표회의에서 의결하는 사항 중 "그 밖에 규약으로 정하는 사항"이라 함은 다음 각 호의 사항을 말한다.

1. 관리비예치금의 증액에 관한 사항

2. 관리주체에서 업무와 관련하여 제안한 사항

3. 제23조제10항에 따른 임원의 해임(입대의에서 간선제로 선출한 경우)

4. 영 제23조에 따른 관리비등 집행을 위한 개별 사업계획(공사, 용역, 물품구입, 매각 등)에 관한 사항으로서 개별적으로 입주자대표회의에 상정된 안건

5. 부대복리시설 및 공용부지 사용에 관한 사항

6. 안전사고 및 도난사고 등 각종 범죄 예방을 위한 폐쇄회로텔레비전(CCTV) 운영에 관한 사항

7. 입주자등의 자율방범 지원과 제97조제1항에 따른 위반금 부과기준에 관한 사항

8. 공동주택관리에 공로가 있는 자의 표창 및 포상

9. 단지 내 공동체 활성화에 관한 사항

10. 제29조에 따라 제안된 안건에 관한 사항

11. 충간소음 및 간접흡연에 관한사항 (2017.11.14.)

◆ **관리규약준칙 제31조(의결방법)** ① 동별 대표자는 입주자대표회의에 직접 출석하여야만 의결권을 행사할 수 있다.

② 동별 대표자는 대리할 수 없다.

③ 입주자대표회의의 의결은 각 안건별로 찬성, 반대 또는 기권 등으로 의사표시를 하고 그 의사표시 사항을 [별첨 2호서식]의 회의록에 기재하여야 한다.

④ 회의에서 일단 부결된 의안은 그 회의 중에는 다시 발의하거나 심의할 수 없다.

⑤ 입주자대표회의는 공동주택관리법령 또는 이 규약에서 정한 의결의 범위·절차 및 방법에 따라 의결할 수 있으며, 그 권한을 이탈하거나 절차상 중대하고 명백한 흠이 있는 의결은 무효가 된다.

◆ **준칙제32조(공사·용역의 적정성 판단을 위한 자문절차 등)** ① 입주자대표회의는 공사·용역규모가 [별표 4]에 해당하는 일정 기준 이상인 경우 공사·용역 적정성 판단을 위하여 특별한 사유가 없으면 입찰공고 전에 자문을 받아야 한다.

② 입주자대표회의는 제1항의 자문대상이 아니더라도 입주자대표회의 3분의 1 이상이 의결하거나 입주자등(500세대 미만 10명 이상, 500세대 이상 20명 이상)이 대표인을 지정하여 자문신청을 제안할 경우 입주자대표회의는 이를 안건으로 상정하여 자문여부를 결정하여야

한다.

③ 입주자대표회의가 제2항에 따른 제안신청을 거부할 경우 입주자등은 전체 입주자등의 20분의 1이상의 연서로써 자문을 신청할 수 있고, 이 때 입주자대표회의는 자문을 받아야 한다.

④ 제1항, 제2항 또는 제3항에 따른 자문은 관리주체가 입찰공고 전 [별지 제11호서식]에 따라 해당자치구로 신청하여야 하며, 도면, 설계서(견적서), 공사설명서등은 반드시 제출하여야 한다.

⑤ 관리주체는 공사·용역계약 입찰공고 전에 자문단 자문결과 보고서를 입주자등에게 공개하여야 한다.

⑥ 제1항, 제2항 또는 제3항의 자문을 신청한 공사·용역에 대하여 관리주체는 계약 후 계약내용에 대한 결과를 자문을 신청한 자치구청장에게 통지하여야 하며, 공사완료시 공사완료에 따른 자문단의 자문을 받을 수 있다.

⑦ 선택적 자문의 경우 입주자대표회의에서 소정의 자문료를 지급할 수 있다. (개정 2019.2.22)

※ 33조 삭제(개정 2019.2.22.)

◆ **관리규약준칙 제34조(재심의)** ① 입주자대표회의에서 의결한 안건이 관계법령 및 관리규약에 위반된다고 판단되면 입주자대표회의의 감사, 관리주체, 입주자등(10인 이상으로 대표인을 지정)은 [별지 제13호서식]의 재심의 요청서를 입주자대표회의에 제출할 수 있다. 이 경우 재심의가 요청된 안건은 제3항이 완료되기 전까지 효력을 정지한다.

② 제1항의 재심의 요청서에는 다음 각 호의 사항이 포함되어야 한다.

  1. 입주자대표회의에서 의결한 내용

  2. 관계규정을 위반하는 내용

  3. 재심의 제안내용

③ 제2항에 따른 재심의 요청서를 제출받은 입주자대표회의는 이를 지체 없이 관계규정에 적합하게 다시 심의하고 그 결과를 게시판에 공고하고 관리주체와 재심의요청서를 제출한 자에게 통보하여야 한다.

④ 제3항에 따라 다시 심의한 안건에 대하여는 재심의 요청을 할 수 없다.

◆ **관리규약준칙 제35조(회의록)** ① 회장은 회의를 개최한 때에는 회의록을 [별첨 2]의 회의록 서식 및 작성 방법에 따라 의결사항 및 주요 발언내용 등을 명확히 작성하여야 한다. 이 경우 의결사항[별첨 2 회의록 2- 1,2- 2]은 참석한 동별 대표자 전원의 서명을 회의당일 받은 후 즉시, 발언록 및 안건세부 명세는 회의종료 후 5일 이내에 법 제14조제7항에 따라 관리주체가 보관 및 집행하도록 통보하여야 한다. 이 경우 입주자대표회의는 관리주체로부터 <u>사무처리 및 업무 지원</u>을 받을 수 있다. (개정 2019.2.22)

② 관리주체는 제28조제1항의 회의결과를 영 제28조 제2항제1호에 따라 게시판, 통합정보마당을 통하여 제1항의 회의록을 통보 받은 날 즉시 공개하여야 한다.

③ 입주자대표회의에서 회의를 개최할 때에는 회의진행사항을 녹화 또는 녹음하여야 하며, 실시간으로 입주자등에게 중계할 수 있다. 녹화물 또는 녹음물은 관리주체가 회의록과 함께 5년간 보관 및 관리하며 입주자등의 요구가 있을 경우 개인정보 보호법 제24조에 따른 고유식별정보 등 개인의 사생활의 비밀 또는 자유를 침해할 우려가 있는 사항은 식별할 수 없도록 조치 후 공개하여야 한다.

◆ **관리규약준칙 제36조(겸임금지 등)** ① 입주자대표회의의 회장 및 감사는 상호 간의 직을 겸할 수 없다.

② 동별 대표자(배우자 및 직계존비속 포함) 및 선거관리위원은 공동주택단지 안의 자생단체 또는 재건축 및 리모델링조합의 임원이 될 수 없다.

③ 동별 대표자 및 선거관리위원이 제2항의 겸임금지 대상에 해당하는 때에는 30일 이내 겸임금지 사항을 해소하여야 하며, 그 기간까지 해소하지 않을 경우 자동 자격 상실 된다.(신설2019.2.22.)

※ 관리규약 상 정원이 5명이나 현재 동별 대표자가 3명밖에 없어 보궐선거를 실시하여 2명의 동별 대포자를 추가로 선출했으나 감사 미선출로 입대의 구성 변경신고를 하지 못한 경우 입대의 의결을 할 수 있는지요?

- 법제처 유권해석(2014- 0539.201410.20.)에서 입대의 구성에 대한 신고의 수리 여부와 관계없이 의결행위를 비롯한 입대의의 활동개시를 인정하는 것으로 보는 것이 타당하며 입대의 구성에 대한 신고는 입대의의 적법성을 인정한다는 것이지 수리가 있기 전까지는 행위가 제한된다고 보기는 어려우므로 입대의 구성 전 의결행위는 유효하다는 법제처의 해석을 반영해 입대의 구성신고 전이라도 정원의 3분지2(3명)의 찬성으로 의결은 할 수 있을 것으로 판단됩니다. (국토부 주택건설 공급과 2018- 3)

※ 입주자대표회의 구성원인 동별 대표자가 입대의 회의에 참석하지 않고 의사표시가 가능한지요?

- 입대의 회의는 회장이 소집하도록 하고 있고 (시행령 제14조 제3항)회의를 개최한 때에는 회의록을 작성토록한 점 (법 제14조 제7항)등을 감안할 때 동별 대표자가 입대의 회의에 참석해 의결하지 않고 의사결정하는 것은 타당하지 않습니다.(국토부 주택건설공급과- 2017.6)

◆ **관리규약준칙 제31조(의결방법)** ① 동별 대표자는 입주자대표회의에 직접 출석하여야만 의결권을 행사할 수 있다.
② 동별 대표자는 대리할 수 없다.

※ 해임 대상으로 상정된 동별 대표자도 해임안 의결에 참여할 수 있는지요?

- 입주자대표회의는 그 구성원 과반수의 찬성으로 의결하며(시행령 제14조제1항)해임대상 동별 대표자도 그 구성원에 포함되므로 해임 의결에 참여할 수 있습니다. (국토부 주택건설 공급과 FAQ- 2013.01.29.)

※ 입주자대표회의 개최 안건 공고에 마지막으로 제5호 기타 안건 이라고 공고가 된 경우 안건 내용에 없는 기타 안건을 회의 즉석에서 의결할 수 있는지?

- 입대의를 개최하기 전 안건을 공고하고 구성원들에게 5일전 안건을 통보 하는 것은 구성원이 결의를 할 사항을 사전에 찬.반 의사를 미리 준비하는데 하게 있으므로 회의의 목적사항은 구성원이 안건이 무엇인가 를 알 수 있도록 해야 하며 안건에 없는 사항을 의결할 수 없습니다 다만 안건과 관계가 되는 사항 및 일상적으로 필요한 사항 은 의결할 수 있습니다. 또한 구성원 전원이 참석하여 전원이 찬성한 경우에 한하여 기타 안건도 의결할 수 있다고 대법원 판례가 있습니다. (대법원판례 2013.2.13선고 2010다 102403)

※ 당해 아파트 동별 대표자 정원은 8명이며 현재 동별 대표자는 3명이 남아 있은 상태일 때 의결 정족수가 부족해 입대의를 진행해 회의록을 작성하는 것이 불가하고 따라서 입대의 출석수당을 지급하는 것이 불가능한지요?

- 입대의는 4명 이상으로 구성해야 하므로 (공동주택관리법 제14조 제1항)질의와 같이 3명으로서는 입대의 의결 등 정상적인 기능이 불가할 것으로 사료 됩니다.그러나 그렇다고 해 회의록 작성이나 출석수당 지급까지도 원천적으로 불가한 것으로 사료되지는 않으며 예를 들어 차후 동별 대표자 추가선출 등 중요한 현안을 논의하기 위해 3명이라도 회의를 하는 경우에는 회의록을 작성할 수 있으며 출석수당도 지급할 수 있을 것이며 이는 귀 공동주택 단지에서 구체적 사항을 감안해 합리적으로 판단해 운용하실 사항으로 판단됩니다. (국토부 주택건설 공급과 3904- 2013- 10.1)

※ 입대의 정원 13명중 현재7명이 있는 경우 7명 전원의 찬성이 있어야 주택관리업자 공사 및 용역사업자를 선정할 수 있는지?

- 주택관리업자 선정 시 해당 공동주택 입대의에서 입찰의 종류 참가자격의 제한 등 주요내용에 대해 결정해야 하므로 입대의 의결이 필요합니다. 주택관리업자 및 사업자 선정지침 [별표4]제2호에 따라 관리주체가 계약자인 경우의 사업자 선정 시

입대의 의결을 거쳐야 하므로 입대의 정원이 13명이고 현재 7명이 남아있다면 7명 전원 찬성으로 주택관리업자 및 사업자 선정지침과 관련한 의결을 할 수 있습니다.

※ 다만 현 위탁관리업체와 수의계약으로 재계약은 불가능 구성원의 3분지2(10명)의 찬성이 있어야 가능 함

※ 입주자대표회의를 소집했는데 의결정족수에 미달하는 인원이 참석해 회의를 진행하지 못하고 산회한 경우 해당회의를 회의 회차로 인정할 수 있는지 및 참석자의 수당지급 여부?

– 회의를 진행하지 못하고 산회한 경우를 회의 회차에 포함시킬지 여부는 주택법령에 정하고 있는 내용이 없으므로 귀 공동주택에서 합리적으로 판단해 정하기 바랍니다. 또한 입대의의 운영비 및 사용금액은 관리규약으로 정도록 하고 있으므로 회의를 진행하지 못했을 경우 참석자의 수당지급 여부는 귀 공동주택 관리규약이나 입대의 운영비 사용규정에 정한 바에 따르시기 바랍니다. (국토부 주택건설공급과 3946- 2013- 10.15)

※ 입대의에서 의결한 안건을 일사부재의 원칙에 따라 동일 안건을 입대의 입기내 재논의가 가능한지?

입대의 의결은 그 구성원 과반수의 찬성으로 의결하며(공동주택관리법 시행령 제14조 제1항)특별한 사정이 없는 한 입대의에서 기존에 논의한 사항이라도 필요에 따라 차기 입대의에서 다시 논의할 수 있을 것으로 판단됩니다.

※ 동별 대표자들 임의로 소집된 회의에서 의결된 안건의 법적 효력 입주자대표회의 회장이 회의를 소집한다는 공고를 했음에도 불구하고 일부 동별 대표자들이 임의로 회의를 개최한다는 공고를 하는 것은 주택법 위반이 아닌지 동별 대표자들에 의해 임의로 소집된 회의에서 의결된 안건의 법적 효력은?

- 입주자대표회의는 관리규약이 정하는 바에 따라 회장이 소집하도록 하고 있습니다. 다만 회장은 입대의 구성원의 3분지1 이상이 청구하는 때 또는 입주자등의 10분지1 이상이 요청하는 때에는 해당일로부터 14일 이내에 입주자대표회의를 소집해야 하며 회장이 회의를 소집하지 않는 경우에는 관리규약으로 정하는 이사가 회의를 소집하고 회장의 직무를 대행하도록 하고 있습니다. 이와 관련 입주자대표회장이 정해진 기간내에 회의를 소집했음에도 권한 없는 일부 동대표자들이 별도의 회의소집 공고를 해 의결을 했다면 주택법령 및 관리규약 제31조제5항을 위반한 것으로 절차상 중대하고 흠이 있는 의결은 무효가 됩니다.

◆ **관리규약 제31조(의결방법)** ⑤ 입주자대표회의는 공동주택관리법령 또는 이 규약에서 정한 의결의 범위·절차 및 방법에 따라 의결할 수 있으며, 그 권한을 이탈하거나 절차상 중대하고 명백한 흠이 있는 의결은 무효가 된다.

※ 기존 입대의에서 의결해 체결한 계약을 새로운 입대의에서 무효화할 수 있는지?

- 기존 입대의에서 의결해 정상적으로 체결한 계약은 새로운 입대의에서 무효화할 수 없습니다.

※ 입주자대표회의 회장 미선출시 회의진행은? 내부적인 문제가 있어 회장 및 감사를 선출하지 못하고 있습니다. 참고로 우리는 500세대 미만입니다. 이런 경우 누가 회의진행을 해야 하나요? 선출된 동대표 중 년장자가 하는지 아니면 관리소장이 하는 지요?

- 입주자대표회의의 회장이 선출되지 않아 회의를 소집하지 못하는 경우에는 관리규약으로 정한 이사가 그 회의를 소집하고 회장의 직무를 대행하므로 (시행규칙 제4조 제1항 제2항)귀 공동주택 관리규약으로 정한 이사도 선출되지 아니한 경우에는 임시 직무대행을 선출하여 직무를 대행할 수 있을 것으로 사료 됩니다.

※ 입주자대표회의 의결로 공동주택 옥상에 이동통신사와 통신 중계기 설치 임대계약을 체결 임대할 수 있는지?

－ 이동통신 중계기 설치에 대해 공동주택관리법·령 에서는 동의기준을 정하고 있는 내용이 없지만 입주자의 재산권과 관련된 사항이므로 입주자의 의견을 충분이 수렴해서 관리규약에 정해 설치여부를 결정 하시기 바랍니다.

※ 임기 만료전 입대의 회장이 동대표를 사퇴해 입대의 구성원이 미달된 경우 신임 회장이 선출될 때 까지 통상업무수행은 누가 할 수 있는지요?

－ 입대의 회장 및 감사의 공석으로 입대의 구성이 안될 때에는 임기 만료된 동대표와 현재 선출된 동대표들이 합의해 임시로 입주자대표회의 회장 직무대행을 할 동대표를 선출하는 방법 등을 강구해 부득히 지급해야 하는 인건비 용역비 등을 지급할 수 있을 것으로 판단됩니다. (국토부 주택건설 공급과 2013.11.1.)

※ 입주자대표회의에서 관리소장의 부재를 이유로 수차례 경고를 했을 시 위.수탁관리계약 해지 사유로 인정의 정당성

－ 공동주택 위.수탁계약에 관한 사항은 공동주택관리법·령에서는 규정된 바 없습니다. 따라서 세부적인 특약사항에 대해서는 계약 당사자 간에 협의를 할 수 있을 것입니다. 또한 관리규약으로 정한바가 있다면 그에 따라야 합니다. (국토부 주택건설 공급과－ 562 2013.4.24.)

※ 해임확인 무효소송에서 1심에서 승소 항소로 이어져 항소에 계류중인 경우 1심 판결에 의거 동별 대표자 자격이 회복되는 지 아니면 최종판결이 확정될 때 회복되는지요?

- 입주자대표회의에서 해임된 동별 대표자는 현재 동대표 자격이 없으며 최종 확정 판결 내용에 따라 자격 회복여부가 판단됩니다. (국토부 주택건설공급과- 6440 2011.10.28.)

6. 임원의 선출, 해임절차 및 임기 등

◎ **시행령 제12조(입주자대표회의 임원의 선출 등) ①** 법 제14조제5항에 따라 입주자대표회의에는 다음 각 호의 임원을 두어야 한다.

    1. 회장 1명

    2. 감사 2명 이상

    3. 이사 1명 이상

② 법 제14조제7항에 따라 제1항의 임원은 동별 대표자 중에서 다음 각 호의 구분에 따른 방법으로 선출한다.

    1. 500세대 이상인 공동주택의 경우

      가. 회장 선출방법

        1) 다음의 구분에 따라 입주자등의 보통 · 평등 · 직접 · 비밀선거를 통하여 선출

        가) 후보자가 2명 이상인 경우 : 전체 입주자등의 10분의 1 이상이 투표하고 후보자 중 최다득표자를 선출

        나) 후보자가 1명인 경우 : 전체 입주자등의 10분의 1 이상이 투표하고 투표자 과반수의 찬성으로 선출

        2) 1)에도 불구하고 후보자가 없거나 선출된 자가 없는 경우에는 입주자대표회의 구성원 과반수의 찬성으로 선출

      나. 감사 선출방법

        1) 다음의 구분에 따라 입주자등의 보통 · 평등 · 직접 · 비밀선거를 통하여 선출

        가) 후보자가 선출 필요인원을 초과하는 경우 : 전체 입주자등의 10분의 1 이상이 투표하고 후보자 중 다득표자를 선출

        나) 후보자가 선출필요 인원과 같거나 미달하는 경우 : 전체 입주자등의 10분의 1 이상이 투표하고 투표자 과반수의 찬성으로 선출

        2) 1)에도 불구하고 후보자가 없거나 선출된 자가 없는 경우(선출된 자가 선출필요 인원에 미달하여 추가선출이 필요한 경우를 포함한다)에는 입주자대표회의

구성원 과반수의 찬성으로 선출

    다. 이사 선출방법 : 입주자대표회의 구성원 과반수의 찬성으로 선출

  2. 500세대 미만인 공동주택의 경우

    가. 회장 및 감사 : 다음의 구분에 따른 방법으로 선출

      1) 입주자대표회의 구성원 과반수의 찬성으로 선출

      2) 1)에도 불구하고 관리규약으로 정하는 경우에는 제1호 가목 및 나목의 방법으로 선출(직선제로선출)

    나. 이사 : 입주자대표회의 구성원 과반수의 찬성으로 선출

③ 입주자대표회의는 입주자등의 소통 및 화합의 증진을 위하여 그 이사 중 공동체 생활의 활성화에 관한 업무를 담당하는 이사를 선임할 수 있다.

④ 입주자대표회의 임원의 업무범위 등은 국토교통부령으로 정한다.

※ 입주자대표회의 감사가 입주자대표회장에게 사퇴서를 제출했으나 고의로 이를 폐기 감사가 다시 관리소장에게 사퇴서를 접수해 관리소장이 선거관리위원장에게 전달했으나 선거관리위원장이 이를 고의적으로 반려한 경우 이 조치가 타당한가?

– 동별 대표자 및 임원의 사퇴는 본인의 의사가 중요하다고 판단되며 사퇴 시 처리 방법이나 절차 등은 귀 공동주택 관리규약이나 선거관리규정 등 제반 규정 등에 따라 자체적으로 판단해야 합니다.

◆ **관리규약준칙 제23조** ⑭ 동별 대표자 또는 임원이 자진 사퇴하고자 할 경우에는 서면으로 입주자대표회의, 선거관리위원회 또는 관리사무소에 사퇴서를 제출하여야 하며, 사퇴의 효력은 사퇴서 도달 즉시 발효된다.

※ 500가구 이상 공동주택에서 임원선출시 후보자가 없어서 간선제로 선출한 경우 해임 시 입주자대표회의 의결로 해임이 가능한지? (입대의에서 과반수의 찬성으로 회장을 선출한 경우)

– 500가구 이상에서 간선제로 임원을 선출한 경우나 500가구 미만 공동주택에서 입주자등이 직접 선출한 임원을 해임할 경우에는 전체주민의 10분지1 이상의 투표와 그 투표자의 과반수 찬성으로 해임을 해야 합니다. (공동주택관리법 시행령 제13조 제4항 제2호)

※ 500세대 이상 공동주택에서 회장과 감사를 선출할 수 있는 때는 ?

– 500세대 미만의 공동주택에서 회장과 감사는 그 구성원의 과반수로 선출하나(시행령 제12조 제2항제2호가목)500세대 이상의 공동주택에서는 별도의 규정이 없으므로 전체 동별 대표자의 과반수가 선출되지 않았더라도 공동주택관리법 시행령 제12조 제2항 제1호에 따라 입주자 등의 보통 평등 직접 비밀선거를 통해 회장과 감사를 선출할 수 있을 것입니다.(법제처 법령해석 2014.9)

※ 입주자대표회의 임원(회장 · 감사)의 직위해제의 가능 및 절차는 ?

– 입주자대표회의 임원의 직위해제에 대한 별도의 규정은 없으나 동별 대표자의 해임사유는 관리규약으로 정하므로 (시행령 제19조 제1항 제3호)입주자대표회의의 임원의 직위해제도 관리규약으로 정해 운영 가능함

※ 입대의 회장 궐위 시 이사가 아닌 동별 대표자 중 1명을 직무대행자로 지정했다. 이 경우 그 임무 수행을 유효하게 할 수 있는지와 회장 직무대행자는 구청에 임원 변경신고 할 필요가 없는 것인지?

– 이사는 대표회장을 보좌하고 대표회장이 부득이한 사유로 그 직무를 수행할 수 없을 때에는 관리규약에서 정하는 바에 따라 그 직무를 대행하도록 하고 있다. (시행규칙 제4조 제2항)따라서 이사가 아닌 동별 대표자가 회장의 직무를 대행할 수 없다. 또한 입주자대표회장이 궐위되고 이에 따라 직무대행자가 지정됐을 경우에는 공동주택주택법 시행규칙 별지 5호 서식에 따라 입주자대표회의 구성(변경)신고를

30일 이내에 해야 할 것으로 판단된다.

※ 1).500가구 미만 입니다.해당 공동주택 입대의는 정원 9명으로 7명이 선출돼 운영
하던 중 4명이 사퇴를 하여 3명이 된 경우 회장 등 임원의 자격이 유지되는지요?
2.)보궐선거를 통해 4명이상의 동별 대표자가 선출됐을 경우 임원을 새로 선출해야
하는지요〉

- 1) 500가구 미만 공동주택은 동별 대표자 중에서 구성원의 과반수의 찬성으로 임
원을 선출합니다.(공동주택관리법 시행령 제12조 제2항 제2호)동별 대표자의 임기
는 시행령 제13조 제1항에서 2년으로 한다 라고 규정하고 있으며. 임원의 임기는
동별 대표자의 임기동안으로 합니다. 따라서 입대의에서 선출된 임원이 사퇴하지
않았다면 임원의 자격은 유지됨을 알려드립니다.
- 2) 사퇴로 인해 결원된 임원은 보궐선거를 통해 새로 구성된 입대의에서 결원된
임원을 그 구성원(관리규약으로 정한 정원)의 과반수의 찬성으로 선출하여야 합니
다. 다만 보궐선거로 선출된 동별 대표자의 임기는 전임자의 남은 기간으로 하며
임기가 6개월 미만인 경우 임기의 횟수에 산정하지 않습니다.

※ 입주자대표회의 회장이 인계 인수 시 반드시 인계를 받아야 하는 사항은 무었인지
요?

- 공동주택법 제13조에 따라 사업주체가 관리주체에게 공동주택관리업무를 인계하
는 사항 또는 관리주체가 변경돼 기존관리주체가 새로운 관리주체에게 관리업무를
인계하는 사항에 대해서는 동 법령에서 규정하고 있으나 입대의 회장업무 인수인
계와 관련해서는 공동주택관리법령에서 별도로 규정하고 있지 않으므로 관리규약
으로 정해 운영하시는게 바람직합니다. 다만 참고로 현재 입대의에서 주진중인 업
무 관리비 예치금의 내역 장기수선충당금의 적립현황 입대의회장 인감 주택관리업
자의 현황(위탁관리) 그밖에 필요한 사항 등 으로 판단됩니다. 〈중앙공동주택관리
지원쎈타 전자민원- 2017.7.5.〉

※ 공동주택관리법 시행령에 따른 감사 선출방식에서 2명의 후보자 중 1명은 입주자 등의 10분지1 투표자 과반수의 찬성으로 당선되고 나머지 1명은 과반수의 찬성을 받지 못한 경우 당선되지 못한 감사직을 간선제로 선출할 수 있는 지?

– 감사후보자 중 투표자 과반수의 찬성을 얻지 못한 경우 간선제로 선출 해야 함 감사 후보자 중에서 투표자 과반수의 찬성을 얻지 못한 경우에는 같은 법 시행령 제12조 제2항 제1호 나목2)에 따라 입주자대표회의 구성원의 과반수의 찬성으로 선출할 수 있다. 아울러 입주자대표회의 감사 후보자가 1명인 경우 후보자 1명은 입주자 등의 10분지1 이상이 투표하고 투표자 과반수의 찬성으로 선출하며 후보자가 없는 감사 1명은 입주자대표회의 구성원 과반수의 찬성으로 선출해야 한다. 이경우 직선제에서 낙선한 감사도 간선제로 구성원 과반수의 찬성으로 감사로 선출될 수 있습니다. (전자민원 국토부 주택건설공급과 2016.9.13.)

※ 500가구 이상 입주자대표회의 감사 2명 선출시 후보가 3명인 경우에는 투표방법은 어떻게 선출하나요?

– 500가구 이상 공동주택에서 입주자대표회의 후보 감사가 선출필요 인원을 초과하는 경우에는 공동주택관리법 시행령 제12조 제2항 제1호 나목1) 가에 따라 전체 입주자 등의 10분지1 이상이 투표하고 후보자 중 다득표자를 선출하므로 질의와 같이 입대의의 감사 후보자가 3명인 경우 입주자 등은 후보자 1명에게만 투표하고 그 중에 다 득표를 한 2명의 후보자를 입대의 감사로 선출하면 됩니다.(주택건설공급과 2016.10)

※ 우리 아파트는(500세대 이상)회장이 사퇴하여 보궐선거를 실시하는데 현 감사가 사퇴를 하지 않고 회장 보궐선거에 출마를 하면서 회장에 당선되면 감사를 사퇴를 하겠다고 하고 선관위에서는 감사 사퇴 후 회장출마를 주장하는 데 어는 주장이 맞는지요?

– 현 입대의 임원(감사.이사)도 회장후보 출마는 가능한 것으로 사료되며 다만 동시에 겸직을 할 수 없을 것이므로 입주자대표회의 회장에 당선되면 감사직을 사임해야 할 것입니다 (주택건설공급과 2014.4.2.)

◆ **관리규약준칙제36조(겸임금지 등)** ① 입주자대표회의의 회장 및 감사는 상호 간의 직을 겸할 수 없다.

② 동별 대표자(배우자 및 직계존비속 포함) 및 선거관리위원은 공동주택단지 안의 자생단체 또는 재건축 및 리모델링 조합의 임원이 될 수 없다.

③ 동별 대표자 및 선거관리위원이 제2항의 겸임금지 대상에 해당하는 때에는 30일 이내 겸임금지 사항을 해소하여야 하며, 그 기간까지 해소하지 않을 경우 자동 자격 상실 된다. (신설 2019.2.22.)

※ 입주자대표회의 회장 또는 감사에서 해임됐으나 동별 대표자 자격이 유지되는 경우 보궐선거로 실시되는 입대의 임원선거에 출마할 수 있는 지요?

– 공동주택관리법 시행령 제12조 제2항에 따르면 입주자대표회의 임원은 동별 대표자 중에서 선출하도록 규정하고 있습니다. 또한 공동주택관리법 제14조 제4항 및 동법 시행령 제11조 제3항에 동별 대표자 결격사유에 대해서는 규정이 있으나 입대의 임원에 대한 결격사유 등에 별도로 규정하고 있지 않습니다. 따라서 입대의 임원의 지위만 해임됐으나 동별 대표자 작격이 그대로 유지되는 경우에는 임원선거에 출마가 가능 합니다. 〈국토부 주택건설공급과- 2018.7〉

6-2. 입주자대표회의 감사의 업무감사 범위

시행규칙 제4조(입주자대표회의 임원의 업무범위 등) ① 입주자대표회의의 회장(이하 이 조에서 "회장"이라 한다)은 입주자대표회의를 대표하고, 그 회의의 의장이 된다.

② 이사는 회장을 보좌하고, 회장이 부득이한 사유로 그 직무를 수행할 수 없을 때에는 관리규약에서 정하는 바에 따라 그 직무를 대행한다.

③ 감사는 관리비·사용료 및 장기수선충당금 등의 부과·징수·지출·보관 등 회계 관계 업무와 관리업무 전반에 대하여 관리주체의 업무를 감사한다.

④ 감사는 제3항에 따른 감사를 한 경우에는 감사보고서를 작성하여 입주자대표회의와 관리주체에게 제출하고 인터넷 홈페이지[인터넷 홈페이지가 없는 경우에는 인터넷포털에서 제공하는 유사한 기능의 웹사이트(관리주체가 운영·통제하는 경우에 한정한다), 해당 공동주택단지의 관리사무소나 게시판 등을 말한다. 이하 같다]에 공개하여야 한다.

⑤ 감사는 입주자대표회의에서 의결한 안건이 관계 법령 및 관리규약에 위반된다고 판단되는 경우에는 입주자대표회의에 재심의를 요청할 수 있다.

⑥ 제5항에 따라 재심의를 요청받은 입주자대표회의는 지체 없이 해당 안건을 다시 심의하여야 한다.

◆ **관리규약준칙 제19조(임원의 구성 및 업무)** ⑤ 규칙 제4조제3항에 따라 입주자대표회의의 감사(이하 "감사"라 한다)는 회계관계 업무와 관리업무전반에 대하여 관리주체의 업무를 감사하며, 관리주체로부터 영 제26조제3항에 따른 사업실적서 및 결산서를 제출받아 감사한 때에는 감사보고서를 작성하여 입주자대표회의와 관리주체에 제출하고 관리주체는 감사보고서를 통합정보마당에 공개하여야 한다.

⑥ 제1항제2호의 감사 외에 자문을 위한 외부전문가(회계사, 세무사, 변호사, 기술사 등의 자격보유자에 한함)를 의결을 거쳐 명예감사로 추가로 위촉할 수 있다. (개정2019. 2. 22.)

※ 공동주택 감사규정(안)은 서울시 통합정보마당 자료실에서 참조할 수 있습니다.

※ 임기가 만료돼 현재 입주자대표회의 감사가 아닌 전 입대의 감사가 자신의 임기중 발생한 사안에 대해 회계감사등을할 수 있는지요?

- 임기가 만료된 입대의 감사는 동별 대표자 및 입대의 임원으로서 자격이 없으므로 전 입대의 감사는 전 입대의 임기내에 대한 부분이라도 감사를할 수 없으며 동 부분에 대해서는 현재 입대의 감사가 회계감사를 하는 것이 타당합니다.(국토부 주택건설공급과- 2018.3)

※ 입주자대표회의 감사의 감사범위에 자생단체에 대한 감사도 포함되는지?

- 입주자대표회의 감사는 아파트 관리비 사용료 및 장기수선충당금 등의 부과 징수 지출 보관 등 회계 관계 업무와 관리업무 전반에 대해 관리주체의 업무를 감사하도록 되어 있으므로(시행규칙 제4조 제3항)공동주택 자생단체에 업무에 대해 감사를 하는 것은 아니다. 다만 자생단체가 운영비를 지원받은 경우에는 매월 그 사용 내역을 입대의에 보고를 해야 합니다.(국토부 주택건설공급과 6639.2012.12.3)

※ 입대의 감사는 감사로 확정되기 이전의 사항에 대해서만 감사할 수 있는지?

- 감사의 범위는 해당 감사 임기 내에 일어나는 관리주체의 업무에 한정되는 것이 아니므로 (법제처 해석)임기전의 관리업무 전반에 대해서도 감사할 수 있을 것으로 사료 됩니다 (국토부 주택건설공급과 4458 2012- 08.16)

● **입주자대표회의 감사의 감사 절차와 방법**

※ 입주자대표회의 감사가 감사기간 및 절차에 대해 정상적으로 대표회의에 통보하지 않고 주관적 판단에 의해 감사를 진행할 수 있는지? 대표회의 의결로 감사의

- 공동주택관리법 제19조 제1항 제15호. 회계관리 및 회계감사에 관한 사항은 공동주택 관리규약에 따라야 한다 시행규칙 제4조 제3항에 대표회의 감사는 관리주체의 업무를 감사하도록 규정하고 있으므로 입대의 의결이나 선관위원의 업무는 감사할 수 없다 감사의 업무범위는 해당 감사 임기내의 업무 및 임기전 관리주체의 업무에 대해서도 감사를 할 수 있다 (국토부 주택건설공급과 2012.5.31.)

※ 입주자대표회의 감사가 감사를 시행하기 위해서 반드시 입대의 의결을 받아야 하는지요?

- 입주자대표회의 감사가 관리주체의 업무를 감사하기 위해서 입대의 의결을 반드시 필요한 것은 아닌 것으로 사료 된다 (국토부 주택건설공급과 2013.12.19.)

※ 감사를 진행하면서 방대한 서류 등을 조사하는데 한계가 있어 입대의 임원을 감사업무에 참여하도록 할 수 있는지요?

- 입대의 감사는 관리주체의 업무를 감사하면서 방대한 서류 등 감사자료 확인에 필요한 보조자(동대표)를 감사업무에 보조하도록 참여하는 것은 가능할 것으로 사료됩니다. (국토부 주택건설공급과 2014.4.10.)

● 입대의 감사의 감사범위 및 방법

※ 입주자대표회의 감사 및 입주민 등이 관리실 회계담당자에게 거래은행 통장의 열람 또는 복사를 요구할 수 있는지요?

- 감사는 관리비 사용료 및 장기수선충당금의 부과 징수 지출 보관 등 회계관계 업

무와 관리업무 전반에 대해 관리주체의 업무를 감사하므로 감사 수행에 필요할 경우 회계담당자에게 거래은행 통장의 열람 또는 복사를 요구할 수 있으나 다만 주민에게는 해당 자료를 열람 복사 해 주는 것이 현 법·령에 관리주체의 의무사항이 아니므로 자체적으로 제반 사항을 고려해 그 공개를 결정할 수 있을 것으로 사료 됩니다. (국토부 주택건설 공급과 4458 2012.8.16.)

★ **법 제23조(관리비 등의 납부 및 공개 등)** ④ 제1항에 따른 관리주체는 다음 각 호의 내역(항목별 산출내역을 말하며, 세대별 부과내역은 제외한다)을 대통령령으로 정하는 바에 따라 <u>해당 공동주택단지의 인터넷 홈페이지</u>[인터넷 홈페이지가 없는 경우에는 인터넷포털에서 제공하는 유사한 기능의 웹사이트(관리주체가 운영·통제하는 경우에 한정한다), 해당 공동주택단지의 관리사무소나 게시판 등을 말한다. 이하 같다]와 제88조제1항에 따라 <u>국토교통부장관이 구축·운영하는 공동주택관리정보시스템</u>(이하 "공동주택관리정보시스템"이라 한다)에 <u>공개하여야 한다</u>. 다만, 공동주택관리정보시스템에 공개하기 곤란한 경우로서 대통령령으로 정하는 경우에는 해당 공동주택단지의 인터넷 홈페이지에만 공개할 수 있다.

● **감사의 권한을 입대의 의결로 침해 가능 여부**

※ 입주자대표회의 정기회의 일주일전 관리소장에게 회계감사를 하겠다고 회의 안건으로 상정해 달라고 해 회의안건으로 채택해 논의한 후 입대의 회장이 공인회계사에 감사를 받겠다고 하며 가.부를 물어 취소 시켰습니다. 이 경우 감사의 감사 권한을 입대의 의결로 침해할 수 있는지요? 또한 감사의 횟수에 대한 제한이 있는지요?

- 주택법 시행규칙 제4조 제3항에 따라 입대의 감사는 관리비 사용료 및 장기수선충당금 등의 부과 징수 지출 보관 등 회계관계 업무와 관리업무 전반에 대해 관리주체의 업무를 감사하도록 규정하고 있으므로 외부 회계감사와 별도로 관리주체에 대한 업무를 감사할 수 있으며 감사의 횟수에 대한 제한은 현 법·령에는 정한바

없으므로 관리규약 및 관련 규정에 따라 정해 운영해야 합니다.(국토부 주택건설공급과7135- 2011.11.30.)

※ 입대의 감사가 사전에 감사보고서를 작성한 후 입주자대표회의에서 설명하는 절차가 감사의 업무인지

– 공동주택관리법 시행규칙 제4조 제④항 감사는 제3항에 따른 감사를 한 경우에는 감사보고서를 작성하여 입주자대표회의와 관리주체에게 제출하고 인터넷 홈페이지[인터넷 홈페이지가 없는 경우에는 인터넷포털에서 제공하는 유사한 기능의 웹사이트(관리주체가 운영·통제하는 경우에 한정한다), 해당 공동주택단지의 관리사무소나 게시판 등을 말한다. 이하 같다]에 공개하여야 한다. 라고 규정한 바 감사의 업무에 포함된다고 볼 수 있습니다.(주택건설공급과- 5438 2012.10.11.)

※ 입대의 감사가 감사를 실시한 경우 인터넷 홈페이지등에 공개할 의무는 감사에 있는지 아니면 관리주체에 있는지 만약 관리주체가 인터넷 홈페이지등에 감사보고서 공개를 거부 시 관리주체를 제재할 수 있는지요?

– 공동주택관리법·령에서는 공동주택의 인터넷 홈페이지는 관리주체가 운영 통제하도록 하고 있습니다.(공동주택관리법 제23조 제4항 이하 같음)공동주택관리법 시행규칙 제4조 제3항에 따라 입대의 감사가 감사를 한 경우에는 감사보고서를 작성해 입대의와 관리주체에게 제출하고 해당 공동주택 인터넷 홈페이지등에 공개하도록 하고 있으므로 공개권한은 감사에게 있습니다. 단 실제 공개업무 집행은 인터넷 홈페이지를 운영 통제하는 관리주체가 할 수 있을 것으로 판단됩니다. 따라서 해당 공동주택의 관리주체가 입대의 감사가 작성해 제출한 감사 보고서를 공개하지 않을 경우 공동주택관리법 제93조에 따라 지자체장이 시정명령을 하고 이에 따르지 않을 경우에는 동법 제102조 제3항 제6호에 따라 500만원 이하의 과태료 대상입니다. 감사는 입주민의 알 권리를 위해 필요한 경우 인터넷홈페이지 이외에 게시판에도 직접 게시할 수 있을 것으로 판단합니다.(주택건설공급과 2017.12)

★ **공동주택관리법 제26조(회계감사)** ③ 관리주체는 제1항 또는 제2항에 따라 회계감사를 받은 경우에는 감사보고서 등 회계감사의 결과를 제출받은 날부터 1개월 이내에 입주자대표회의에 보고하고 해당 공동주택단지의 인터넷 홈페이지와 공동주택관리정보시스템에 공개하여야 한다.

※ 제26조제3항을 위반하여 회계감사의 결과를 보고 또는 공개하지 아니하거나 거짓으로 보고 또는 공개한 자 500만원 이하의 과태료를 부과한다.(법 제102조 제3항6호)

7. 선거관리위원회 구성 · 업무 · 운영 · 해촉 등

■ **법제처 유권해석 요약 (법제처 13- 0181 2013.8.21.)**

선거관리위원회가 동별 대표자의 선출 등 선거관리를 함에 있어서 선거보조 인력을 두려는 경우 사전에 공동주택 관리규약 또는 선거관리위원회 규정에 선거보조 인력에 관한 사항이 반드시 규정되어야 하는 것은 아니라고 할 것임.

■ **법제처 유권해석 요약 (법제처 13- 0156 2013.5.28.)**

아파트 선거관리규정에서 1세대 주택의 세대원 중 선거인 명부에 등재된 사람을 동별 대표자 선거권자로 보되 다른 세대원이 투표에 참여하는 경우에는 그 사람을 선거인 명부에 등재된 사람을 대리하여 투표하는 사람으로 보도록 규정하는 것은 동별 대표자를 직접 선거를 통하여 선출하도록 한 공동주택관리법 제14조 제3항에 위반되지 아니한다고 할 것임.

선거관리위원회

★ **공동주택관리법 제15조(동별 대표자 등의 선거관리)** ① 입주자등은 동별 대표자나 입주자대표회의의 임원을 선출하거나 해임하기 위하여 선거관리위원회(이하 "선거관리위원회"라 한다)를 구성한다.

② 다음 각 호의 어느 하나에 해당하는 사람은 선거관리위원회 위원이 될 수 없으며 그 자격을 상실한다.

    1. 동별 대표자 또는 그 후보자

    2. 제1호에 해당하는 사람의 배우자 또는 직계존비속

    3. 그 밖에 대통령령으로 정하는 사람(1. 미성년자, 피성년후견인 또는 피한정후견인

      2. 동별 대표자 또는 선거관리위원회 위원을 사퇴하거나 그 지위에서 해임 또는 해촉된 사람으로서 그 남은 임기 중에 있는 사람)

★ **법제16조(동별 대표자 후보자 등에 대한 범죄경력 조회 등)** ① 선거관리위원회 위원장

(선거관리위원회가 구성되지 아니하였거나 위원장이 사퇴, 해임 등으로 궐위된 경우에는 입주자대표회의의 회장을 말하며, 입주자대표회의의 회장도 궐위된 경우에는 관리사무소장을 말한다. 이하 같다)은 동별 대표자 후보자에 대하여 제14조제3항에 따른 동별 대표자의 자격요건 충족 여부와 같은 조 제4항 각 호에 따른 결격사유 해당 여부를 확인하여야 하며, 결격사유 해당 여부를 확인하는 경우에는 동별 대표자 후보자의 동의를 받아 범죄경력을 관계 기관의 장에게 확인하여야 한다. 〈개정 2018.3.13.〉

② 선거관리위원회 위원장은 동별 대표자에 대하여 법 제14조제3항에 따른 자격요건 충족 여부와 같은 조 제4항 각 호에 따른 결격사유 해당 여부를 확인할 수 있으며, 결격사유 해당 여부를 확인하는 경우에는 동별 대표자의 동의를 받아 범죄경력을 관계 기관의 장에게 확인하여야 한다. 〈신설 2018.3.13.〉

③ 제1항 및 제2항에 따른 범죄경력 확인의 절차, 방법 등에 필요한 사항은 대통령령으로 정한다. 〈개정 2018.3.13.〉 [제목개정 2018.3.13.] [시행일 : 2018.9.14.] 제16조

◎ **시행령 제15조(선거관리위원회 구성원 수 등)** ① 법 제15조제1항에 따른 선거관리위원회(이하 "선거관리위원회"라 한다)는 입주자등 중에서 위원장을 포함하여 다음 각 호의 구분에 따른 위원으로 구성한다.(관리규약으로 정원을 규정해야 함)

1. 500세대 이상인 공동주택: 5명 이상 9명 이하

2. 500세대 미만인 공동주택: 3명 이상 9명 이하

② 선거관리위원회 위원장은 위원 중에서 호선한다.

⑤ 제5항 선거관리위원회의 구성 운영 업무(영제17조 각 호에 따른 동별 대표자 결격사유의 확인을 포함한다.)경비 위원의 선임 해임 및 임기 등에 관한 사항은 관리규약으로 정한다.

◆ **관리규약준칙 제5장 선거관리위원회**

◆ **관리규약준칙 제44조(위원위촉 및 구성)** ① 영 제15조제1항에 따라 선거관리위원회(이하 "위원회"라 한다.)는 입주자등 중에서 구성하는 위원장을 포함하여 ○명의 위원(500세대 미만 공동주택의 경우는 3~9명, 500세대 이상 공동주택의 경우는 5~9명의 범위에서 자율적으로 정한다)으로 구성하고 위원장은 위원 중에서 호선한다.

② 위원회의 위원은 입주자등 중에서 희망하는 사람을 다음 각 호에 따라 선거관리위원장(선

거관리위원회가 구성되지 않거나, 선거관리위원장의 해임, 사퇴 등으로 위촉이 불가능한 경우 그 직무대행자를 말하며, 같은 사유로 위촉이 불가능한 경우 입주자대표회의 회장, 관리사무소장 순서로 한다. 이하 이 조에서 같다.)이 임기만료 60일전까지 공개모집 공고하고, 임기만료일 전에 위촉하여야 한다. 다만, 최초 입주 시에는 관리사무소장이 공개모집하여 위촉하고, 500세대 이상 공동주택의 경우에는 영 제15조제3항에 따라 선거관리위원회 소속 직원 1명을 위원으로 우선 위촉할 수 있다.(개정 2019.2.22.)

1. 선거관리위원회 위원(이하 "선거관리위원"이라 한다) 공개모집 공고문은 신청 접수 마감 7일 전(긴급을 요하는 경우 3일)에 전체 입주자등이 알 수 있도록 게시판과 통합정보마당에 공고하여야 한다.

2. 공개모집을 위한 공고문에는 다음 각 목을 포함하여야 한다.

   가. 신청자 접수기간 및 장소

   나. 선거관리위원 신청 자격

   다. 모집 인원 초과 시 위원 선정 결정 방법은 공개추첨으로 한다는 내용(공개추첨 일시 및 장소 포함 한다.)

3. 모집인원이 초과된 경우 공개추첨으로 위원을 선정한다.

③ 제2항에 따른 공개모집은 신청자가 정원에 이를 때까지 반복하여 실시하여야 한다. 다만, 긴급한 선거업무를 수행하여야 하나 선거관리위원의 해촉, 사퇴 등으로 위원회 활동이 불가능하여 긴급 공개모집을 하였음에도 신청자가 정원에 미달하는 경우 또는 2회 이상 공개모집을 실시하였음에도 신청자가 정원에 미달된 경우 위원은 다음 각 호의 순서에 따라 선거관리위원장이 위촉할 수 있다. 다만, 추천권자 본인 또는 상호 추천할 수 없다.

1. 입주자대표회의의 회장이 추천한 자 1인

2. 「지방자치법」에 따른 통장이 추천한 자 1인

3. 노인회에서 추천한 자 1인

4. 부녀회 등 공동체 활성화 단체에서 추천한 자 1인

④ 선거관리위원장은 선거관리위원 임기 중 사퇴 또는 해촉 등으로 결원이 발생한 경우 결원이 발생한 날부터 30일 이내에 제2항의 절차에 따라 다시 선출하며, 위원장이 궐위된 경우에는 궐위 일부터 15일 이내에 다시 선출한다.

⑤ 제2항, 제3항 및 제4항에 따라 선거관리위원을 공개모집 및 위촉할 경우 위촉권자가

입주자등으로부터 해촉(해임) 요청을 받은 당사자일 때에는 다음 순위 위촉권자가 그 직무를 수행한다.

⑥ 선거사무 사유발생 1개월이 경과하여도 위원회가 정상적으로 구성되지 아니 하여 선거사무 업무가 지연된 경우, 제2항 및 제3항에도 불구하고 구청장은 학식과 사회경험이 풍부한 사람(입주자등과 외부인을 포함) 중에서 위원을 직권으로 위촉할 수 있으며, 입주자등은 이에 따라야 한다.

⑦ 위원회는 그 구성원(관리규약으로 정한 정원을 말한다.) 과반수의 찬성으로 그 의사를 결정한다.

⑧ 동별 대표자 등의 선출에 관하여 관련법령 및 관리규약으로 정하지 아니한 사항은 중앙선거관리위원회에서 제정한 "아파트 선거관리위원회 규정(표준예시)"을 참조하여 선거관리위원회 규정을 정할 수 있으며, 규정을 정하기 아니한 경우 "선거관리매뉴얼"에 따라 선거를 진행하여야 한다

※ 서울시 통합정보마당 자료실에서 공동주택 선거관리규정(예시)를 참조하기 바람.

◆ **관리규약준칙 제45조(임기 및 자격상실 등)** ① 위원의 임기는 ○월 ○일부터 다음다음년도 ○월 ○일까지(2년간)로 하며, 한번만 연임할 수 있으며, 위원장의 임기는 그 위원의 임기가 끝나는 날까지로 한다. 다만, 임기도중 사퇴하거나 위촉 해제된 위원의 후임으로 위촉된 위원의 임기는 전임자의 남은기간으로 한다.(2017년11월14일 일부삭제)

② 다음 각 호의 어느 하나에 해당되는 사람은 선거관리위원이 될 수 없으며, 그 자격을 상실한다.

1. 입주자등의 자격을 상실한 때(단, 영 제15조제3항(중앙선거관리위원) 또는 제44조제6항(구청장이위촉)으로 위촉된 자는 제외한다)
2. 동별 대표자 또는 그 후보자
3. 동별 대표자(그 후보자 포함)의 배우자 또는 직계존비속인 자
4. 동별 대표자 및 선거관리위원회 위원을 사퇴하거나 그 지위에서 해임 또는 해촉된 사람으로서 그 남은 임기 중에 있는 사람
5. 미성년자, 피성년후견인 또는 피한정후견인

◆ **관리규약준칙 제46조(해촉)** ① 선거관리위원의 해촉 사유는 다음과 같다. 다만, 선거관리위원의 임기[전 임기와 현 임기를 포함한다] 중에 한 행위에 한하며, 객관적 증거자료를 제시 하여야 한다.① 선거관리위원의 해촉 사유는 다음과 같다. (다만, 선거관리위원의 임기 중에 한 행위에 한하며, 객관적 증거자료를 제시 하여야 한다)

  1. 공동주택관리에 관계된 법령을 위반한 때

  2. 이 규약 및 선거관리위원회 규정을 위반한 때

  3. 동별 대표자 및 임원선거 시 특정후보의 선거운동을 한 때

  4. 선거관리업무와 관련하여 업무를 방해하거나 기피 등으로 물의를 일으킨 때

  5. 선거업무와 관련하여 금품 및 향응을 제공받은 때

  6. 사전에 회의불참 사유를 위원장에게 유선 또는 서면으로 통보하지 아니하고 3회 이상 불참한 때(회의도중 자진 퇴장한자도 포함한다)

② 선거관리위원이 제1항 각 호를 위반한 경우, 해임사유에 해당하는 객관적 증거자료를 첨부하여 전체 입주자등의 10분의 1 이상의 서면동의를 받거나 선거관리위원이 선거관리위원회에 위촉 해제를 요청할 수 있으며, 요청 받은 선거관리위원회는 7일 이내에 해당 위원에게 5일 이상의 소명기회를 부여하고, 선거관리위원회 과반수 찬성으로 해촉 여부를 결정한다. 만약 선거관리위원회의 결정이 없을 경우 입주자대표회의에서 결정한다.

③ 선거관리위원회가 업무 해태 및 불공정한 선거관리업무 등으로 입주자등에게 피해를 주는 경우에는 이에 대한 객관적 증거자료와 함께 전체 입주자등의 과반수 서면동의서를 입주자대표회의 회장(입주자대표회의 구성되지 않았거나 회장이 궐위된 경우에는 직무대행자를 말하며, 같은 사유로 관리사무소장을 말한다. 이하 이 조에서 같다)에게 제출하면 입주자대표회의 회장은 서면동의자가 입주자등이 맞는지 확인 후 선거관리위원 전원을 해촉한다.

④ 선거관리위원회 위원이 자진 사퇴하고자 할 경우에는 서면으로 선거관리위원회 또는 관리사무소에 사퇴서를 제출하여야 하며, 사퇴의 효력은 사퇴서 도달 즉시 발효된다.(2017. 11월 14일신설)

◆ **관리규약 제47조(업무)** ① 위원회의 업무는 다음 각 호와 같다.

1. 선거관리위원회 규정의 제정·개정(입주자대표회의의 의결을 받아야 한다)

2. 동별 대표자의 선출 및 해임에 관한 선거관리업무

3. 입주자대표회의의 회장·감사의 선출 및 해임에 관한 선거관리업무

4. 법 제14조제4항, 제5항 및 영 제11조 제3항 각 호에 따른 동별 대표자와 그 후보자 결격사유 및 자격유지의 확인(법 제16조 및 영 제17조의 범죄경력 조회 및 확인을 포함한다.)

5. 이 규약의 개정에 관한 투표·개표업무

6. 공동주택의 관리방법의 결정에 관한 투표·개표업무

7. [별지 제4호서식]에 따른 회장 및 감사, [별지 제5호서식]에 따른 동별 대표자의 당선증 교부

8. 동별 대표자 및 임원, 선거관리위원의 사퇴접수 처리

9. 법 제8조에 따라 공동관리 및 구분관리를 결정하는 경우의 투표·개표업무

10. 선거관리위원 위촉 해제에 관한 사항

11. 제48조제1항에 따른 전자투표 및 투표소운영에 관한 업무

12. 제58조에 따른 주택관리업자 재계약 관련 입주자등의 의견 청취

13. 제30조 및 제60조의3 입주자대표회의 의결 정족수 미달 시 입찰에 대한 의견 청취

14. 입주자대표회의 의결로 요청하는 입주자등의 의견 청취나 투표·개표업무(신설 2019.2.22.)

② 선거관리위원회 위원은 선량한 관리자의 주의로 그 직무를 수행하여야 한다.

◆ **관리규약제48조(전자적 방법을 통한 입주자등의 의사결정)** ① 입주자등은 다음 각 호의 어느 하나에 해당하는 경우 국가(미래창조과학부 또는 국가사이버안전센터)가 지정하는 정보보호 전문업체의 보안진단 또는 보안적합성 검증을 받았거나, 암호모듈검증(KCMVP)을 받은 보안시스템을 적용한 전자투표로 그 의사를 결정하여야 한다. 이 경우에도 보통, 직접, 비밀, 평등 투표가 보장되어야 하며 현장투표가 가능하도록 별도의 투표소를 운영하여야 한다.

1. 입주자대표회의의 구성원이나 그 임원을 선출 하는 경우

2. 입주자대표회의의 구성원이나 그 임원을 해임 하는 경우

3. 법 제5조에 따라 공동주택의 관리방법을 결정하거나 변경하려는 경우

4. 법 제18조제2항에 따른 공동주택관리규약을 제정하거나 개정하려는 경우

5. 법 제8조에 따라 공동관리 및 구분관리를 결정하는 경우

6. 법 제29조 제3항에 따른 장기수선계획을 조정하려는 경우(입주자에 한함)

7. 그 밖에 공동주택의 관리와 관련하여 전체 입주자등의 10분의 1 이상의 서면동의 또는 입주자대표회의 구성원 과반수의 찬성으로 의결하여 선거관리위원회에 요청한 경우 다만, 제2호 또는 제6호의 사항은 2018.2.10.부터 적용한다

◆ **관리규약준칙 제49조(회의소집 등 운영)** ① 위원장은 위원회를 대표하고, 그 업무를 총괄한다.

② 위원장이 부득이한 사유로 그 직무를 수행할 수 없거나 임기도중 사퇴 및 위촉 해제 등으로 궐위 된 때에는 위원 중에서 연장자 순으로 그 직무를 대행하여 수행한다.

③ 위원장이 회의를 소집하고자 할 때에는 회의개최 5일 전까지 일시·장소 및 안건을 위원에게 서면 또는 수신확인이 가능한 이메일 등 전자적 방법으로 통지하고 관리주체는 이를 게시판과 통합정보마당에 공개하여야 한다.

④ 위원장이 회의를 개최한 때에는 회의록을 [별첨 2]의 회의록 서식 및 작성 방법에 따라 의결사항 및 주요 발언내용 등을 명확히 작성하여야 한다. 이 경우 의결사항[별첨 2 회의록 2-1,2-2]은 참석한 위원 전원의 서명을 회의당일 받은 후 즉시, 발언록 및 안건 세부명세는 회의종료 후 5일 이내에 관리주체에게 보관·관리하도록 통보하여야 하며, 이 경우 선거관리위원회는 관리주체로부터 행정사무 지원을 받을 수 있다.

⑤ 관리주체는 제4항의 회의결과를 게시판, 통합정보마당을 통하여 입주자등에게 제5항의 회의록을 통보 받은날 즉시 공개하여야 한다.

⑥ 선거관리위원회의 회의방청은 제27조를 준용한다. (신설 2019.2.22.)

◆ **관리규약준칙 제50조(운영경비)** 영 제26조제1항에 따라 수립하는 위원회의 운영예산에는 다음 각 호의 사항을 포함하여야 한다.

1. 위원의 출석수당 : 1회당 ○만원(1회당 최대 5만원 이내로 정하되, 선거1회당 ○만원을 초과할 수 없다.)

– 선거 1회의 기준은 동별대표자 선출·임원선출·해임·관리규약 제·개정·
관리방법의 변경　등을 다루는 하나 이상의 안건이 상정되는 경우 그 안건이
결정 될 때까지를 회의개최 횟수와 관계　없이 1회로 보며, 동별 대표자 또는
임원 선출 후 3개월을 경과하여 재선거와 보궐선거를 하는 경　우에는 선거
2회차로 본다.〈2017년 11월 14일개정〉

2. 투표·개표 업무수당 : 1회당 ○만원(1회당 최대 10만원 이내로 정한다.)

– 하나의 안건에 대한 투표·개표 완료시까지를 1회로 본다.

3. 투표·개표 참관인 수당 : 1회당 ○만원(1회당 최대 10만원 이내로 정한다.)

– 하나의 안건에 대한 투표·개표 완료시까지를 1회로 본다.

4. 선거홍보물 인쇄비

5. 법 제15조제4항에 따라 해당 소재지를 관할하는 자치구 선거관리위원회에 투표
및 개표 관리 등 선거관리지원을 요청한 경우 그 필요한 비용

6. 후보자 자격 확인 등에 소요되는 교통비[신설2019.2.22]

7. 회의 시 다과, 간식, 식비(회의 시 안건 토의가 길어져 부득이 식사시간을 경과한
경우에 한하　여 참석자 1인당 1만원 이내 지출)[신설2019.2.22]

**※ 선거관리위원회 규정의 제.개정은 어디에서 하는지? 반드시 입대의 의결을 받아
야 하는지요?**

– 공동주택법령에 따라 관리규약에서 위임한 사항과 그 시행에 필요한 제 규정의 제
정 개정 및 폐지는 입주자대표회의 에서 의결하도록 하고 있습니다. 관리규약으로
선거관리규정의 업무를 선관위 업무로 정하고 있다면 선거관리위원회에서 동 규정
의 제.개정이 가능함 영 제15조 제5항에 따라 선거관리위원의 구성 운영 업무 경
비 위원의 선임. 해임 및 임기 등에 관한 사항은 관리규약으로 정하도록 하고 있으
며　입대의에서 선관위에 위임한 사항이거나 관리규약으로 정한경우에는 입대의
의결이 필요함

※ 투표일에 개표를 해 투표율이 저조할 경우 다음날 하루 연장해 방문 투표를 할 수

- 개표가 진행된 이후에 투표일을 연장해 선거를 진행하는 것은 타당하지 않으므로 개표하지 않는 상태에서 투표율을 집계해 방문투표를 해야 할 것입니다 투표를 하기 전 관리규약에 정한 경우나 그렇지 아니한 경우 선거관리규정을 개정 또는 선거관리위원회의 의결을 거쳐 주민에게 공고하고 방송을 통해 홍보를 한 다음에 방문투표 시 선거구 입주자등의 선거의 4대원칙 보통 평등 직접 비밀선거가 보장될 수 있도록 주의해야 할 것입니다. 방문투표에 대해서는 법령에 정한 바 없습니다.

※ 동별 대표자 선거 및 입주자대표회의 임원선거 시 방문투표를 하는 것은 공동주택관리법령에 위배되는 것이 아닌가?

- 동별 대표자 및 500세대 이상의 공동주택에서 입대의 회장과 감사는 선거구 입주자등의 보통 평등 직접 비밀선거를 통해 선출토록 하고 있습니다 (영제12조 제2항 제1호)이와 관련 선출절차는 관라규약이나 선거관리규정으로 방문투표를 정하고 있고 선관위에서 의결을 통해 선거의 4대원칙이 지켜졌다면 주택법령에 위배되지 않습니다.

※ 선관위원 활동 중 통장에 위촉됐을 경우 선거관리위원 자격 상실이 되는지?

- 동별 대표자 동별 대표자 및 선거관리위원회 위원 임기 중에 사퇴한 사람으로서 사퇴할 당시의 임기가 끝나지 않은 사람은 선거관리위원이 될 수 없으나(영제16조 제2호)통,반장에 대해서는 선거관리위원 결격사유가 안 됩니다 그러나 관리규약으로 정한 경우에는 그에 따라야 합니다.

※ 배우자가 선관위에 위촉돼 선관위원으로 재임 중에 있는데 소유자인 남편이 동별 대표자로 선출될 수 있는지?
※ 배우자가 선관위원을 사임할 경우 등기부등본상의 소유자인 남편이 동별 대표자

로 선출될 수 있는지?

● 선거관리위원 결격사유

1. 동별 대표자 또는 그 후보자

2. 제1호에 해당하는 사람의 배우자나 직계존비속

3. 동별대표자 및 선거관리위원회 위원 . 임기 중에 사퇴한 사람으로서 사퇴 할 당시
   의 임기가 끝나지 아니한 사람

– 주택의 소유자인 남편이 동별 대표자에 선출될 경우 배우자인 선거관리위원은 그
  직을 사임해야 합니다. 동별 대표자 결격사유에는 상기 사항이 포함되지 않습니
  다.

※ 동별 대표자 선출일에 동별 대표지 후보자 2명중 1명이 사퇴한 경우 개표를 하지
  않고 선관위원 7명 다수의 찬성으로 의결해 남은 1명에게 당선증을 교부할 수 있
  는지?

– 동대표자에 2명이 입후보하고 선거 당일 후보1명이 사퇴했다면 후보자가 2명인 선
  거를 진행한 것으로 볼 수 있습니다 이와 관련 후보자가 2명 이상일 경우에는 선
  거구 입주자등의 과반수가 투표하고 다 득표자를 선출하나 다 득표를 얻은 후보자
  가 사퇴한 후보자라면 그 득표도 무효가 될 것이므로 나머지 후보자가 다 득표자
  가 돼 동별 대표자에 당선된 것으로 볼 수 있을 것으로 판단됩니다.

※ 동별 대표자를 사퇴한 사람(부인)의 배우자가 동별 대표자로 출마할 수 있는지 공
  동소유주인 경우와 개별소유주인 경우

– 동별 대표자를 사퇴한 사람과 그 배우자가 공동으로 해당주택을 소유한 경우라면
  배우자인 남편은 동별 대표자로 출마할 수 없습니다 또한 해당주택이 동별 대표자
  를 사퇴한 배우자의 소유라면 소유자가 결격사유에 해당되므로 대리권을 위임할
  수 없어 그 남편은 대표자로 출마할 수 없습니다. 다만 남편이 주택의 소유자라면

동대표로 선출될 수 있습니다.

- 동별 대표자 및 선거관리위원회 위원으로서 잔여 임기를 남겨두고 사퇴한 사람은
동별 대표자가 될 수 없고 (영 제11조3항 제2호 제5호)주택의 소유자가 이러한 결
격사유에 해당될 경우에는 대리권을 위임할 수 없으므로 그 배우자는 동별 대표자
로 입후보할 수 없습니다 다만 선출공고에서 후보등록서류 제출 마감일 현재 잔
여 임기가 이미 경과한 경우라면 결격사유에 해당되지 않아 대리권을 위임할 수
있으므로 서면으로 위임받은 그 배우자는 동별 대표자로 입후보할 수 있습니다

- 가. 입주자 등은 입대의 회장과 감사 등 동대표를 민주적이고 공정하게 선출하기
위해 자체적으로 선관위을 구성하므로 선관위는 동대표의 해임사유에 해당하는지
판단할 수 있을 것입니다. 단 해당 선관위에서 명확한 해임사유에 해당하는데도
해임사유에 해당하지 않는다고 판단하는 사항이라면 공동주택에 관한 지도 감독권
한을 가진 해당 지방자치단체 에서 필요한 조치를 취할 수 있을 것이니 지자체에
문의하시기 바랍니다.
- 나. 동대표의 선거구 선거절차와 해임절차 등에 관한 사항은 관리규약으로 정합니
다.(공동주택관리법 시행령 제19조 제1항 제3호)따라서 질의내용의 동대표의 보궐
선거에 관한 사항은 관리규약으로 정하거나 선거관리규정에 정해 운영하시기 바랍
니다. (주택건설 공급과 3258- 2013.9.11.)

◆ **관리규약제24조(보궐선거)** ① 동별 대표자 또는 임원(회장, 감사에 한함)의 사퇴 또는 해임 등으로 결원이 생겼을 때에는 결원이 생긴 날부터 60일 이내에 다시 선출하고, 그 임기는 전임자의 남은 기간으로 한다. (개정 2019.2.22)

② 제1항 및 제2항에도 불구하고 관리규약에서 정한 정원의 3분의 2 이상의 동별 대표자가 선출된 경우 보궐선거를 하지 아니할 수 있다. 이 경우에도 해당 선거구 입주자 중에서 [별지 제2호서식]의 후보등록신청서를 선거관리위원회에 제출하여 동별 대표자 출마를 희망하는 경우 14일 이내에 후보등록신청서가 제출된 선거구를 포함한 결원인 모든 선거구의 동별 대표자를 선출하기 위한 선거를 진행하여야 한다.

※ **공동주택 관리방법 변경과 관련 선거관리위원수 및 선관위원의 년노로 인에 수행의 어려움으로 투표업무는 입주자대표회의에 위임하고 선거관리위원회에서는 개표 업무만 진행하기로 한 것이 적법한 지 여부**

– 공동주택의 관리방법의 결정은 입주자대표회의의 의결 또는 입주자등의 10분지1 이상이 제안하고 전체 입주자 등의 과반수의 찬성하는 방법에 따르도록 하고 있습니다 (영제3조) 이와 관련 귀 공동주택의 관리규약으로 관리방법의 결정에 관한 투.개표 업무를 선거관리위원회 업무로 규정하고 있다면 이에 따라야 할 것입니다. 다만 질의의 경우와 같이 이를 입주자대표회의에 일임하고자 한다면 해당 관리규약의 개정이 먼저 이루어 져야 합니다 참고로 관리규약 개정이 어렵다면 선거관리위원회에서 선거관리 보조인원(관리직원 포함)을 투입해 해당업무를 진행하는 방법도 강구할 수 있을것으로 사료됩니다.(주택건설공급과4877 2012- 09.10)

※ **입주자대표회의에서 선거관리규정의 제정을 논의하는 것이 불법인지?**

– 귀 공동주택 관리규약에 선거관리규정의 제정은 선거관리위원회 업무로 정하고 있다면 입주자대표회의가 아닌 선거관리위원회에서 선거관리규정을 제정하는 것이 타당할 것입니다 선거관리규정 제정 개정 폐지가 입대의 의결사항 일 경우에 입

대의 의결로 선거관리규정을 제정하거나 선거관리규정의 재정 개정을 선관위에 위임할 수 있습니다. (국토부 주택건설 공급과 4673 2012- 08.29)

※ . 선거관리규정에 선거일에 경선후보자가 사퇴한 경우 후보자가 1인이 된 때에는 후보자가 1인이 아닌 것으로 본다는 규정이 있는 경우 하루 전에 사퇴한 경우에도 상기규정이 그대로 적용되는지?

– 귀 선거관리위원회 규정에 선거일에 사퇴한 경우를 규정하고 있다면 그 규정은 하루 전에 사퇴한 경우에는 적용되지 않는 것으로 판단됩니다. 사퇴일과 사퇴 하루 전일은 문자적으로 의미가 다름.

※ . 등기부 등본 상 소유자이면서 해당 공동주택에 거주하고 있으나 주민등록은 해당 아파트에 돼있지 아니한 경우 해당 아파트 선거관리위원이나 선거관리위원장이 될 수 없는지?

– 공동주택관리법 제15조 제1항에 ① 입주자등은 동별 대표자나 입주자대표회의의 임원을 선출하거나 해임하기 위하여 선거관리위원회(이하 "선거관리위원회"라 한다)를 구성한다. 이와 관련 입주자 등은 해당 공동주택에 실지로 거주하고 있는 입주자 또는 사용자를 의미하는 것으로 주민등록을 해당 공동주택에 두고 있지 않드라도 실제로 해당 공동주택에 거주하고 있는 입주자 등은 선거관리위원이 될 수 있으며 선관위원장은 선임된 선관관리위원 중에서 호선 합니다. 다만 주민등록이 해당 선거구에 없는 소유자는 6개월 거주요건을 갖추었드래도 그 선거구의 동별 대표자가 될 수 없습니다. (국토부 주택건설공급과 2630- 2013.08.09.)

※ 새로이 구성된 선거관리위원회에서 재임 중인 동별 대표자 에게 학력증명서 제출을 요구했으나 제출하지 않을 경우 해당 동대표에 대한 당선무효 결정을 할 수 있는지?

- 회신: 관련규정 명시했다면 당선 후에도 당선무효 결정할 수 있어
- 선출공고 등에 학력을 허위로 기재했을 경우 당선 후 에라도 당선을 무효로 한다고 정했으면 허위학력 기재자에 대해서는 당선을 무효 시킬 수 있다.

※ 2018년 선거관리위원회가 3명으로 구성(315가구)됐고 2018년 8월 동대표선출시 2명의 선관위에 의해 5명의 동대표가 선출돼 구청에서는 선관위원 1명의 본인 확인서를 받아 선관위 정족수가 만족됐다고 판단해 입대의 구성신고를 수리했을 때 이 같이 선관위 정족수 미달인 2명으로 동대표 선출이 유효인지 무효인지? 당선 효력이 무효라면 재 선거시 해당 동대표가 출마할 수 있는지?

- 500가구 미만의 공동주택 선관위는 위원장 포함 3명이상 9명이하의 위원으로 구성합니다. 단 질의 내용과 같이 선관위 정원에 부족한 2명의 인원으로 선출한 동대표 당선의 유·무효에 관한 사항은 사법적 판단이 필요합니다. 단 재 선거시의 경우에는 재 출마를 할 수 있습니다.

※ 아파트 관리규약에 동대표 통·반장 부녀회임원 선거관리위원회 위원은 한가구 내에서 겸임할 수 없다고 정하고 있는데 주택법령 상 문제가 없는가?

- 선관위위원은 동대표가 될 수 없으며 그 자격을 상실합니다. 따라서 주택의 소유자가 선관위 위원일 경우 동대표 결격사유에 해당 그 소유자 또는 배우자 및 직계존비속은 동대표가 될 수 없습니다. 그러나 선관위위원이 소유자가 아닐 경우는 동대표 결격사유에 해당하지 않아 동별 대표자가 될 수 있으므로(이 경우 선관위원을 사퇴해야함) 관리규약으로 일괄적으로 한 가구 내에서 동대표와 선관위 위원을 겸임할 수 없도록 정하는 것은 타당하지 않습니다. 아울러 공동주택관리법·령에는 부녀회장 부녀회 임원의 동대표 및 선관위 위원의 겸임에 대해 정하고 있지 않으나 귀 공동주택 관리규약으로 겸임금지를 정하고 있다면 가구내 에서 동대표 및 선관위 위원으로 당선된 사람이 있을 경우 다른 가구원은 부녀회장 부녀회 임원직을 사임하는 것이 타당할 것으로 사료 됩니다.또한 통반장의 동 대표 및 선관

위 위원 겸임금지에 대해서는 공동주택관리법령에 정하고 있는 내용이 없으나 통반장은 지자체조례 등에 의해 위촉하고 있는 것으로 파악된 바 가구내 동 대표 및 선관위 위원이 있을 경우 다른 가구원이 통반장이 될 수 없도록 귀 공동주택 관리규약으로 정하는 것이 타당한지 여부는 지자체에 문의하시기 바랍니다 (국토부 주택건설공급과 3782- 2013.10.7.)

※ 선관위에서 당 아파트 민원을 토대로 동별 대표자 선출시 공동주택관리법령에서 규정하는 결격사유 외에 추가로 결격사유를 추가하여 공고해 입후자의 피선거권을 박탈해도 되는지? 아파트 관리업무와 관련 물의를 일으킨 자 유언비어를 퍼트린 자 관리사무소 업무를 방해한 자 품위를 떨어뜨린 자를 추가로 공고할 수 있는지요?

- 동별 대표자의 결격사유는 공동주택관리법 제14조 제4항 동법시행령 제11조 제3항에 규정된 결격사유 이외의 사항을 결격사유에 추가해 피선거권을 제한 할 수 없습니다.(국토부 주택건설공급과- 1834 2011.3.28.)

※ 권리행사 방해죄로 형사처벌 가능 또는 공동주택분쟁조정위원회 조정대상도 될 수 있습니다.

8. 관리규약

■ **법제처 유사 유권해석 요약**

시행령 개정 후 4개월이 경과한 날 이후에도 관리규약이 개정되지 아니하는 경우 자체적으로 구성하는 선관위원의 구성에 관해서는 공동주택관리법·령에 반하지 아니하는 범위 내에서만 개정 전 관리규약이 적용된다고 할 것임 (법제처 12- 0136.2012.04.13)

★ **공동주택관리법 제18조[공동주택관리규약]**

① 특별시장·광역시장·특별자치시장·도지사 또는 특별자치도지사(이하 "시·도지사"라 한다)는 공동주택의 입주자등을 보호하고 주거생활의 질서를 유지하기 위하여 대통령령으로 정하는 바에 따라 공동주택의 관리 또는 사용에 관하여 준거가 되는 관리규약의 준칙을 정하여야 한다.

② 입주자등은 제1항에 따른 관리규약의 준칙을 참조하여 관리규약을 정한다. 이 경우 「공동주택관리법」 제21조에 따라 공동주택에 설치하는 어린이집의 임대료 등에 관한 사항은 제1항에 따른 관리규약의 준칙, 어린이집의 안정적 운영, 보육서비스 수준의 향상 등을 고려하여 결정하여야 한다. 〈개정 2016.1.19.〉

③ 입주자등이 관리규약을 제정·개정하는 방법 등에 필요한 사항은 대통령령으로 정한다. 〈신설 2016.1.19.〉

④ 관리규약은 입주자등의 지위를 승계한 사람에 대하여도 그 효력이 있다. 〈개정 2016.1.19.

★ **제19조(관리규약 등의 신고)** ① 입주자대표회의의 회장(관리규약의 제정의 경우에는 사업주체를 말한다)은 다음 각 호의 사항을 대통령령으로 정하는 바에 따라 시장·군수·구청장에게 신고하여야 한다. 신고한 사항이 변경되는 경우에도 또한 같다.

　1. 관리규약의 제정·개정

　2. 입주자대표회의의 구성·변경

3. 그 밖에 필요한 사항으로서 대통령령으로 정하는 사항

※ 제11조제3항 관리방법의 결정 및 변경 제19조에 따른 관리규약의 제정 및 개정 입주자대표회의의 구성 및 변경 등의 신고를 하지 아니한 자 500만원 이하의 과태료를 부과한다.(법 제102조 제3항 제3호)

◎ **영 제19조(관리규약의 준칙)** ① 법 제18조제1항에 따른 관리규약의 준칙(이하 "관리규약준칙"이라 한다)에는 다음 각 호의 사항이 포함되어야 한다. 이 경우 입주자등이 아닌 자의 기본적인 권리를 침해하는 사항이 포함되어서는 아니 된다.(복리시설인 상가 입점자 등)

　　1. 입주자등의 권리 및 의무(제2항에 따른 의무를 포함한다.(관리주체의 동의기준)

　　2. 입주자대표회의의 구성·운영과 그 구성원의 의무 및 책임

　　3. 동별 대표자의 선거구 선출절차와 해임 사유·절차 등에 관한 사항

　　4. 선거관리위원회의 구성·운영·업무·경비, 위원의 선임·해임 및 임기 등에 관한 사항

　　5. 입주자대표회의 소집절차 임원의 해임 사유 절차 등에 관한 사항

　　6. 제23조 제3항 제8호에 따른 입주자대표회의 운영경비의 용도 및 사용금액(운영·윤리교육 수강비용을 포함한다)

　　7. 자치관리기구의 구성 운영 및 관리사무소장과 그 소속 직원의 자격요건 인사·보수·책임

　　8. 입주자대표회의 또는 관리주체가 작성 보관하는 자료의 종류 및 그 열람방법 등에 관한 사항

　　9. 위·수탁관리계약에 관한 사항

　　10. 제2항 각 호의 행위에 대한 관리주체의 동의기준

　　11. 법 제24조 제1항에 따른 관리비예치금의 관리 및 운용방법

　　12. 영제23조 제1항부터 제5항까지의 규정에 따른 관리비 등의 세대별부담액 산정방법, 징수, 보관, 예치 및 사용절차

　　13. 영제23조제1항부터 제5항까지의 규정에 따른 관리비 등을 납부하지 아니한 자에

대한 조치 및 가산금의 부과

14. 장기수선충당금의 요율 및 사용절차

15. 회계관리 및 회계감사에 관한 사항

16. 회계관계 임직원의 책임 및 의무(재정보증에 관한 사항을 포함한다)

17. 각종 공사 및 용역의 발주와 물품구입의 절차

18. 관리 등으로 인하여 발생한 수입의 용도 및 사용절차

19. 공동주택의 관리책임 및 비용부담

20. 관리규약을 위반한 자 및 공동생활의 질서를 문란하게 한 자에 대한 조치

21. 공동주택의 어린이집 임대계약(지방자치단체에 무상 임대하는 것을 포함한다)에 대한 다음 각 목의 임차인 선정기준. 이 경우 그 기준은 「영유아보육법」 제24조 제2항 각 호 외의 부분 후단에 따른 국공립어린이집 위탁제 선정관리 기준에 준하여 야 한다.

　　가. 임차인의 신청자격

　　나. 임차인 선정을 위한 심사기준

　　다. 어린이집을 이용하는 입주자등 중 어린이집 임대에 동의하여야 하는 비율

　　라. 임대료 및 임대기간

　　마. 그 밖에 어린이집의 적정한 임대를 위하여 필요한 사항

22. 공동주택의 층간소음에 관한 사항

23. 주민운동시설의 위탁에 따른 방법 또는 절차에 관한 사항

24. 혼합주택단지의 관리에 관한 사항

25. 전자투표의 본인확인 방법에 관한 사항

26. 공동체 생활의 활성화에 관한 사항

27. 공동주택의 주차장 임대계약에 대한 다음 각 목의 기준

　　가. 도시교통 정비촉진법 제33조 제1항 제4호에 따른 승용차 공동이용을 위한 주차장 임대계약의 경우

　　　　1) 입주자등 중 주차장의 임대에 동의하는 비율

　　　　2) 임대할 수 있는 주차대수 및 위치

　　　　3) 이용자의 범위

　　　　4) 그 밖의 주차장의 적정한 임대를 위하여 필요한 사항

나. 공동주택 주차장 유료개방(지방자치단체와 입주자대표회의 간 체결한 협약에
   따라 공공기관이 운영 관리하는 경우로 한정한다)을 위한 임대계약의 경우
   1) 입주자등 중 주차장의 유료개방에 동의하는 비율
   2) 개방할 수 있는 주차대수 위치 및 시간대
   3) 이용자의 범위
   4) 그 밖에 주차장의 적정한 개방을 위하여 필요한 사항 다.삭제 〈2017.8.16.〉
   라.삭제 〈2017.8.16.〉〈나항:개정일 시행일2017.8.16.〉

28. 그 밖에 공동주택의 관리에 필요한 사항
   아파트 주차장은 보안 방범문제 등으로 영리목적의 개방이 금지됐으나 입주민들이
   관리규약 개정을 통해 유료   개방결정을 하고 입주자대표회의와 지방자치단체
   간에 협약을 체결하여 주차장을 공공기관이 운영할 경우 유료개   방이 가능해 진다.
   낮 시간대 상대적으로 여유 공간이 많은 공동주택부설주차장의 활용도를 높여 주차수
   요의 시간대별 불일치를 해소하겠다는 취지다.

② 입주자등은 다음 각 호의 어느 하나에 해당하는 행위를 하려는 경우에는 관리주체의
동의를 받아야 한   다.

1. 법 제35조 제1항제3호에 따른 경미한 행위로서 주택내부의 구조물과 설비를 증설하거
   나 제거하는 행위

2. 「화재예방, 소방시설 설치 · 유지 및 안전관리에 관한 법률」 제10조제1항에 위배되지
   아니하는 범위에서 공용부분에 물건을 적재하여 통행 · 피난 및 소방을 방해하는
   행위

3. 공동주택에 광고물 · 표지물 또는 표지를 부착하는 행위

4. 가축(장애인 보조견은 제외한다)을 사육하거나 방송시설 등을 사용함으로써 공동주
   거생활에 피해를 미치는 행위

5. 공동주택의 발코니 난간 또는 외벽에 돌출물을 설치하는 행위

6. 전기실 · 기계실 · 정화조시설 등에 출입하는 행위

7. 환경친화적 자동차의 개발 및 보급 촉진에 관한 법률 제2조제3호에 따른 전기자동차의
   이동형 충전기를 이용하기 위한 차량무선인식장치(RFID tag)를 말한다)를 콘센트
   주변에 부착하는 행위 〈개정2017.1.10.〉

※ 제7호의 경우 입주자대표회의의 의결을 거쳐 구청에 행위신고 후 관리주체의 동의가 필요함

시행규칙 제15조(행위허가 신청 등) ① 법 제35조제1항제3호에서 "국토교통부령으로 정하는 경미한 행위"란 다음 각 호의 어느 하나에 해당하는 행위를 말한다.

1. 창틀·문틀의 교체

2. 세대내 천장·벽·바닥의 마감재 교체

3. 급·배수관 등 배관설비의 교체

4. 난방방식의 변경(시설물의 파손·철거는 제외한다)

5. 구내통신선로설비, 경비실과 통화가 가능한 구내전화, 지능형 홈네트워크 설비, 방송수신을 위한 공동수신설비 또는 폐쇄회로 텔레비전의 교체(신설은 신고사항)

6. 보안등, 자전거보관소, 안내표지판, 담장(축대는 제외한다) 또는 보도블록의 교체

7. 폐기물보관시설(재활용품 분류보관시설을 포함한다), 택배보관함 또는 우편함의 교체

8. 조경시설 중 수목(樹木)의 일부 제거 및 교체

9. 주민운동시설의 교체(다른 운동종목을 위한 시설로 변경하는 것을 말하며, 면적이 변경되는 경우는 제외한다)

10. 부대시설 중 각종 설비나 장비의 수선·유지·보수를 위한 부품의 일부 교체

11. 그 밖에 제1호부터 제10호까지의 규정에서 정한 사항과 유사한 행위로서 시장·군수·구청장이 인정하는 행위

◆ **관리규약 제100조(규약의 개정)** ① 입주자대표회의(제3호의 경우에는 관리사무소장을 말한다)는 영 제20조제3항에 따라 다음 각 호의 어느 하나에 해당되는 때에는 이 규약의 개정을 입주자등에게 제안하고, 선거관리위원회에 규약 개정에 관한 투표·개표업무를 요청하여야한다.

1. 공동주택관리법령 및 서울특별시 공동주택 관리규약 준칙이 개정된 때

2. 입주자대표회의의 구성원 과반수의 의결로 제안한 때

3. 입주자등의 10분의1 이상이 연서하여 제안한 때

② 관리규약을 개정할 때에는 영 제20조제2항 및 제3항에 따라 개정목적, 종전의 관리규약과 달라진 내용, 「서울특별시 공동주택 관리규약 준칙」과 달라진 내용 및 조항별 개정사유 등을 기재하여 게시판, 통합정보마당에 공고하고, 입주자등에게 개별통지 하여야 한다.

③ 제1항의 관리규약 개정은 요청받은 날부터 30일 이내에 전체 입주자등의 과반수가 찬성하는 방법으로 결정한다.

◆ **관리규약준칙 제101조(규약의 공포)** 이 규약을 개정한 경우에는 관할구청장에게 신고하고 관할구청장이 수리한 날 입주자대표회의의 회장(최초로 제정하는 경우에는 사업주체를 말한다)이 공포하여야 한다. 다만, 7일이 지나도록 회장이 이를 공포하지 아니할 때에는 관리사무소장이 공포한다.

◆ **관리규약준칙 제102조(규약의 보관)** ① 관리주체는 입주자등의 과반수가 찬성한 규약의 원본을 작성하여 보관한다.

② 관리주체는 이 규약의 사본을 입주자등에게 1부씩 배부하여야 하며, 규약이 변경된 때에도 종전 관리규약 및 「서울특별시 공동주택 관리규약 준칙」과 달라진 내용과 조항별 개정사유 등이 포함된 관리규약 사본을 배부하여야 한다.

③ 관리주체는 전입한 입주자등이 입주자명부를 제출할 때에는 이 규약의 사본 1부를 배부하여야 한다.

※ 당아파트 관리규약 개정은 3일간 하루 2시간씩 방문투표로 할 예정입니다. 그런데 여기서 의문이 있습니다.

1. 개표결과 찬.반이 모두 과반이 되지 않을 경우에는 규약개정은 자동 폐기되는 지 궁금합니다.

2. 입주자등의 과반수라 함은 실제 입주자를 말하는 것인지 아니면 선거인명부에 등재되어 있는 입주자를 말하는 지

3. 입주민이 다른 입주민에게 규약 개정에 대해 찬성을 유도하거나 반대유도를 하는 행위를 해도 되는지?

1. 공동주택 관리규약을 개정할 때 정족수는 전체 입주자등의 과반수가 찬성을 해야 합니다. 따라서 질의와 같이 관리규약 개정안에 대해 찬성과 반대가 모두 과반수가 되지 않았다는 것은 관리규약 개정을 위한 정족수인 전체 입주자등의 과반수의 찬성을 얻지 못한 것이므로 관리규약 개정안은 부결된 것입니다. 개정안이 부결되었다면 재투표를 하는 것이 아니라 관리규약 개정절차를 다시 진행해야 할 것으로 판단됩니다.

2. 입주자등의 과반수란 실제 해당 공동주택에서 거주하고 있는 세대수의 과반을 말하는 것이며 선거인 명부는 귀 공동주택 관리사무소에서 입주자명부 등을 기준으로 작성해야 하는 것이며 입주자명부 작성 및 열람 등의 절차를 통하여 실제 거주하고 있는 세대를 기준으로 작성해야 할 것으로 판단 됩니다.

3. 제안된 관리규약 개정안에 대해 찬성과 반대를 유도하는 행위는 입주자등은 관리규약 개정안에 대해 찬성과 반대의 의견을 표시할 수 있을 것으로 사료 됩니다.(공동주택관리지원센타 전자민원- 2014.4.05.)

※ 공동주택 관리규약에는 위반되지만 공동주택관리 법령에는 위반되지 않을 경우 지자체장은 강제할 수 있는지?

- 법제처는 공동주택 관리규약에는 위반되지만 법령 위반에는 해당하지 않는 사항에도 지방자치단체 장은 공동주택관리법 제93조 제1항에 따라 그 밖에 필요한 명령을 할 수 있다고 해석하고 있습니다. 공동주택관리 법·령에 아파트 관리와 관련한 모든 내용을 다 규정할 수 없어 관리규약에 위임 규정 하도록 한 것이므로 관리규약이 법규에 준하는 구속력을 갖는다는 법제처의 해석입니다. (국토부 주택건설공급과)

※ 관리규약이 개정되지 않아 주택관리 만족도에 대한 양식이 관리규약에 정해져 있지 않으면 현 위탁관리업체와 재계약을 할 수 없는지요?

- 공동주택관리법 제5조 제2항 제2호에 따라 계약기간이 끝난 주택관리업자를 수의

계약의 방법으로 다시 관리주체로 선정하려는 경우에는 관리규약으로 정하는 절차에 따라 입주자등의 의견을 청취한 결과 전체 입주자등의 10분지1 이상이 서면으로 이의를 제기하지 안해야 하므로 입주자 등의 의견청취에 대한 관리규약이 개정되지 안았다면 주택관리업자의 재계약을 수의계약으로 진행할 수 없으므로 경쟁입찰의 방식으로 주택관리업자를 선정해야 할 것으로 판단됩니다. (국토부 주택건설공급과 2016.12)

※ 입대의와 상가의 소유자 사이 공동사안을 협의하기 위해 만든 관리규약에 상가 입주민의 선거 피선거권이 포함되는 지?

– 동별 대표자로 구성되는 입주자대표회의를 구성할 의무가 있는 공동주택관리법위에 주상복합 건물의 복리시설 중 일반에게 분양된 시설은 제외되므로 단지 내 상가의 입주자에게는 입주자대표회의를 구성하는 동별 대표자에 대한 선거권 및 피선거권이 없다. 따라서 공동주택 단지내 상가와 공동의 사안을 협의하기 위한 공동대표를 구성하고자 한다면 입주자대표회의와 별도로 단지의 상가에 대한 대표자를 선출하고 선출된 상가대표자와 입주자대표회의가 공동사안을 협의할 수 있는 방법 등을 강구하기 바란다 (국토부 주택건설공급과 1001- 2013.3.6)

※ 분양 임대 혼합단지의 관리규약 및 입대의 구성과 관련해 관리규약은 분양단지와 임대단지에서 별도로 제정 또는 통합해 재정해야 하는지?

– 관리규약은 분양주택은 공동주택관리법·령에 따라(법 제18조)임대주택은 임대주택법에 따라 각 각 제.개정 합니다. 단 각자의 관리규약에서 공통되는 내용 등에 대해서는 공통관리규약을 제정할 수 있습니다

※ 가. 입주자 등의 10분지1 이상이 관리규약 개정(안)을 제안한 경우 반드시 관리사무소장이 입주민에게 그 개정안을 제안하는 절차를 거쳐야 하는지 여부
※ 나 입주자등의 10분지1 이상이 관리규약의 개정제안을 제안해 선거관리위원회에

가. 관리규약의 개정은 입대의의 의결 또는 전체 입주자등의 10분지1 이상이 제안하
고 전체 입주자등의 과반수가 찬성하는 방법으로 결정한다(시행령 제3조 및 영 제
20조 제4항))따라서 전체입주자등의 10분지1 이상이 제안한 경우 별도로 관리사
무소장이 입주민에게 그 개정안에 대해 다시 제안하는 과정을 거치지 않았더라도
전체 입주자등의 과반수가 찬성한다면 관리규약을 개정한 것으로 판단됩니다. 다
만 효력은 법 제19조 시행령 제21조에 따라 지자체장에게 신고 및 수리가 완료되
고 공포한 날로부터 효력이 발생한다고 보아야 합니다.

나. 이와 관련 적법한 절차를 통해 관리규약을 개정했으나 입대의회장이 정당한 사유
없이 지자체에 신고를 거부할 경우에는 관리규약개정 신고는 관리소장 또는 개정
안을 제안한 입주민대표가 하고 제101조(규약의 공포)에 의거 다만 7일이 지나도
록 회장이 이를 공포하지 아니할 때에는 관리소장이 공포한다 라고 규정하고 있습
니다. (국토부 주택건설 공급과 2578- 2013.08.07)

※ 관리규약 개정 시 입주민 동의방법은 관리규약에 정해야

회신: 관리규약에 정하는 바에 따라 정해야
- 공동주택관리법 시행규칙 제6조 제2호에 따라 관리규약의 제정 및 개정에 관한 신
고는 관리규약의 제 개정 제안서와 그에 대한 입주자 등의 동의서를 첨부해 시장

군수 구청장에게 제출해야 한다. 이 경우 입주자등의 동의서는 관리규약 개정에 대한 공동주택 입주자등의 동의를 확인할 수 있는 서류(서면동의 또는 찬.반투표)를 의미하는 것이다 따라서 서면동의 또는 찬.반 투표 등 구체적인 동의방법은 귀 공동주택 관리규약으로 정한 바에 따르면 된다 (국토부 주택건설 공급과 전자민원 2013.1.30.)

※ 공동주택관리법 · 령 등을 개정해 시도지사가 만드는 관리규약 준칙을 공동주택에서 꼭 따르도록 강제할 의향은 없는지?

– 시.도지사가 공동주택의 입주자 및 사용자를 보호하고 주거생활의 질서를 유지하기 위해 대통령령으로 정하는 바에 따라 공동주택의 관리 또는 사용에 관한 준거가 되는 공동주택의 관리규약준칙을 정해야 하며 입주자와 사용자는 관리규약 준칙을 참조해 관리규약을 정합니다(공동주택관리법 제18조 제1항 제2항)따라서 개별 공동주택에서는 시. 도지사가 정하는 관리규약 준칙을 참고하되 해당공동주택의 제반여건을 감안해 공동주택관리법령에 위배되지 않는 범위에서 관리규약을 자율적으로 정할 수 있음을 알려 드립니다.아울러 해당 공동주택에서 관리규약을 정할 때 관리규약 준칙을 반드시 따르도록 강행 할 경우에는 개별 공동주택의 구체적인 여건이나 환경이 다른 점이나 민간자치 영역에 대한 과도한 개입문제 등을 감안 시 타당하지 않을 것으로 사료됩니다.

※ 관리규약 제정 개정시 관리규약의 효력발생 시기는 언제부터 인지?

– 입주자대표회의를 대표하는 자는 관리규약의 제정 및 개정 시 공동주택관리법 제19조 제1항 시행령 제19조 제1항 시행규칙 제6조 제1항 별지 제5호 서식에 따라 시장 군수 구청장에게 관리규약 개정후 30일 이내에 입대의의 구성(변경) 등 신고서에 관리규약 제.개정 제안서와 그에 대한 입주자등의 동의서를 첨부해 시장 군수 구청장에게 제출해야 합니다 질의의 관리규약의 개정 제정도 관련절차에 따라 시장 군수 구청장에게 30일내에 신고하고 심사.수리가 완료되어 회장이 공포

한 때 완전하게 효력이 있는 것으로 사료됩니다.

※ 법 제11조제3항 및 제19조에 따른 관리방법의 결정 및 변경 관리규약의 제정 및 개정 입주자대표회의의 구성 및 변경 등의 신고를 하지 아니한 자 500만원 이하의 과태료를 부과한다.(법 제102조 제3항 제3호) (시행규칙 별지5호서식)

※ 관리규약을 개정할 때 종전의 관리규약과 달라진 내용 관리규약준칙과 달라진 내용 등을 입주자 등에게 통지해야 하나 이를 하지 않고 입주자 등으로부터 과반수 이상 서면동의를 받으면 관리규약개정이 유효한 것인지? 유효하지 않다면 관련절차를 다시 밟아 개정해야 되는지?

– 관리규약을 개정할 때는 그 개정안에 개정목적 종전의 규약과 달라진 내용 시.도의 관리규약준칙과 달라진 내용을 적고 게시판과 홈페이지(단지에 개설된 경우에 한함)에 공고하고 입주자등에게 개별통지를 하여야 합니다.(공동주택관리법 시행령 제20조 제2항 제3항) 따라서 입주자 등에 대한 개별 통지하는 절차를 지키지 않았다면 그 관리규약의 개정은 유효하지 않을 것이며 적법한 절차에 따라 개정해야 할 것입니다. (국토부 주택건설 공급과 4024– 2013.10.17.)

※ 임대주택에서 분양 전환된 단지의 최초의 관리규약은 어떻게 제정하는 지요?

– 임대주택에서 분양전환된 단지의 최초의 관리규약을 제정하는 경우 별도의 규정은 없으나 관리규약 개정 절차를 준용하여 제정할 수 있음

※ 관리규약을 개정해 복도 새시를 공용부분으로 분리한다면 장기수선계획을 조정해서 장충금으로 복도 새시를 설치할 수 있는지요?

– 복도새시를 전용부분에서 공용부분으로 구분하여 장기수선계획을 조정하여 장충금으로 설치할 수 있을 것으로 사료됨. 먼저 관리규약이 개정되어야 함 (국토부 주

택건설공급과 2013.12.4.)

※ 주상복합 아파트 통합관리규약 (서울시 표준관리규약 적용)을 적용한 것이 위법한
것인지?

- .건축법 제11조에 따른 건축허가를 받아 주택외의 시설과 주택을 동일건축물로 건
축한 건축물로서 주택이 150가구 이상인 건축물은 의무 관리대상 공동주택에 해
당돼 (영제2조 제4호)입주자대표회의 구성을 의무화 하고 있습니다. 다만 복리
시설 중 일반에게 분양된 시설은 공동주택 관리 범위에서 제외되므로 (공동주택관
리법 제2조1호)상가부분은 집합건물의 소유 및 관리에 관한 법률에 따라 관리단
을 구성해야 합니다 따라서 귀 주상복합아파트 중 아파트에서는 입대의를 구성하
고 상가에서는 관리단을 구성하되 필요한 사항에서는 협의해 결정할 수 있을 것으
로 사료 됩니다 이와 관련 통합관리규약이 상가의 소유자에 대해서도 입대의 구성
원이 되도록 정하고 있다면 공동주택관리 법령에 위배되는 것입니다.

※ 아파트 동대표 임기중 선거구 통합을 내용으로 하는 관리규약 개정이 가능한지?
동대표가 선출되지 않은 선거구와 동대표가 선출된 선거구를 하나의 선거구로 통
합하는 내용을 포함한 관리규약을 개정한 후 기존 대표자를 사퇴시키고 재 선거를
실시할 수 있는지요?

- 관리규약 변경으로 선거구를 변경한 경우에는 부칙 등에 그 적용시기를 별도로 명
시해 분쟁이 발생하지 않도록 해야 할 것이다. 또한 임기 중 선거구를 통합한 경우
에는 당초 관리규약으로 정한 선거구와 관리규약 개정으로 변경된 선거구가 달라
변경된 선거구에 대해서는 기존의 동대표가 사퇴하고 새로운 동대표를 선출해야
하는 등의 문제가 발생할 수 있으므로 임기 중 선거구를 변경하는 것은 바람직 하
지 않다. (국토부 주택건설 공급과 전자민원 2013.11.4.)

※ 1) 공동주택관리법 시행령 부칙 제15조 제2항에서 관리규약준칙에 맞게 관리규약

을 개정해야 한다는 의미가 관리규약 준칙 전부를 말하는 것인지 아니면 제1항에 서 명시한 시행령 제19조 제1항 제21호 제26호 및 제27호를 말하는 것인지요?

2) 시랭령 제19조 제1항 제21호 제26호 및 제27호만 관리규약 준칙에 맞게 관리규 약을 개정해야 한다면 다른 항목은 준칙을 참조해 해당 아파트 실정에 맞게 관 리규약을 개정하면 되는 것인지요?

- 1) 시.도지사는 이영 시행일로부터 2개월 이내에 관리규약 준칙을 개정해야 하며 입주자대표회의는 이영 시행일로부터 3개월 이내 동조 제1항에 따른 관리규약 준 칙에 맞게 관리규약을 개정해야 합니다.(공동주택관리법 시행령 부칙 제15조)따라 서 해당 공동주택의 입대의는 동법 시행령 제19조 제1항 제21호(어린이집 임대계 약) 제26호(공동체생활의 활성화) 및 제27호(주차장임대)에 따른 공동주택의 어린 이집의 임대계약에 대한 임차인등의 선정기준 등은 해당 시.도지사의 관리규약 준 칙에 맞게 관리규약을 개정해야 합니다.

2) 법제처 법령해석(2013.6.12.)에 따르면 관리규약의 준칙은 시.도지사가 공동주택 의 입주자 및 사용자를 보호하고 주거생활의 질서를 유지하기 위해 정하는 점 등 에 비춰볼 때 관리규약의 준칙은 사실상 구속력을 갖인 것으로써 공동주택의 관리 규약은 특별한 사유가 없는 한 관리규약 준칙의 취지 및 방향에 적합하게 규정되 야 할 것으로 해석하고 있으므로 제19조 제1항 제21호 제26호 및 제27호 이외의 경우에도 특별한 사유(예를 들어 해당 공동주택단지에서 주차장을 카세어링으로 제공할 계획이 없는 경우에는 공동주택관리법 시행령 제19조 제1항 제21호 제26 호 및 제27호(공동주택의 주차장 임대계약)에 관한 관리규약 준칙내용을 관리규약 으로 정하지 않아도 되며 향후 카세어링으로 제공할 경우에는 관리규약으로 정해 야 하는등)가 없는 경우에는 관리규약준칙에 맞게 관리규약을 정해야 합니다.(국 토부 주택건설공급과 2017.4)

9. 관리기구 구성(공동관리 구분관리)

◎ **시행령 제4조(자치관리기구의 구성 및 운영)**

③ 자치관리기구 관리사무소장은 입주자대표회의가 입주자대표회의 구성원(관리규약으로 정한 정원을 말하며, 해당 입주자대표회의 구성원의 3분의 2 이상이 선출되었을 때에는 그 선출된 인원을 말한다. 이하 같다) 과반수의 찬성으로 선임한다.

④ 입주자대표회의는 제3항에 따라 선임된 관리사무소장이 해임되거나 그 밖의 사유로 결원이 되었을 때에는 그 사유가 발생한 날부터 30일 이내에 새로운 관리사무소장을 선임하여야 한다.

⑤ 입주자대표회의 구성원은 자치관리기구의 직원을 겸할 수 없다.

◆ **관리규약 제53조(직원의 자격 요건)** 다음 각 호의 어느 하나에 해당하는 사람은 자치관리기구의 직원(관리사무소장을 포함한다)이 될 수 없다.

　　1. 관계법령에 따른 법정자격을 보유하는 업무의 자격을 소지하지 아니한 자
　　2. 입주자대표회의의 구성원 또는 그 구성원의 배우자나 직계존비속

※ **공동관리 구분관리 요건**

　　1. 각 단지의 입주자대표회의에서 필요성 인정
　　2. 각 단지별로 입주자등의 과반수의 서면동의(임대주택은 임대사업자 및 임차인대표회의의 서면동의)필요
　　3. 공동관리의 필요성 범위 입주자등이 부담하여야 할 관리비용 변동의 추정치를 입주자등 에게 사전통지
　　4. 합쳐서 1500세대 이하 일 것(의무관리 대상 단지에 인접한 300세대 미만 공동주택단지를 공동관리 하는 경우는 제외)
　　5. 500세대 이상 단위로 구분할 것
　　6. 단지사이에 주택법제2조 제12호의 시설이 없는 인접한 단지일 것

가. 철도 고속도로 자동차전용도로

나. 폭 20메타 이상인 일반도로

다. 폭 8메타 이상인 도시계획 예정도로

라. 가목에서 다목까지의 시설에 준하는 것으로서 대통령으로 정하는 시설

시행규칙 제2조 제③항 법 제8조제2항에서 "국토교통부령으로 정하는 기준"이란 다음 각 호의 기준을 말한다. 다만, 특별자치시장·특별자치도지사·시장·군수 또는 구청장(구청장은 자치구의 구청장을 말하며, 이하 "시장·군수·구청장"이라 한다)이 지하도, 육교, 횡단보도, 그 밖에 이와 유사한 시설의 설치를 통하여 단지 간 보행자 통행의 편리성 및 안전성이 확보되었다고 인정하는 경우에는 제2호의 기준은 적용하지 아니한다. 이 경우 단지별로 입주자등 3분의2 이상의 서면동의를 받아야 한다. 〈개정 2017.10.18.〉

※ 공동관리 및 구분관리의 규제(각 요건 등)가 비의무 관리대상 공동주택에도 적용되는지?

- 공동관리 및 구분관리는 의무관리 공동주택에만 의무화 되어있는 입주자대표회의를 전제로 하는 것으로서 비 의무관리 대상 공동주택에는 각 규제가 적용받지 않고 공동관리 할 수 있음

※ 의무관리 대상 공동주택에서 입주자대표회의가 구성되기 전에도 공동관리 및 구분관리를 할 수 있는지

- 공동관리 및 구분관리의 필요성 판단은 입주자대표회의에서 결정하므로 (공동주택관리법 제8조제1항)입주자대표회의가 구성되기 전에는 공동관리 구분관리가 불가

※ 아파트 4개동 590가구 오피스텔 1개동 450가구를 공동관리할 수 있는지요?

- 공동주택관리법 제8조에 따르면 입대의는 해당 공동주택의 관리에 필요하다고 인정하는 경우 국토부령으로 정하는 바에 따라 인접한 공동주택단지(임대주택 단지

포함)와 공동으로 관리하거나 500가구 이상의 단위로 나누어 관리하게 할 수 있도록 규정하고 있습니다. 따라서 오피스텔은 업무시설로 공동주택이 아니므로 공동주택관리법 제8조에 따른 공동관리를 할 수 없습니다. 〈국토부 주택건설공급과-2018.8〉

※ **공동주택관리법 제69조(주택관리사등의 자격취소 등)** 제1항 제3호에 의거 자격취소사유에 해당

    3. 의무관리대상 공동주택에 취업한 주택관리사등이 다른 공동주택 및 상가ㆍ오피스텔 등 주택 외의 시설에 취업한 경우

10. 관리주체(관리소장)

■ **법제처 유사 유권해석:** 공동주택관리기구에 배치된 관리소장이 전기사업법에 따른 전기안전관리자의 자격를 가지고 있는 경우라도 관리사무소장을 전기안전관리로 중복하여 배치할 수 없음 (법제처 13- 0039 2013.5.7.)

■ **법체처:** 공동주택의 관리업무는 공동주택의 운영 관리 유지 보수 교체 개량 및 리모델링에 관한 업무와 이러한 업무를 집행하기 위한 관리비 및 장기수선충당금이나 그 밖의 경비의 청구 수령 지출 및 그 금원을 관리하는 업무 공동주택의 하자의 발견 하자보수청구 장기수선계획의 조정 시설물 안전계획의 수립 및 건축물의 안전점검에 관한 업무가 해당 됩니다. (2013년 8.27 법제처 법령해석)

● **2017년4월7일 시행령 일부개정안 (개정 공포 시행 2017.8.12.)** : 공동주택관리사무소의 기술인력 중 국가기술자격법에 따라 기술자격을 취득하지 아니하는 기술인력으로 입주자대표회의와 관리주체가 입주민의 재산보호와 안전확보에 문제가 없다고 판단하는 경우 등에는 다른 기술인력과 겸직가능 토록 함 (소방안전관리자 승강기안전관리자 어린이놀이시설 안전관리자등은 교육만 이수하게되면 겸직가능)

시행령 [별표1] 비고 (개정 공포 시행 2017.8.12.)

1. 관리사무소장과 기술인력 상호간에는 겸직할 수 없다.
2. 기술인력 상호간에는 겸직할 수 없다. 다만, 입주자대표회의가 시행령 제14조 제1항에 따른 방법으로 다음 각 목의 겸직을 허용한 경우에는 그러하지 아니하다.
   가. 해당 법령에서 「국가기술자격법」에 따른 국가기술자격(이하 "국가기술자격"이라 한다)의 취득을 선임요건으로 정하고 있는 기술인력과 국가 기술자격을 취득하지 않아도 선임할 수 있는 기술인력의 겸직
   나. 해당 법령에서 국가 기술자격을 취득하지 않아도 선임할 수 있는 기술인력 상호간

의 겸직

★ **법 제63조(관리주체의 업무 등)** ① 관리주체는 다음 각 호의 업무를 수행한다. 이 경우 관리주체는 필요한 범위에서 공동주택의 공용부분을 사용할 수 있다.

1. 공동주택의 공용부분의 유지 · 보수 및 안전관리

2. 공동주택단지 안의 경비 · 청소 · 소독 및 쓰레기 수거

3. 관리비 및 사용료의 징수와 공과금 등의 납부대행

4. 장기수선충당금의 징수 · 적립 및 관리

5. 관리규약으로 정한 사항의 집행

6. 입주자대표회의에서 의결한 사항의 집행

7. 그 밖에 국토교통부령으로 정하는 사항

② 관리주체는 공동주택을 이 법 또는 이 법에 따른 명령에 따라 관리하여야 한다.

※ 제63조제2항을 위반하여 공동주택을 관리한 자 500만원 이하의과태료를부과한다.(법 102조3항22)

★ **법 제64조(관리사무소장의 업무 등)** ① 의무관리대상 공동주택을 관리하는 다음 각 호의 어느 하나에 해당하는 자는 주택관리사를 해당 공동주택의 관리사무소장(이하 "관리사무소장"이라 한다)으로 배치하여야 한다. 다만, 대통령령으로 정하는 세대수(500세대) 미만의 공동주택에는 주택관리사를 갈음하여 주택관리사보를 해당 공동주택의 관리사무소장으로 배치할 수 있다.

　　1. 입주자대표회의(자치관리의 경우에 한정한다)

　　2. 제13조제1항에 따라 관리업무를 인계하기 전의 사업주체

　　3. 주택관리업자

　　4. 임대사업자

② 관리사무소장은 공동주택을 안전하고 효율적으로 관리하여 공동주택의 입주자등의 권익을 보호하기 위하여 다음 각 호의 업무를 집행한다.

　　1. 입주자대표회의에서 의결하는 다음 각 목의 업무

가. 공동주택의 운영 · 관리 · 유지 · 보수 · 교체 · 개량

나. 가목의 업무를 집행하기 위한 관리비 · 장기수선충당금이나 그 밖의 경비의 청구 · 수령 · 지출 및 그 금원을 관리하는 업무

2. 하자의 발견 및 하자보수의 청구, 장기수선계획의 조정, 시설물 안전관리계획의 수립 및 건축물의 안전점검에 관한 업무. 다만, 비용지출을 수반하는 사항에 대하여는 입주자대표회의의 의결을 거쳐야 한다.

3. 관리사무소 업무의 지휘 · 총괄

4. 그 밖에 공동주택관리에 관하여 국토교통부령으로 정하는 업무

③ 관리사무소장은 제2항제1호가목 및 나목과 관련하여 입주자대표회의를 대리하여 재판상 또는 재판 외의 행위를 할 수 있다.

④ 관리사무소장은 선량한 관리자의 주의로 그 직무를 수행하여야 한다.

⑤ 관리사무소장은 그 배치 내용과 업무의 집행에 사용할 직인을 국토교통부령으로 정하는 바에 따라 시장 · 군수 · 구청장에게 신고하여야 한다. 신고한 배치 내용과 직인을 변경할 때에도 또한 같다. (주택관리사협회에 신고)

※ 제64조 제1항을 위반하여 주택관리사등을 배치하지 아니한 자 1년 이하의 징역 또는 1천만원 이하의 벌금(법 제100조제2호)

※ 제64조5항에 따른 배치 내용 및 직인의 신고 또는 변경신고를 하지 아니한 자 500만원 이하의 과태료를 부과한다. (법 제102조 제3항23호)

★ 법 제33조(안전점검) ① 의무관리대상 공동주택의 관리주체는 그 공동주택의 기능유지와 안전성 확보로 입주자등을 재해 및 재난 등으로부터 보호하기 위하여 「시설물의 안전 및 유지관리에 관한 특별법」 제21조에 따른 지침에서 정하는 안전점검의 실시 방법 및 절차 등에 따라 공동주택의 안전점검을 실시하여야 한다. 다만, 16층 이상의 공동주택 및 사용연수, 세대수, 안전등급, 층수 등을 고려하여 대통령령으로 정하는 15층 이하의 공동주택에 대하여는 대통령령으로 정하는 자로 하여금 안전점검을 실시하도록 하여야 한다. 〈개정 2016.1.19. 2017.1.17〉

② 제1항에 따른 관리주체는 안전점검의 결과 건축물의 구조·설비의 안전도가 매우 낮아 재해 및 재난 등이 발생할 우려가 있는 경우에는 지체 없이 입주자대표회의(임대주택은 임대사업자를 말한다. 이하 이 조에서 같다)에 그 사실을 통보한 후 대통령령으로 정하는 바에 따라 시장·군수·구청장에게 그 사실을 보고하고, 해당 건축물의 이용 제한 또는 보수 등 필요한 조치를 하여야 한다.

③ 의무관리대상 공동주택의 입주자대표회의 및 관리주체는 건축물과 공중의 안전 확보를 위하여 건축물의 안전점검과 재난예방에 필요한 예산을 매년 확보하여야 한다.

④ 공동주택의 안전점검 방법, 안전점검의 실시 시기, 안전점검을 위한 보유 장비, 그 밖에 안전점검에 필요한 사항은 대통령령으로 정한다. [시행일 : 2018.1.18.] 제33조

◎ **시행령 제34조(공동주택의 안전점검)** ① 법 제33조제1항에 따른 안전점검은 반기마다 하여야 한다.

② 법 제33조제1항 단서에서 "대통령령으로 정하는 15층 이하의 공동주택"이란 15층 이하의 공동주택으로서 다음 각 호의 어느 하나에 해당하는 것을 말한다.

  1. 사용검사일부터 30년이 경과한 공동주택
  2. 「재난 및 안전관리 기본법 시행령」 제34조의2 제1항에 따른 안전등급이 C등급, D등급 또는 E등급에 해당하는 공동주택

③ 법 제33조 제1항 단서에서 "대통령령으로 정하는 자"란 다음 각 호의 어느 하나에 해당하는 자를 말한다.

  1. 「시설물의 안전관리에 관한 특별법 시행령」 제7조에 따른 책임기술자로서 해당 공동 주택단지의 관리직원인 자
  2. 주택관리사등이 된 후 국토교통부령으로 정하는 교육기관에서 「시설물의 안전관리에 관한 특별법 시행령」 제7조에 따른 안전점검교육을 이수한 자 중 관리사무소장으로 배치된 자 또는 해당 공동주택단지의 관리직원인 자
  3. 「시설물의 안전관리에 관한 특별법」 제9조에 따라 등록한 안전진단전문기관
  4. 「건설산업기본법」 제9조에 따라 국토교통부장관에게 등록한 유지관리업자

④ 제3항 제2호의 안전점검교육을 실시한 기관은 지체 없이 그 교육 이수자 명단을 법 제81조 제1항에 따른 주택관리사단체에 통보하여야 한다.

⑤ 법 제33조제2항에 따라 관리주체는 안전점검의 결과 건축물의 구조 · 설비의 안전도가 매우 낮아 위해 발생의 우려가 있는 경우에는 다음 각 호의 사항을 시장 · 군수 · 구청장에게 보고하고, 그 보고내용에 따른 조치를 취하여야 한다.

    1. 점검대상 구조 · 설비

    2. 취약의 정도

    3. 발생 가능한 위해의 내용

    4. 조치할 사항

⑥ 시장 · 군수 · 구청장은 제5항에 따른 보고를 받은 공동주택에 대해서는 국토교통부령으로 정하는 바에 따라 관리하여야 한다.

※ 법 제33조제1항에 따라 안전점검을 실시하지 아니하거나 제2항에 따라 입주자대표회의 또는 시장 군수 구청장에게 통보 또는 보고하지 아니하거나 필요한 조치를 하지 아니한 자 500만원 이하의 과태료를 부과한다.(법 제102조 제3항14호)

● **개정 시행규칙 제30조(관리사무소장의 업무 등)** (개정 2017.10.18.)

② 법 제64조제5항 전단에 따라 배치 내용과 업무의 집행에 사용할 직인을 신고하려는 관리사무소장은 배치된 날부터 15일 이내에 별지 제33호서식의 신고서에 다음 각 호의 서류를 첨부하여 주택관리사단체에 제출하여야 한다. 〈개정 2017.10.18.〉

    1. 법 제70조제1항에 따른 관리사무소장 교육 또는 같은 조 제2항에 따른 주택관리사등의 교육 이수현황(주택관리사단체가 해당 교육 이수현황을 발급하는 경우에는 제출하지 아니할 수 있다) 1부

    2. 임명장 사본 1부. 다만, 배치된 공동주택의 전임(前任) 관리사무소장이 제3항에 따른 배치종료 신고를 하지 아니한 경우에는 배치를 증명하는 다음 각 목의 구분에 따른 서류를 함께 제출하여야 한다.

    가. 공동주택의 관리방법이 법 제6조에 따른 자치관리인 경우: 근로계약서 사본 1부

    나. 공동주택의 관리방법이 법 제7조에 따른 위탁관리인 경우: 위 · 수탁 계약서 사본 1부

    3. 주택관리사보자격시험 합격증서 또는 주택관리사 자격증 사본 1부

4. 영 제70조 및 제71조에 따라 주택관리사등의 손해배상책임을 보장하기 위한 보증설정을 입증하는 서류 1부

③ 법 제64조제5항 후단에 따라 신고한 배치 내용과 업무의 집행에 사용하는 직인을 변경하려는 관리사무소장은 변경사유(관리사무소장의 배치가 종료된 경우를 포함한다)가 발생한 날부터 15일 이내에 별지 제33호서식의 신고서에 변경내용을 증명하는 서류를 첨부하여 주택관리사단체에 제출하여야 한다. 〈개정 2017.10.18.〉

◆ **관리규약 제62조(관리주체의 업무)** ① 관리주체는 법 제63조 및 규칙 제29조에 따른 업무를 수행하여야 하며, 법 제63조제1항제5호에서 "관리규약으로 정한 사항의 집행"이라 함은 다음 각 호의 사항을 말한다.

　　1. 공사·용역 등에 대한 입찰관리와 감독 및 준공검사 (개정 2019.2.22)

　　2. 재해보험 등의 가입

　　3. 성범죄 등 신고센터 운영

　　4. 이 규약 위반자 또는 질서 문란자에 대한 조치

　　5. 입주자등의 제안, 건의, 민원사항 등의 접수 및 처리결과를 입주자대표회의 개최시 보고

　　6. 단지 내 홍보전광판 운영 업무

　　7. 통합정보마당 공개업무

　　8. 그 밖에 이 규약에서 정한 사항

② 관리주체는 입주자대표회의 감사가 규칙 제4조제3항에 따라 감사업무 수행을 위하여 자료제출 요구 시 특별한 사유 없이 기피 또는 거부할 수 없으며, 원활한 감사업무가 진행될 수 있도록 적극 협조하여야 한다.

③ 관리주체는 영 제29조제1항에 따라 관리주체가 아닌 자에게 주민운동시설을 위탁하여 운영할 수 있으며, 위탁업체의 선정 절차 및 방법 등은 지침을 준용한다.

④ 경비원은 공동주택단지 내에서 거동이 수상한 자 등에 대하여는 경비실 및 관리사무소까지 동행할 것을 요구할 수 있다.

⑤ 경비원은 공동주택단지 내에서 위험한 행위를 하는 자가 있거나 공동생활질서를 지키지 아니하는 자가 있으면 이를 제재할 수 있으며, 공동주택단지 내의 원활한 교통 흐름을 위하여

공동주택단지 내의 도로 및 주차장의 차량을 통제할 수 있다.

⑥ 공동주택에서 채용한 경비원에 대하여도 「경비업법」 제15조의2를 준용한다.

● **경비업법 제15조의2(경비원 등의 의무)** ①경비원은 직무를 수행함에 있어 타인에게 위력을 과시하거나 물리력을 행사하는 등 경비업무의 범위를 벗어난 행위를 하여서는 아니된다.

② 누구든지 경비원으로 하여금 경비업무의 범위를 벗어난 행위를 하게 하여서는 아니된다.

[본조신설 2005.8.4]

⑦ 입주자등, 입주자대표회의 및 관리주체 등은 경비원 등 근로자에게 적정한 보수를 지급하고 휴게공간설치 및 근무공간 적정 냉난방 온도유지 등 근로자의 처우개선과 인권존중을 위하여 노력하여야 한다.

⑧ 경비원 등 근로자는 입주자등에게 수준 높은 근로 서비스를 제공하여야 한다.

※ 경비원에 대한 성범죄 조회 근거: 아동 청소년 보호에 관한 법률 제57조

★ **법 제65조(관리사무소장의 업무에 대한 부당 간섭 배제 등)** ① 입주자대표회의(구성원을 포함한다. 이하 이 조에서 같다)는 제64조제2항에 따른 관리사무소장의 업무에 부당하게 간섭하여서는 아니 된다. ⇒ 관리주체로 선정된 주택관리업자 포함 필요

② 입주자대표회의가 관리사무소장의 업무에 부당하게 간섭하여 입주자등에게 손해를 초래하거나 초래할 우려가 있는 경우 관리사무소장은 시장·군수·구청장에게 이를 보고하고, 사실 조사를 의뢰할 수 있다.

③ 시장·군수·구청장은 제2항에 따라 사실 조사를 의뢰받은 때에는 즉시 이를 조사하여야 하고, 부당하게 간섭한 사실이 있다고 인정하는 경우 제93조에 따라 입주자대표회의에 필요한 명령 등의 조치를 하여야 한다.

④ 시장·군수·구청장은 사실 조사 결과 또는 시정명령 등의 조치 결과를 관리사무소장에게 통보하여야 한다.

⑤ 입주자대표회의는 제2항에 따른 보고나 사실 조사 의뢰 또는 제3항에 따른 명령 등을

이유로 관리사무소장을 해임하거나 해임하도록 주택관리업자에게 요구하여서는 아니 된다.

⑥ 입주자등, 입주자대표회의 및 관리주체 등은 경비원 등 근로자에게 적정한 보수를 지급하고 근로자의 처우개선과 인권존중을 위하여 노력해야 하며 근로자에게 해당업무 이외에 부당한 지시를 하거나 명령을 하여서는 안 된다(2017.3.2개정)

⑦ 경비원 등 근로자는 입주자등에게 수준 높은 근로 서비스를 제공하여야 한다.

※ 법 65조제5항을 위반하여 관리사무소 소장을 해임하거나 해임하도록 주택관리업자에게 요구한 자 1천만원 이하의 과태료를 부과한다.(법 제102조 제2항 제8호)

★ **법 제66조(관리사무소장의 손해배상책임)** ① 주택관리사 등은 관리사무소장의 업무를 집행하면서 고의 또는 과실로 입주자등에게 재산상의 손해를 입힌 경우에는 그 손해를 배상할 책임이 있다.

② 제1항에 따른 손해배상책임을 보장하기 위하여 주택관리사 등은 대통령령으로 정하는 바에 따라 보증보험 또는 제82조에 따른 공제에 가입하거나 공탁을 하여야 한다.

③ 주택관리사 등은 제2항에 따른 손해배상책임을 보장하기 위한 보증보험 또는 공제에 가입하거나 공탁을 한 후 해당 공동주택의 관리사무소장으로 배치된 날에 다음 각 호의 어느 하나에 해당하는 자에게 보증보험 등에 가입한 사실을 입증하는 서류를 제출하여야 한다.

    1. 입주자대표회의의 회장

    2. 임대주택의 경우에는 임대사업자

    3. 입주자대표회의가 없는 경우에는 시장·군수·구청장

※ 제66조제3항에 따른 보증보험등에 가입한 사실을 입증하는 서류를 제출하지 아니한 자 500만원 이하의 과태료를 부과한다(법 제102조 제3항24호)

④ 제2항에 따라 공탁한 공탁금은 주택관리사등이 해당 공동주택의 관리사무소장의 직을 사임하거나 그 직에서 해임된 날 또는 사망한 날부터 3년 이내에는 회수할 수 없다.

● **15층이하 아파트의 재난배상책임보험 가입의 의무화**

16층 이상 아파트는 화재로 인한 재해보상과 보험가입에 관한 법률에 따라 신체손해배상 특약부 화재보험 가입이 의무화 되어 있으나 (시설물의 안전관리에 관한 특별법 제2조에 따라 특수건물(2종시설물)로 분류 15층 이하 아파트는 위 화재보험 가입의무 대상이 아니었음 재난 및 안전관리 기본법 개정 시행으로 15층 이하 아파트도 재난배상책임보험 가입이 의무화 됨.

신축의 경우 2017년 1월8일부터 본래 사용목적에 따른 사용개시 전까지 기존아파트의 경우에는 2017년 7월 7일까지 미가입시 재난 안전법 제82조 제2항에 따라 300만원 이하의 과태료 대상.

재난배상 책임보험이란 취약시설의 화재 폭팔 붕괴로 인한 타인의 신체 또는 재산피해를 보상하는 보험 제3자 인명피해는 1인당 최대 1억5천만원 제3자 재산피해는 1사고당 10억원 까지 보상 원인불명의 화재 폭팔 붕괴 손해도 보상하므로 건물 관리자는 필이 가입요망특약부화재보험에 가입한 16층 이상 아파트는 재난배상책임보험에 가입하지 않아도 됩니다.

◎ **시행령 제73조(주택관리사 자격증의 발급 등** ① 법 제67조제2항제2호에 따라 시장 군수 구청장은 주택관리사보 자격시험에 합격하기 전이나 합격한 후 다음 각 호의 어느 하나에 해당하는 경력을 갖춘 자에 대하여 주택관리사 자격증을 발급한다.

　1. 「주택법」제15조제1항에 따른 사업계획승인을 받아 건설한 50세대 이상 500세대 미만의 공동주택(「건축법」제11조에 따른 건축허가를 받아 주택과 주택 외의 시설을 동일 건축물로 건축한 건축물 중 주택이 50세대 이상 300세대 미만인 건축물을 포함한다)의 관리사무소장으로 근무한 경력 3년 이상

　2. 「주택법」제15조제1항에 따른 사업계획승인을 받아 건설한 50세대 이상의 공동주택(「건축법」제11조에 따른 건축허가를 받아 주택과 주택 외의 시설을 동일 건축물로 건축한 건축물 중 주택이 50세대 이상 300세대 미만인 건축물을 포함한다)의 관리사무소의 직원(경비원, 청소원 및 소독원은 제외한다) 또는 주택관리업자의 직원으로

주택관리업무에 종사한 경력 5년 이상

   3. 한국토지주택공사 또는 지방공사의 직원으로 주택관리업무에 종사한 경력 5년 이상

   4. 공무원으로 주택관련 지도·감독 및 인·허가 업무 등에 종사한 경력 5년 이상

   5. 법 제81조제1항에 따른 주택관리사단체와 국토교통부장관이 정하여 고시하는 공동
      주택관리와 관련된 단체의 임직원으로 주택 관련 업무에 종사한 경력 5년 이상

   6. 제1호부터 제5호까지의 경력을 합산한 기간 5년 이상

★ **제67조(주택관리사 등의 자격** ④ 다음 각 호의 어느 하나에 해당하는 사람은 주택관리
사 등이 될 수 없으며 그 자격을 상실한다.

   1. 피성년후견인 또는 피한정후견인

   2. 파산선고를 받은 사람으로서 복권되지 아니한 사람

   3. 금고 이상의 실형을 선고받고 그 집행이 끝나거나(집행이 끝난 것으로 보는 경우를
      포함한다) 집행이 면제된 날부터 2년이 지나지 아니한 사람

   4. 금고 이상의 형의 집행유예를 선고받고 그 유예기간 중에 있는 사람

   5. 주택관리사등의 자격이 취소된 후 3년이 지나지 아니한 사람(제1호 및 제2호에 해당하
      여 주택관리사 등의 자격이 취소된 경우는 제외한다)

⑤ 국토교통부장관은 직전 3년간 사업계획승인을 받은 공동주택 단지 수, 직전 3년간 주택관
리사보 자격시험 응시인원, 주택관리사 등의 취업현황과 제68조에 따른 주택관리사보 시험
위원회의 심의의견 등을 고려하여 해당 연도 주택관리사보 자격시험의 선발예정인원을
정한다. 이 경우 국토교통부장관은 선발예정인원의 범위에서 대통령령으로 정하는 합격자
결정 점수 이상을 얻은 사람으로서 전과목 총득점의 고득점자 순으로 주택관리사보 자격시
험 합격자를 결정한다.〈신설 2016.3.22.〉

※ 제67조에 따라 주택관리사등의 자격을 취득하지 아니하고 관리사무소장의 업무를 수
행한 자 또는 해당 자격이 없는 자에게 이를 수행하게 한 자 1년 이하의 징역 또는 1천만
원 이하의 벌금(법 제99조 제5호)

※ 전임 관리소장이 고의 또는 불가피하게 인계 인수서가 제출되지 않을 경우 후임

관리소장이 배치신고를 할 수 있는지요?

– 신임 관리소장이 배치 후 배치신고를 제출했으나 전임 관리소장이 제출기간 내 배치종료신고서를 제출하지 않을 경우 신임 관리소장은 시행규칙 제30조 제2항 제2호 개정규정에 따라

　가. 공동주택의 관리방법이 법 제6조에 따른 자치관리인 경우: 근로계약서 사본 1부 임명장 사본1부

　나. 공동주택의 관리방법이 법 제7조에 따른 위탁관리인 경우: 위·수탁 계약서 사본 1부 임명장사본 1부를 제출하여야 한다. 〈개정2017년 10.18〉

※ 공동주택관리 업무에 해당되는 것은 어떻한 내용을 말합니까?

공동주택의 관리업무는 공동주택의 운영 관리 유지 보수 교체 개량 및 리모델링에 관한 업무와 이러한 업무를 집행하기 위한 관리비 및 장기수선충당금이나 그 밖의 경비의 청구 수령 지출 및 그 금원을 관리하는 업무 공동주택의 하자의 발견 하자보수청구 장기수선계획의 조정 시설물 안전계획의 수립 및 건축물의 안전점검에 관한 업무가 해당 됩니다.(2013년 8.27. 법제처 법령해석)

※ 입주자대표회의 개최 시 관리소장은 필요시(안건제의나 보고사항 발생 시)필요에 의해 참석해야 하는 지 아니면 매 회의 시 의무적으로 참석해야 하는 것인지 관리소장 참석없이도 입대의 구성원들만이 입대의를 개최해도 문제가 없는 것인지요?

– 입주자대표회의의 회의 시 해당 공동주택 관리소장 참석여부에 관한 사항은 공동주택관리 법령에 별도로 정하고 있는바가 없으므로 입주자대표회의의 회의에 관리소장의 참석 여부에 관한 사항은 귀 공동주택 관리규약 및 제반 사항 등에 따라 자체적으로 결정하시기 바랍니다. (국토부 전자민원– 2014.02.18.)

※ 공동주택내 CCTV의 효율적인 관리를 위해 관리사무소 직원의 스마트폰 노트북등

- 개인정보보호법 시행령 제25조에 따라 영상정보처리 운영자는 영상정보 보호를 위한 기술적 관리적 및 물리적 조치를 해야 하므로 관리사무소 직원이라도 개인의 스마트폰 노트북에 이 정보를 공유하는 것은 적절하지 않는 것으로 판단 됩니다. 보다자세한 사항은 개인정보보호법을 소관하고 있는 행정안전부 개인정보보호정책과 02- 2100- 4105로 문의하시기 바랍니다.(국토부 주택건설공급과 2018- . 4)

★ **법제 70조(주택관리업자 등의 교육)** ① 주택관리업자(법인인 경우에는 그 대표자를 말한다)와 관리사무소장으로 배치받은 주택관리사 등은 국토교통부령으로 정하는 바에 따라 시·도지사로부터 공동주택관리에 관한 교육과 윤리교육을 받아야 한다. 이 경우 관리사무소장으로 배치받으려는 주택관리사 등은 국토교통부령으로 정하는 바에 따라 공동주택관리에 관한 교육과 윤리교육을 받을 수 있고, 그 교육을 받은 경우에는 관리사무소장의 교육 의무를 이행한 것으로 본다.

※ 제70조에 따른 교육을 받지 아니한 자 500만원 이하의 과태료를 부과한다.(법 제102조 제3항 제25호)

② 관리사무소장으로 배치 받으려는 주택관리사 등이 배치예정일부터 직전 5년 이내에 관리사무소장·공동주택관리기구의 직원 또는 주택관리업자의 임직원으로서 종사한 경력이 없는 경우에는 국토교통부령으로 정하는 바에 따라 시·도지사가 실시하는 공동주택관리에 관한 교육과 윤리교육을 이수하여야 관리사무소장으로 배치받을 수 있다. 이 경우 공동주택관리에 관한 교육과 윤리교육을 이수하고 관리사무소장으로 배치받은 주택관리사 등에 대하여는 제1항에 따른 관리사무소장의 교육의무를 이행한 것으로 본다.

③ 공동주택의 관리사무소장으로 배치 받아 근무 중인 주택관리사 등은 제1항 또는 제2항에 따른 교육을 받은 후 3년마다 국토교통부령으로 정하는 바에 따라 공동주택관리에 관한 교육과 윤리교육을 받아야 한다.

④ 국토교통부장관은 제1항부터 제3항까지에 따라 시·도지사가 실시하는 교육의 전국적 균형을 유지하기 위하여 교육수준 및 교육방법 등에 필요한 지침을 마련하여 시행할 수

있다.

※ 질의: 관리소장 근무경력 가능 여부 기숙사 100 여세대가 포함 되여 있은 건물에
서 근무시 관리소장 근무경력으로 인정받을 수 있는지?

회신: 기숙사는 공동주택에 포함 됩니다.

– 주택법 시행령 제2조 제1항에서 주택법 제2조 제2호의 규정에 의한 공동주택의 종
류와 범위는 건축법 시행령 [별표1] 제2호 가목 내지 라목에 규정하는 바에 의한다
라고 규정하고 있으며 건축법시행령 [별표1] 제2호 라목에 기숙사가 포함되어 있
습니다. 공동주택에 기숙사가 포함됩니다.

● 주택법 제15조에 의거 사업계획승인을 받거나 건축법 제11조에 의거 건추허가를
받아 건설한 50세대이상 공동주택에 근무한 관리소장은 근무경력 인정된다.

※ 주택관리업자에게 위탁관리하는 입대의 회장 자녀가 관리실 경리로 근무하고 있
는데 문제가 없는지요?

– 위탁관리 입주자대표회의 자녀가 해당 아파트 관리사무소 직원으로 근무하는 것에
대해 법·령에는 제한하고 있지 않습니다. 해당 관리주체 임직원은 동별 대표자가 될
수 없으므로 해당 자녀가 소유자이고 현 회장에게 피선거권을 위임한 경우에는 해당
소유자 및 현 회장은 결격사유에 해당 합니다. 다만 자치관리의 경우 입대의 구성원
또는 그 구성원의 배우자나 직계존비속은 관리주체의 직원이 될 수 없습니다.

※ 위탁관리의 경우 관리규약으로 정해 제한할 수 있습니다.

◎ **시행령 제4조** ⑤ 입주자대표회의 구성원은 자치관리기구의 직원을 겸할 수 없다.

◆ **관리규약 제53조(직원의 자격 요건)** 다음 각 호의 어느 하나에 해당하는 사람은 자치관
리기구의 직원(관리사무소장을 포함한다)이 될 수 없다.

　1. 관계법령에 따른 법정자격을 보유하는 업무의 자격을 소지하지 아니한 자

2. 입주자대표회의의 구성원 또는 그 구성원의 배우자나 직계존비속

※ 500세대 미만 아파트에서 관리소장1명 과장1명 회계1명 이상의 직원구성은 필수
   의무사항인지?

회신:직원 구성에 대해서는 관리규약으로 정해 운영할 수 있어

- 의무관리 대상 공동주택에서 입주자대표회의(자치관리의 경우)관리업무를 인계하
  기 전의 사업주체 주택관리업자는 주택관리사를 해당 공동주택의 관리소장으로 배
  치해야 하나 500세대 미만의 공동주택의 경우 주택관리사를 갈음해 주택관리사보
  를 해당 공동주택의 관리소장으로 배치할 수 있다.(공동주택관리법 제64조제1항)
  또한 자치관리기구의 구성 운영 및 관리소장과 그 소속직원의 자격요건 인사 보수
  책임은 관리규약으로 정하도록 하고 있으므로(시행령 제19조 제1항 제7호)직원 구
  성에 대해서는 해당 공동주택 관리규약으로 정해 운영할 수 있다 (국토부 주택건
  설공급과 954- 2013.3.4.)

※ 당해 아파트는 위탁관리를 하고 있습니다. 입주자대표회의에서 관리소장을 당장
   교체하고 위탁관리업체에 소장 교체를 통보하며 소장 후보를 추천받아 면접을 본
   후 관리소장을 선임한다고 의결했을 경우 관련 사항이 적법한 것인지요?

- 입주자대표회의는 주택관리업자가 공동주택을 관리하는 경우에는 주택관리업자
  직원 인사 노무관리 등의 업무에 부당하게 간섭해서는 아니된다(공동주택관리법
  시행령 제14조제5항)이와 관련 해당요구 건이 상기조항을 위배했는지 여부는 교체
  요구를 하게 된 배경이나 이유 입주민의 의견이 합리적으로 반영된 사항인지 여부
  등 교체요구의 구체적인 사실관계를 토대로 판단해야 한다.(국토부 서면민원- 20
  13.12.2.)

※ 법제 65조제5항을 위반하여 관리소장을 해임하거나 해임하도록 주택관리업자에게 요
구한 자 법 제102조 제2항제8호에의거 1000만원 이하의 과태료에 처한다

- 공동주택관리법 시행령 제11조 제3항 제4호의 규정에 따라 자신이 거주하는 공동주택을 관리하는 업체의 임직원인 경우 동별 대표자가 될 수 없지만 관리소장이나 관리사무소 직원으로 근무하는 것을 금지하는 규정이 없습니다.(국토부 전자민원 - 2013- 02.21)

※ 공동주택 관리현장에서 적용되고 있는 내부결재서류 지출결의서 등의 결재확인 시에 관리소장 외 추가적으로 입주자대표회의 회장의 날인이 필요한지요?

- 공동주택관리법령에 관리주체의 업무집행 결재와 관련된 특별한 규정은 없으나 다만 관리주체의 업무로 공용부분의 유지.보수 등이나 경비.청소.관리비 및 사용료의 징수와 공과금 등의 납부대행 입주자대표회의에서 의결한 사항의 집행 등을 규정하고 있고(공동주택관리법 제63조제1항)이러한 관리주체의 업무는 그 관리주체(관리소장)의 책임 하에 수행하는 것이 타당할 것이며 해당 업무에 대한 최종권한의 성격을 가진 결재권은 해당 관리주체(관리소장)가 가지는 것이 타당할 것입니다. 다만 최종 권한의 성격은 가지지 않았으나 필요한 경우 입주자대표회의에서 의결한 내용대로 집행이 되는지를 확인 정도의 결재는 단지 형편에 따라 가능할 수도 있을 것입니다. (국토부 주택건설 공급과 FAQ- 2013.12.31.)

10-2. 관리주체 동의기준

◎ **공동주택관리법 시행령 제19조(관리규약의 준칙)** ② 입주자등은 다음 각 호의 어느 하나에 해당하는 행위를 하려는 경우에는 관리주체의 동의를 받아야 한다.

1. 법 제35조제1항제3호에 따른 경미한 행위로서 주택내부의 구조물과 설비를 증설하거나 제거하는 행위

2. 「화재예방, 소방시설 설치 · 유지 및 안전관리에 관한 법률」 제10조제1항에 위배되지 아니하는 범위에서 공용부분에 물건을 적재하여 통행 · 피난 및 소방을 방해하는 행위 (소방서 200만원 이하의 과태료부과 통로나 계단 피난통로에 2분지1 이상 적치시)

3. 공동주택에 광고물 표지물 또는 표지를 부착하는 행위

4. 가축(장애인 보조견은 제외한다)을 사육하거나 방송시설 등을 사용함으로써 공동주거생활에 피해를 미치는 행위

5. 공동주택의 발코니 난간 또는 외벽에 돌출물을 설치하는 행위

6. 전기실 · 기계실 · 정화조시설 등에 출입하는 행위

7. 환경친화적 자동차의 개발 및 보급 촉진에 관한 법률 제2조제3호에 따른 전기자동차의 이동형 충전기를 이용하기 위한 차량무선인식장치(RFID tag)를 말한다)를 콘센트 주변에 부착하는 행위 〈신설17.1.10〉

③ 제2항제5호에도 불구하고 「주택건설기준 등에 관한 규정」 제37조제5항 본문에 따라 세대 안에 냉방설비의 배기장치를 설치할 수 있는 공간이 마련된 공동주택의 경우 입주자등은 냉방설비의 배기장치를 설치하기 위하여 돌출물을 설치하는 행위를 하여서는 아니 된다. (2014년 11월4일 이후 사용검사를 받은 경우)

◆ **공동주택관리규약준칙 제65조(관리주체의 동의기준)** 관리주체가 영 제19조제2항에 따른 입주자등의 신청에 대한 동의기준은 다음 각 호와 같다.

1. 『화재예방, 소방시설 설치 · 유지 및 안전관리에 관한 법률』 제10조 제1항에 위배되지 아니하는 범위에서 공용부분에 임시로 물건 등을 적재하는 사항

가. 입주자등에게 이익이 있거나 필요하다고 판단되는 행위는 공동주택단지 내의
상가 입점자의 권익을 침해하지 않은 범위 내에서 동의

    1) 자생단체의 농수산물 직거래, 자선바자회 등의 목적을 위해 주차장을 사용하는
행위는 관계법령에 적합하고 입주자 대표회의에서 의결한 경우로 한정한다.

    2) 공동주택단지 내의 인도를 일시적으로 사용하는 행위

나. 입주자등에게 피해가 발생한다고 판단되는 행위는 부동의

    1) 세대내 과외(피아노, 합숙소, 공부방 등)등 다만, 제6호에 따라 입주민등의
동의를 받은 경우는 동의

    2) 자동차를 소방차 전용구역에 주차하거나 주차구역 외의 장소에 주차하여 통행
을 방해하는 행위

    3) 건물 내부의 계단 또는 통로에 물건을 적재하는 행위

    4) 차로에 물건을 적재하거나 자동차를 주차시키는 행위

    5) 2.5톤 이상의 화물자동차 또는 ○인승 이상의 승합자동차 등이 차고지로 사용
하는 행위

2. 광고물 · 표지물 또는 표지를 설치하거나 <u>게시물을 게시하는 사항</u> (개정2019.2.22.)

가. 지정된 장소에 <u>게시 또는 부착하는 행위는 동의</u> (개정2019.2.22.)

    1) 국가, 지방자치단체 또는 공공기관에서 지정된 게시판에 공고사항 등을 붙이는
행위

    2) 입주자등에게 정보를 제공하는 행위

    3) 안전수칙과 관련하여 지정된 시설에 부착하여 홍보하는 행위

나. 지정된 장소 외의 장소에 붙이거나 미관을 해치는 행위는 부동의

    1) 대형 광고물을 공동주택단지 안에 설치하는 행위

    2) 발코니 전면과 건물 외벽을 이용하는 광고 행위

    3) 광고물, 선전물, <u>스티커 등을 게시 또는 부착하는 광고 행위</u> (개정2019.2.22.)
광고물 · 선전물 등 스티커를 붙이는 광고 행위(지정된 장소는 제외)

3. 가축(시각장애인 안내견은 제외한다)의 사육 또는 방송시설을 사용함으로써 공동주
거생활에 피해를 미치는 사항

가. 입주자등의 동의를 요하는 행위(통로식은 해당 통로에, 복도식은 해당 복도 층에
거주하는 입자 등의 과반수 서면동의를 받아야 하며, 직접적인 피해를 받는 인접세

대(직상하층 포함)의 동의는 반드시 받아야 한다.

　　1) 개(시각장애인 안내견은 제외한다), 고양이, 토끼, 쥐, 닭 등 가축을 애완용으로 기르는 행위

　　2) 뱀, 파충류 등을 애완용으로 기르는 행위

　　3) 조류를 기르는 행위(앵무새 등 작은 새만 해당한다)

　나. 방송시설 등을 사용하는 행위 : 확성기, 방송시설 등을 사용하는 행위는 전체 입주자등에게 필요한 경우에만 동의

4. 발코니의 난간 또는 외벽에 돌출물을 설치하는 행위.

　가. 안전, 소음 및 미관에 지장이 없는 경우 동의(동의를 받고자 하는 입주자등은 안전사고 책임에 대한 서약서를 제출한 경우에 한한다)

　　1) 발코니의 철재 난간에 태양광 모듈, 위성안테나 · 무선안테나 및 화분 등을 설치하는 행위

　　2) 외벽(콘크리트 벽을 말한다)에 돌출물을 설치하기 위해 못을 박거나 구멍을 뚫는 행위

　　3) 에어컨 실외기 설치

　　4) 「환경친화적 자동차의 개발 및 보급 촉진에 관한 법률」 제2조제3호에 따른 전기자동차의 이동형 충전기를 이용하기 위한 차량무선인식장치[전자태그(RFID tag를 말한다)]를 콘센트 주위에 부착하는 행위 〈2017년 11월24개정〉

5. 통제구역인 전기실 · 기계실 또는 위험구역인 정화조 시설 등에 출입하는 행위는 관리자가 동행하여야 한다.

6. 전용부분을 놀이방, 합숙소 또는 공부방 등으로 사용하고자 하는 행위는 통로식은 해당 통로에, 복도식은 해당 복도 층에 거주하는 입주자등의 과반수 동의를 받아야 하며, 직접적인 피해를 받는 인접세대(직상하층 포함)의 동의는 반드시 받아야 한다.

7. 주택내부의 구조물과 설비를 증설하거나 제거하는 행위

　가. 같은 규격(색상)이나 모양 설치 할 경우 동의

　　1) 외부 창틀, 문틀, 난간의 교체

　　2) 급 · 배수관 등 배관설비 교체

　　3) 지능형 홈 네트워크 설비 교체

8. 음식물쓰레기를 분쇄하여 옥내배관으로 배출하는 제품의 사용을 금지한다.

9. 「주택건설기준 등에 관한 규정」제37조제5항 본문에 따라 세대 안에 냉방설비의 배기장치를 설치할 수 있는 공간이 마련된 경우 입주자등은 냉방설비의 배기장치 설치를 위하여 돌출물을 설치하는 행위를 금지한다.(2014년 11월4일 이후 사용검사를 받은 경우)

※ 해당 아파트는 에어콘 실외기 설치장소가 마련되어 있으나 해당 장소에 실외기를 설치하지 않고 발코니에 실외기를 설치 하였을 때 통제할 수 있는 관련법규가 있는지?

- 입주자등은 공동주택의 발코니난간 또는 외벽에 돌출물은 설치하려는 경우 공동주택관리법 시행령 제19조 제1항 제10호 관리주체의 동의를 받도록 하고 있으며 시행령 제19조 제1항 제20호 관리규약을 위반한자에 대한 조치는 해당 공동주택 관리규약으로 정하도록 하고 있으며 「주택건설기준 등에 관한 규정」제37조제5항 본문에 따라 세대 안에 냉방설비의 배기장치를 설치할 수 있는 공간이 마련된 공동주택의 경우(2014년 11월4일 이후 사용검사를 받은 경우) 냉방설비의 배기장치를 설치하기 위하여 돌출물을 설치하는 행위를 하여서는 아니 된다. 라고 규정된 바 참고 하시기 바랍니다.(국토부주택건설 공급과 2015- 7)
- 따라서 귀 공동주택 관리규약으로 정하는 바에 따라 관리주체는 공동주택의 발코니 난간 또는 외벽에 돌출물을 설치하는 행위에 대해 동의 또는 부동의 할 수 있으며 관리규약을 위반한자에 대해서는 관리규약 제97조(벌칙)에 의거 필요한 조치를 할 수 있을 것입니다. (국토부 주택건설 공급과 3054- 2013.9.3.)

※ 애완견 소음으로 인한 피해가 발생 시 조치 방법은?

- 공동주택 입주자 등은 가축을 사용함으로서 공동생활에 피해를 미치는 행위를 하기 위해서는 관리주체의 동의를 받아야 하며(시행령 제19조 제3항 제4호)관리주체의 동의기준은 관리규약으로 정하도록 규정하고 있으므로 귀 공동주택 관리규약으로 정한 기준에 따라야 하며 이러한 동의기준을 따르지 않을 경우 공동생활의 질

서를 문란하게 한자에 대한 조치는 관리규약에 정하도록 하고 있으므로 관리규약에 따라 처리하여야 합니다.

11. 관리비(관리비 예치금 예비비 소송비용 등)

■ **국토부 유권해석 변경(주택건설공급과─ 4099 2017.4.18.) 관리비 고지서에 이용료 통합부과 관련 통보**

기존해석: 관리비 고지서에 주민운동시설 인양기(승강기)등(주차료포함)공용시설물의 이용료 부과는 관리비 고지서와 별개의 고지서로 부과하여야 함

변경해석: 관리비 고지서에 주민운동시설 인양기(승강기)주차료 등 공용시설물의 이용료는 해당 시설의 이용자에게 한 개의 동일 고지서상에 관리비등과 통합하여 부과하거나 별도 고지서로 부과할 수 있고 관리비를 통합하여 부과하는 때에는 관리비 항목과 구분하여야 하며 그 수입 및 집행내역을 쉽게 알 수 있도록 정리하여 입주자등에게 알려주어야 함

변경사유: 공동주택관리법 시행령 제23조제4항에서 관리주체는 주민운동시설 인양기 등 공용시설물의 이용료를 해당 시설의 이용자에게 따로 부과할 수 있으며 시행령 제23조제6항에서 관리주체는 같은항 제1항부터 제5항까지의 규정에 따른 관리비등을 통합하여 부과한 때에는 그 수입 및 집행 세부내역을 쉽게 알 수 있도록 정리하여 입주자등에게 알려주도록 규정하고 있음 따라서 주민운동시설 인양기 등 공용시설물의 이용료를 해당시설의 이용자에게 동일 고지서상에 관리비등과 공용시설물의 이용료를 통합하여 부과하거나 별도 고지서로 부과할 수 있음

■ **판례: 전입주자가 체납한 관리비가 관리규약의 정함에 따라 특별승계인에게 승계되는지**

아파트 관리규약에서 체납관리비 채권 전체에 대하여 입주자의 지위를 승계한 자에 대하여도 행사할 수있도록 규정하고 있다 하더라도 관리규약이 구분소유자 이외의 자의 권리를 해하지 못한다고 규정하고 있는 집합건물 소유 및 관리에 관한법률 제28조 제3항에 비추어 볼 때 관리규약으로 전 입주자의 체납관리비를 양수인에게 승계시키도록 한 것은 입주자 이외의 자들과 사이에 권리 의무에 관련된 사항으로서 입주자들의 자치규범인 관리

규약 제정의 한계를 벗어나는 것이고 개인의 기본권을 침해하는 사항은 법률로 특별이 정하지 않는 한 사적 자치의 원칙에 반한다는 점 등을 고려하면 특별승계인이 그 권리를 명시적 묵시적으로 승인하지 않는 이상 그 효력이 없다고 할 것이며 집건법 제42조 제1항 및 구 공동주택관리령 제9조 제4항의 각 규정은 공동주택의 입주자들이 공동주택의 관리 사용 등의 사항에 관하여 관리규약으로 정한 내용은 그것이 승계이전에 제정된 것이라고 하더라도 승계인에게 효력이 있다는 뜻으로서 관리비와 관련하여서는 승계인도 입주자로서 관리규약에 따른 관리비를 납부하여야 한다는 의미일 뿐 그 규정으로 인하여 승계인이 전입주자의 체납관리비까지 승계하는 것으로 해석할 수는 없다 다만 집합건물의 공용부분은 전체 공유자의 이익에 공여하는 것이어서 공동으로 유지 관리해야 하고 그에 대한 적정한 유지 관리를 도모하기 위하여는 소요되는 경비에 대한 공유자간의 채권은 이를 특히 보장할 필요가 있어 공유자의 특별승계인에게 그 승계의사의 유무에 관계없이 청구할 수 있도록 집합건물법 제18조에서 특별규정을 두고 있는 바 위 관리규약 중 공용부분 관리비에 관한 부분은 위 규정에서 터 잡은 것으로서 유효하다고 할 것이므로 아파트의 특별승계인은 전 입주자의 체납관리비 중 공용부분에 관하여는 이를 승계한다고 봄이 타당함(다수의견) (대법원 2001.9.20. 2001다8677)

■ 판례: 집합건물 구분소유자의 특별승계인이 승계하는 공용부분 관리비 범위

집합건물 구분소유자의 특별승계인이 승계하는 공용부분 관리비에는 집합건물의 공용부분 그 자체의 직접적인 유지 관리를 위하여 지출되는 비용뿐만 아니라 전유부분을 포함한 집합건물 전체의 유지 관리를 위해 지출되는 비용가운데에서도 입주자 전체의 공동의 이익을 위하여 집합건물을 통일적으로 유지 관리할 필요가 있어 이를 일률적으로 지출하지 않으면 안되는 성격의 비용은 그것이 입주자 각자의 개별적인 이익을 위하여 현실적 구체적으로 귀속되는 부분에 사용되는 비용으로 명확히 구분할 수 있는 것이 아니라면 모두 이에 포함되는 것으로 보아야 함 일반관리비와 소독비는 집합건물 전체의 유지 관리를 위하여 지출하는 비용으로 공용부분 관리비이므로 집합건물 구분소유자의 특별승계인이 승계하나 세대별 사용료 난방비등 일괄계약에 의한 유선 방송료는 입주자 각자의 개별적인 이익을 위하여 지출되는 비용으로 전용부분 관리비에 해당하므로 특별승계인이 승계하지

않음 (의정부 지법 200707.25. 2006가단74938)

■ 판례: 체납한 관리비의 징수를 위한 단전 단수의 위법성

– 관리비 미납에 따른 단전 단수등의 조치는 원칙적으로 민법상 불법행위가 될 수 있으며 업무방해 등 형사처벌이 될 수도 있습니다. 다만 판례에서는 단전 단수 등의 조치가 관리규약을 따른점 만으로는 부족하고 그와 같은 조치를 하게된 사정. 동기와 목적 수단과 방법 조치에 이르게 된 경위 그로 인하여 입주자가 입게된 피해의 정도 등을 종합적으로 판단하여 사회통념상 허용될만한 정도의 상당성이 있는 경우에는 위법하지 않다고 판시하고 있습니다.(대법원 2006.3.29.선고 2004다3598)따라서 관리규약에 단전 단수등의 조치에 관한 근거가 있고 적법한 절차를 거쳐 합리적인 사유의 정당성을 입증한다면 단전 단수가 가능할 것입니다.

■ 관리비 청구권의 소멸시효(평결 법무법인 위민(02- 537- 0308)

문의: 아파트 관리비 미납자에 대해 지급명령 신청을 해서 확정을 했습니다. 관리비 채권은 3년의 단기 소멸시효에 해당하는 것으로 알고 있는데 지급명령이 확정된 경우에는 그 소멸시효기간은 어떻게 되는 지요

답변: 지급명령은 법정에 나가지 않고 간이하고 통상의 판결절차보다 저렴한 비용으로 분쟁을 해결하는 방법이나 대한민국에서 공시송달외의 방법으로 송달할 수 있는 경우에 할 수 있으므로 채무자의 주소를 알지 못하면 곧바로 민사소송을 제기해야 하는데 최근 소액사건 심판규칙 제1조의2가 개정돼 종전 2000만원 이하에서 2017년 1월1일부터 3000만원 이하인 경우로 변경되었으니 참고하기 바랍니다.

소멸시효란 권리자가 권리행사를 할 수 있음에도 불구하고 일정한 기간 동안 권리를 행사하지 않는 경우 그 권리를 소멸케 하는 제도입니다. 일반 민사채권 소멸시효가. 10년인데 반해 그 예외로서 민법은 3년 내지 1년의 단기로 시효가 완성되는 채무를 규정해 놓고 있

습니다. 이러한 채권은 일상에 빈번이 발생하고 금액도 소액인 경우가 대부분이어서 그 서류 등을 확보해 놓지 않는 등 법률관계를 조속히 확정할 필요성이 매우 강하기 때문에 그 시효기간을 단축해 놓은 것입니다. 관리비 채권은 3년의 단기 소멸시효에 걸립니다. (대법원 2007.2.22. 선고 2005다65821판결) 그리고 민법 제165조 제1항은 판결에 의해 확정된 채권은 단기 소멸시효에 해당한 것이라도 그 소멸시효는 10년으로 한다 라고 규정하고 있습니다.

관리비 채권이 3년의 단기소멸시효에 해당하는 것이라도 지급명령을 받아 확정되었다면 확정된 때로부터 새로이 10년의 소멸시효기간이 진행되게 됩니다. 참고로 확정된 지급명령에 대해서는 민사집행법 제58조 제3항으로 지급명령 확정 전에 생긴 원인을 이유로 하더라도 청구 이의의 소를 제기할 수 있도록 규정해 기판력을 인정하지 않고 있으므로 지급명령이 확정된 경우에도 채무자는 지급명령 확정전에 생긴 사유를 이유로 해 청구이의의 소를 제기할 수 있고 강제집행이 실행된 경우 그 집행정지를 신청할 수 있습니다.
따라서 <u>소멸시효 완성으로 관리비채권이 소멸되는 점을 방지하기 위해 아파트 관리규약 등으로 관리비 연체 개월 수에 따른 조치사항 2회 연체 시 관리비 체납에 대한 내용증명 통보 3회연체시 법적조치 최고 4회 이상 연체 시 가압류 혹은 지급명령(소액심판청구)신 청 등의 절차를 규정해 놓는 것도 좋을 것입니다.</u>

참고로 경낙인과 같은 특별승계인에 대해서는 연체된 관리비 중 전유부분에 대한 연체된 관리비 채무는 승계 되지 않고 공용부분에 관해 연체된 관리비만 승계되는 것이고 공용부분 관리비 중 관리규약에 의해 부과되는 연체이자는 계산되지 않습니다. 공용부분 관리비란 일반관리비 청소.경비등의 용역비 등을 말합니다.

★ **법 제23조(관리비 등의 납부 및 공개 등)** ① 의무관리대상 공동주택의 입주자등은 그 공동주택의 유지관리를 위하여 필요한 관리비를 관리주체에게 납부하여야 한다.
② 제1항에 따른 관리비의 내용 등에 필요한 사항은 대통령령으로 정한다.
③ 제1항에 따른 관리주체는 입주자등이 납부하는 대통령령으로 정하는 사용료 등을 입주자 등을 대행하여 그 사용료 등을 받을 자에게 납부할 수 있다.

④ 제1항에 따른 관리주체는 다음 각 호의 내역(항목별 산출내역을 말하며, 세대별 부과내역은 제외한다)을 대통령령으로 정하는 바에 따라 해당 공동주택단지의 인터넷 홈페이지[인터넷 홈페이지가 없는 경우에는 인터넷포털에서 제공하는 유사한 기능의 웹사이트(관리주체가 운영·통제하는 경우에 한정한다), 해당 공동주택단지의 관리사무소나 게시판 등을 말한다. 이하 같다]와 법 제88조제1항에 따라 국토교통부장관이 구축·운영하는 공동주택관리정보시스템(이하 "공동주택관리정보시스템"이라 한다)에 공개하여야 한다. 다만, 공동주택관리정보시스템에 공개하기 곤란한 경우로서 대통령령으로 정하는 경우에는 해당 공동주택단지의 인터넷 홈페이지에만 공개할 수 있다.

    1. 제2항에 따른 관리비

    2. 제3항에 따른 사용료 등

    3. 제30조제1항에 따른 장기수선충당금과 그 적립금액

    4. 그 밖에 대통령령으로 정하는 사항

◆ **관리규약 제78조** ③ 관리주체는 관리비등의 월별 징수·사용·보관 및 예치 등에 관한 자료를 공동주택관리정보시스템과 통합정보마당에 공개하여야 한다.(단, 법 제27조제2항제1호 및 제2호에 의한 개인정보는 제외한다) (개정 2019.1)

※ 법 제23조제4항을 위반하여 관리비등의 내역을 공개하지 아니하거나 거짓으로 공개한 자 500만원 이하의 과태료를 부과한다.(법 제102조 제3항 제5호)

※ 법 제90조 제3항을 위반하여 관리비 사용료 장기수선충당금을 이법에 따른 용도외의 목적으로 사용한 자 1000원 이하의 과태료를 부과 한다. (법 제102조 제2항 제9호)

◎ **시행령 제23조 관리비의 세부내역**

    1. 일반관리비

    – 인건비: 급여 제수당 상여금 퇴직금 산재보험료 고용보험료 국민연금 국민건강보험료 및 식대 등

    – 제사무비: 일반사무용품비.도서인쇄비.교통통신비. 등 관리사무에 직접 소요된 비용

– 제세공과금: 관리기구가 사용한 전기료 수도료 통신료 우편료 및 관리기구에 부과되는
  세금

– 피복비

– 교육훈련비

– 차량유지비: 연료비 수리비 및 보험료 등 차량유지에 직접 소요되는 비용

– 그 밖의 부대비용.관리용품구입비.회계감사비.그 밖에 관리업무에 소요되는 비용

2. 청소비: 용역시에는 용역금액 직영시에는 청소원 인건비 피복비 및 청소용품비 등
   청소에 직접 소요된 비용

3. 경비비: 용역시에는 용역금액 직영시에는 경비원 인건비 피복비 등 경비에 직접 소요
   된 비용

4. 소독비: 용역시에는 용역금액 직영시에는 소독용품비 등 소독에 직접 소요된 비용

5. 승강기유지비: 용역시에는 용역금액 직영시에는 제부대비 자재비 등 다만 전기료는
   공동으로 사용되는 시설의 전기료에 포함 한다.

6. 지능형 홈네트워크설비 유지비: 용역시에는 용역금액 직영시에는 지능형 홈네트워크
   설비 관련 인건비 자재비 등 지능형 홈네트워크 설비의 유지 및 관리에 소요되는
   비용 다만 전기료는 공동으로 사용되는 시설의 전기료에 포함 한다.

7. 난방비: 난방 및 급탕에 소요된 원가 (유류대 난방비 및 급탕 용수비)에서 급탕비를
   뺀 금액

8. 급탕비: 급탕 및 유류대 및 급탕 용수비

9. 수선유지비

– 법제29조 제1항에 따른 장기수선계획에서 제외되는 공동주택 공용부분의 수선 보수
  에 소요되는 비용으로 보수 용역시 에는 용역금액 직영시 에는 자재 및 인건비

– 냉난방시설의 청소비 소화기 충약비 등 공동으로 이용하는 시설의 유지보수 및 제반
  검사비

– 건축물의 안전점검 비용

– 재난 및 재해 등의 예방에 따른 비용

10. 위탁관리 수수료: 주택관리업자에게 위탁하여 관리하는 경우로서 입주자 대표회의
    와 주택관리업자 간의 계약으로 정한 월간 비용

② 관리주체는 다음 각 호의 비용에 대해서는 제1항에 따른 관리비와 구분하여 징수하여야 한다.

    1. 장기수선충당금

    2. 시행령 제40조제2항 단서에 따른 안전진단 실시비용

    3. 공동시설 사용료(주차비 승강기사용료 주민 공동시설의 사용료 등은 관리비와 동일 고지서상에 부과할 수 있고 별개의 고지서로 부과할 수도 있다.(국토부 유권해석 변경 4099- 2017.4.18)

③ 법 제23조제3항에서 "대통령령으로 정하는 사용료 등"이란 다음 각 호의 사용료 등을 말한다.

    1. 전기료(공동으로 사용하는 시설의 전기료를 포함한다)

    2. 수도료(공동으로 사용하는 수도료를 포함한다)

    3. 가스사용료

    4. 지역난방 방식인 공동주택의 난방비와 급탕비

    5. 정화조오물수수료

    6. 생활폐기물수수료

    7. 공동주택단지안의 건물 전체를 대상으로 하는보험료 (실화책임에 관한 법률)

    8. 입주자대표회의 운영경비

    9. 선거관리위원회 운영경비

④ 관리주체는 주민운동시설, 인양기 등 공용시설물의 이용료를 해당 시설의 이용자에게 따로 부과할 수 있다. 이 경우 시행령 제29조에 따라 주민운동시설의 운영을 위탁한 경우의 주민운동시설 이용료는 주민운동시설의 위탁에 따른 수수료 및 주민운동시설 관리비용 등의 범위에서 정하여 부과·징수하여야 한다.(개정 2017.1.10.)

⑧ 제1항부터 제5항까지의 규정에 따른 관리비 등을 입주자등에게 부과한 관리주체는 법 제23조제4항에 따라 그 명세(제1항제7호·제8호 및 제3항제1호부터 제4호까지는 사용량을, 장기수선충당금은 그 적립요율 및 사용한 금액을 각각 포함한다)를 다음 달 말일까지 해당 공동주택단지의 인터넷 홈페이지와 법 제88조제1항에 따른 공동주택관리정보시스템(이하 "공동주택관리정보시스템"이라 한다)에 공개하여야 한다. 잡수입(재활용품의 매각수입, 복리시설의 이용료 등 공동주택을 관리하면서 부수적으로 발생하는 수입을 말한다.

이하 같다)의 경우에도 동일한 방법으로 공개하여야 한다.

◆ **관리규약준칙 제81조(관리비의 세대별 부담액 산정방법)** 관리비의 세대별 부담액 산정
방법에 대하여는 [별표 5]에 따른다.

◆ **관리규약준칙 제82조(사용료의 세대별 부담액 산정방법)** ① 공동시설의 사용료의 세대
별 부담액 산정방법은 [별표 6]에 따른다.

② 입주자등의 편의를 위하여 관리주체가 징수권자를 대행하는 영 제58조제3항 각 호에
따른 사용료(전기 수도 가스)는 [별표 7]에 따른다.

③ 관리주체는 사용료징수대행에 따른 잉여금이 발생하지 않도록 하여야 하며, 잉여금이
발생한 즉시 반환하거나 다음달 사용료에서 차감하여야 한다(다음달 공용전기료나 공용수
도료로 차감하도록 하는게 바람직함)

[별표5] 관리비의부담액 산정방법 (제81조 관련)

비목	세대별 부담액 산정방법
1. 일반관리비	· 예산을 12개월로 분할하여 매월 주택공급면적에 따라 배분한다.
2. 청 소 비	· 예산을 12개월로 분할하여 매월 ○○에 따라 배분한다. 다만, 용역시에는 월간 용역대금을 ○○에 따라 배분한다.
3. 경 비 비	
4. 소 독 비	
5. 승강기유지비	· 예산을 12개월로 분할하여 매월 ○○에 따라 배분한다. 다만, 용역시에는 월간 용역대금을 ○○에 따라 배분한다.
6. 난 방 비	· 중앙난방방식인 공동주택의 경우 계량기가 설치된 경우에는 그 계량에 따라 세대별 난방비를 산정한다. 다만, 계량기가 설치되지 아니하였거나 이를 사용할 수 없는 경우에는 월간 실제 소요된 비용을 ○○에 따라 배분한다. ※ 난방비 = 유류대(가스비) - 급탕비
7. 급 탕 비	· 세대별로 사용량(㎥당)에 1㎥당 단가(입주자대표회의에서 의결한다)를 곱하여 산정한다.
8. 지능형 홈네트워크 설비유지비	· 예산을 12개월로 분할하여 매월 ○○에 따라 배분한다. 다만, 용역시에는 월간 용역대금을 ○○에 따라 배분한다.
9. 수선유지비	· 예산을 12개월로 분할하여 주택공급면적에 따라 배분한다.
10. 위탁관리수수료	· 주택관리업자에게 위탁하여 관리하는 경우 주택관리업자와 입주자대표회의와 체결한 매월 위탁관리수수료를 주택공급면적에 따라 배분한다.

〈비고〉 예비비는 예산 미책정 및 예산이 부족한 비목에 한하여 예비비를 사용할 수 있으며, 예비비를 사용한 때에는 그 금액을 관리비 부과내역서에 별도로 기재하여야 한다.

[별표 6] 공동 사용료의 산정방법 (제82조제1항 관련)

비 목		세대별 부담액 산정방법
공 동 전 기 료	공용시설 전 기 료	· 공용시설인 중앙난방방식의 보일러, 급수펌프, 소방펌프, 가로등, 지하주차장 및 관리사무소 등의 부대시설 및 복리시설에서 사용하는 전기료로 구성하며, 월간 실제 소요된 비용을 주택공급면적에 따라 배분한다. ※ 일반용, 산업용, 가로등 전기료를 구분하되, 승강기전기료를 제외한다.
	승 강 기 전 기 료	· 동별로 구분하여(동별로 구분된 계량기가 설치된 경우) 월간 실제 소요된 비용을 ○층 이하를 제외하고 ○○에 의하여 배분한다.
공동 수도료		· 월간 실제 소요된 비용을 주택공급면적에 따라 배분한다.

[별표 7] 사용료의 산정방법 (제82조제2항 관련)

비 목		세대별 부담액 산정방법
1. 세대 전기료	전기료	· 관리주체가 전기요금을 입주자등으로부터 징수하여 한국전력공사에 납부하는 공동주택에 한정하여, 월간 세대별 사용량을 한국전력공사의 전기공급약관에 따라 산정한다. ※ 관리주체는 "종합계약아파트(주택용 저압) 또는 단일계약아파트(주택용 고압)" 중에서 입주자등에게 유리한 납부방식을 선택하여 한국전력공사와 계약한다.
	KBS 수신료	· 한국전력공사에서 전기료 고지서에 통합하여 고지하는 KBS 수신료는 전기료와 구분하여 산정한다.
2. 세대 수도료		· 월간 세대별 사용량을 해당 수도공급자의 수도급수조례 또는 공급규정 등에 따라 산정한다. ※ 관리주체가 세대 수도료를 부과하는 경우로 한정한다.
3. 세대 가스료		· 월간 세대별 사용량을 해당 가스공급자와 체결한 계약서 또는 공급규정 등에 따라 산정한다. ※ 관리주체가 세대 가스료를 부과하는 경우로 한정한다.
4. 지역난방	난방비	· 지역난방방식인 경우 열량계 및 유량계 등의 계량에 따라 실제 사용량으로 산정한다. ※ 난방비 = 지역난방 열요금 − 급탕비
	급탕비	· 세대별 사용량(m^3당)에 $1m^3$당 단가(입주자대표회의에서 의결한다)를 곱하여 산정한다.
5. 정화조오물수수료		· 용역대금을 12개월로 분할하여 주택공급면적에 따라 산정한다.
6. 생활폐기물수수료		· 생활폐기물 수거업자와 계약한 세대별 수수료로 산정한다.
7. 입주자대표회의 운영비		· 이 규약 제37조에 의거 예산으로 정한 금액을 12개월로 분할하여 매월 ○○에 따라 산정한다.
8. 건물보험료		· 이 규약 제72조 각 호에 따라 가입한 제보험료를 12개월로 분할하여 매월 ○○에 따라 산정한다.
9. 선거관리위원회 운영경비		· 이 규약 제50조에 의거 연간 예산으로 정한 금액을 12개월로 분할하여 매월 ○○에 따라 산정한다.
기 타		· 인양기 등 공동시설물의 사용료 : 입주자대표회의에서 정하는 부과기준에 따른다. · 2세대 이상의 공동사용에 제공되는 시설보수비 : 실제로 소요된 보수비용을 부과한다.

[별표 8] 관리비 등의 연체요율 (제87조 관련)

연체개월	1	2	3	4	5	6	7	8	9	10	11	12	1년 초과
연체요율(%)	12												15
독촉비용의 일부 의제	연체료에는 연체기간 중에 발생하는 법정과실 상당액의 손해배상금 외에 관리주체가 관리비 등의 납부를 독촉하기 위해 제소전에 지출한 비용(우편료 · 등기부 열람 비용 등)이 포함된 것으로 본다.												

※ 연체요율 산정시 연체일수를 반영하여 일할 계산한다.

(산출방법 예시) 300,000원 관리비가 5개월 10일(160일) 연체되었을 경우

300,000원 × 12% × (160/365) = 15,781원

관리비 예치금 징수 근거(2013년 12.5시행 (구 주택법 제45조의2) 공동주택관리법 제24조(2016.8.12.시행)

◆ **관리규약준칙 제78조(관리비 및 사용료 등의 집행 및 공개)** ① 관리주체는 영 제26조제1항에 따라 입주자대표회의에서 승인 받은 예산에 따라 관리비를 집행하여야 한다.(※ 단 정산제로 관리비를 부과하는 경우에는 실제 사용한 금액만큼 부과를 한다)

② 영 제23조제3항 각 호에 따른 전기 · 수도 등의 사용료 등은 금융기관에서 자동이체하여 납부하는 것을 원칙으로 한다. 다만, 입주자대표회의의 운영비 및 선거관리위원회 운영경비 등 예산으로 정하는 비목은 제1항에 따른다.

③ 관리주체는 관리비등의 월별 징수 · 사용 · 보관 및 예치 등에 관한 자료를 공동주택관리 정보시스템과 통합정보마당에 공개하여야 한다.(단, 법 제27조제2항제1호 및 제2호에 의한 정보는 제외한다)

★ **공동주택관리법 제24조[관리비 예치금](동법 시행령 제24조)**

①관리주체는 해당 공동주택의 공용부분의 관리 및 운영 등에 필요한 경비(관리비 예치금)를 공동주택의 소유자로부터 징수할 수 있다

②소유자가 공동주택의 소유권을 상실한 경우 징수한 관리비 예치금을 반환해야 한다.

◎ **공동주택관리법 시행령 제24조(관리비예치금의 징수)** 사업주체는 법 제11조제1항에 따라 입주예정자의 과반수가 입주할 때까지 공동주택을 직접 관리하는 경우에는 입주예

정자와 관리계약을 체결하여야 하며, 그 관리계약에 따라 법 제24조제1항에 따른 관리비예치금을 징수할 수 있다.(최초의 관리규약도 이때 사업주체가 준칙에 의해 제안한 관리규약(안)에 입주예정자의 과반수 서면동의로 제정함)

※ 관리비를 장기 연체시 관리규약에 의거 단전 단수 조치를 할 수 있는지요?

대법원은 관리비 체납 시 단전 단수하기로 한 규약에 의거한 단전 단수에 대해서 단전 단수 등의 조치가 적법한 행위로서 불법행위를 구성하지 않기 위해서는 그 조치가 관리규약에 따른 점만으로는 부족하고 그와 같은 조치를 하게 된 동기와 목적 수단과 방법 조치에 이르게 된 경위 그로 인하여 입주자가 입게 될 피해의 정도 등 여러 가지 사정을 종합하여 사회통념상 허용될만한 정도의 상당성이 있어 위법성이 결여된 행위로 볼 수 있는 경우에 한 한다고 판시하였습니다. (대법원판례 2006.6.29.선고 2004다3598)

※ 관리비 채권의 소멸시효는 언제까지 인가요?

- 민법 제163조 .제1호에서 3년의 단기 소멸시효에 걸리는 것으로 규정한 1년 이내의 채권으로 정한 채권이란 1년 이내의 정기로 지급되는 채권을 말하는 것으로서 1개월 단위로 지급되는 집합건물의 관리비채권은 이에 해당한다고 할 것입니다. 따라서 관리비 채권에 대해서 3년의 소멸시효가 적용됩니다. (대법원 2007.2.22. 선고 2005다65821)

※ 일부 가구를 위해 인근도로의 소음피해에 대응하기위한 소송을 진행하고자 하는 경우 소송비용을 관리비로 사용할 수 있는지요?

- 공동주택관리법에 소송에 따른 관리비 사용여부. 절차 등에 대해 별도로 규정하고 있지않습니다. 소송비용을 관리비로 사용하기 위해서는 먼저 해당 소동이 귀공동주택 입주자등의 전체의 이익에 부합하는지 여부에 따라 판단해야 할 것입니다. 입

주자등의 전체이익에 부합하는 경우 관리규약으로 정한 동의비율(최소 과반수이상 필요)등에 따른 절차 등에 따라 잡수입 또는 예비비 등으로 사용할 수 있을 것으로 판단합니다. 〈국토부 택건설공급과– 2019.1〉

※ 관리비 예치금을 관리비에 통합하여 부과할 수 있는지요?

– 관리비 예치금은 관리비와 성격이 다른 금원이므로 별도의 고지를 통하여 징수하는 것이 타당할 것입니다. (국토부 주택건설공급과 FAQ– 2013.8.9.)

※ 미 분양세대 관리비 예치금 납부는 누가 해야 하는지요? 입주 지정일 종료일 이후 분양은 됐으나 잔금과 관리비예치금을 납부하지 않은 세대에 대해서는 관리비를 누구에게 청구해야 하는지?

– 미 분양세대의 관리비 예치금은 해당 공동주택의 소유자인 사업주체가 납부해야할 것으로 판단된다. 의무관리 공동주택의 입주자 및 사용자는 그 공동주택의 유지관리를 위해 필요한 관리비를 관리주체에 납부해야 하므로 (공동주택관리법 제23조 제1항)분양 후 미 입주세대의 관리비등의 처리비용은 해당공동주택의 소유자인 사업주체가 납부해야할 것으로 판단된다. (국토부 주태건설공급과 2014– 10.15)

※ 소송당사자가 선거관리위원회 및 입주자대표회의일 경우 변호사 수임료 등 소송 관련 제반 비용을 관리비로 지출이 가능한지요?

– 전체 입주민의 이익에 부합하는 소송에 한해 입주자등의 과반수의 동의를 거처 사용할 수도 있고 관리규약으로 정한 절차에 따라 잡수입으로 지출이 가능할 것으로 사료 됩니다.(국토부 주택건설공급과 FAQ– 2013.8.9.)

◆ **관리규약준칙제80조(잡수입의 집행 및 회계처리 공개)** ④ 관리주체는 제3항에 따른 입주자와 사용자가 함께 적립에 기여한 잡수입 중 영 제26조에 따라 편성된 잡수입 예산

액의 100분의 40 범위 내에서 다음 각 호의 비용을 우선 지출할 수 있으며, 잡수입을 지출할 경우 입주자대표회의 의결을 거쳐야 한다.

1. 공동체활성화 단체 지원비용

2. 주민자치 활동비용(자율방법대 운영, 경로잔치 등) : 연간 ○만원

3. 투표 참여 촉진 비용(온라인투표 등)

4. 전기검침업무 수행자 및 재활용품 분리수거자의 노무인력지원 비용:연간 ○만원(당해년도 잡수입지출가능)

5. 커뮤니티(주민공동시설 등)시설 등 운영에 소요되는 비용 : 연간 ○만원

6. 소송비용(단, 입주자등의 전체이익에 부합하여야 하며 소송 대상자, 목적, 소요비용, 손익계산 등에 대해 사전 공지 후 입주자등 과반수의 동의를 받은 경우에 한정한다.)

7. 기부금, 불우이웃돕기성금, 수재의연금 등

8. 제70조 제2항에 따른 제 비용(층간소음 관리위원회 운영비)(당해년도 잡수입에서 지출가능)

● **유권해석:** 서울시 공동주택관리과– 3968 2017.2.28. 준칙 제80조 제3항의 입주자와 사용자가 함께 기여한 잡수입 중에서 준칙 제80조 제4항 제4호(검침수당 및 재활용품 분리 수거 수당)제8호(층간소음 관리위원회의 운영비)에 대해서는 당해연도 잡수입에서 지출하는 것은 가능하나 그 외의 항목에 대해서는 국토부가 고시한 공동주택관리 회계처리기준 제41조에 따라 입주자대표회의 결산승인 (제48조의 이익잉여금 처분계산서 포함)을 받아 다음 회계연도에 공동체활성화와 주민자치활동 촉진을 위하여 100분지40범위에서 사용하고 준칙 제80조 제4항(4호와8호제외)의 사항은 입대의 의결을 거쳐 우선 지출하고 나머지 지출잔액 중 100분지80이상을 관리비 차감에 지출하고 남은 금액은 예비비로 적립하여 준칙 제80조 제5항(예비비)에 따라 사용함이 적절함을 알려드립니다.

※ 주택관리사 등의 교육에 따른 교육비 부담주체는 누구인지요?

– 주택관리사 등의 법정교육비는 공동주택 관리를 위해 공동주택 관리기구의 구성원

등이 받아야 하는 법정교육에 대한 비용으로 해당 공동주택 관리비(교육훈련비)에서 지출할 수 있을 것으로 판단됩니다.(국토부 주택건설공급과 2016.5)

※ 주택관리사 협회비 전기기술인 협회비를 입주자대표회의 승인을 받아 관리비로 부과할 수 있는지?

– 공동주택 업무수행에 필요한 자격과 관련해 가입하고 있는 협회라 하드라도 그 협회의 부담주체 방법등에 대해 공동주택관리 법·령에 별도로 규정한 바가 없습니다. 해당 공동주택단지에서 업무수행에 필요한 자격과 관련해 가입하고 있는 협회의 가입비를 지원하고 자 하는 경우라면 관리비 중 복리후생비로 지원하는 것이 타당할 것이며 이 경우 관리비는 입주자등이 부담해야 하는 점을 감안 해당 관리규약으로 정해 운영하는 것이 바람직할 것입니다.

※ 소송비용을 예비비 적립금으로 사용할 수 있는지요?

– 해당 소송이 아파트 공동의 이익을 위한 소송일 경우에 한하여 예비비 적립금을 소송비용으로 사용하고자 할 경우에는 귀 공동주택 관리규약에서 정한 예비비 적립금 적립목적 용도 사용절차에 따라야 할 것으로 판단 됩니다. (주택건설 공급과 FAQ– 21013.1030)

※ 영 제26조 제1항 에서 관리비 부담액 산정방법을 예산제로 규정하도록 하는데 반드시 예산제로만 관리규약을 정해야 하는지?

– 관리비 등의 가구별 부담액 산정방법 및 징수 보관 예치 사용절차에 관한 사항은 해당 공동주택 관리규약으로 정하도록 하고 있으므로 (공동주택관리법 시행령 제19조 제1항 제12호)귀 공동주택 관리규약으로 예산제나 정산제로 정해 운영이 가능합니다. 관리비 등의 사업계획 및 예산안 수립조항(공동주택관리법 시행령 제 26조 제1항)은 관리비 등의 계획 집행에 있어 보다 체계적이고 규모 있는 운영을 유

도하고자 하는 취지로 모든 수입과 지출을 반드시 예산제로 집행하라는 규정은 아
님을 알려 드립니다. (국토부 주택건설 공급과 2684- 2013.8.14.)

※ 주민운동시설을 외부에 위탁 운영 시 운용프로그램 관련비용을 위탁운영업체가 직접 실제 이용자에게 부과 징수할 수 있는지요?

- 관리주체는 주민운동시설의 위탁에 따른 수수료 주민운동시설의 관리비용 등의 범
  위에서 사용료를 산정할 수 있으며 (공동주택관리법 시행령 제23조 제4항)주민운
  동시설의 위탁에 따른 세부적인 방법 및 절차는 관리규약으로 정하도록 하고 있습
  니다.

※ 외부 위탁운영업체가 실시하는 운동프로그램 관련비용을 이용자의 관리비에 포함해 부과징수 할 수 있는지? 또 그 비용을 주민운동시설 외부 위탁업체에 위탁관리 수수료에 포함해서 산정해도 되는지?

- 주민운동시설의 운영비는 관리비로만 부과하는 방법 일부는 관리비로 부과하면서
  일부는 수익자 부담원칙에 따라 시설 이용자에게 부과하는 방법 시설이용자에게
  사용료로 부과하는 방법이 있습니다.

※ 관리비통장 등에 입대의 회장의 개인 인감을 등록하면 위법인지 여부?

- 입대위 회장의 임기만료 또는 사퇴 등에 따라 해당 자연인이 바뀔 수 있으므로 관
  리비 등의 계좌에 사용하는 인감을 개인 인감이 아닌 입대의 회장 인감을 사용하
  는 것이 바람직 합니다. (주택건설 공급과 4433 2012- 08.16)

※ 공동주택관리법 시행령 제23조 제7항에 따른 관리비 통장 등을 위탁관리업자의 명으로 사용하는 것이 적정한지요?

– 관리비 등의 계좌는 관리사소장의 직인 외에 입주자대표회의 인감을 복수로 등록 할 수 있도록 규정(영23조7항)하고 있으므로 위탁관리업자 명의로 계좌로 예치 관 리하는 것은 적합하지 않습니다. (국토부 주택건설공급과2016.11)

◎ **시행령 제23조** ⑦ 관리주체는 제1항부터 제5항까지의 규정에 따른 관리비 등을 다음 각 호의 금융기관 중 입주자대표회의가 지정하는 금융기관에 예치하여 관리하되, 장기 수선충당금은 별도의 계좌로 예치 · 관리하여야 한다. 이 경우 계좌는 법 제64조제5항 에 따른 관리사무소장의 직인 외에 입주자대표회의의 회장 인감을 복수로 등록할 수 있다.

※ .입주자대표회의 회장이 아파트 업무관련 업무수행 중 명예훼손으로 벌금형을 받 았을 때 이를 아파트 돈으로 지급할 수 있는지 여부

– .질의와 같이 개인 잘못으로 벌금을 받았다면 벌금형의 취지에 맞게 본인이 부담 해야 할 것으로 사료되며 아파트 관리업무와 관련하여 벌금형을 받았다면 관리규 약(제23조 제1항 제5호)에서 규정한 해임사유애 해당 합니다.

※ 관리비 연체시 주택가압류 등의 법적조치를 할 수 있도록 돼 있는 아파트 관리규 약을 단지 내 상가에도 적용할 수 있는지?

– 단지내 상가에 대한 법적조치는 집합건물법 적용해야 – 공동주택관리법령에 따르 면 시.도지사는 공동주택의 공동주택관리규약 준칙을 정해야 하며 입주자와 사용 자는 그 관리규약 준칙을 참조해 관리규약을 정하도록 하고 있다(공동주택관리법 제18조 제1항 및 제2항)따라서 관리규약은 입주자 및 사용자에게만 적용하도록 하 고 있으므로 단지 내 상가의 관리비 연체시 조치 등에 대해서는 집합건물의 소유 및 관리에 관한 법률에 의해 적용해야 한다.(주택건설 공급과 566- 2013.2.5.)

※ 가. 당해 아파트 커뮤니티시설(주민운동시설 독서실 등)의 매월 인건비 운영비 등

관련비용을 사용자에게만 부과할 수 있는 것인지, 소유자 에게만 부과할 수 있는
것인지 여부와 전가구에 동일하게 일정 금액을 관리비로 부과할 수 있는지 여부?
나. 현재는 커뮤니티 시설의 운영비를 가구별로 8000원씩 부과하고 있는 것이 위법
인 것인지 여부?
다. 공동주택관리법 시행령 제23조 제1항은 관리비를 일반관리비 등 10가지로 분류
하고 있는데 커뮤니티시설의 유지관리비는 어느 항목에 해당하는지?

- 가. 나. 주민운동시설은 복리시설의 하나로 (주택법제2조 제9호)복리시설의 관리
  에 소요되는 비용은 관리비로 부과할 수 있을 것이며 수익자 부담 원칙에 따라 해
  당시설을 이용하는 사람에게 사용료로 따로 부과할 수 있을 것입니다. 이와 관련
  주민운동시설의 운영경비를 관리비로만 부과할 것인지 관리비와 사용료로 부과할
  것인지 사용료만으로 부과할 것인지 등은 해당 단지에서 제반 사정을 고려해 자체
  적으로 판단하시기 바랍니다.

- 다. 공동주택관리법 시행령 제23조 제1항 및 [별표2]에는 관리비의 세부내역에 관
  해 정하고 있으며 질의내용의 커뮤니티 시설의 유지관리비는 관리비 세부내역 중
  대부분의 항목에 해당 될 것으로 판단되나 공동주택별로 제반여건이 다를 것이므
  로 관리비 항목 중 어느 항목에 해당하는 지는 귀 공동주택에서 자체적 으로 판단
  해 결정 운영하시기 바랍니다.(국토부 주택건설공급과 2736- 2013.8.19.)

※ 아파트 내 주차와 관련해 주차 위반금을 부과할 수 있도록 관리규약에 정해놨을
경우 동 위반금을 관리비에 포함해 부과할 수 있는지?

- 아파트 내 주차와 관련 위반금은 관리비에 해당하지 않으므로 (공동주택관리법 시
  행령 제23조제1항)해당 비용을 관리비로 부과하는 것은 타당하지 않을 것으로 사
  료됩니다. 그러나 2대 이상의 차량에 대해 주차비 또는 승강기 등 공용시설물의
  이용료 등은 관리비와 구분하여 관리비 고지서에 병기하여 부과할 수 있습니다.
  (국토부 유권해석변경- 4099 2017.4.28.)

- 공동주택관리법 시행령 제28조② 관리주체는 다음 각 호의 사항을 그 공동주택단지의 인터넷 홈페이지에 공개하거나 입주자 등에게 개별 통지하여야 한다. 다만, 입주자 등의 세대별 사용명세 및 연체자의 동·호수 등 기본권 침해의 우려가 있는 것은 공개하지 아니한다. 라고 규정하도록 하고 있으므로 질의내용과 같아 관리비를 연체한 가구의 동 호수를 공개할 경우 공동주택관리법 시행령 제28조 제2항을 위반하게 됩니다. 개인정보 보호법 위반여부는 해당 법률을 주관하는 안전행정부 개인정보 보호과로 문의하시기 바랍니다 (행안부 개인정보보호과 전화 02)2100-4109)

※ 아파트를 분양받아 1차중도금을 냈으나 사정에 의해 나머지 잔금을 납부하지 못해 입주를 미루었고 관리비가 미납이 됐는데 미납관리비의 납부의무 주체는 누구인지?

- 공동주택관리법 제23조 제1항에 따라 공동주택의 입주자 및 사용자는 그 공동주택의 유지관리를 위해 필요한 관리비를 관리주체에게 내야 합니다. 따라서 <u>미 입주 가구에 부과된 관리비 등의 부담주체는 입주지정일 까지는 사업주체가 부담하고 입주지정일 이후에는 입주자 및 사용자가 부담해야 합니다.</u> 분양되지 아니한 가구의 경우 사업주체가 해당 가구의 관리비를 부담해야 하며 분양이 됐으나 소유권 이전 전인(입주전) 경우에도 사업주체가 해당 가구의 관리비를 부담해야 할 것입니다. 단 사업주체와 입주예정자간의 계약관계에 별도로 명시된 내용이 있다면 그에 따를 수 있을 것 입니다. (국토부 주택건설 공급과 3628-2013-9.30)

※ 장기수선계획에 의거 재도장 공사를 위해 공사 감독자를 선임하고 감독수당을 지급키로 의결했는 바 위 공사감독 수당을 장충금으로 집행해야 하는 지? 관리비로 지급해야 하는지?

– 질의 내용에 관한 사항은 별도로 규정하고 있는 바가 없으므로 해당 공사 감독이 관련 법령에 따라 면허 등록 또는 전문자격이 있는자 등에게 감리 용역을 위탁하는 방식이라면 장기수선공사에 부대되는 감리용역으로 보아 장충금으로 집행하는 것은 가능한 것으로 판단됨을 알려 드립니다. (국토부 주택건설공급과 2015.10)

※ 해당 공동주택에서 고용노동부의 고용안정 지원제도에 따라 지방 고용센타에서 고용촉진지원금 및 고령자 고용연장 지원금을 지원받아 그 목적에 맞게 관리사무소 직원인건비(급여 제수당 상여금)로 지출할 경우 공동주택관리법 시행령 제23조 제8항 규정에 따라 해당 공동주택단지의 인터넷 홈페이지 및 공동주택관리정보시스템에 공개해야 하는지?

– 공동주택주택법 시행령 제23조 제1항부터 제5항까지의 규정에 따라 발생한 관리비등을 입주자 등에게 부과한 관리주체는 시행령 제23조 제8항에 따라 그 관리비 등을 다음달 말일까지 해당 공동주택단지의 인터넷 홈페이지와 공동주택관리정보시스템에 공개해야 하며 잡수입의 경우에도 동일한 방법으로 공개해야 합니다. 질의의 고용촉진지원금 및 고령자 고용안정 지원금은 관리수익에 속하지 않는 기타수익으로 잡수입으로 처리해 공동주택관리법 제23조 제4항의 규정에 따라 해당 공동주택단지의 인터넷 홈페이지 및 공동주택관리법 제88조에 따라 공동주택관리정보시스템에 공개하여야 합니다. 다만 지원금의 관리 등은 고용안정 지원제도 등 관련규정에 따라야 합니다. (국토부 주택건설 공급과 2015- 10)

- 공동체생활 활성화 단체라 함은 공동주택 입주자 등이 거주하면서 소통 및 화합 증진을 위해 필요한 활동을 하는 단체를 말하므로 재건축사업을 준비하는 모임은 입주자 등의 소통 및 화합증진 등을 직접적인 목적으로 하는 단체가 아닙니다. 따라서 아파트 재건축 준비모임에 대해 입대의 의결로 잡수입을 사용할 수 없으며 주택의 소유자가 부담을 해야 합니다. (국토부 주택건설공급과 2016.4)

※ 중앙난방방식에서 개별난방방식으로 전환하기 위한 부대비용 지출을 입주자대표회의 의결로 예비비등으로 처리가 가능한지 (안내문 우편료 및 통신비 등기부등본 열람비용 등)

- 입대의에서는 관리비등의 집행을 위한 사업계획 및 예산의 승인 관리비 등의 결산의 승인 등을 의결할 수 있으므로 (공동주택관리법 시행령 제26조 제1항)질의의 부대비용도 관리비 예비비로지출하는 것은 가능할 것으로 판단됩니다. (국토부 주택건설공급과 2015- 4)
- 회계처리 기준은 관리규약으로 정하도록 하고 있으므로 (공동주택관리법 시행령 제19조 제1항 제15호)귀 공동주택 관리규약으로 정한 내용에 따르시기 바랍니다. (국토부 주택건설 공급과 FAQ- 2013.1.30.)

※ 관리비 장기연체 세대에 대하여 급수 중단이나 제한 급수가 가능한지?

- 공동주택관리법 제19조 제1항 제13호에서 관리비등을 납부하지 아니한 자에 대한 조치 및 가산금의 부과에 관한 사항은 해당 공동주택 관리규약으로 정하도록 하고 있습니다. 따라서 관리비 장기 체납세대에 대한 조치는 귀 공동주택관리규약으로 정하는 바에 따라야 할 것이나 관리규약이라 하더라도 입주자 등의 기본적인 권리 (제한급수)를 침해하는 것은 가능하지 않을 것으로 판단됩니다.

※ 램프 안정기 계량기 등을 사전에 구입했다가 이를 요청한 입주자등에게 이윤을 남기고 설치하는 행위 가능 여부 및 가능 하다면 수입금처리 방법은?

– 관리사무소에서 입주자등이 자주 필요한 소모품등을 사전에 준비했다가 이를 유상으로 제공하는 것은 가능한 것으로 보이나 관리주체는 선량한 관리자로서 관리를 전문적 효율적으로 운영해야 할 주체이므로 물품을 제공하거나 설치 시 이윤을 남기는 영리활동은 할 수 없는 것으로 판단됩니다. 다만 부득이 발생하는 이윤 등에 대해서는 잡수입으로 처리를 해야 합니다. 〈국토부 주택건설 공급과– 2018.1〉

11-2. 사용료

판례: 입주자대표회의가 한전과 전기공급 변경계약시 전기 사용료 부과 및 징수

아파트 입주자대표회의가 한국전력공사와 전기공급계약상 전기요금방식을 종합계약방식에서 단일계약방식으로 변경하는 계약을 체결하고도 아파트 입주자등에게는 기존 종합계약방식에 따라 산정한 전기사용료를 계속 부과 징수하자 입주자 등이 부당이익 반환을 요구한 사안에서 입주자대표회의가 변경계약체결 후에도 아파트 입주자들에게 종합계약방식을 따른 전기사용료를 부과 징수하기로 한 의결은 입주자대표회의의 의결사항 범위를 벗어나는 사항으로 무효이고 관리규약의 개정 내지 관리방법의 변경에 관한 절차를 거치지 않는 한 입주자대표회의는 한국전력공사와 체결한 전기공급 계약에 따른 세대별 부담액을 산정하여 입주자등의 편의를 위하여 징수를 대행할 수 있을 뿐 임의로 한국전력공사와 체결한 전기공급계약과 달리 전기료를 산정하여 입주자들에게 부과할 권한은 없으므로 입주자대표회의는 입주자등에게 변경계약체결 후 종합계약방식을 적용하므로서 추가 징수한 전기사용료를 부당이익으로 반환 하여야 함 (대법원 2014.04.04. 2013나5532)

> ※ 한전에서 단전세대의 전기료를 차감한 후 전기료를 부과할 경우 차감된 전기료를 제외하고 부과해야 되는지 단전세대 전기료를 차감하지 않은 채 부과해야 하는지요?

- 공동주택관리주체는 입주자 및 사용자가 납부하는 사용료 등을 입주자 및 사용자를 대행해 그 사용료 등을 받을 자에게 납부할 수 있다(공동주택관리법 제23조) 따라서 해당 공동주택 입주자 및 사용자를 대행해 관리주체가 전기료를 납부할 경우에는 한전에서 청구한 금액 (단전세대여서 전기료를 차감했다면 그 차감한분을 제외한 후)만큼을 입주자 등에게 부과해야 할 것으로 판단된다.(국토부 주택건설공급과 서면민원 2013.12.19.)

※ 가. 공동주택의 경우 계량기 검침 및 계량기교체를 관리주체가 담당토록 하는 사유가 무엇인가?

나. 한국전력공사와 계약한 전기요금이 관리비인지 사용료 인지 관리주체는 사용료 납부가 의무사항 (공동주택관리법 제23조 제3항)이 아닌 것으로 알고 있는데 사용료 납부대행을 할 수도 있고 안할 수도 있는지?

다. 일부 아파트에서 한전과의 계약은 단일계약으로 하고 입주민에게 전기료를 부과할 때는 종합계약 방식으로 부과하는 단지가 있는데 공동주택관리법·령에 어긋나는지?

- 가. 우리부에서는 기술표준원의 협조 요청에 따라 시.도지사 에게 공동주택의 계량기 검침 등이 효율적이고 체계적으로 이루어질 수 있도록 관리규약 준칙의 개정을 협조 요청한 바 있으니 계량기 검침 및 계량기 교체의 관리는 공급업자 사용자 관리주체간의 계약내용에 따라 달라질 수 있으니 이점 참고바랍니다. 아울러 기타 계량기 설치 검사 등 계량기에 대한 법 적용에 관한 질의에 대해서는 계량에 대한 법률을 담당하는 산업통상자원부로 문의하시고 계량기 검침 및 전기료에 관한 사항을 한전에 문의하시기 바랍니다.

- 나. 전기료는 사용료이며 (공동주택관리법 시행령 제23조제3항)공동주택의 관리주체는 입주자 및 사용자가 납부하는 사용료 등을 입주자 및 사용자를 대행해 그 사용료 등을 받을 자 에게 납부할 수 있습니다 따라서 개별가구 및 공용부분 사용량 합계에 따라 해당 공급사업자가 부과한 전기료 등에 맞게 해당 가구에 전기료 등을 부과 징수해야 할 것이며 납부대행의 여부는 해당 전기의 공급자와의 관리주체간의 계약내용에 따라야 할 것입니다.

- 다. 관리비 등의 가구별 부담액 산정방법 및 징수 보관 예치 사용절차는 관리규약으로 정하도록 하고 있으므로 (공동주택관리법 시행령 제19조제1항 제12호)공동주택에서 자율적으로 관리규약으로 그 산정방법을 결정하되 전체입주민의 이익이 극대화될 수 있는 방법으로 결정하는 것이 바람직할 것이며 부득이 추가 징수한 경우 공동전기 사용료로 차감을 하거나 이를 정산해 환급해야 할 것입니다.

※ 입주자대표회의 운영비(사용료)를 입대의에서 관리하면서 공개하지 않고 있으며 입대의 운영비 중 업무추진비를 업무와 무관하게 쓰고 있는 경우 취할 수 있는 조치는?

– 의무관리대상 관리주체는 사용료를(입대의 운영비는 사용료의 하나임 영제23조 제3항 제8호)직접 관리하면서 (공동주택관리법 제23조 제4항)해당 공동주택의 홈페이지나 관리사무소 게시판등과 공동주택관리정보시스템에 공개해야 하며 공개하지 않을 경우에는 500만원 이하의 과태료가 부과됩니다 입대의 운영비는 관리규약으로 정한 절차에 따라 운영해야 합니다. 임원에게 지급하는 업무추진비는 실비 변상적인 일종의 인건비성 판공비로서 규약에 따른 수급권자가 임의로 사용할 수 있는 것이 원칙이며 서울시 공동주택 관리규약준칙(예시)제67조 관련 공동주택 관리 회계처리기준 제21조 제2호 다목에 판공비 등 부득이 영수증을 징구하지 못한 경우에는 지급증(임원영수증)으로 갈음할 수 있다고 규정하고 있으니 참고하시기 바랍니다)

※ 관리규약준칙 [별첨4] 입주자대표회의 운영비에 관한 사용규정(안) 제10조(운영비정산) 제3호 업무추진비는 해당자에게 현금 지급증으로 갈음한다. 라고 규정하고 있음
※ 제23조제4항을 위반하여 관리비등의 내역을 공개하지 아니하거나 거짓으로 공개한 자 500만원 이하의 과태료를 부과한다.(법 제102조 제3항 제5호)

※ 가. 당해 아파트는 한국전력공사와 전기사용계약은 단일방식으로 계약을 했고 관리규약에는 각 가구 부과방법을 단일계약으로 한전과 계약할 경우 가구 사용요금은 주택용 저압단가(종합계약방식)를 적용하며 전기요금 감면대상 가구도 또한 같다 라고 개정했을 경우 개정 관리규약의 효력여부 ?

※ 나. 가 내용과 같이 전기요금을 부과 했을 때 전기료 감면금액이 적어지는 가구가 재산권 침해에 해당된다고 주장하는 바 이에 대한 유권해석은 ?

– 가– 나 질의의 전기요금부과 방식의 결정에 대해 공동주택관리법령에는 별도로 정하는 바가 없습니다. 다만 전기요금 산정방법을 결정할 경우 전체 입주민의 이익이 극대화될 수 있는 방법으로 결정한 것이 타당할 것이며 관리비등의 가구별 산정방법은 관리규약으로 정하도록 하고 있으므로(시행령 제19조 제1항 제12호)귀 공동주택 관리규약으로 결정한 내용에 따르시기 바랍니다.(국토부 주택건설공급과– 2519– 2013.08.05.)

12. 잡수입의 지출 및 회계처리

※ 검침수당 귀속주체 관리주체가 전기검침을 하고 한전에서 검침수당을 관리비통장으로 입금시 검침기사에게 지급할 수 있는지요?

─ 전기 수도 검침수당에 대해서는 공동주택관리법·령에 별도로 정한 바가 없습니다. 한국전력공사와의 계약내용등을 감안해 자체적으로 판단해야 합니다. 검침수당은 잡수입으로서 관리규약준칙 제80조를 참조하시기 바랍니다.

■ 서울시 공동주택관리규약 준칙 제80조 제3항에 따른 공동주택관리 잡수입의 집행 및 회계처리에 관한 질의 회신(서울시 시행 공동주택과─ 3968 2017.2.28.)

1. 대한주택관리사협회 서울시회 질의회신(2017─ 205 2017.2.22.)

가 질의내용: 준칙 제80조 제3항에 따른 입주자와 사용자가 함께 기여한 잡수입의 집행방법

나 회신내용: 준칙 제80조 제3항의 입주자와 사용자가 함께 기여한 잡수입 중에서 제80조 제4항제4호(검침수당 및 재활용품수거수당) 및 제8호(층간소음관리위원회 운영경비)에 대해서는 당해연도 잡수입에서 지출하는 것은 가능하나 그 외의 항목에 대해서는 국토교통부가 고시한 공동주택관리 회계처리기준 제41조에 따라 입주자대표회의 결산승인(제48조의 이익잉여금처분 계산서포함)을 받아 다음 회계연도에 공동체활성화와 주민자치활동 촉진을 위하여 100분지40범위에서 사용하고 준칙 제80조제4항 각 호(제4호 및 8호제외)의 사항은 입대의 의결을 거쳐 우선지출하고 나머지 지출잔액 중 100분지80 이상을 관리비 차감에 지출하고 남은 금액은 예비비로 적립하여 준칙 제80조제5항(예비비)에 따라 사용함이 적절함을 알려드립니다. (서울시 공동주택과─ 3968 2017.2.28.)

◆ 관리규약준칙 제80조(잡수입의 집행 및 회계처리 공개) ① 영 제25조제1항제1호나목에

따른 잡수입은 관리비등의 회계처리와 같은 방법으로 처리한다.

② 입주자가 적립에 기여한 다음 각 호의 사항은 장기수선충당금으로 적립한다.

　　1. 중계기 설치에서 발생한 잡수입

　　2. 공동주택 어린이집 운영에 따른 임대료 등 잡수입

　　3. 그 밖에 입주자가 적립에 기여한 잡수입

③ 입주자와 사용자가 함께 적립에 기여한 잡수입은 다음 각 호와 같으며 지출은 제4항 및 제5항에 따른다.

　　1. 재활용품 판매에서 발생한 잡수입

　　2. 알뜰시장 운영에서 발생한 잡수입

　　3. 광고판 게시 등에서 발생한 잡수입

　　4. 주차료, 승강기 사용료, 검침수입 등에서 발생한 잡수입

　　5. 주민공동시설운영, 독서실운영, 공동주택지원금, 연체료, 이자수입 (장충금이자는
　　　　장충금으로 적립)

　　6. 그 밖에 입주자와 사용자가 적립에 함께 기여한 잡수입

④ 관리주체는 제3항에 따른 입주자와 사용자가 함께 적립에 기여한 잡수입 중 영 제26조에 따라 편성 된 잡수입 예산액의 100분의 40 범위 내에서 다음 각 호의 비용을 우선 지출할 수 있으며, 잡수입   을 지출할 경우 입주자대표회의 의결을 거쳐야 한다. 〈2017년 11월개정〉

　　1. 공동체활성화 단체 지원비용

　　2. 주민자치 활동비용(자율방법대 운영, 경로잔치 등) : 연간 ○만원

　　3. 투표 참여 촉진 비용(온라인투표 등)

　　4. 전기검침업무 수행자 및 재활용품 분리수거자의 노무인력지원 비용 : 연간 ○만원(당
　　　　해년도 잡수입에서 지출가능)

　　5. 커뮤니티(주민공동시설 등)시설 등 운영에 소요되는 비용 : 연간 ○만원

　　6. 소송비용(단, 입주자등의 전체이익에 부합하여야 하며 소송 대상자, 목적, 소요비용,
　　　　손익계산 등에 대해 사전 공지 후 입주자등 과반수의 동의를 받은 경우에 한정한다.)

　　7. 기부금, 불우이웃돕기성금, 수재의연금 등

　　8. 제70조 제2항에 따른 제 비용

⑤ 관리주체는「공동주택회계처리기준」제41조 규정에 따라 이익잉여금처분계산서를 작

성할 때 제4항에 따라 우선지출 후 남은금액은 다음과 같이 처분하고 공동주택관리법 시행령 제14조 제1항에 따라 입주자대표회의의 승인을 받는다.

    1. 우선지출 후 남은 금액의 100분지80 이상을 다음 회계연도 관리비로 차감할 목적으로 별도 적립한다.

    2. 우선 지출 후 남은 금액에서 1호에 따라 적립한 나머지 금액은 예비비로 적립한다.

⑥ 예비비는 예측할 수 없는 긴급사유 발생시 예산 미책정 및 예산이 부족한 비목에 한하여 사용하되, 관리주체가 예비비를 집행하고자 할 때에는 관리비의 지출비목·지출사유·금액 등을 작성하여 입주자대표회의의 의결을 얻어야 하며, 예비비를 사용한 때에는 그 금액을 관리비 부과명세서에 별도로 기재하고 게시판, 통합정보마당에 공개하여야 한다.

⑦ 관리주체는 잡수입의 발생현황, 사용명세 및 잔액을 다음달 말일까지 통합정보마당에 공개하여야 하며 그에 따른 영수증 및 증빙자료를 5년간 관리 보관하여야 한다.

※ 관리주체가 잡수입을 예산에 책정하지 않고 입주자대표회의 의결도 없었으며 입주민의 동의 없이 사용한 것이 적정한지요?

– 잡수입의 지출은 공동주택관리법 시행령 제26조 제1항에 따라 관리비 등의 사업계획 및 예산에 편성해 입대의 승인을 받거나 시행령 제21조 제1항에 따라 공동체생활 활성화에 관한 사항 등으로 입대의 의결을 받거나 시행령 제19조 제1항 제26호에 따라 관리규약으로 정한 경우에 집행이 가능합니다. 잡수입 사용절차는 귀 공동주택 관리규약 제80조를 참고하시기 바랍니다. (국토부 주택건설공급과 2016. 5)

※ 잡수입을 대표회의 운영비 선거관리위원회 운영경비 및 층간소음 관리위원회 운영비 등을 관리비로 부과하지 않고 잡수입에서 지출이 가능한지요?

– 잡수입의 사용에 대해서는 관리규약(제80조)으로 정해 사용하도록 하고 있습니다. 귀 공동주택관리규약 제80조를 참조하시기 바랍니다.

※ 입주자 및 사용자에게 부과하고 있는 주차비를 관리규약으로 정해 소유자가 기여한 부분을 비율로 나누어 장기수선충당금으로 적립하거나 주차비를 주차수선충당금으로 적립해 주차장 보수비용으로 사용할 수 있는지요?

– 공동주택법령에서는 주차수선충당금에 대해 정하고 있는 내용이 없습니다. 해당 금액은 잡수입으로 관리규약에서 잡수입의 지출후의 집행 잔액중 소유자가 적립에 기여한 부분은 장충금으로 적립하도록 정한 관리규약에 따라 장충금으로 적립된 잡수입은 더 이상 잡수입이 아니라 장충금에 해당 합니다. 주차비가 소유자와 사용자가 함께 적립에 기여한 부분이라면 장기수선충당금으로 적립해서는 안됩니다. 또한 주차비중 소유자가 적립에 기여한 부분만을 분리해 장충금으로 적립하는 것도 타당하지 않습니다. (주택건설공급과2016.11)

※ 변호사 선임비용을 예비비나 잡수입으로 사용할 수 있는지요? 동별 대표자 선거의 공정성을 사유로 입주민들이 직무정지 가처분 신청을 제기함에 따라 입주자대표회의에서 변호사를 선임한 경우 선임비용을 예비비나 잡수입 대표회의 운영비에서 지출할 수 있나요?

– 미처 예상치 못한 비용의 지출 등을 위한 예비비의 성격을 비춰볼 때 해당 사건이 입주민 전체의 이익에 부합하면서 관리규약(제80조)에 규정한 경우 예비비나 잡수입으로 사용할 수 있을 것으로 사료됩니다. 단 잡수입은 관리규약에 정했거나 공동체생활 활성화에 관한 사안 또는 관리비등의 사업계획 및 예산에 편성해 입대의 승인을 받은 경우 사용할 수 있으며 입대의 운영비는 관리규약에 정하거나 입대의 운영비 사용규정을 정해 운영해야 하므로 입대의 운영비에서 소송비용으로 지출할 수 없습니다. (국토부 주택건설공급과)

- 공동주택 공용부분 주요시설의 수선공사는 장기수선충당금에서 사용해야 하고 이를 잡수입에서 바로 사용할 수 없습니다. (법제처 유권해석 2014.2) 공동주택 관리규약에 따라 장기수선충당금으로 적립된 잡수입은 장기수선충당금에 해당함 잡수입 주차시설충당금 승강기수선충당금 등의 적립금은 공용부분 시설공사에 바로 사용할 수 없습니다

※ 잡수입을 입주자대표회의 의결을 거쳐 동대표 애.경사비로 사용할 수 있는지요?

- 잡수입은 공동주택관리법 제18조에 의거 관리규약으로 정한 경우 동법 시행령 제26조에 따라 관리비 등의 사업계획 및 예산에 편성해서 입대의 승인을 받은 경우 법 제21조에 따라 공동체생활의 활성화단체로 보아 입대의 의결을 받아 사용할 수 있습니다. 그러나 동 대표들의 애.경사비로는 사용할 수 없을 것으로 사료 됩니다. (국토부 주택건설 공급과 전자민원 2013.11.26.)

※ 아파트 검침수당을 입주자대표회의 의결에 따라 관리직원의 후생복리비로 사용하고 있을 경우 주택법령 위반인지요?

- 질의내용에 관해서는 공동주택관리법 · 령에 별도로 정하고 있는바가 없으므로 그 수당 처리 등에 관한 사항은 한국전력공사와 계약내용 등을 감안해 귀 공동주택에서 자체적으로 판단해야 합니다. 잡수입으로 처리할 경우 귀 공동주택 관리규약 제80조(잡수입의 집행 및 회계처리 공개)제4항4호, 전기검침업무 수행자 및 재활용품 분리수거자의 노무인력 지원비용:연간 ○만원)에 규정해 운영을 해야 합니다. (국토부 주택건설공급과- 2160 2013.7.19)

- 의무관리대상 공동주택의 관리주체는 관리비등의 징수 보관 예치 집행 등 모든 거래 행위에 대해 장부를 월별로 작성해 그 증빙서류와 함께 해당 회계연도 종료일로부터 5년간 보관해야 합니다.(공동주택관리법 제27조 제1항) 시행일 이전의 회계서류등도 해당 회계연도 종료일로부터 5년간 보관해야 할 것으로 판단합니다. (국토부 주택건설 공급과 2016.4)

13. 수선유지비(누수 누출 등)

※ 민법 제623조 임대차 보호법※

임대물에 하자가 발생하여 목적물의 용도로 사용이 불가능하다면 임대인은 수리 및 보수를 하여 임차인이 사용함에 있어 불편이 없도록 해야 한다. 단 임차인이 사용상 부주의나 과실로 인한 하자는 임차인이 원상복구 의무가 있다.

◆ **관리규약 제15조(배상책임 등)** ① 입주자등이 고의 또는 과실로 공동주택의 공용부분 또는 다른 입주자등의 전용부분을 훼손하였을 경우에는 원상을 회복하거나 보수에 필요한 비용을 부담하여야 한다. 이 경우 제3자에게 손해를 끼쳤을 경우에는 그 손해를 배상하여야 한다.

② 입주자등이 소유 또는 점유하는 전용부분의 시설 등에서 누수·누출 등으로 다른 입주자등의 시설 또는 공용부분에 피해를 입혔을 경우에는 원상회복을 위한 관리주체의 업무수행에 협조하고 이에 따른 손해를 배상할 책임이 있다.

③ 관리주체는 입주자등이 거주하는 공동주택의 전용부분에 출입하여 건물을 점검하거나 수리하는 과정에서 전용부분에 설치된 시설 등을 훼손한 경우에는 지체 없이 원상 복구하여야 한다.

④ 입주자등은 관리주체의 출입을 거부하여 제3자에게 손해를 끼쳤을 경우에는 그 손해를 배상할 책임이 있다.

◆ **관리규약준칙 제95조(전용부분의 관리책임)** 전용부분은 입주자등의 책임과 부담으로 관리한다.

◆ **관리규약준칙 제96조(공용부분의 관리책임)** 관리주체는 공용부분을 관리하고, 그 관리에 필요한 비용은 영 제23조제1항, 제2항 및 제3항(세대에서 개별적으로 사용하는 사

용료는 제외한다)에 따라 관리비 등으로 입주자등이 부담한다.

※ 위층세대의 시설물에서 누수로 인해 아래층에 피해를 준 경우 아래층에서 피해를 입은 가구 전자제품 도배 장판 목재마루판 또는 천정석고 보드가 누수로 인해 훼손되었을 경우에는 위층 주택의 소유자는 이를 원상복구하고 그로 인해 정신적 피해를 입었다면 그 피해도 보상을 해 주어야 합니다

※ 오래된 빌라에서 위층과 아래층 거주자간 누수문제로 문제가 심각합니다. 어떻게 해결하나요?

- 우선 누수가 발생한 부분이 공용부분인지 전용부분인지 전문가의 점검이 필요합니다. 누수탐지 전문가의 점검결과 공용부분이라면 그 빌라 전세대가 그 보수비용을 같이 부담하고 전용부분일 경우 위층 소유자가 누수보수 책임이 있습니다. 누수전문가의 점검소견서를 받아 증거로 제시하시고 향후 민사소송으로 활용하실 수 있습니다. 3천만원 미만의 손해배상은 소액사건 심판절차에 따라 판사 직권조정으로 해결이 나므로 조속한 해결이 가능합니다.

※ 소방시설 하자보수 관련 공동주택에 설치된 소방시설에 대해 공동주택관리법 또는 소방시설 공사사업법 중 어느 하자담보책임기간을 적용해야 하는 지?

- 공동주택관리법 시행령 제36조에 따라 사업주체는 하자담보기간(1~10년)이내에 공사상의 잘못으로 인한 하자 발생 시 입주자대표회의 등의 요청에 따라 그 하자를 규정하고 있다. 따라서 공동주택의 소방설비 공사는 공동주택관리법에 따른 하자담보책임기간 3년을 적용해야 한다. (국토부 주택건설 공급과 2016.5.10.

– 화재감지기는 공동주택관리법 시행규칙 [별표1] 제3호 다목에서 정하는 장기수선 계획 수립기준에 포함되는 소방설비이며 입주민을 화재로부터 보호하기 위한 정책적 측면에서 볼 때 세대 내에 있는 화재감지기 스프링쿨러는 관리사무소에서 유지 관리하는 것이 타당할 것으로 판단됩니다. (주택건설 공급과 3186- 2013.9.9.)

※ 아파트 스프링쿨러 배관에서 세대 안으로 들어가는 가지관의 경우 전용부분인지 공용부분인지?

– 스프링쿨러는 공동주택관리법 시행규칙[별표1]제3호 라목에서 정한 장기수선계획 수립기준에 포함되는 소화설비이며 입주민을 화재로부터 보호하기위한 정책적 측면에서 볼때 스프링쿨러 배관은(가구내부로 들어가는 가지관 포함)공용부분으로 보아 관리사무소에서 유지 관리하는 것이 타당할 것입니다. (국토부 주택건설공급과 3853- 2013.10.31)

※ 위층 발코니 바닥에 우수관이 세어 아래층가구 베란다 천정으로 누수가 발생한 것과 관련 공동주택관리법 시행령 제23조 제5항 관리주체는 보수를 요하는 시설이 2가구 이상의 공동사용에 제공되는 것인 경우 이를 직접 보수하고 당해 입주자 등에게 그 비용을 따로 부과할 수 있다 에 대한 해석은?

– 공동주택의 관리책임 및 비용부담은 해당 공동주택 관리규약으로 정하므로 (공동주택관리법 시행령 제19조 제1항제19호)귀 공동주택 관리규약에 따라 누수 부위가 공용부분인지 여부를 판단 관리주체가 비용을 부담할지 여부를 결정하시기 바랍니다. 아울러 관련규정은 (공동주택관리법 시행령 제23조 제5항)2가구 이상의 공동사용에 제공되는 시설의 보수공사를 관리주체가 했으나 해당 시설이 공용부분이 아니라면 해당 입주자등에게 비용을 부과할 수 있다는 규정으로 판단 됩니다. (국토부 주택건설공급과 3957 2013- 10.15)

- 가구내 테라스를 공용부분 또는 전용부분으로 구분하는 판단사항은 공동주택 관리책임 및 비용부담 관리비등의 가구별 부담액 산정방법 등은 관리규약으로 정하도록 하고 있으므로 귀 공동주택 관리규약으로 정한바에 따라 판단하시기 바랍니다. 해당 부분이 공용부분인 경우에는 장기수선계획에 반영해 장충금으로 집행하셔야 합니다. 단 사업주체나 시공사에서 분양전 테라스를 난방배관를 깔고 베란다창문을 설치한 경우 하자보수를 받을 수 있습니다.(주택건설공급과 2013.3.27.)

공동주택의 발코니 설계 및 변경지침 (2016.1.16.)국토부 주거환경팀-250 제5호에 따라 공동주택을 사용검사 받기 전에 사업주체가 발코니 구조변경(거실 등으로 확장)을 한 경우에는 그 부분은 사업주체에게 하자보수 책임이 있습니다. (국토부 주택건설공급과)

※ 중앙난방에서 개별난방으로 전환시 가구내 전용부분에 관한 공사비를 장기수선충당금으로 사용시 입주자의 동의를 얻어 가능한 것인지?

- 공동주택관리법 제29조 제1항에 따라 장기수선계획은 해당 공동주택의 공용부분의 주요시설에 대해 교체 및 보수를 하기 위해 수립하는 것이므로 질의 내용과 같이 장충금을 가구내 전용부분에 관한공사에 사용하는 것은 공동주택관리법·령에 적합하지 않을 것입니다.

※ 입대의와 관리주체는 법 제90조 제3항을 위반하여 관리비 사용료 장충금을 이법에 따른 용도외의 목적으로 사용하는 경우에는 공동주택관리법 제102조 제2항 제9호에 의거 1000만원 이하의 과태료 대상임

– 장기수선계획 수립기준은 시행규칙 [별표1]에 규정되어 있는 공동주택 공용부분 주요시설에 대한 수선공사를 하려는 경우 입대의와 관리주체는 반드시 장기수선계획에 이를 반영해 장충금을 사용해야 합니다. 다만 시행규칙 [별표1]의 장기수선계획 수립기준에 어린이 놀이시설의 부분수리는 5년으로 되어 있습니다. 이와 같이 수립기준에 부분수리나 부분수선에 대해서는 수선유지비로 사용할 수 있습니다. (국토부 주택건설 공급과 2016.12)

1. 특정세대 전유부분의 누수로 인한 피해대책

※ 본인의 집 화장실 천정에 있는 위층집 시설 등 배관에서 물이 새므로 위층 소유자에게 보수를 해달라고 했는데 차일피일 미루고 있어 불편을 심하게 겪고 있는 경우에 어떻게 하여야 하는 것인지요?

– 공동주택의 공용부분은 공동주택관리법 제63조 및 64조에 따라 관리주체가 관리하는 것이며 서울시 관리규약 준칙 제95조[전용부분의 관리책임]에 따르면 전용부분은 입주자등의 책임과 비용부담으로 관리하여야 하는 것입니다. 따라서 위층 세대의 전용시설인 급수 배관 등에서 누수로 인하여 피해를 입고 있다면 해당 시설물의 소유자에게 그 시설물의 보수 및 그로 인한 손해부분의 원상회복을 청구할 수 있습니다. 이에 불응할 경우 누수로 피해를 입고 있는 입주자등은 누수 원인을 제공하는 주택의 소유자를 상대로 법원에 해당 시설물 등을 직접 보수하고 그에 소요된 비용 등 손해배상을 청구하거나 시설물보수 및 손해배상 청구의 소를 제기하여 해당시설물을 보수하고 손해를 배상하도록 할 수 있을 것입니다.

- 건축물의 외벽에 설치된 창호는 건축법 제52조 제2항에 따른 건축물의 외벽에 포함되지 않습니다. 외벽은 건축물의 바깥쪽을 둘러싸고 있는 벽을 의미하고 창호는 창과 문을 통틀어 이르는 말입니다. 건축용어로서 외벽은 내벽의 대비어로서 건축물의 외주를 구성하는 벽의 구조전체 즉 외주 벽을 말하고 창호는 건축물의 외벽 칸막이벽의 개구부내에 개폐형식에 따라서 설치하는 문 창의 샤시류를 말하는 것으로서 외벽과 창호는 재료가 아니라 구조에 있어서 서로 구분되는 별개의 구조물입니다.

2. 공용부분 누수로 인한 피해대책

※ 공동주택의 공용부분인 옥상이나 외벽 등의 누수로 인해 특정세대에서 피해를 입고 있는 경우에는 어떻게 대처해야 하는지요?

- 공동주택의 공용부분은 공동주택관리법 제63조 및 제64조에 따라 관리주체가 관리하는 것이며 서울시 공동주택 관리규약 준칙 제96조 [공용부분의 관리책임]에 따르면 관리주체는 공동부분을 유지 관리하고 그 관리에 소요되는 비용은 입주자 등이 공동주택관리법 시행령 제23조 따라 관리비등 으로 부담한다고 규정되어 있습니다. 공동주택의 공용부분인 외벽이나 옥상의 파손 박리 또는 크랙 등으로 누수 되어 특정세대에 피해가 발생하였다면 해당 공동주택의 관리주체는 그 시설물을 정상적으로 보수하고 유지 관리함은 물론 공용부분의 관리소홀로 인하여 입주자 등에게 발생한 손해를 배상하여야 합니다.

13-2. 승강기 유지 보수(사용료 등)

- 공동주택관리법 시행령 제19조 제1항 제12호에서 관리비 등의 세대별 부담액 산정 방법 및 징수 보관 예치 사용절차는 관리규약으로 정하도록 하고 있습니다. 그리고 동법 시행령 제14조 제1항 제8호에서는 입대의의 의결사항으로 승강기 등의 유지관리 및 운영규정을 정해 운영할 수 있도록 규정하고 있습니다. 따라서 승강기를 사용하지 않는 저층 가구의 승강기 유지비는 관리규약에 규정하거나 입주자대표회의에서 승강기 등의 유지 및 운영기준을 개정해 감면 등을 할 수 있을 것입니다. (국토부 주택건설공급과 276- 2013.01.21.)

- 장충금은 공동주택의 주요 시설의 교체 및 보수를 위해 주택의 소유자로부터 징수하여 적립해야 하며(공동주택관리법 제30조 제1항)장충금의 산정방법은 가구당 주택공급 면적을 기준으로 하고 있습니다(관리규약 준칙 별표5)따라서 장충금은 해당 주택을 공유하는 전체 소유자에 대해 주택공급 면적을 기준으로 산정해 부과하는 것이 타당하며 승강기가 없는 A동 소유자 및 승강기를 사용하지 않은 가구라 해 승강기에 대한 장충금을 감액 또는 면제하는 것은 타당치 않는 것으로 사료됩니다. (국토부주택건설공급과1418- 2014- 3.20)

- 승강기 기계장치 와이어로프 쉬브(도르레)제어반 조속기 도어 개폐장치와 같이 공동주택관리법 시행규칙 [별표1]제3호마목에 포함된 공종의 경우 장기수선계획에 포함해 장충금으로 집행해야 하는 것이며 그 외 [별표1]에 명시돼 있지 않는 항목의 집행금원에 관한 사항은 귀 공동주택에서 해당 공사의 성격 소요비용 관리규약 관리비 부담주체의 의사 등 제반사정을 고려해 자율적으로 결정할 사항임을 알려 드립니다.아울러 기계장치는 위에서 열거한 공사종별 이외의 승강기를 운영하고 가동하는데 필요한 전동기 감속기 케이지 승강장도어 로프 브레이크등과 같은 승강기 주요부품으로 보아야 할 것으로 판단되며 도어 연동로프 등 도어장치의 부품은 단순 소모성부품으로 보는 것이 타당알 것으로 판단됩니다. (국토부 주택건설공급과- 2017.9)

※ 승강기 유지관리 계약방식을 종합유지.관리 계약방식으로 하고자 하는데 종합유지 보수 비용으로 월 1대당 20만원으로 계약한다고 할 경우 60%(12만원)는 단순 유지관리비로 책정해 관리비로 부과하고 40%는(8만원)는 부품교체비용으로 계산해 장기수선충당금에서 지급하는 방식으로 계약을 하고저 하는데 유권해석에 부합하는 지요?

- 승강기 운행정지 긴급상황 발생등의 상황에서 승강기 사용자의 안전이 고려될 수 있도록 안전을 위한 긴급한 경우에 한정해 장기수선계획 총론에 긴급을 요하는 부품교체를 승강기유지관리 용역과 함께 계약해 집행하는 방식을 반영 했다면 승강기 종합유지보수계약을 허용하는 것으로 해석을 변경하게 되었습니다. 다만 이 경우에도 장기수선계획에 따른 부품교체 공사비용은 장충금으로 집행하고 유지.보수비용은 관리비로 집행하는 것이며 승강기 교체공사는 공개경쟁입찰을 통해 사업자를 선정해야 할 것입니다. 아울러 공동주택관리법 제31조 제4항에서 장충금은 관리주체가 다음 각 호의 사항이 포함된 장충금 사용계획서를 장기수선계획에 따

라 작성하고 입주자대표회의 의결을 거처 사용하여야 한다 라고 규정하고 있는 바 승강기 종합유지.보수계약 비용지출시 발생하지 않는 공사비용을 매월 일정액 장 충금에서 지급하는 것은 공동주택관리법 · 령에서 정하는 장충금사용 방법에 적합 하지 않는 것임을 알립니다.(국토부 주택건설 공급과. 2017.2)

※ 승강기 교체공사를 위해 장기수선충당금을 1㎡당 100원씩 인상하기로 의결하였으 나 승강기를 사용하지 않는 1~3층 소유자 중 일부가 비용부담에 반대를 하고 있 어 이를 이해시키기 위한 유권해석이 필요 합니다.

– 장기수선충당금은 주택의 내구성 증가 등 주택의 가치 보전을 수반하는 자본적 지출 해 사용되는 것으로 장기수선계획에 따라 공동주택의 공용부분의 주요시설을 교체 하거나 보수하기 위해 소유자로부터 징수하여 적립하도록 하고 있습니다.(공동주택 관리법 제30조 제1항)이와 관련 장기수선충당금의 산정은 그 공용시설의 이용여부 와 관계없이 세대당 주택공급면적을 기준으로 부과하도록 하고 있습니다.(공동주택 관리법 시행규칙 [별표1]) 따라서 승강기를 이용하지 않는 1~3층 소유자라 하더라 도 주택공급 면적에 따라 산정된 승강기 교체공사를 포함한 장기수선충당금을 부담 을 하여야 합니다. 다만 장기수선충당금의 요율을 관리규약으로 정하도록 하고 있 으므로 (공동주택관리법 시행령 제19조 제1항)요율의 변경은 귀 공동주택 관리규약 으로 정하여 함을 알려드립니다.(주택건설 공급과 FAQ- 2013.1.29.)

※ 장기수선충당금 적립요율은 관리규약에 정하고 적립금액은 장기수선계획에 의함)

※ 승강기 교체공사를 시행하기 위한 사업자선정 시 입찰공고문에 승강기의 종류 또 는 구성제품을 특정회사 제품으로 지정해 입찰은 실시해도 참가 자격제한에 적합 한지 여부

– 승강기 교체공사의 특성상 공사사업자 선정 입찰공고문에 사용자의 안전을 위해 승강기(어린이 놀이터 종합놀이기구)의 종류 및 주요구성 제품을 특정회사 제품으

로 지정하여 공고할 수 있습니다.(국토주 주택건설공급과 2013.03.28.)

※ 승강기 종합유지관리 계약시 부품 교체비 지불방법은?

- 승강기 유지관리용역은 관리비로 부품교체공사는 장충금으로 집행하며 용역부품 교체와 함께 계약한 경우에도 부품교체 비용은 장충금으로 집행해야 합니다. 승강 기 사용자의 안전을 고려될 수 있도록 안전을 위한 긴급한 경우에 한정해 장기수 선계획 총론에 긴급을 요하는 부품교체를 승강기 유지관리 용역과 함께 계약해 집 행하는 방식을 반영할 수 있도록 해석하고 있습니다.(국토부 주택건설공급과)

※ 승강기 부품교체를 해당 단지의 승강기 유지관리 용역업체에서만 할 수 있는 것인 지요?

- 2015년 1월1일부터 승강기부품교체와 관련된 이전의 해석에 변동이 있음을 알립 니다. 승강기 유지관리 용역은 관리비로 부품교체공사는 장기수선충당금 으로 집 행해야 합니다. 공동주택관리법령 상 관리비와 장충금은 징수대상 지출항목 집행 절차 및 사업자 선정권한이 명확하게 구분되어 있기 때문에 그 동안 관리비와 장 충금의 지출항목이 동시에 집행되는 형식의 계약을 허용하지 않는 것으로 해석해 왔습니다. 그러나 승강기 부품교체를 위한 경쟁입찰 진행 절차에 장시간이 소요돼 사용자의 안전이 취약해질 우려가 있다는 것이 현실적인 문제로 제기됐습니다. 따 라서 승강기 운행정지 긴급 상항 발생 등의 상황에서 승강기 사용자의 안전이 고 려될 수 있도록 안전을 위한 긴급한 경우에 한정해 장기수선계획 총론에 긴급을 요하는 부품교체를 승강기 유지관리 용역과 함께 계약해 집행하는 방식을 반영했 다면 이를 해석하는 것으로 해석을 변경했습니다. 단 장기수선 반영품목 전체를 계약한다거나 승강기 교체공사 까지를 포함한다거나 하는 계약방식의 계약은 관리 비와 장충금의 의미와 목적을 다르게 두고 있는 공동주택법령의 틀 안에서 여전히 허용될 수 없는 것입니다.(국토부 주택건설공급과)

14. 회계감사

★ **법 제26조(회계감사)** ① 300세대 이상인 공동주택의 관리주체는 대통령령으로 정하는 바에 따라 「주식회사의 외부감사에 관한 법률」 제3조제1항에 따른 감사인(이하 이 조에서 "감사인"이라 한다)의 회계감사를 매년 1회 이상 받아야 한다. 다만, 회계감사를 받지 아니하기로 해당 공동주택 입주자등의 3분의 2 이상의 서면동의를 받은 연도에는 그러하지 아니하다.

② 300세대 미만인 공동주택으로서 의무관리대상 공동주택의 관리주체는 다음 각 호의 어느 하나에 해당하는 경우 감사인의 회계감사를 받아야 한다.

    1. 입주자등의 10분의 1 이상이 연서하여 요구한 경우

    2. 입주자대표회의에서 의결하여 요구한 경우

③ 관리주체는 제1항 또는 제2항에 따라 회계감사를 받은 경우에는 감사보고서 등 회계감사의 결과를 제출받은 날부터 1개월 이내에 입주자대표회의에 보고하고 해당 공동주택단지의 인터넷 홈페이지와 공동주택관리정보시스템에 공개하여야 한다.

④ 제1항 또는 제2항에 따른 회계감사의 감사인은 입주자대표회의가 선정한다. 이 경우 입주자대표회의는 시장·군수·구청장 또는 「공인회계사법」 제41조에 따른 한국공인회계사회에 감사인의 추천을 의뢰할 수 있다.

⑤ 제1항 또는 제2항에 따라 회계감사를 받는 관리주체는 다음 각 호의 어느 하나에 해당하는 행위를 하여서는 아니 된다.

    1. 정당한 사유 없이 감사인의 자료열람·등사·제출 요구 또는 조사를 거부·방해·기피하는 행위

    2. 감사인에게 거짓 자료를 제출하는 등 부정한 방법으로 회계감사를 방해하는 행위

⑥ 제1항 또는 제2항에 따른 회계감사의 감사인은 회계감사 완료일로부터 1개월 이내에 회계감사 결과를 해당 공동주택을 관할하는 시장 군수 구청장에게 제출하여야 한다. (개정 2017년 3월2일)

※ **법제99조(벌칙)** 다음 각 호의 어느 하나에 해당하는 자는 1년 이하의 징역 또는 1천만 원 이하의 벌금에 처한다.

　　1. 제26조제1항 및 제2항을 위반하여 회계감사를 받지 아니하거나 부정한 방법으로 받은 자

　　1의2. 제26조제5항을 위반하여 회계감사를 방해하는 등 같은항 각호의 어느 하나에 해당하는 행위를 하는자.

　　1의3. 제27조제1항을 위반하여 장부 및 증빙서류를 작성또는 보관하지 아니하거나 거짓으로 작성한자. 〈17.3.2신설〉

※ 제26조제3항을 위반하여 회계감사의 결과를 보고 또는 공개하지 아니하거나 거짓으로 보고 또는 공개한 자 500만원 이하의 과태료를 부과한다.(법 제102조 제3항 제6호)

◎ **시행령 제27조(관리주체에 대한 회계감사 등)** ① 법 제26조제1항 또는 제2항에 따라 회계감사를 받아야 하는 공동주택의 관리주체는 매 회계연도 종료 후 9개월 이내에 다음 각 호의 재무제표에 대하여 회계감사를 받아야 한다.

　　1. 재무상태표

　　2. 운영성과표

　　3. 이익잉여금처분계산서(또는 결손금처리계산서)

　　4. 주석(註釋)

② 제1항의 재무제표를 작성하는 회계처리기준은 국토교통부장관이 정하여 고시한다.

③ 국토교통부장관은 제2항에 따른 회계처리기준의 제정 또는 개정의 업무를 외부 전문기관에 위탁할 수 있다.

④ 제1항에 따른 회계감사는 공동주택 회계의 특수성을 감안하여 제정된 회계감사기준에 따라 실시되어야 한다.

⑤ 제4항에 따른 회계감사기준은 「공인회계사법」 제41조에 따른 한국공인회계사회가 정하되, 국토교통부장관의 승인을 받아야 한다.(감정원에서 정함)

⑥ 감사인은 제1항에 따라 관리주체가 회계감사를 받은 날부터 1개월 이내에 관리주체에게 감사보고서를 제출하여야 한다.

⑦ 입주자대표회의는 법 제26조제1항에 따른 감사인 에게 감사보고서에 대한 설명을 하여

줄 것을 요청할 수 있다.

⑧ 공동주택 회계감사의 원활한 운영 등을 위하여 필요한 사항은 국토교통부령으로 정한다.

　　※ 시행 전에 종료되는 회계연도에 대한 결산에 대해서는 영 제27조에도 불구하고 종전의 주택법 시행령에 따름

④ 감사는 제3항에 따른 감사를 한 경우에는 감사보고서를 작성하여 입주자대표회의와 관리주체에게 제출하고 인터넷 홈페이지[인터넷 홈페이지가 없는 경우에는 인터넷포털에서 제공하는 유사한 기능의 웹사이트(관리주체가 운영·통제하는 경우에 한정한다), 해당 공동주택단지의 관리사무소나 게시판 등을 말한다. [이하 같다]에 공개하여야 한다.

● 시행규칙 제4조(입주자대표회의 임원의 업무범위 등) ③감사는 관리비·사용료 및 장기수선충당금 등의 부과·징수·지출·보관 등 회계 관계 업무와 관리업무 전반에 대하여 관리주체의 업무를 감사한다.

◆ **관리규약 제19조(임원의 구성 및 업무)** ⑤ 규칙 제4조제3항에 따라 입주자대표회의의 감사(이하 "감사"라 한다)는 회계관계업무와 관리업무전반에 대하여 관리주체의 업무를 감사하며, 감사보고서를 작성하여 입주자대표회의와 관리주체에 제출하고 관리주체는 감사보고서를 통합정보마당에 공개하여야

⑥ 제1항제2호의 감사 외에 자문을 위한 외부전문가(회계사, 세무사, 변호사, 기술사 등의 자격보유자에 한함)를 의결을 거쳐 명예감사로 추가로 위촉할 수 있다.(개정 2019.2.22.)

> **※ 감사인이 제출한 회계감사 보고서가 입대의 승인사항인지 입대의에서 승인하지 않을 경우는?**

– 공동주택관리법 시행령 제23조 제1항부터 제5항까지에 따른 관리비 등의 회계감사요구 및 회계감사 보고서의 승인은 시행령 제14조 제2항 제6호에 따라 입주자대표회의 의결사항입니다. 시행령 제27조 제6항의 감사인이 관리주체에 제출하는 회계감사보고서는 입대의 승인사항으로 판단됩니다.(국토부 주택건설공급과 전자민원 2016.8.29.

- 공동주택 회계처리기준 제3조에 따라 2019년 1월1일부터 공동주택 회계연도는 매
년 1월1일부터 12월31일까지로 해야 하므로 이에 맞춰 회계연도를 정하는 것이 바
람직 함을 알려드립니다.(국토부 주택건설공급과- 2017.4)

14-2. 지자체 공동주택 감사 지적사례

1. 수입 및 지출

1) 관리손익

● 관리비의 실제 발생비용을 정산하여 관리비를 부과할 경우 관리수익과 관리비용이 일
치 하여야 함에도 불구하고 상이하게 처리하여 지적받은 사례 (대구광역시 2016)

(단위 : 원)

연도	관리수익	관리비용	관리손익
2013.	260,932,338	2,753,972	263,686,310
2014.	262,575,216	276,428,130	-13,852,914
2015.	254,207,538	260,559,210	-6,351,672

● 수선유지비 예산편성 및 운영을 소홀히 하여 실제 발생된 수선유지비보다 과다 부과한
사례에 대하여 적립 중인 수선유지비를 향후 관리비 부과 시 적정하게 조정(관리비 차
감 등)될 수 있도록 권고 (경상남도 2016)

● 전기요금을 카드로 납부하여 환급받은 할인액 및 외부통신업체로부터 징구한 전기요
금을 공동전기료 등에서 차감하지 아니하고 잡수입으로 처리한 사례에 대하여 해당 금
액을 익월 사용료(공동전기료 등)에서 차감하도록 권고 (경상남도 2016)

● 고지된 수도요금보다 초과부과(징수)하여 발생된 수도잉여금을 익월 사용료(공동수도료
등)에서 차감하지 아니하고 잡수입 또는 수선충당금으로 처분한 사례 (경상남도 2016)

● 관리규약 상 연체료에 연체세대에 대한 독촉비용을 포함하고 있음에도 불구하고 연체
세대에 대한 내용증명 및 등기수수료를 관리비로 부과한 경우 (서울특별시 2015)

● 임원회의 등의 참석비, 생일축하금, 당직식대 등을 교통통신비(여비교통비) 계정과목
으로 처리한 사례에 대하여 임원회의 등의 참석비는 제수당(연장근로수당), 생일 축하
금 및 당직식대는 복리후생비 계정과목으로 처리하도록 권고 (성남시 2015)

- 직원 결원에 따른 대체근무자 인건비를 급여계정에서 지출하지 아니하고 예비비에서 집행한 사례 (대구광역시 2016)

- 4대 보험료를 보험료 계정과목으로 처리하지 않고 식대 등 복리후생비로 처리한 사례 (대구광역시 2016)

- 연차충당금 부과차익을 다음연도 예산안에 반영하지 않고 누적 적립하여 계속적으로 이월 처리한 사례 (경상남도 2016)

- 상가운영위원회에서 징수·관리해야 할 상가운영비를 대신 징수하고 상가에 전달하며, 이에 따라 발생하는 운영비 현금의 입출을 운영성과표에 관리비용과 관리비수입으로 계산한 사례 (대구광역시 2016)

- 세대별 소유차량 대수에 따라 부과한 공용부지사용료를 감면 규정 없이 동대표 및 반장세대에 대하여 감면해준 사례 (경상남도 2016)

- 관리직원의 시간외 근무수당은 기타복리후생비로, 입주자대표회의 시 관리직원 참석수당은 예비비 적립금으로 회계처리한 사례에 대하여 제수당이라는 계정과목으로 회계처리할 것을 권고 (대구광역시 2016)

- 연차충당금 부과차익을 다음 달 또는 다음연도 관리비에 반영하여 차감하지 않고 매년 미결산 계정으로 이월 처리한 사례 (경상남도 2016)

- 인건비 부가세 및 대체근무자 급여를 관리비로 부과하지 않고 퇴직급여충당금 계정에서 지출한 사례 (성남시 2015)

2) 입주자대표회의 운영비

- 관리규약에 입주자대표회의 운영비를 규정하였음에도 불구하고, 입주자대표회의에서 선거관리위원이 입주자대표회의에 참석시 회의비를 잡수입으로 지급하기로 의결하는 등 부정하게 지출한 사례 (대구광역시 2016)

- 입주자대표회의 운영비에 대한 사용내역을 별도의 장부(증빙자료 포함)로 관리하지 않았으며 동 내역을 게시판, 인터넷 홈페이지 등에 공개하여야 하는데도 공개하지 않은 사례

- 입주자대표회의 운영비의 부당집행 입대의 운영비는 용도 및 금액을 관리규약으로 정

해 집행해야 하며 위락의 목적으로 사용할 수 없음 (근거 공동주택관리법 시행령 제19조 관리규약준칙 제37조)

지적사항: 병문안 위로금 부의금 축의금 명절선물 구입비용 지출 등 입대의 운영비의 용도를 정하지 않고 일방적으로 집행 입대의 운영비의 용도가 없는 회식비를 과도하게 사용 위락의 목적으로 운영비 사용을 금지하고 있음에도 노래방 비용 등 위락의 목적으로 지출

V. 지자체 공동주택 감사 지적 사례 공동주택 회계처리기준 해설서 137 (경상남도 2016)

- 관리규약에 명시되어 있지 않은 동대표 명절선물비를 잡수입으로 부적정하게 지출한 사례 (경상남도 2016)
- 입주자대표회의에 실제로 출석하지 않은 동별 대표자에게 참석수당을 부당하게 지급한 사례 (대구광역시 2016)
- 입주자대표회의 미개최 월에도 출석수당을 지급한 사례 (대구광역시 2016)
- 관리규약 상 규정된 출석수당을 초과하여 선거관리위원회 운영비를 집행한 사례 (대구광역시 2016)
- 예산서 상 입주자대표회의 운영비 및 선거관리위원회 운영경비 예산 금액을 책정하였으나 실제 관리비로 부과하지 않은 상태로, 실제로 입주자대표회의 및 선거관리위원회 회의 시 마다 발생하는 음료대 등의 회의비를 잡비로 부과한 사례. 연간 예산안 수립 시 부과 금액을 현실화 하고, 입주자대표회의 운영비 및 선거관리위원회 운영경비로 회계 처리 할 것을 권고 (서울특별시 2015)
- 동대표회의 운영비 명목으로 출금되었으나, 그 날짜에 해당하는 입주자대표회의록이 존재하지 않으며 회의개최 여부 및 동대표 참석여부를 확인할 수 없어 관리규약의 대표회의 운영비 지급규정에 의거해 운영비를 집행하고 입주대대표회의 관련 회의록 및 관련서류를 관리주체가 보관하도록 권고 (서울특별시 2015)

3) 잡수입

- 주차충당금을 비유동부채로 회계처리한 사례에 대하여 관리비 외에 관리주체에게 유입 되는 수익이므로 잡수입으로 회계처리할 것을 권고 (대구광역시 2016)

● 입주자대표회의 의결 없이 잡수입 사용 및 관리비 부과내역서 상에 잡수입과 지출내역을 공개하지 않은 사례. 관리 규약에 잡수입 사용처에 대한 규정이 없을 경우 사업계획서 또는 예산서 등에 예산을 세운 후 입주자 대표회의 의결이 필요함. 따라서 잡수입 사용처에 대한 규정을 관리규약 내에 구체적으로 명시하도록 권고 (서울특별시 2015)

공동주택 회계처리기준 해설서138

● 입주자대표회의에서 관리규약에서 정하지 아니한 동대표 명절선물, 경조사비 등을 부적정하게 지출한 사례

● 주민 전체의 이익에 부합하는 성격으로 볼 수 없는 동대표 간 소송관련 비용을 잡비 계정과목으로 지출한 사례 (서울특별시 2015)

● 공동주택 복리시설은 영리목적으로 운영할 수 없음에도 복리시설인 독서실을 임대계약을 체결(보증금일천

만원, 월육십만원)하여 영리를 목적으로 운영한 사례 (대구광역시 2016)

● 입주민으로부터 사용요금을 받고 독서실을 운영하며 해당 운영수입과 지출을 관리외수익 비용으로 처리하지 않고 부채(독서실충당금)으로 처리한 사례 (대구광역시 2016)

● 헬스장 운영과 관련하여 헬스장운영위원회를 구성하고 헬스장 일반관리 뿐만 아니라 헬스장 운영수입에서 공동체활성화비용(경로잔치 후원금, 노인정 행사 지원 등)을 지출한 사례 (대구광역시 2016)

● 재활용품 매매계약에 따른 매각대금을 잡수입에 계상하여야 하나 매각대금만 잡수입으로 처리하고 파지 상차 정리 작업비는 잡수입으로 회계처리하지 않고 경비원에게 바로 지급한 사례 (대구광역시 2016)

● 부녀회 등 공동체 활성화 단체는 관리규약에 따라 자금을 지원하고 결산하여야 하며, 알뜰시장 운영 수익금은 관리주체에서 일괄적으로 관리하여야함에도 불구하고 부녀회에서 별도의 계좌를 관리하고 수입 · 지출 등의 회계처리를 한 사례 (서울특별시 2015, 경상남도 2016)

● 예비비 사용 후 관리비부과내역서의 관리비 수입 · 지출 · 예금 현황에 예비비 항목의 지출 금액으로 부녀회 운영비 외 XXX원으로만 표기하여 예비비 집행을 내역별로 별도 기재 하지 않은 사례 (대구광역시 2016)

● 한전검침수수료를 가수금 처리 후 상계 처리함으로써 운영성과표 상 해당 내역이 나타나지 않게 표시한 사례에 대하여 아래와 같이 회계처리 할 것을 권고

V. 지자체 공동주택 감사 지적 사례 공동주택 회계처리기준 해설서139

– 검침수수료 수령 시

(차) 현금(예금) XXX (대) 한전검침수익(관리외수익) XXX

– 검침 수당 지급 시

(차) 한전검침비용(관리외비용) XXX (대) 현금(예금) XXX

● 한전검침수수료를 관리사무소 통장이 아닌 별도의 통장으로 입금받아 검침수당 지급 및 분리수거 수고비 등으로 지출하면서 수입과 지출에 대해 회계처리를 하지 않은 사례 (경상남도 2016)

● 결산 절차 없이 미처분이익잉여금을 직접 집행한 사례

● 예비비를 자생단체지원금 등으로 지출하며 관리비부과명세서에 해당 금액을 별도로 기재하지 않은 사례 (경상남도 2016)

● 헬스장을 이용하는 입주자등 으로부터 이용요금을 받고 운영하며 개인명의(입주자대표회의총무)로 헬스장 통장을 관리하며 헬스장 운영으로 발생한 수익과 비용을 관리외수익 및 비용으로 보고하여 재무제표에 반영하지 않은 사례 (대구광역시 2016)

● 관리사무소 직원 하계휴가비 및 명절비를 정기적으로 지급하면서 이를 예산에 반영하지않고 예비비적립금에서 지출한 사례 (대구광역시 2016)

● 관리외 수익은 잡수입으로 회계 처리하고 해당 수입이 부가가치세 과세 대상인 경우 거래 상대방으로부터 부가가치세를 징수하여 신고 납부하여야 함에도 관리외 수익에 해당하는 어린이집 · 독서실 임대료, KT중계기 임대료 등을 장기수선충당금으로 회계 처리하며 게시판 광고료, 알뜰장터 이용료 등에 대해서 부가가치세를 신고 납부하지 않은 사례 (대구광역시 2016)

● 공용부지 사용료충당금을 아파트 관리규약에 따라 예비비 또는 장기수선충당금으로 처분하지 않고 과도하게 적립한 사례 (경상남도 2016) 공동주택

회계처리기준 해설서 140

4) 시재금 사용

- 시재금을 업무편의를 위해 직원명의의 통장으로 이체하여 사용한 사례
- 기중에 시재금이 부족하여 마이너스 잔액으로 처리 후 관리사무소 직원의 개인자금으로 집행한 사례

V. 지자체 공동주택 감사 지적 사례공동주택 회계처리기준 해설서 141

2. 회계장부와 전표

1) 지출증빙

- 지출결의서, 지출전표, 영수증서 등 증빙서류 미보관 사례 (대구광역시 2016)
- 1건당 10만원 이상의 거래를 하면서 현금으로 지출한 후 적격증빙서류를 제출받지 않고 간이영수증만 첨부한 사례 (경상남도 2016)
- 간이영수증, 거래명세표로 지출증빙 한 사례 (성남시 2015)
- 소규모 수선공사 및 물품계약을 하면서 계약서를 작성하지 아니하고 추진한 사례 (경상남도 2016)
- 부가가치세 일반과세자로부터 각종 보수공사 및 물품을 구입하면서 간이영수증·계산서 등을 제출받고 세금계산서를 제출받지 아니하고 계좌 입금한 사례 (대구광역시 2016)
- 회계처리를 하면서 입금전표 및 출금전표에 회계담당자와 관리사무소장의 서명 또는 날인을 누락한 사례 (경상남도 2016)

2) 내부감사

- 사업실적서 및 결산서에 대하여 감사 및 분기별 내부감사 미실시 사례 (대구광역시 2016)
- 각 장부의 마감이 규정대로 지켜지지 아니하여 감사일 현재 재무제표가 완성되지 아니하였으며, 검열 절차 또한 규정대로 지켜지지 않은 사례 (대구광역시 2016)

3) 직인사용

- 관리비통장, 잡수입통장, 퇴직급여충당금예치금통장 등을 관리사무소장 직인 없이 입주자대표회의 회장 인감을 사용하여 지적받은 사례 (대구광역시 2016)

- 관리비 등과 장기수선충당금 예치통장의 직인을 관리사무소장의 직인이 아니라 입주자대표 회의 회장 인감과 위탁관리업체 인감을 복수로 등록하여 사용한 사례 (대구광역시 2016)

공동주택 회계처리기준 해설서 142

3 장기수선충당금

- 장기수선계획 미수립 및 장기수선충당금 미적립 / 장기수선계획이 수립되어 있으며, 평당 부과액도 산출되어 있으나 장기수선충당금 미적립 및 미부과 (대구광역시 2016, 서울특별시 2015, 경상남도 2016)
- 장기수선충당예치금을 모두 정기예금에 예치한 사례. 정기예금의 만기 시점과 장기수선충당예치금 사용 시점이 다른 경우 일시적으로 유동성 문제가 발생할 수 있음. (서울 특별시 2015)
- 장기수선대상 공사를 추진하면서, 공사 중도금 지급 시 지급가능한 장기수선충당금(예금만기일 미도래)이 없어 은행에 예치된 정기예금을 담보로 차입 후 그에 따른 이자를 지출하는 등 장기수선충당예치금 운용을 소홀히 한 사례
- 장기수선대상 공사를 승강기 충당금, 예비비, 수선유지비 부과 등으로 처리하여 입주자가 부담하여야 할 금액을 사용자가 부담하게 한 사례 (서울특별시 2015)
- 장기수선계획에 해당하는 승강기 로프·쉬브 교체공사 등을 장기수선충당금이 아닌 수선유지비로 집행한 사례 (경상남도 2016)
- 항목별 장기수선비용이 과다하게 산출될 경우 수선계획을 조정한 후 집행하는 것이 타당함 에도 불구하고, 장기수선계획서의 총론에서 각 항목별 적립된 충당금이 해당 항목의 공사비에 미치지 못할 경우 다른 항목의 충당금을 사용할 수 있다고 규정하면서 장기 계획서상의 수선금액을 초과하여 공사비를 집행한 사례 (대구광역시 2016)
- 장기수선계획을 조정하면서 수선항목별 수선금액을 너무 적게 산출하여 총 계획기간에 대한 수선비 총액이 과소하게 되어 해당 금액으로는 장기수선충당금의 산출 및 적립 기준에 활용할 수 없으며, 장기수선충당금을 장기수선계획 및 관리규약(요율)에 따라 부과하지 아니하고 입주자대표회의의 결정에 따라 부과하여 향후 장기수선계획에 따른 공동주택의 주요시설 교체 및 보수에 차질이 예상되어 지적받은 사례 (경상남도 2016)

- 승강기 교체공사에 소요되는 비용은 장기수선충당금으로 부과 및 징수하여야 함에도 불구하고 입주자대표회의와 관리주체가 승강기교체비용을 승강기교체충당금 명목으로 부과 및 징수한 사례 (성남시 2015)

V. 지자체 공동주택 감사 지적 사례 공동주택 회계처리기준 해설서 143

- 승강기 사용료는 잡수입에 해당되며, 잡수입을 소유자만 부담하여야하는 장기수선공사에 결산절차 없이 직접 지출할 수 없음에도 불구하고 승강기 부품교체 등의 장기수선공사에 승강기사용료(잡수입)을 결산절차 없이 직접 지출한 사례 (성남시 2015)

공동주택 회계처리기준 해설서 144

4 자산

- 가수금 계정을 처리하지 않고 매년 이월. 가수금 계정은 임시계정이므로 결산 시 적절한 다른 계정으로 처리 또는 정리하도록 권고
- 수정분개 시 (−) 금액을 사용한 사례
- 구입한 저장품이 없는데도 음식물처리카드구입 비용을 받고 저장품 계정에서 차감 처리한사례 (경상남도 2016)
- 유형자산을 취득한 날의 월말에 전액 감가상각비를 인식하고 감가상각충당금 계정을 통해 부채로 계상한 사례. 감가상각충당금이 아닌 감가상각누계액 계정을 사용할 것 및 유형자산 취득시 금액의 중요성을 감안하여 대표회의에서 결정한 내용연수에 따라 정액법으로 감가상각비를 계산할 것을 권고 (서울특별시 2015)
- 입주 당시에 구입하여 회계처리한 비품 잔액을 내용연수를 정하여 감가상각하여 일정 기간 동안 적정하게 입주민에게 부과하여야 함에도 현재까지 감가상각을 하지 않아서 부과를 누락한 사례 (대구광역시 2016)
- 음식물류 폐기물 종량제 장비업체로부터 음식물태그를 무상으로 지급받고 저장품과 음식물태그 충당금으로 회계처리한 사례에 대하여 음식물태그를 부채가 아닌 잡수입으로 회계처리할 것을 권고 (대구광역시 2016)

– 무상으로 물품 수령 시 : 따로 회계처리를 하지 않고, 물품관리대장을 이용하여 관리
– 무상으로 수령한 물품을 주민들에게 일정 금액을 받고 지급할 경우 아래와 같이 회계처리

(차) 현금(또는 예금) XXX (대) 관리외수익 XXX

– 동 물품 무상 수령분을 소진한 후 일정 대금을 지불하고 구입할 경우 아래와 같이 회계 처리

(차) 저장품 XXX (대) 현금(또는 예금) XXX

– 위와 같이 저장품으로 회계처리한 자산을 주민들에게 일정 금액을 받고 지급 할 경우

V. 지자체 공동주택 감사 지적 사례 공동주택 회계처리기준 해설서 145

아래와 같이 회계처리

      (차) 현금(또는 예금) XXX (대) 관리외수익 XXX

      관리외비용 XXX 저장품 XXX

● 저장품 구입 후 수불부의 작성과 사용액을 비용으로 관리비에 부과하는 절차를 누락한 사례 (대구광역시 2016)

      – 저장품 회계처리 예시

      ① 저장품 구입 시

      (차) 저장품 XXX (대) 현금(또는 예금) XXX

      ② 저장품 사용 시

      (차) 일반관리비 XXX (대) 저장품 XXX

      ③ 재고자산 실사 시 망실품 발생

      (차) 일반관리비 XXX (대) 저장품 XXX

● 확정기여형 퇴직연금제도에 가입한 경우 당해 회계연도에 대하여 납부하여야할 부담 금(기여금)을퇴직급여(비용)으로 인식하고 퇴직연금운용자산 및 퇴직급여충당부채로 인식 하지 않아야함에도 재무상태표에서 퇴직연금예치금과 퇴직급여충당부채로 각각 표시한 사례 (대구광역시 2016)

공동주택 회계처리기준 해설서146

5 예산

● 관리비등의 사업계획 및 예산안을 승인기한 경과 후 승인받았으며, 일부 항목의 예산 을 초과하여 집행하면서 사전에 입주자대표회의 승인을 받지 않은 사례 (성남시 2015)

● 입주자대표회의에서 예산안 및 결산보고서에 대하여 재논의 하기로 하였으나, 재논의 하여 승인받은 사실이 없는 사례 (대구광역시 2016)

● 추가경정예산 편성 없이 당초 예산을 초과하여 집행한 사례 (대구광역시 2016)

● 예산안에 정기적으로 지급되는 선거관리위원회 운영경비를 편성하지 아니하고 잡비 계정과목으로 예산 편성 및 지급하여 예산편성을 소홀히 한 사례 (대구광역시 2016)

15. 정보공개

개인정보보호법 제24조

제24조(고유식별정보의 처리 제한)

① 개인정보처리자는 다음 각 호의 경우를 제외하고는 법령에 따라 개인을 고유하게 구별하기 위하여 부여된 식별정보로서 대통령령으로 정하는 정보(이하 "고유식별정보"라 한다)를 처리할 수 없다.

    1. 정보주체에게 제15조제2항 각 호 또는 제17조제2항 각 호의 사항을 알리고 다른 개인정보의 처리에 대한 동의와 별도로 동의를 받은 경우

    2. 법령에서 구체적으로 고유식별정보의 처리를 요구하거나 허용하는 경우

② 삭제 [2013.8.6] [[시행일 2014.8.7.]]

③ 개인정보처리자가 제1항 각 호에 따라 고유식별정보를 처리하는 경우에는 그 고유식별정보가 분실·도난·유출·위조·변조 또는 훼손되지 아니하도록 대통령령으로 정하는 바에 따라 암호화 등 안전성 확보에 필요한 조치를 하여야 한다. [개정 2015.7.24.]

④ 행정안전부장관은 처리하는 개인정보의 종류·규모, 종업원 수 및 매출액 규모 등을 고려하여 대통령령으로 정하는 기준에 해당하는 개인정보처리자가 제3항에 따라 안전성 확보에 필요한 조치를 하였는지에 관하여 대통령령으로 정하는 바에 따라 정기적으로 조사하여야 한다. [신설 2016.3.29, 2017.7.26 제14839호(정부조직법)]

⑤ 행정안전부장관은 대통령령으로 정하는 전문기관으로 하여금 제4항에 따른 조사를 수행하게 할 수 있다. [신설 2016.3.29, 2017.7.26 제14839호(정부조직법)]

개인정보보호법 시행령 제19조 (고유식별정보의 범위) 법 제24조제1항 각 호 외의 부분에서 "대통령령으로 정하는 정보"란 다음 각 호의 어느 하나에 해당하는 정보를 말한다. 다만, 공공기관이 법 제18조제2항제5호부터 제9호까지의 규정에 따라 다음 각 호의 어느 하나에 해당하는 정보를 처리하는 경우의 해당 정보는 제외한다. [개정 2016.9.29, 2017.6.27

제28150호(주민등록법 시행령)]

    1. 「주민등록법」 제7조의2제1항에 따른 주민등록번호

    2. 「여권법」 제7조제1항제1호에 따른 여권번호

    3. 「도로교통법」 제80조에 따른 운전면허의 면허번호

    4. 「출입국관리법」 제31조제4항에 따른 외국인등록번호

제2장 주택관리업자의 선정(국토부 주택관리업자 및 사업자 선정지침)

선정지침 제14조(입찰공고 방법) ① 입주자대표회의가 주택관리업자를 선정할 때에는 제16조에 따른 입찰공고 내용을 공동주택관리정보시스템에 공고하여야 한다.

선정지침 제11조(선정결과 공개) ① 입주자대표회의가 영 제5조제2항제1호에 따라 주택관리업자를 선정하거나 영 제25조에 따라 사업자를 선정한 경우에는 다음 각 호의 내용을 관리주체에게 즉시 통지하여야 한다.

    1. 입찰공고 내용(경쟁입찰을 대상으로 한다)

    2. 선정결과 내용(수의계약을 포함한다)

        가. 주택관리업자 또는 사업자의 상호·주소·대표자 및 연락처

        나. 계약금액

        다. 계약기간

        라. 수의계약인 경우 그 사유

② 제1항에 따른 통지를 받거나 직접 사업자를 선정한 경우, 관리주체는 <u>제1항 각 호의 사항을 해당 공동주택단지의 인터넷 홈페이지(인터넷 홈페이지가 없는 경우에는 해당 공동주택단지의 관리사무소나 게시판 등)와 공동주택관리정보시스템에 즉시 공개하여야 한다.</u>

◆ **관리규약 준칙제57조** ③ 관리주체 또는 입주자대표회의는 주택관리업자 또는 공사, 용역 등을 수행하는 사업자와 계약을 체결하는 경우 계약 체결일부터 1개월 이내 계약서를 게시판, 통합정보마당에 법 제27조제2항 각 호의 정보를 제외하고 공개하여야 한다.

◆ **관리규약준칙 제64조** ④ 입주자대표회의, 선거관리위원회, 관리주체는 「공동주택관리법」 또는 「주택법」, 「건축법」, 「민간임대주택에 관한 특별법」, 「공공주택 특별법」, 「집합

건물소유 및 관리에 관한 법률」 위반과 관련하여 행정처분 또는 벌금 등 불이익 확정

처분을 받은 경우 해당아파트 입주자등이 그 사실을 알 수 있도록 처분내용을 5일 이

상 게시판에 공개하여야 한다 (2017.11.14.개정).

선정지침 제12조(재공고) ① 입주자대표회의 또는 관리주체는 입찰이 성립하지 않은 경우

또는 선정지침 제21조제3항 및 제29조제3항에 따라 낙찰을 무효로 한 경우에 재공고

할 수 있다.

② 제1항에 따른 재 공고시에는 공고기간을 제외하고 최초로 입찰에 부친 내용을 변경할

수 없다. 다만, 제한경쟁입찰1의 제한 요건을 완화하는 경우에는 그러하지 아니하다.

제3장 공사 및 용역 사업자 선정

선정지침 제22조(입찰공고 방법) 관리주체(영 제25조제1항제2호와 제3호에 따라 입주자대

표회의가 사업자 선정의 주체인 경우에는 입주자대표회의를 말한다. 이하 같다)가 사

업자를 선정할 때에는 선정지침 제24조에 따른 입찰공고 내용을 제14조의 절차에 따

라 공동주택관리정보시스템에 공고하여야 한다.

선정치침 제23조(입찰공고 시기) ① 입찰공고는 입찰서 제출 마감일의 전일부터 기산하여

10일 전에 하여야 한다. 다만, 입주자대표회의에서 긴급한 입찰로 의결(임대주택의 경

우 임대사업자가 임차인대표회의와 협의)한 경우나 재공고 입찰의 경우에는 입찰서 제

출 마감일의 전일부터 기산하여 5일 전에 공고할 수 있다(현장설명회가 없는 경우에

한한다).

② 현장설명회는 입찰서 제출 마감일의 전일부터 기산하여 5일 전에 개최할 수 있으며,

현장설명회를 개최하는 경우에는 현장설명회 전일부터 기산하여 5일 전에 입찰공고를 하여

야 한다.

선정지침 제24조(입찰공고 내용) ① 입찰공고 내용에는 다음 각 호의 사항이 명시되어야

하며, 명시된 내용에 따라 입찰과정을 진행하여야 한다.

1. 사업 개요(사업내용·규모·면적 등)

2. 현장설명회를 개최하는 경우 그 일시·장소 및 참가의무 여부에 관한 사항

3. 입찰의 종류 및 낙찰의 방법(적격심사제의 경우, 세부배점 간격이 제시된 평가배점표

   포함)

4. 입찰서 등 제출서류에 관한 사항(제출서류의 목록, 서식, 제출방법, 마감시한 등)

5. 개찰의 일시·장소

6. 입찰참가자격에 관한 사항

7. 제6조에 따라 무효로 하는 입찰이 있는 경우, 해당 입찰자에게 입찰 무효의 이유를 알리는 방법에 대한 사항

8. 입찰 관련 유의사항(입찰가격 산출방법 및 기준 등)

9. 계약체결에 관한 사항(계약기간 등)

10. 제31조에 따른 입찰보증금 및 그 귀속에 관한 사항

11. 그 밖에 입찰에 필요한 사항으로서 영 제14조제1항에 따른 방법으로 입주자대표회의에서 의결한 사항

★ **1. 공동주택법관리법 제23조[관리비등의 납부 및 공개 등]**

④ 공동주택의 관리주체는 다음 각 호의 내역 항목(항목별 산출내역을 말하며 세대별 부과내역은 제외한다)을 대통령령으로 정하는 바에 따라 공개 하여야 한다 해당 공동주택단지 인터넷 홈페이지 홈페이지가 없는 경우에는 해당 공동주택단지의 관리사무소나 게시판 등을 말한다 이하 같다)와 법제88조 제1항에 따른 공동주택관리 정보시스템에 공개하여야 한다.

(※ 이를 위반할 경우 법 제102조 제3항 제5호에 의거 500만원 이하의 과태료에 처한다.)

    1. 제2항에 따른 관리비

    2. 제3항에 따른 사용료 등

    3. 법 제30조제1항에 따른 장기수선충당금과 그 적립금액

    4. 그 밖에 대통령령 으로 정하는 사항

◆ **관리규약 준칙 제78조** ③ 관리주체는 관리비등의 월별 징수·사용·보관 및 예치 등에 관한 자료를 통합정보마당에 공개하여야 한다.(단, 법 제27조제2항제1호 및 제2호에 의한 정보는 제외한다)

★ 2. 공동주택관리법 제26조[회계감사]

① 300세대 이상인 공동주택의 관리주체는 대통령령 으로 정하는 바에 따라 주식회사의 감사에 관한 법률 제3조 제1항에 따른 회계감사를 매년 1회 이상 받아야 한다 다만 해당 공동주택 입주자 및 사용자 3분의2 이상이 서면으로 회계감사를 받지 아니하는데 동의한 년도에는 회계감사를 받지 아니할 수 있다. (2015년 1월1일부터 시행)

③ 관리주체는 제1항 또는 제2항에 따라 회계감사를 받을 경우 감사보고서 등 회계감사의 결과를 제출받은 날로부터 1개월 이내에 입주자대표회의에 보고하고 해당 공동주택단지의 인터넷 홈페이지(게시판)와 법 제88조 제1항에 따른 공동주택관리정보시스템에 공개하여 야 한다.

※ **법제99조(벌칙)** 다음 각 호의 어느 하나에 해당하는 자는 1년 이하의 징역 또는 1천만 원 이하의 벌금에 처한다.

　　1. 법 제26조제1항 및 제2항을 위반하여 회계감사를 받지 아니하거나 부정한 방법으로 받은 자

　　1의2. 법 제26조제5항을 위반하여 회계감사를 방해하는 등 같은 항 각호의 어느 하나에 해당하는 행위를 하는자.

　　1의3. 법 제27조제1항을 위반하여 장부 및 증빙서류를 작성 또는 보관하지 아니하거나 거짓으로 작성한자. 〈17.3.2신설〉

　　※ 법 제26조제3항을 위반하여 회계감사의 결과를 보고 또는 공개하지 아니하거나 거짓으로 보고 또는 공개한 자500만원 이하의 과태료를 부과한다.(법 제102조 제3항 제6호)

★ 3.공동주택관리법 제27조[회계서류의 작성 보관 및 공개 등]

① 의무관리 대상 공동주택의 관리주체는 관리비 등의 징수 보관 예치 집행 등 모든 거래행위에 관하여 장부를 월별로 작성하여 그 증빙서류와 함께 해당 회계연도 종료일로부터 5년간 보관 하여야 한다 이 경우 관리주체는 전자문서 및 전자관리 기본법 제2조 제2항에 따른 정보처리시스템을 통하여 장부 및 증거서류를 작성하거나 보관할 수 있다.

법 제27조제1항을 위반하여 장부 및 증빙서류를 작성 또는 보관하지 아니하거나 거짓으로

작성한자. 1년 이하의 징역 또는 1천만원 이하의 벌금에 처한다. (법 제99조 1의3) 〈17.3.2신설

② 제1항에 따른 공동주택의 관리주체는 입주자 및 사용자가 제1항(관리비등)에 따른 장부나 증빙서류 그 밖에 대통령령으로 정하는 정보(사업계획 및 예산안)의 열람을 요구하거나 자기의 비용으로 복사를 요구하는 때에는 관리규약으로 정하는 바에 따라 이에 응해야 한다 다만 다음 각 호의 정보는 제외하고 요구에 응해야한다

    1. 개인 정보 보호법 제24조에 따른 고유 식별정보 등 개인의 사생활의 비밀 또는 자유를 침해할 우려가 있는 정보

    2. 의사결정과정 또는 내부검토 중에 있는 사항 등으로서 공개될 경우 공정한 업무수행에 현저한 지장을 초래할 우려가 있는 정보

    ※ 법 제27조제2항을 위반하여 장부나 증빙서류 등의 정보에 대한 열람 복사의 요구에 응하지 아니하거나 거짓으로 응한자 500만원 이하의 과태료를 부과한다. (법 제102 조 제3항 제8호)

◎ **4.시행령 제28조(열람대상 정보의 범위)** ① 법 제27조제2항 각 호 외의 부분 본문에서 "대통령령으로 정하는 정보"란 제26조에 따른 관리비등의 사업계획, 예산안, 사업실적 서 및 결산서를 말한다.

② 관리주체는 다음 각 호의 사항을 그 공동주택단지의 인터넷 홈페이지에 공개하거나 입주자등에게 개별 통지하여야 한다. 다만, 입주자등의 세대별 사용명세 및 연체자의 동 · 호 수 등 기본권 침해의 우려가 있는 것은 공개하지 아니한다.

    1. 입주자대표회의의 소집 및 그 회의에서 의결한 사항

    2. 관리비등의 부과명세(제23조제1항부터 제4항까지의 관리비, 사용료 및 이용료 등에 대한 항목별 산출명세를 말한다) 및 연체 내용

    3. 관리규약 및 장기수선계획 안전관리계획의 현황

    4. 입주자등의 건의사항에 대한 조치결과 등 주요업무의 추진상황

    5. 동별 대표자의 선출 및 입주자대표회의의 구성원에 관한 사항

    6. 관리주체 및 공동주택관리기구의 조직에 관한 사항

★ 5.공동주택관리법 제28조 [계약서 공개]

의무관리대상 공동주택의 관리주체 또는 입주자대표회의는 공동주택관리법 제7조 시행령 제5조(주택관리업자 선정)에 따라서 선정한 주택관리업자 또는 사업자와 계약을 체결하는 경우 그 체결일로부터 1개월 이내에 그 계약서를 해당 공동주택단지의 인터넷 홈페이지에 공개하여야 한다 이 경우 개인정보 보호법 제24조에 따른 고유 식별정보 등 개인의 사행활의 비밀 또는 자유를 침해할 우려가 있는 사항은 제외하고 공개 하여아한다

(※ 법 제28조를 위반하여 계약서를 공개하지 아니하거나 거짓으로 공개한 자 500만원 이하의 과태료를 부과한다.(법 제102조 제3항 제9호)

◆ **관리규약준칙 제64조(자료의 종류 및 열람방법 등)** ① 관리주체가 보관 및 관리해야 하는 자료의 종류는 다음 각 호와 같으며, 자료의 보존기간은 공동주택 관리법령 및 자료의 중요도에 따라서 최소 5년 이상으로 입주자대표회의에서 정할 수 있다.(이 경우 제1호부터 제4호까지 및 제11호부터 제16호까지는 영구보존하여야 한다.)

1. 이 규약 및 제 규정

2. 장기수선계획서

3. 안전관리계획서

4. 영 제10조제4항에 따라 사업주체로부터 인계받은 설계도서 및 시설장비의 명세

5. 입주자대표회의, 선거관리위원회, 지원금을 수령하는 공동체 활성화 단체 회의록(녹음, 녹화물을 포함한다)

6. 관리비, 사용료, 장기수선충당금 및 잡수입 등의 부과·징수·사용·보관 및 예치 현황 및 이에 관한 회계서류

7. 세대별 관리비예치금의 내역

8. 주택관리업자 및 사업자 선정 관련 자료(계약서, 도면, 내역서, 설계변경, 입찰 참여업체의 제출서류일체, 적격심사제 운영 관련 서류(회의록, 적격심사평가표), 재계약관련 서류(사업수행실적평가표, 입주자등의 의견청취서 (개정 2019.2.22.)

9. 입주자등의 민원처리기록부(전화, 방문, 서면 민원 포함한다)

10. 입주자대표회의 및 선거관리위원회 운영비 사용명세

11. 공사도면 및 준공도면

12. 안전점검 결과 보고서

13. 교체 및 보수 등에 따른 사진정보

14. 감리보고서

15. 시설물의 교체 및 유지보수 등의 이력(시설공사 전·후의 도면 및 공사 사진을 포함한다)

16. 사업주체의 공용부분에 관한 하자보수 이력

17. 그 밖에 관리업무에 필요한 서류

② 입주자등은 관리주체에게 제1항의 서류를 단일 건씩 열람하거나 복사를 서면으로 요구하는 경우, 관리주체는 법 제27조제2항 각호의 정보가 포함된 경우 개인정보를 식별하지 못하도록 조치 후 요구에 따라야 한다. 단, 공동주택관리정보시스템(k-apt) 전자문서 공개 시스템 또는 통합정보마당에 공개된 자료는 열람·복사 대상에서 제외한다.

1. 열람요청 시 : 즉시(반출을 금한다)

2. 복사요청 시 : 복사수수료(장당 흑백은 ○원, 칼라는 ○원)를 납부한 날부터 2일 이내 사본 교부

③ 관리주체는 다음 각 호의 자료를 영 제28조에 따라 전자문서 공개 시스템 또는 통합정보마당에 공개하거나 입주자등에게 개별통지 하여야 하며, 변경사항이 발생하면 변경 후 5일 이내에 위와 같은 방법으로 공개하여야 한다. 다만, 입주자등의 세대별 사용명세 및 연체자의 동·호수 등 사생활 침해의 우려가 있는 것은 식별하지 못하도록 조치 후 공개한다.

1. 입주자대표회의 소집 및 회의록(동별 대표자에게 배포하는 회의자료를 포함한다)

2. 관리비등의 부과명세(관리비와 사용료 등에 대한 항목별 산출명세, 장기수선충당금의 산출명세와 그 적립금, 그 밖에 회계자료 등)

3. 이 규약 및 제 규정, 장기수선계획 및 안전관리계획의 현황

4. 입주자등의 건의사항에 대한 조치결과 등 주요업무의 추진상황

5. 동별 대표자의 선출 및 입주자대표회의의 구성원에 관한 사항

6. 선거관리위원회의 위촉 및 구성에 관한 사항

7. 관리주체 및 관리기구의 조직에 관한 사항

8. 주택관리업자 및 사업자 선정과 관련한 입찰공고 내용, 선정결과 내용, 계약을 체결하는 경우 그 계약서(「개인정보 보호법」 제24조에 따른 고유식별 정보 등 개인의 사생활의 비밀 또는 자유를 침해할 우려가 있는 사항은 식별하지 못하도록 조치 후 공개) 등

9. 법 제26조제3항의 회계감사 결과

10. 영 제26조의 사업계획서 및 예산안, 사업실적서 및 결산서

④ 입주자대표회의, 선거관리위원회, 관리주체가 「공동주택관리법」 또는 「주택법」, 「건축법」, 「민간임대주택에 관한 특별법」, 「공공주택 특별법」, 「집합건물의 소유 및 관리에 관한 법률」 위반과 관련하여 행정처분 또는 벌금 등 불이익 확정처분을 받은 경우 해당아파트 입주자등이 그 사실을 알 수 있도록 처분내용을 5일 이상 게시판에 공개하여야 한다. (개정 2019.2.22.)

⑤ 제2항제2호에 따른 복사비용의 수입은 잡수입으로 처리한다.

⑥ 관리주체는 전자문서 행정 시스템을 통하여 제1항 및 제3항 각 호의 자료를 작성 보관할 수 있다. [신설 2019.2.22.]

※ 입주자등의 의견수렴을 위해 찬·반동의를 받을 경우 동호수 및 찬.반표기가 있는 동의서를 공개할 수 있는지요?

- 개인정보 보호법 제24조에 따른 고유식별 정보 등 개인의 사생활의 비밀 또는 자유를 침해할 우려가 있는 정보 및 의사결정과정 또는 내부검토과정에 있는 사항등으로 공개할 경우 업무의 공정한 수행에 현저한 지장을 초래할 우려가 있는 정보는 비공개할 수 있습니다. 따라서 질의자료 중 동호수 해당 가구의 의견이 있는 정보를 공개하는 것은 타당하지 않는 것으로 판단됩니다. 〈국토부 주택건설공급과－2018.8〉

※ 관리주체에서 관리하고 있는 통장거래내역을 동별 대표자에게 공개해도 되는지?

- 통장거래내역은 공개가 가능하나 정보주체로부터 동의를 받아 제공하거나 마스킹 처리를 통해 특정개인을 식별할 수 없는 상태로 제공하는 것이 바람직 할 것입니다.(건설부 주택건설 공급과 2016.4)

※ 입대의 회의 결과를 5일이 넘도록 공개하지 않는 것이 적법한지 여부 관리규약에는 회의개최 시 회의록을 작성하고 그 결과를 통보받은 날 즉시 공개토록 되어 있음. (관리규약 제35조2항)

‒ 관리주체는 입대의 의결사항을 인터넷 홈페이지 또는 게시판에 공개해야 하고 귀 공동주택 관리규약에도 회의결과를 지체 없이 공개토록 되어 있다면 회의 결과를 지체 없이 공개해야 될 것입니다. (국토부주택건설 공급과 4431 2012- 08.16)

※ 입주민의 열람 복사를 청구할 수 있는 입주자대표회의 회의록의 문서만을 의미하는지 아니면 녹화 또는 녹음 자료까지 포함하는지?

‒ 입주자 대표회의는 그 회의를 개최한 때에는 회의록을 작성해 관리주체에게 보관하게 하고 관리주체는 공동주택의 입주자등이 이의 열람을 청구하거나 지기의 비용으로 복사를 요구한 때에는 관리규약에 정하는 바에 의해 이에 응하여야 한다. 이와 관련 입주자대표회의 또는 관리주체가 작성 보관하는 자료의 종류 및 그 열람 방법 등에 관한 사항은 관리규약 으로 정하도록 하고 있으므로 (시행령 제19조 제1항 제8호) 귀 공동주택 관리규약(제64조)으로 정한 내용에 따르기 바란다.

※ 가. 당 아파트 입주민이 정보공개를 신청했는데 관리비가 입금된 통장사본 (관리비를 입금한 가구 성명 동 호수 입금 금액 등)을 복사해 공개할 경우 입주민의 사생활 침해 및 개인 정보를 침해할 우려가 있는지?
※ 나. 관리비 예금거래 내역서 및 영수증빙 일체 요구 시 영수증빙 일체를 복사 지급해야 하는지 복사요구 시 복사지급 할 수 있는 복사의 범위가 어디까지인지?

‒ 가. 관리주체는 관리비등의 부과내역에 관한 사항을 그 공동주택 홈페이지 또는 게시판에 게시하거나 입주자등에게 개별 통지해야 하나 입주자등의 가구별 사용내역등 사생활 침해의 우려가 있는 것은 공개하지 않으므로(법 제23조 제4항(제1항에 따른 관리주체는 다음 각 호의 내역(항목별 산출내역을 말하며, 세대별 부과내

역은 제외한다) 법 제27조 제2항 시행령 제28조제2항 관리주체는 다음 각 호의 사항을 그 공동주택단지의 인터넷 홈페이지에 공개하거나 입주자등에게 개별 통지하여야 한다. 다만, 입주자등의 세대별 사용명세 및 연체자의 동·호수 등 기본권 침해의 우려가 있는 것은 공개하지 아니한다.)질의내용의 관리비를 입금한 가구의 성명 동 호수 임금액이 표시된 통장내역서 사본 등을 공개하지 않는 것이 타당할 것 입니다.개인 정보에 관한 자세한 사항은 소관부처인 안전행정부 개인정보 보호과 (2100- 4107)로 문의하시기 바랍니다.

– 나. 공동주택관리법·령에 별도로 규정한 바가 없으므로 귀 공동주택 관리규약에 정한 바에 따르시길 바랍니다. (국토부 주택건설 공급과 3074- 2013.9.5.)

※ 입대의에서 심의 및 승인도 하지 않은 예산안에 대해 입주자 등이 복사 및 열람을 요구할 경우 복사 및 열람을 해 주어야 되는지요?

– 관리주체는 의사결정과정 또는 내부 검토과정에 있는 사항등으로서 공개할 경우 업무의 공정한 수행에 현저한 지장을 초래할 우려가 있는 정보는 공개하지 않을 수 있습니다.(법 제27조제2항)

◆ **관리규약준칙 제64조(자료의 종류 및 열람방법)** ② 입주자등은 관리주체에게 제1항의 서류를 단일 건씩 열람하거나 복사를 서면으로 요구하는 경우, 관리주체는 법 제27조 제2항 각호의 정보가 포함된 경우 개인정보를 식별하지 못하도록 조치 후 요구에 따라야 한다. 단, 전자문서 공개시스템 공동주택관리정보시스템(k- apt) 또는 통합정보마당에 공개된 자료는 열람·복사 대상에서 제외한다.(개정)

※ 관리주체가 관리비등을 홈페이지에 게시하지 않고 인터넷 포털사이트 까페를 만들어 게시해도 되는지요?

– 공동주택관리법 제23조 제④항 제1항에 따른 관리주체는 다음 각 호의 내역(항목별 산출내역을 말하며, 세대별 부과내역은 제외한다)을 대통령령으로 정하는 바에 따라 해당 공동주택단지의 인터넷 홈페이지[인터넷 홈페이지가 없는 경우에는 인터넷포털에서 제공하는 유사한 기능의 웹사이트(관리주체가 운영·통제하는 경우에 한정한다), 해당 공동주택단지의 관리사무소나 게시판 등을 말한다. 이하 같다]와 법 제88조제1항에 따라 공동주택관리정보시스템에 공개하여야 한다. 다만, 공동주택관리정보시스템에 공개하기 곤란한 경우로서 대통령령으로 정하는 경우에는 해당 공동주택단지의 인터넷 홈페이지에만 공개할 수 있다.

※ 아파트 관리직원의 임금대장을 열람 및 복사를 요구했으나 관리사무소에서는 개인정보라는 이유로 열람 및 복사를 거절했습니다. 이 조치가 타당한지요?

– 개인의 사생활의 비밀 또는 자유를 침해할 우려가 있는 정보는 관리주체의 경우 특정직원의 성명을 적시하여 임금을 구체적으로 알려달라는 내용이라면 개인정보에 해당된다고 판단되어 정보공개 대상에서 제외됩니다. 보다 구체적인 내용은 행정자치부 개인 정보보호과(2100-4109)로 문의 바랍니다.

16. 장기수선계획(시행규칙 별표1 장기수선 수립기준 73개 항목)

★ **공동주택관리법제29조(장기수선계획)** ① 다음 각 호의 어느 하나에 해당하는 공동주택을 건설·공급하는 사업주체(「건축법」 제11조에 따른 건축허가를 받아 주택 외의 시설과 주택을 동일 건축물로 건축하는 건축주를 포함한다. 이하 이 조에서 같다) 또는 「주택법」 제66조제1항 및 제2항에 따라 리모델링을 하는 자는 대통령령으로 정하는 바에 따라 그 공동주택의 공용부분에 대한 장기수선계획을 수립하여 「주택법」 제49조에 따른 사용검사(제4호의 경우에는 「건축법」 제22조에 따른 사용승인을 말한다. 이하 이 조에서 같다)를 신청할 때에 사용검사권자 에게 제출하고, 사용검사권자는 이를 그 공동주택의 관리주체에게 인계하여야 한다. 이 경우 사용검사권자는 사업주체 또는 리모델링을 하는 자에게 장기수선계획의 보완을 요구할 수 있다. 〈개정 2016.1.19.〉

    1. 300세대 이상의 공동주택

    2. 승강기가 설치된 공동주택

    3. 중앙집중식 난방방식 또는 지역난방방식의 공동주택

    4. 「건축법」 제11조에 따른 건축허가를 받아 주택 외의 시설과 주택을 동일 건축물로 건축한 건축물

② 입주자대표회의와 관리주체는 장기수선계획을 3년마다 검토하고, 필요한 경우 이를 국토교통부령으로 정하는 바에 따라 조정하여야 하며, 수립 또는 조정된 장기수선계획에 따라 주요시설을 교체하거나 보수하여야 한다. 이 경우 입주자대표회의와 관리주체는 장기수선계획에 대한 검토사항을 기록하고 보관하여야 한다.

③ 입주자대표회의와 관리주체는 주요시설을 신설하는 등 관리여건상 필요하여 전체 입주자 과반수의 서면동의를 받은 경우에는 3년이 경과하기 전에 장기수선계획을 조정할 수 있다.

④ 관리주체는 장기수선계획을 검토하기 전에 해당 공동주택의 관리사무소장으로 하여금 국토교통부령으로 정하는 바에 따라 시·도지사가 실시하는 장기수선계획의 비용산출 및 공사방법 등에 관한 교육을 받게 할 수 있다.

※ 법 제29조제2항을 위반하여 수립되거나 조정된 장기수선계획에 따라 주요시설을 교체하거나 보수하지 아니한 자 1천만원 이하의 과태료를 부과한다. (관리주체와 입주자대표회의에 부과) (법 제102조 제2항 제4호)

※ 법 제90조제3항을 위반하여 관리비·사용료와 장기수선충당금을 이 법에 따른 용도 외의 목적으로 사용한 자 1천만원 이하의 과태료에 처한다.(법 제102조 제2항 제9호)

※ 법 제29조를 위반하여 장기수선계획을 수립하지 아니하거나 검토하지 이니한 자 또는 장기수선계획에 대한 검토사항을 기록하고 보관하지 아니한 자 500만원 이하의 과태료를 부과한다. (법 제102조 제3항 제10호)

※ 법 제30조에 따른 장기수선충당금을 적립하지 아니한 자 500만원 이하의 과태료를 부과한다.(법 제102호3항11호)

◎ **시행령 제30조(장기수선계획의 수립)** 법 제29조제1항에 따라 장기수선계획을 수립하는 자는 국토교통부령으로 정하는 기준에 따라 장기수선계획을 수립하여야 한다. 이경우 해당 공동주택의 건설비용을 고려하여야 한다.

※ **공동주택관리법 제29조 제2항 입주자대표회의와 관리주체는 장기수선계획을 3년 마다 검토하고 필요한 경우 조정해야 하는데 이 경우 3년마다의 의미는?**

– 정기조정(3년)주기의 3년과 동일한 의미이며 무분별한 조정을 막기 위한 절차로 조정을 할 경우에는 먼저 검토를 하고서 조정하라는 취지임 예를 들어 정기조정일 15년12월3일→ 3년마다란→ 18년 12월3일을 의미 (검토시작 시기가 아닌 검토완료 시기임)하며 3월전 까지 검토를 완료해야 됩니다. 3년마다 라는 의미는 36개월마다 36개월이 경과하기 전에로 해석 (국토건설부 주택공급과 장기계획실무가드라인 회신사례 2015.9)

※ 장기수선계획을 3년마다 검토하고 필요한 경우 조정하여야 한다고 하는데 필요한 경우 조정해야 한다는 의미는?

– 장기수선계획의 검토결과 수선항목 주기 수선율 단가 등이 현실과 부합하지 않는 경우를 말함 공동주택관리법 제29조 제2항 따라 입주자대표회의와 관리주체는 장기수선계획을 3년마다 검토하고 필요한 경우 이를 국토교통부령으로 정하는 바에 따라 조정하도록 하였기에 입주자대표회의와 관리주체가 합의하여 판단할 사항임 (국토부 주택건설 공급과 장기수선계획 가이드라인 회신사례 2015.9)

※ 장기수선계획을 조정할 때에는 꼭 검토를 해야 하는지요?

– 공동주택관리법 제29조 제2항에 따라 3년마다 검토하고 필요한 경우 조정하도록 한 취지를 감안하여 조정을 위한 검토가 선행되어야 하며 검토사항을 기록 보관해야함 (국토부주택건설공급과 2015.9)

※ 장기수선계획 검토 시 입주자대표회의 의결을 받아야 하는지요?

– 공동주택관리법 제64조 제2항 제14호에서는 장기수선계획 조정이 비용지출이 수반되는 경우 입주자대표회의 의결을 거치도록 하고 있고 시행규칙 제26조 제2항에 따라 장기수선계획의 정기조정은 입주자대표회의 의결을 받아야 합니다. (국토교통부 주택건설공급과 장기수선계획 실무 가드라인 회신사례– 2015.9)

※ 장기수선계획 조정시 2015년도에 정기조정을 하고 2016년도에 임시 조정을 한 경우 최종 조정년도의 기산점은?

– 2015년도에 정기조정을 하고 2016년도에 임시조정을 한 경우 3년마다 검토 조정하는 년도의 기산점은 2015년도임 임시조정은 예기치 못한 사정에 의거 긴급히 지출이 필요한 점을 감안할 때 필요한 항목에 대하여만 검토 조정이 진행되었다고

볼 수 있으며 모든 수선항목에 대한 검토가 이루어 졌다고 보기 어려움 따라서 3년마다. 정기적으로 입주자대표회의와 관리주체에서 정기적으로 검토를 할 수 있도록 하여 보다 충실한 장기수선계획의 관리가 가능할 것임 (국토부 주택건설 공급과 회신 2015.9)

※ 장기수선계획 조정 시 수선항목의 추가와 삭제는?

– 공동주택관리법 시행규칙[별표1] 의 장기수선계획 수립기준에 해당하는 시설이 당해 공동주택에 있는 경우에는 모두 장기수선계획에 반영하여야 함 또한 기준외의 시설 중 귀 공동주택 관리규약 상 공용부분이라고 명시되어 있는 부분 또한 장기수선계획에 반영하여 수선주기 비용 등을 명시해야 합니다. 다만 수선주기 수선율 등은 공동주택의 상황에 맞게 변경할 수 있습니다. 이와 관련 정기조정(3년마다)의 경우에는 입주자대표회의와 관리주체가 조정하며 조정주기인 3년이 도래하지 않는 경우에는 입주자 과반수의 서면동의로 조정 가능합니다. (건설부 주택건설공급과 회신사례 2015.9)

※ 장기수선계획 조정안 작성 대행업체에 대한 비용의 집행방법은?

– 장기수선계획을 조정하려는 경우에는 관리주체가 장기수선계획의 조정안을 작성한 후 입대의의 의결을 거쳐야 합니다.(시행규칙 제7조 제2항) 따라서 장기수선계획의 조정안은 관리주체가 작성해야 하는 것이며 다만 장기수선계획 조성안 작성 대행업체에 장기수선계획을 조정하는 업무가 해당 공동주택의 장수명화를 견인하는 중요한 업무이므로 보다 전문적인 업체의 조정안을 통해 공동주택을 관리해 나가고자 하는 경우에는 해당 내용을 장기수선공사에 부대되는 용역으로 보아 장기수선계획에 반영 (소유자의 의견을 수렴해서 장기수선계획 조정절차를 거쳐야 함)한 후에 그 비용을 장충금 으로 집행하는 방법도 가능할 것으로 사료 되오니 당 공동주택에서 합리적으로 판단해 결정하시기 바랍니다.(국토부 주택건설공급과 2016.5)

※ 2017년 1월에 장기수선계획조정에 대한 검토를 하고 (검토사항 기록보관)3월에 관리주체와 입대의 에서 검토된 내용에 따라 장기수선계획은 입주자 과반수 서면 동의 없이 조정할 수 있는지? (2014년 1월에 3년 주기로 실시하는 장기수선계획 조정함)

– 공동주관리택법 제29조 제2항에 따라 입대의와 관리주체는 장기수선계획을 3년마다 검토하고 필요한 경우 관리주체가 장기수선계획의 조정안을 작성한 후 입대의 의결 (시행규칙 제7조 제2항)을 거쳐 조정해야 합니다. 이와 관련 2017년 1월에 검토를 완료한 내용 그대로 3월에 장기수선계획을 조정한 것이라면 이는 정기적인 검토(3년 주기)에 의한 조정으로 보아 입대의 의결만으로 조정이 가능합니다.

※ 장기수선계획 총론에 반영하면 긴급히 보수나 교체가 필요한 경우 장기수선계획에 미 도래된 공사를 장기수선계획 조정 없이 사용할 수 있는지?

– 공동주택관리법 제30조 제2항에 따라 장충금 사용은 장기수선계획에 따라야 합니다. 따라서 장기수선계획에 수선주기가 미 도래했으나 해당 수선 공사를 시행하고자 하는 등의 경우에는 장기수선계획을 조정한 후 장충금을 사용해야 할 것입니다. 다만 실무적으로 예기치 못한 사정에 따라 장기수선계획의 수선주기가 도래하지 않았음에도 긴급히 장충금을 사용해야 할 경우도 있으므로 장기수선계획에 예외적인 경우의 장충금 사용에 대한 근거(예:재난 사고등)를 장기수선 총론 등에 마련해 그에 따라 우선 장충금을 선 집행하고 추후 장기수선계획을 변경하도록 하는 것은 가능한 것으로 유권해석하고 있습니다. (국토부주택건설공급과— 2015.4)

※ 아파트 옥상지붕의 아스팔트 싱글기와 노후화로 안전사고 발생이 우려돼(태풍) 긴급한 공사가 필요한 실정으로 장기수선계획을 조정하지 않고 긴급공사로 우선할 수 있는지?

– 공동주택관리법 제30조 제2항에 따라 장기수선충당금은 장기수선계획에 따라 사

용합니다. 따라서 질의내용의 옥상 지붕의 아스팔트 싱글기와 관련 공사가 귀 공동주택 장기수선계획에 따른 공사 시행 시기가 도래하지 않은 경우라면 장기수선계획을 조정한 후 장충금을 사용해야 할 것입니다. 다만 실무적으로 예기치 못한 사정에 따라 장기수선계획의 수선주기가 도래하지 않았음에도(태풍등) 장충금을 사용해야 할 경우도 있으므로 장기수선계획에 예외적인 경우의 장충금 사용에 대한 건 자연 재해사고 안전사고 등 예기치 못한 사정에 의해 긴급히 지출이 필요한 경우 계획 변경에 따른 비용지출 등을 장기수선계획 총론 등에 마련해 그에 따른 장충금을 선 지출하고 추후 장기수선계획을 변경하도록 하는 것은 가능한 것으로 해석하고 있으니 참고하시기 바랍니다. (국토부 주택건설 공급과 2015.4)

※ 장기수선계획상 공사시기 조정 시 입주자 과반수 동의 필요

2015년도 수립된 장기수선계획상 2017년도에 실시하도록 돼있는 승강기 교체공사를 2018년도에 시행하고자 하는 경우 (2015년 초부터 준비했으나 공사비의 부족 부담주체 등의 미결정으로 해당 공사 지연)입주자 과반수의 동의를 얻어 장기수선계획을 조정해야 하는지 여부

- 회신: 입주자 과반수 서면동의 얻어 조정해야
- 입주자대표회의와 관리주체는 장기수선계획을 3년마다 조정하되 주요시설을 신설하는 등 관리여건상 필요해 전체 입주자 과반수의 서면 동의를 얻은 경우에는 3년이 경과하기 전에 조정할 수 있다고 규정하고 있습니다 (공동주택관리법 제29조 제3항)따라서 질의와 같이 장가수선계획을 조정한지 3년이 경과되지 않았으나 장기수선계획상의 공사시기를 조정할 필요가 있는 경우라면 전체 입주자 과반수의 서면동의를 얻어 해당 계획을 조정해야 함

– 입주자대표회의와 관리주체는 장기수선계획을 3년마다 조정하되 주요시설을 신설하는 등 관리여건상 필요하여 전체입주자 과반수의 서면동의를 얻은 경우에는 3년이 경과하기 전에 조정할 수 있다고 규정하고 있다 (공동주택관리법 제29조 제3항)따라서 질의와 같이 장기수선계획을 처음(입주 3년 이상 지난 경우) 조정하고자 하는 경우라면 전체입주자 과반수 서면동의 없이 장기수선계획을 조정할 수 있을 것으로 판단 된다(국토부 주택건설공급과 – 832 2013.2.25.)

– 입주자대표회의와 관리주체는 장기수선계획을 3년마다 조정하되 주요시설을 교체하는 등 관리여건상 필요해 전체 입주자 과반수의 서면동의를 얻은 경우에는 3년이 경과하기 전에 조정할 수 있다고 규정하고 있다. 이와 관련 귀 공동주택의 경우는 장기수선계획을 조정한지 3년이 경과되지 않았기 때문에 전체 입주자 과반수의 서면동의를 얻어야 할 것입니다. 또한 배관 공사와 관련한 여러 안에 대한 의견수렴을 서면동의로 갈음할 수 없으므로 확정된 공사방법 및 공사의 시행시기 등을 포함한 장기수선계획조정 내용을 갖고 전체 입주자 과반수의 서면 동의를 받아야 합니다. (국토부 주택건설공급과 893– 2013.2.27.)

- 공동주택관리법 제29조 제2항에 따라 입주자대표회의와 관리주체는 3년마다 장기
  수선계획을 조정하도록 되어 있습니다. 장기수선계획 조정시기가 도래하였을 경
  우 입주자대표회의와 관리주체가 장기수선계획을 조정하는 것이나 질문의 사례와
  같은 경우 관리주체가 단독으로 장기수선계획을 조정할 수 있을 것입니다.

◎ **공동주택관리법 시행령 제31조** ③ 장기수선충당금의 적립금액은 장기수선계획으로 정
  한다. 이 경우 국토교통부장관이 주요시설의 계획적인 교체 및 보수를 위하여 최소 적
  립금액의 기준을 정하여 고시하는 경우에는 그에 맞아야 한다. 라고 규정하고 있으므
  로 장기수선계획에서 국토부장관이 고시한 금액보다 적어서는 안 됩니다.

※ 장기수선계획의 조정 작업을 수행할 때 항목을 추가 또는 삭제할 수 있는지 항목
   을 추가할 수 있다면 입주자 과반수의 동의를 받고 항목을 추가해야 하는 것인지?

- 장기수선계획 수립대상은 공동주택관리법 시행규칙 [별표1]룰 기준으로 하는 것이
  며 공동주택관리법 시행규칙[별표1]에 없는 별도의 항목을 장기수선계획에 추가하
  고자 하는 경우에는 공동주택관리법 제29조 제2항 제3항을 적용하여 입주자 과반
  수의 동의를 얻어야 하는 것입니다. 다만 3년마다 시행하는 정기 장기수선계획의
  조정시에 공동주택관리법 령의 개정으로 장기수선계획 수립기준이 개정 되어 새로
  운 항목이 시행규칙[별표1]에 추가된 경우에 그 항목을 추가하는 경우는 입주자
  동의절차를 거치지 아니하고 항목을 추가할 수 있습니다. 수립기준에 들어있으나
  해당 시설이 당해 아파트에는 설치되지 않는 시설에 대해서는 입주자동의 없이 입
  대의 의결로 삭제할 수 있습니다.(국토부 주택건설공급과 장기수선계획 실무가드
  라인 회신사례2015.9)

- 장기수선계획 수립기준 (공동주택관리법 시행규칙별표1)에서 공동주택의 주요시설물의 교체 또는 수선주기를 년 단위로 표기하고 있는 것을 감안할 때 공동주택에서 실시하는 장기수선계획대상 공사는 공사 시행시기가 도래한 날로부터 1년 기간 내에 완료하면 될 것입니다.

※ 공동주택관리법 시행규칙 [별표1]의 장기수선계획 수립기준 중 수선주기를 아파트 자체적으로 변경 외벽도색 수선주기를 5년에서 7년으로 변경할 수 있는지?

- 아파트 실정에 맞게 수선주기 조정가능
- 입주자대표회의와 관리주체는 장기수선계획을 3년마다 정기적으로 조정하되 도색상태가 양호할 경우 도색년도를 차후 년도로 다시 조정가능 도색년도가 3년후가 아니고 2년후로 조정한 경우에는 그 년도에는 입주자 동의 없이 공사가능 합니다.

※ 장기수선계획에 따라 방수 및 도장을 실시할 경우 입주민 동의가 필요한지?

- 장기수선계획에 따라 수선주기에 의해 공사를 실시하는 경우 공동주택관리법 제29조 제2항에 의해 입대의와 관리주체는 장기수선계획에 따라 주요시설을 교체하거나 보수해야 하므로 방수 및 재도장공사가 장기수선계획에 포함되고 수선주기가 도래했다면 장기수선계획에 따라 해당 공사를 진행하면 되고 별도로 입주자의 동의를 필요로 하지 않습니다. 다만 정기조정년도가 되기 전연도나 후년도에 실시할 경우 장기수선계획을 조정하여 입주자의 과반수의 동의를 받아야 합니다.

※ 방수공사 시 가구 창틀과 외벽 접촉부분의 코킹작업 비용을 장기수선충당금으로
  사용할 수 있는지?

- 공동주택관리법 시행령 제19조 제1항 제19호에 따라 공동주택의 관리책임 및 비용
  부담은 관리규약으로 정하므로 해당 시설이 귀 공동주택 관리규약 상 공용부분에
  포함 되어 있다면 장기수선계획에 따라 장기수선충당금 집행이 가능합니다.(국토
  부 주택건설 공급과 1559- 2014.3.26.)

※ 장기수선계획에 따른 공사를 위해 시설물 진단 및 전문 업체에 진단 점검용역을
  의뢰한 경우 해당 용역비를 장기수선충당금으로 지불할 수 있는지요?

- 장기수선충당금의 사용은 장기수선계획에 따르도록 하고 있으므로 시설물 진단 및
  점검 전문업체에 지급할 용역비를 장기수선충당금으로 지급할 수 없을 것으로 사
  료 됩니다. (주택건설 공급과- 2720 2015.5.29.)

17. 장기수선충당금

■ **법제처 유사 유권해석요약 (법제처 13- 0608- 2014.2.20.)**

장기수선계획에 따라 옥상 방수공사를 하는 경우 입주자대표회의는 그 대금을 지급하기 위하여 적립된 장기수선충당금을 담보로 대출을 받을 수 없다고 할 것임 (본서 부록 법제처 유권해석: 안건 11)

■ **긴급공사 및 장기수선충당금의 소액지출**

● **예외적 사항의 인정:** 국토교통부에서는 유권해석으로 전기.승강기 급수시설 등 중요시설로서 예측이 불가능한 사고에 대비해 불가피한 긴급공사가 필요한 경우에 한해 장기수선계획의 조정 장기수선충당금의 사용에 대해 법령에서 정한 예외적 집행을 인정하고 있음

가. 긴급공사: 공용부분의 주요시설이나 설비가 갑작스런 사고 등으로 장기수선충당금 소액지출로는 해결할 수 없는 경우로서 선 집행 이후 장기수선계획을 조정하고 입주자대표회의 의결 긴급공사 근거마련 장기수선계획서 상에 긴급시설로 집행이 가능한 시설(급수 전기 승강기 재난재해 및 안전사고 등)과 처리방법과 절차를 명시하여 입주자대표회의 의결

나. 장기수선충당금의 소액지출 형식으로 사용: 공동주택관리법 시행령 제31조 제4항은 장기수선충당금은 관리주체가 다음 각호의 사항이 포함된 장기수선충당금 사용계획서를 장기수선계획에 따라 작성하고 법 제14조 제1항에 따른 입주자대표회의의 의결을 거쳐 사용해야 함에도 불구하고 갑작스런 배관의 누수 배수펌프의 고장 승강기 고장 등의 예기치 못한 경우로서 소액의 범위 내에서 장기수선계획서 상에 대상 범위와 사용요건 한도를 정하여 사용이 가능하도록 회신하고 있음

※ **장기수선계획 총론**

실무적으로 예상치 못한 사정에 따라 장기수선계획의 수선주기가 도래하지 않았음에도

장기수선충당금을 사용해야 할 경우 장기수선계획에 예외적인 경우의 장기수선충당금을 사용에 대한 근거(예:재난 사고등 예기치 못한 사정에 의하여 긴급하게 지출이 필요한 경우 소액범위 내에서 계획변경에 따른 비용지출 등)를 장기수선계획 총론에 마련하여 그에 따라 장충금을 우선 선집행하고 추후 장기수선계획을 조정하도록 하는 것은 가능한 것으로 해석 장기수선계획 총론을 변경하는 것은 장기수선계획의 조정으로 보아야 함

※ 장기수선충당금 소액지출 사용대상(예시)

1. 건물외부의 지붕이나 외부 등의 문제로 누수가 발생한 경우
2. 예비전원 설비의 고장으로 단전에 대비할 수 없는 경우
3. 변전설비의 고장으로 수전할 수 없거나 전원공급이 어려운 경우
4. 전기설비 점검의 지적사항이 발생하여 보수가 긴급한 경우
5. 소방설비 고장으로 화재진압이나 경보가 이루어지지 않아 긴급히 보수해야 하는 경우
6. 소방설비 점검으로 지적사항이 발생하였으나 보수가 긴급한 경우
7. 승강기고장으로 안전에 위험이 있거나 사용이 불가능하여 긴급히 보수해야 하는 경우
8. 승강기 점검으로 지적사항이 발생하여 보수가 긴급한 경우
9. 피뢰설비 통신 방송수신 설비 보안 방법시설의 고장으로 피해가 우려되는 경우
10. 급수 배수 설비고장으로 급수공급이나 배수문제로 보수해야 하는 경우 배관의 파열로 누수가 발생한 경우
11. 난방 급탕설비 고장으로 공급이 불가능하거나 불가능할 우려가 있는 경우 또는 배관 및 벨브류 고장으로 누수가 발생하는 경우
12. 옥외 부대시설 복리시설에 문제가 발생하여 안전에 위험이 발생한 경우

● 장기수선충당금 소액지출 사용 요건

1. 긴급한 고장이나 문제가 발생하였으나 장기수성계획의 주기가 이르지 않았을 것
2. 긴급한 보수를 요하는 경우로서 장기수선계획 주기를 기다릴 수 없는 긴급성이 있을 것
3. 그 긴급성이 장기수선계획 조정을 기다릴 수 없을 것

4. 신변 안전이나 그로 인해 시설물 또는 입주민에게 2차 피해가 현존하고 중할 것

5. 입주자대표회의 의결을 통하여 승인을 받을 것

6. 장기수선계획에 포함되어 있어야 하고 소액일 것

● 사용범위: 월간 OOO만원(예산으로 정한다) 이내로 할 것(예시)

● 사용금액 결산: 관리주체는 장기수선충당금 소액지출을 사용 후 보수이력과 사용금액을 결산시에 보고와 차후 검토에 반영하여야 한다.

★ **법 제30조(장기수선충당금의 적립)** ① 관리주체는 장기수선계획에 따라 공동주택의 주요 시설의 교체 및 보수에 필요한 장기수선충당금을 해당 주택의 소유자로부터 징수하여 적립하여야 한다.

② 장기수선충당금의 사용은 장기수선계획에 따른다. 다만, 해당 공동주택의 입주자 과반수의 서면동의가 있는 경우에는 다음 각 호의 용도로 사용할 수 있다.

1. 제45조에 따른 하자분쟁 조정 등의 비용

2. 제48조에 따른 하자진단 및 감정에 드는 비용

3. 제1호 또는 제2호의 비용을 청구하는 데 드는 비용

③ 제1항에 따른 주요 시설의 범위, 교체 · 보수의 시기 및 방법 등에 필요한 사항은 국토교통부령으로 정한다.

④ 장기수선충당금의 요율 · 산정방법 · 적립방법 및 사용절차와 사후관리 등에 필요한 사항은 대통령령으로 정한다.

※ 법 제29조를 위반하여 장기수선계획을 수립하지 아니하거나 검토하지 아니한 자 또는 장기수선계획에 대한 검토사항을 기록하고 보관하지 아니한 자 500만원 이하의 과태료를 부과한다.(법 제102조 제3항 제10호)

※ 법 제30조에 따른 장기수선충당금을 적립하지 아니한 자 500만원 이하의 과태료를 부과한다.(법 제102조 제3항11호)

◎ **시행령 제31조(장기수선충당금의 적립 등)** ① 법 제30조제4항에 따라 장기수선충당금의 요율은 해당 공동주택의 공용부분의 내구연한 등을 감안하여 관리규약으로 정한다.

(※ 장기수선충당금은 장기수선계획에서 정함)

② 제1항에도 불구하고 건설임대주택을 분양 전환한 이후 관리업무를 인계하기 전까지의 장기수선충당금 요율은 「민간임대주택에 관한 특별법 시행령」 제43조제3항 또는 「공공주택 특별법 시행령」 제57조제4항에 따른 특별수선충당금 적립요율에 따른다.

③ 장기수선충당금의 적립금액은 장기수선계획으로 정한다. 이 경우 국토교통부장관이 주요시설의 계획적인 교체 및 보수를 위하여 최소 적립금액의 기준을 정하여 고시하는 경우에는 그에 맞아야 한다.

④ 법 제30조제4항에 따라 장기수선충당금은 관리주체가 다음 각 호의 사항이 포함된 장기수선충당금 사용계획서를 장기수선계획에 따라 작성하고 입주자대표회의의 의결을 거쳐 사용한다.

  1. 수선공사(공동주택 공용부분의 보수·교체 및 개량을 말한다. 이하 이 조에서 같다)의 명칭과 공사내용

  2. 수선공사 대상 시설의 위치 및 부위

  3. 수선공사의 설계도면 등

  4. 공사기간 및 공사방법

  5. 수선공사의 범위 및 예정공사금액

  6. 공사발주 방법 및 절차 등

⑤ 장기수선충당금은 해당 공동주택에 대한 다음 각 호의 구분에 따른 날부터 1년이 경과한 날이 속하는 날부터 매달 적립한다. 다만, 건설임대주택에서 분양 전환된 공동주택의 경우에는 시행령 제10조제5항에 따라 임대사업자가 관리주체에게 공동주택의 관리업무를 인계한 날이 속하는 달부터 적립한다.

  1. 「주택법」 제49조에 따른 사용검사(공동주택단지 안의 공동주택 전부에 대하여 같은 조에 따른 임시 사용승인을 받은 경우에는 임시 사용승인을 말한다)를 받은 날

  2. 「건축법」 제22조에 따른 사용승인(공동주택단지 안의 공동주택 전부에 대하여 같은 조에 따른 임시 사용승인을 받은 경우에는 임시 사용승인을 말한다)을 받은 날

⑥ 공동주택 중 분양되지 아니한 세대의 장기수선충당금은 사업주체가 부담한다.

⑦ 공동주택의 소유자는 장기수선충당금을 사용자가 대신하여 납부한 경우에는 그 금액을 반환하여야 한다.

⑧ 관리주체는 공동주택의 사용자가 장기수선충당금의 납부 확인을 요구하는 경우에는

지체 없이 확인서를 발급해 주어야 한다.

※ 장기수선충당금 적립요율은 관리규약으로 정하고 적립금액은 장기수선계획에서 정함

◆ **관리규약준칙 제79조(장기수선충당금의 집행 및 공개)** ① 관리주체는 직전년도 12월 31일을 기준으로 장기수선계획에 따라 적립해야 하는 장기수선충당금, 실제로 적립한 장기수선충당금, 집행금액(공사명 및 지출금액 등을 포함한다) 및 잔액을 입주자등이 잘 알 수 있도록 [별지 제6호서식]에 따라 작성하여 매년 3월말까지 게시판, 통합정보마당에 공개하여야 한다.

② 장기수선충당금 사용계획서는 관리주체가 [별지 제12호서식]에 따라 작성하고 입찰공고 이전에 입주자대표회의의 의결을 거쳐 사용한다.

③ 입주자대표회의와 관리주체는 법 제29조제3항에 따른 장기수선계획을 조정(수시조정) 할 경우 [별지 12- 2호서식]에 따라 전체 입주자의 과반수 서면동의를 받아야 한다. (신설 2019.2.22)

④ 공동주택의 소유자는 장기수선충당금을 사용자가 대신하여 납부한 경우에는 그 금액을 반환하여야 하며, 관리주체는 공동주택의 사용자가 장기수선충당금의 납부 확인을 요구하는 경우에는 지체 없이 확인서를 발급해 주어야 한다.

◆ **관리규약준칙 제83조(장기수선충당금의 세대별 부담액 산정방법)** ① 영 제31조제1항에 따른 "장기수선충당금의 요율"은 사용검사(사용승인)를 받은날부터 1년이 경과한 날부터 적립해야 하는 장기수선충당금에 대한 다음 각 호의 요율을 말한(요율은 단지특성에 따라 변경가능)(2019.2.2.)

1. 20 년 월부터 ~ 20 년 월까지 : 15 % (15%)

2. 20 년 월부터 ~ 20 년 월까지 : 30 % (45%)

3. 20 년 월부터 ~ 20 년 월까지 : 30 % (75%)

4. 20 년 월부터 ~ 20 년 월까지 : 25 % (100%)

② 월간 세대별 장기수선충당금은 [별표 9]의 장기수선충당금의 산정방법에 따라 산정한다 (2017.11.14.

③ 장기수선계획 및 적립요율에 따른 장기수선충당금은 적립금액이 국토교통부장관이 고시

하는 최소금액보다 적은 경우에는 고시에서 정한 금액을 적립하여야 한다.

[별표 9] 장기수선충당금 산정방법 (제83조제2항 관련)

○ 관리규약상의 적립요율을 적용하여 적립하는 경우 계산식

$$
\text{월간 세대별 장기수선 충당금} = \frac{\text{장기수선계획기간 중의 수선비 총액} \times \text{연차별 적립요율}}{\text{총 공급면적} \times 12 \times \text{연차별 적립요율의 계획기간(년)}} \times \text{세대당 주택공급 면적}
$$

※ 입주 후 최초의 장기수선충당금은 언제부터 부과를 해야 하는 지요?

– 장충금은 사용검사일 또는 사용승인일부터 1년이 경과한날이 속하는 달부터 매월 적립을 해야 하므로 참고로 일반적으로 관리비의 처리절차가 전월분 관리비를 당월에 부과 징수하는 체계로서 장충금은 법령에서 정하고 있는 적립시점에 부과 징수해야 하는 것이므로 적립시점의 전월분 관리비를 부과할 때 함께 부과하는 것이며 사용검사일로부터 1년이 경과한 날의 다음달부터 적립하는 것이 아닙니다. 〈중앙공동주택관리지원센타 전자민원– 2017– 10.6〉

※ 태양광 발전설비의 경우 자가발전설비와 같이 장기수선계획으로 계획하고 장기수선충당금을 사용해 사업을 해야 하는지요?

– 공동주택관리법 시행령 별표1 장기수선계획의 수립기준에 규정돼 있는 공동주택 공용부분 주요 시설에 대한 수선공사를 하려는 경우 입주자대표회의와 관리주체는 이를 장기수선계획에 반영해야 합니다. 그 외 별표1에 명시되어 있지 않는 항목의 집행 금원에 대한 사항은 해당 공사의 성격 소요비용 관리규약 관리비 부담주체의 의사 등 제반 사정을 고려해 자율적으로 결정할 사항입니다. 단 많은 비용이 소모되고 공동주택 가치를 증진하는 내용의 공사라면 장기수선계획에 반영해 입주자가 부담하는 장충금을 사용해 시행하는 것이 합리적입니다. 〈국토부 주택건설공급과 – 2018.11〉

※ 공동주택 가구 내 설치된 소방시설에 대한 전용부분의 범위와 이러한 소방시설을 보수할 필요가 있을 경우 비용부담주체에 대한 질문 입니다.소화기 자동확산소화기 완강기는 전용부분에 해당하며 스프링클러설비 비상방송설비 자동화재탐지설비(감지기)는 2가구 이상의 가구와 연결이 되어있어 공용부분의 시설에 해당한다는 소방방재청의 기술소견이 있습니다.2007년도에 준공된 아파트라서 자동확산소화기는 16층~22층까지만 설치되어 있습니다.이 경우에도 고층 가구의 자동확산소화기 고장 시 그 비용을 누가 부담을 해야 하는 지요?

– 자동확산소화기는 공동주택 입주민을 화재로부터 보호하기 위한 소방설비로서 국가화재안전기준 소화기구 및 자동소화장치의 회재 안전기준 제4조 제1항 제7호에서 설치하도록 하고 있는 점을 고려할 때 관리주체가 체계적으로 점검하는 것이 바람직할 것으로 판단됩니다. 참고로 관리규약으로 정하는 경우에는 하나의 시스템으로 구성돼 전용부위에 설치되더라도 다른 가구 또는 전체 시스템의 정상적인 작동에 영향을 미치는지 타 설비와 공간적 기능적으로 분리돼 독립적으로 작용하는지 등을 고려해 부담주체를 구분하는 것이 바람직 합니다. 〈공동주택관리지원센타 전자미원– 2017.4.11.〉

※ 아파트에 신규로 주차 차단기를 설치할려고 하는데 반드시 장기수선계획에 따라 장기수선충당금으로 공사를 해야 하는지요? 아니면 아파트에 주차충당금이 설정돼 있는데 주차충당금으로 가능한지요?

– 주차차단기는공동주택관리법 시행규칙 [별표1]에서 장기수선계획에 포함해야 하는 항목으로 규정하고 있습니다. 또한 공동주택관리법 제29조 제3항에서 입대의와 관리주체는 주요시설을 신설하는 등 관리여건상 필요해 전체 입주자 과반수의 서면동의를 받은 경우에는 3년이 경과하기 전에 장기수선계획을 조정할 수 있다고 규정하고 있으며 같은법 제30조 제2항에 따라 장기수선충당금의 사용은 장기수선계획에 따르는 것입니다. 따라서 질의와 같이 주차차단기를 신규로 설치하는 경우 위 법령에 따라 장기수선계획을 조정해 장기수선계획에 반영한 후 장충금을 사용

해야 할 것으로 판단되며 주차충당금으로는 사용할 수 없을 것으로 판단되니 참고 하시기 바랍니다. 〈중앙공동주택관리지원센타 전자민원– 2016.11.23〉

※ 장기수선계획에 포함된 승강기부품이 예기치 못한 고장이 발생하여 긴급히 부품을 교체하고 장충금을 사용해야 할 경우 수선주기가 도래하지 않는 경우 어떻게 처리를 해야 하는지요?

– 장기수선계획이 도래하지 않았음에도 장충금을 사용해야 할 경우도 있으므로 장기 수선계획에 예외적인 경우의 장충금 사용에 대한 근거(안전사고 등 예기치 못한 사정에 의해 긴급히 지출이 필요한 경우 계획변경에 따른 장충금 지출 등)를 장기 수선계획 총론 등에 마련하여 그에 따르는 것이 타당할 것입니다.(국토부 주택건 설공급과 전자민원 2014.3.28.)

※ 하자진단에 따른 소송비용을 장기수선충당금으로 사용 가능한지?

– 2010.10.6.부터는 장기수선충당금을 공동주택관리법 제30조 제2항에, 따라 장기 수선계획에 따라 사용하되, 예외적으로 입주자 과반수의 서면동의가 있는 경우에 ㉠ 공동주택관리법 제45조에 따른 하자분쟁조정 등의 비용, ㉡ 법 제48조에 따른 하자진단 및 하자감정에 드는 비용, ㉠ 또는 ㉡의 비용을 청구하는데 드는 비용에 한정하여 입주자 과반수의 동의를 얻어 사용할 수 있으나 하자진단에 따른 소송비 용으로 사용할 수 없음 〈국토교통부 건설공급과 장기수선계획 실무 가이드라인 회 신사례, 2015.9〉

---

1. LED전구(등기구아님) 구입시 수의계약이 가능한지요?
2. 비용처리를 장기수선충당금과 수선유지비 중 어떤 금원을 지불해야 하는지요?

– 1. 주택관리업자 및 사업자 선정지침 [별표2]수의계약 대상 제2호에서 공산품을 구입하는 경우는 공업적으로 생산된 제품으로서 소비자가 완성된 제품의 형태로

구입이 가능하고 별도의 가공없이 사용할 수 있는 최종제품 또는 그 부분품이나 부속품을 의미하므로 추가적으로 해당 법령에 따라 면허.등록을 필요로 하는 전문적 기술 인력을 필요로 하는 공사를 수반하지 않아야 할 것이라고 해석하고 있습니다. 따라서 질의한 LED전구 교체공사의 경우가 해당 법령에 따라 면허 및 등록 등을 필요로 하지 않는 경우 수의계약이 가능할 것으로 판단됩니다.

2. 참고로 많은 비용이 소모되고 공동주택의 가치를 증진하는 공사라면 장기수선계획에 반영해 장충금을 사용해야 합니다. 단지내 지하주차장 조명시설의 전등을 LED전등으로 교체하는 경우 장기수선계획에 포함해 장충금을 집행할지 수선유지비(ESCO사업등)로 공사를 할지 여부에 관한 사항은 관리비 부담주체의 의사 등 제반사정을 고려해 자체적으로 판단하시기 바랍니다. (국토부 주택건설공급과— 2017.9)

※ 공용부분의 옥상과 외벽 확인결과 우레탄 방수부분 균열 외벽크랙으로 인해 우기 때 5가구가 누수피해가 있는 상황으로 부분수리로 수선유지비 사용이 가능한지요?

– 공동주택관리법 시행규칙[별표1]장기수선계획 수립기준에서 전면수리만 해당하는 공용부분의 주요 시설에 대한 부분수선 공사는 반드시 장기수선계획에 반영해야 하는 것은 아니며 부분 수선공사의 장기수선계획에 추가 여부는 각 공동주택에서 자율적으로 결정하되 장기수선계획에 반영되지 않은 부분 수선공사는 수선유지비로 집행 가능함을 알려 드립니다 단 해당 항목의 공사가 명확이 구분된 공간(동 동의 특정부위 지하주차장 등)에서 이루어지는 경우의 수선공사는 전면수선에 해당하는 것이며 또 제품(또는 시설)의 기능을 고려해 여러개의 부품이 결합돼 재작된 제품이 독립적으로 기능하는 것이라면 그 하나의 제품에 교체도 전면수선에 해당됩니다. (주택건설 공급과— 2017.7)

– 장기수선충당금은 주택의 내구성 증가 등 주택의 가치 보전을 수반하는 자본적 지출에 사용되며 수선유지비는 장기수선계획에서 제외된 공용부분의 수선 유지에 사용되는 냉난방시설의 청소비 소화기 충약비 등 주거생활의 편의를 위해 제공되는 비용으로서 소모적 지출에 해당합니다.

※ 장기수선충당금을 사용할 때 전체 금액이 있고, 부분 공종별 금액이 있는데, 만약 부분 공종별 적립된 금액이 공사비용을 충당하기에 턱없이 부족할 때는 여유가 있는 다른 공종별 금액이나 전체금액에서 사용해도 문제가 없는지요? 아니면 주민들에게 수선유지비로 관리비 부담을 시켜야 하는지요?

– 장기수선충당금은 각 공종별로 별도로 구분하여 징수, 보관, 사용하는 것이 아니므로 전체 장기수선충당금을 사용하고 최초 계획금액과 다를 경우 향후 장기수선계획을 조정하여 장기수선충당금을 적립할 수 있습니다. 장기수선계획에 포함하여야 하는 공사비용은 수선유지비로 부과할 수 없습니다. 〈국토교통부 건설공급과 FAQ- 2013.01.30.〉

※ 재건축을 위한 안전진단 비용을 장기수선충당금으로 집행해도 되는지요?

– 장충금은 공동주택 공용부분 주요시설의 교체 및 보수을 위해 적립하는 것이므로 공용부분의 교체 및 보수를 위한 비용이 아닌 재건축 추진 관련 안전진단 비용을 장충금으로 사용하는 것은 적절치 않습니다. 주택의 소의자가 부담을 허야 합니다.(주택건설공급과 2016.4) ※ 2010년 7월6일부터서는 하자조정 하자진단 및 감정 등의 비용 그 비용을 청구하는데 드는 비용으로 장충금 사용 가능 (입주자 과반수동의)

※ 장기수선충당금을 재건축조합에서 조합자산으로 전환할 수 있는지?

– 아파트가 재건축중이고 건물이 멸실돼 장기수선충당금의 사용용도가 없어졌다며 일부 아파트 소유자가 이를 반환하라며 장기수선충당금 반환의 소를 제기했지만 법원은 (서울중앙법원 민사88단독판사 이광우)전체 입주민(소유자)의 결의가 없는 이상 이를 반환할 수 없다고 판단했다. 입주자의 총유물인 장기수선충당금 이익잉여금의 처분은 입주자 전체 총회의 결의에 따라야 할 것인바 피고 입대의가 관리사무소 청산에 따라 관리사무소장이 관리하던 금융계좌 등을 인수하고 적립된 금원을 주택건축재정비사업조합에 인계하기로 한 결의는 아무런 효력이 없고 주택건축재정비사업조합은 아무런 권원 없이 관리하고 있는 것이라며 장기수선충당금과 이익잉여금은 여전히 이 아파트 기존 입주자 전체의 총유로 남아 있으며 그들의 결의에 의해서만 처분할 수 있다고 설명했다 (서울중앙법원 민사88단독 판사 이광우)

※ 소유주로 거주하다 이사를 갈 경우 거주하는 동안 부담한 장충금 총액에서 사용한 금액을 제하고 나머지 금액은 반환해야 하는 것이 아닌지요?

– 공동주택관리법 시행령 제31조 제1항에 따라 장충금의 적립요율은 해당 공동주택의 내구연한 등을 감안해 관리규약으로 정하고 적립금액은 장기수선계획에서 정합니다.(시행령 제31조 제3항) 이와 관련 장충금은 장래의 수선계획에 대비해 미리 일정액을 적립해 둔다는데 의미가 있는 것이므로 소유자가 납부한 장충금은 장래 수선계획된 시기에 사용할 금액이 포함되어 있다고 할 것입니다. 따라서 장충금은 소유자가 거주하는 동안 납부한 금액 중 사용하지 않는 금액이 있다고 해서 이를 반환하는 성격의 금원이 아닙니다. (국토부 주택건설 공급과 2015- 4)

- 공동주택관리법 제30조 제1항에 따라 장충금은 소유자로부터 징수하여 적립하여야 하는 것이며 분양대금 및 취득세를 납부하고 주민등록을 마친 후 거주하고 있는데도 다만 사업주체사정으로 소유권 이전등기만 경료 받지 못한자 라면 실질적으로 소유권을 행사할 수 있다 할 것이므로 주택의 소유자에 준하는 자로 보아(법제처법령해석 2013.1)장충금을 징수할 수 있을 것입니다. (국토부 주택건설공급과 2014.11)

◆ **관리규약준칙 제9조(입주자등의 자격)** ① 입주자의 자격은 소유자가 공동주택 1세대의 구분소유권을 취득(분양대금 및 취득세 등을 납부하고 주민등록을 마친 사람으로서 사업주체의 사정으로 소유권등기를 이전 받지 못한 사람을 포함한다)한 때에 발생하고, 그 구분 소유권을 상실한 때에 소멸한다.

- 장기수선계획은 해당 공동주택의 공용부분의 주요시설의 교체 및 보수를 하기위하여 수립하는 것이므로(공동주택관리법 제29조 제1항)질의의 가구 내 인터폰이 해당 공동주택 전용부분에 해당하는 것이라면 해당 교체비용을 장충금으로 집행하는 것은 타당하지 않습니다.

※ 전임 입주자대표회장 A가 관리소장을 불법해고 함에 따라 발생한 변상금 2000만 원을 차기 입주자대표회의 회장 B가 장기수선충당금 으로 변상해준 것과 관련 현 회장의 B의 위법행위를 묵인할 경우 발생할 불이익은?

- 장기수선충당금의 사용은 장기수선계획에 따르도록 하고 있으므로 (공동주택관리법 제30조 제2항)장기수선계획에 포함될 수 없는 변상금을 장기수선충당금으로 지불할 수 없습니다. 이와 관련 공동주택관리법에 위반되게 장기수선충당금을 지급한 입주자대표회장 및 관리주체에 대해서는 공동주택관리에 관한 감독권한을 가진 지방자치단체가 필요한 조치를 할 수 있을 것 이므로 보다 자세한 사항을 갖고 해당 자치단체에 문의하시기 바랍니다. (4761 2012- 09.04) (※ 관리비 사용료 장기수선충당금을 이법에 따른 용도외로 사용한자 1천만원 이하의 과태료에 처한다 법 제102조 제2항 제9호)

※ 입대의 구성원 과반수의 찬성의 결의에 의해 장기수선계획에 없는 CCTV 설치 및 보수공사를 시행하고 해당 비용을 예비비 또는 수선유지비 비목에서 지급할 수 있는지?

- 공동주택단지에서 폐쇄회로 텔레비전을 설치하거나 설치된 폐쇄회로 텔레비전을 보수하려는 경우에는 장기수선계획 에 반영해야 합니다. (시행규칙 제8조 제1항). 따라서 질의와 같이 입대의의 의결만으로 해당 공사를 결정하고 예비비 또는 수선유지비 비목에서 공사비용을 충당할 수 없습니다 (국토부 주택건설공급과 408- 2 013.01.28.)

☐ **시행규칙 제8조(영상정보처리기기의 설치 및 관리 등)** ① 공동주택단지에 「개인정보 보호법 시행령」 제3조제1호 또는 제2호에 따른 영상정보처리기기(이하 "영상정보처리기기"라 한다)를 설치하거나 설치된 영상정보처리기기를 보수 또는 교체하려는 경우에는 장기수선계획에 반영하여야 한다. 〈개정 2019. 1. 16.〉

② 공동주택단지에 설치하는 영상정보처리기기는 다음 각 호의 기준에 적합하게 설치 및

관리해야 한다. 〈개정 2019. 1. 16.〉

　　1. 영상정보처리기기를 설치 또는 교체하는 경우에는 「주택건설기준 등에 관한 규칙」
　　　제9조에 따른 설치 기준을 따를 것

　　2. 선명한 화질이 유지될 수 있도록 관리할 것

　　3. 촬영된 자료는 컴퓨터보안시스템을 설치하여 30일 이상 보관할 것

　　4. 영상정보처리기기가 고장 난 경우에는 지체 없이 수리할 것

　　5. 영상정보처리기기의 안전관리자를 지정하여 관리할 것

③ 관리주체는 영상정보처리기기의 촬영자료를 보안 및 방범 목적 외의 용도로 활용하거나
타인에게 열람하게 하거나 제공하여서는 아니 된다. 다만, 다음 각 호의 어느 하나에 해당하
는 경우에는 촬영자료를 열람하게 하거나 제공할 수 있다. 〈개정 2019. 1. 16.〉

　　1. 정보주체에게 열람 또는 제공하는 경우

　　2. 정보주체의 동의가 있는 경우

　　3. 범죄의 수사와 공소의 제기 및 유지에 필요한 경우

　　4. 범죄에 대한 재판업무수행을 위하여 필요한 경우

　　5. 다른 법률에 특별한 규정이 있는 경우

[제목개정 2019. 1. 16.]

※ 시행규칙 부칙 제4조

제4조(폐쇄회로 텔레비전 설치에 관한 적용례 등) ① 국토해양부령 제323호 주택법 시행
　규칙 일부개정령 시행일인 2011년 1월 6일 전에 설치된 폐쇄회로 텔레비전을 보수하
　려는 경우에는 제8조제1항에도 불구하고 장기수선계획에 반영하지 아니할 수 있다.(수
　선유지비로 보수 가능 신설은 신고사항)

● 재해 예방비는 공동주택 부대시설 중 옹벽 축대 석축 난간 등 재난 및 재해를 예방하기
　위한 시설물 점검을 위해 지출하는 비용(수선유지비)으로 판단됩니다. 보수는 장충금
　을 사용해야.

– 질의의 자동제어 시스템이 공용부분에 설치 된 시설인 경우 전체 입주자 과반수의 서면동의를 얻어 장기수선계획을 조정한 뒤 필요절차에 따라 장기수선충당금을 사용할 수 있음 (국토부 주택건설공급과 4605 2012- 08.24)

※ 가. 장기수선계획에 있는 승강기 전면 교체공사를 위해 감리업체를 선정한 경우 감리업체 선정에 대한 회계처리는 어떻게 하는 것인지?
※ 나. 장기수선계획서상 승강기전면교체 공사대금 중 50%까지는 공사완료시점까지 지급하였고 나머지 50%는 1년간 정액 분할 지급키로 한 경우 타당성 여부

– 가. 장기수선계획서에 포함된 공사를 위해 감리업체를 선정한 경우 해당경비는 장기수선충당금으로 사용할 수 있을 것입니다 이와 관련 해당 경비는 장기수선공사의 부대비용으로 포함하는 것이 바람직 할 것으로 사료 됩니다.

– 나. 장기수선계획의 집행은 해당 장기수선계획에 따라야 합니다 따라서 질의의 경우에도 장기수선충당금 지급 방법 등 구체적인 사항은 해당 장기수선계획에 수립된 내용에 따라야 할 것입니다 또한 부족한 장기수선충당금은 입주자가 부담을 해야 합니다. 장기수선계획을 조정한 후 그에 따라야 할 것입니다 (국토부 주택건설공급과 44922012- 08.20)

※ 장기수선수계획 따른 공사비용 관리비등으로 사용 못해

질의: 장충금 부족사유로 예비비 등의 사용여부

※ 공동주택 장기수선공사를 시행할 경우 장기수선충당금의 부족 등의 사유로 장충금이 아닌 예비비를 사용하거나 관리비나 사용료 등을 장기수선 충당금으로 전용해 사용하는 것이 가능한지

- 회신: 장기수선계획 공사비용 관리비 사용료로 입주자등에게 부과 못해
- 공동주택의 장기수선계획은 공동주택의 공용부분에 대해 수립하는 것이며 (공동주택관리법 제29조 제1항)장기수선충당금의 사용은 장기수선계획에 따라 사용해야 합니다 (공동주택관리법제30조제2항)또한 관리주체는 장기수선계획에 따라 공동주택의 주요 시설의 교체 및 보수에 필요한 장기수선충당금을 주택의 소유자로부터 징수하여 적립하여야 합니다 (공동주택관리법 제30조 제1항) 따라서 장기수선계획에 따른 공사를 할 경우 장기수선충당금을 사용해야 하며 해당 공사비용을 관리비 또는 사용료로 입주자등 에게 부과할 수 없습니다. 다만 해당 공사비용을 귀 공동주택의 예비비에서 지출하고자 하는 경우 예비비 사용에 관한 사항은 귀 공동주택 관리규약으로 정한 예비비 적립목적 및 사용절차 등에 따라야 합니다 (국토부 전자민원 2013.1.31.)
- ※ 제90조 제3항을 위반하여 관리비 사용료와 장기수선충당금을 이 법에 따른 용도 외의 목적으로 사용한 자 1천만원 이하의 과태료를 부과한다.(법 제102조 제2항9호)

※ 공용시설 엘리디 전등 교체 장기수선충당금 사용 가능

> ※ 공용전기 사용을 위한 엘리디 전등으로 부분교체 및 전체 교체공사를 장기수선계획에 반영해 집행할 수 있는지?

– 회신: 장기수선계획은 공동주택의 공용부분의 교체 및 보수에 수립하는 계획이며 (공동주택관리법제29조 제1항)장기수선충당금은 장기수선계획에 따라 공동주택의 주요 시설의 교체 및 보수에 필요한 비용을 주택의 소유자로부터 징수하여 적립하여야 한다.(공동주택관리법 제30조 제1항)질의의 해당 시설이 공용부분에 설치되는 것이라면 장기수선계획에 반영해 장기수선충당금을 사용 할 수 있습니다. (국토부 주택건설공급과 833– 2013.2.25.)

> ※ 장기수선계획에 대비 장기수선충당금 부과액에 상당한 차이가 있고 보수가 시급한 계획된 공사의 소요비용이 많을 경우 입주자에게 일시금을 부과하는 방안 또는 금융권에서 차입해 분할 상환하는 방안 등을 강구할 수 있는지?

– 회신: 입주자에게 필요한 만큼 추가로 각출해 충당할 수 있어
– 관리주체는 장기수선계획에 따라 공동주택의 주요시설의 교체 및 보수에 필요한 장기수선충당금을 주택의 소유자로부터 징수하여 적립하야야 한다.(공동주택관리법 제30조 제1항)따라서 장기수선충당금은 장기수선계획에 따라 필요한 장기수선충당금을 소유자에게 징수하여 적립하는 것으로서 대출을 받아 그 대출금을 장기수선충당금 으로 사용하는 것은 타당하지 않을 것이다. 다만 공사비용이 부족할 경우 입주자에게 필요한 금액만큼 추가로 각출해 공사비용등을 충당하는 것은 해당단지의 자체적인 판단에 따라 가능할 것으로 사료 된다(국토부 주택건설공급과 1013– 2013.3.7.)

※ 온수 및 냉수배관을 모두 교체하도록 장기수선계획을 조정할 계획이나 현재 장기 수선충당금이 부족하고 다른 장기수선공사도 필요한 실정입니다. 따라서 부족한 공사비(가구당 약 90만원)을 은행의 채권으로 공사업체로부터 양도받아 공사업체에 지불하고 해당 아파트는 이후 5년간 적립한 장충금 으로 은행 채권의 금액을 상환하는 것이 공동주택법령에 위반하는 것인지?

– 장충금은 장기수선계획에 따라 필요한 금액을 소유자로부터 징수하여 적립하는 것으로 장충금의 부족 시 장기수선계획 및 요율을 조정해 소유자로부터 추가로 이를 징수하여야 할 것이고 대출을 받아 장기수선충당금으로 사용하는 것은 타당하지 않습니다. 만약 대출을 받아 장기수선공사를 진행할 경우 공용부분 주요시설의 적기 교체 및 보수를 위한 수선공사 소요비용에 대한 적절한 적립필요성이 줄어들어 결국 적절한 장기수선계획의 수립 및 장충금의 충실한 적립을 저해 하는 등 장기수선 제도를 사문화 하는 것이 됩니다. 따라서 대출을 받아 장기수선공사를 하는 것을 허용할 수 없는 입장임을 알립니다.(국토부 1352- 2014.3.18.)

※ 승강기 보수를 위해 관리비를 지출했으나 장기수선계획에 따른 장기수선충당금으로 사용할 수 있는 부품이 포함된 경우 그 부분에 대해 장기수선충당금으로 대체하고 초과 납부된 관리비는 입주자 등에게 반납해야 하는지?

– 공동주택관리법 제30조 같은 법 시행령 제31조 시행규칙 제9조[장기수선충당금의 적립] 사행규칙 [별표1]에 따라 공동주택 주요시설의 교체 및 보수에 필요한 장기수선충당금의 사용은 장기수선계획에 의하되 그 사용절차는 관리규약으로 정하도록 규정한바 장기수선충당금을 사용해야 한다. 초과 납부된 관리비에 관해서는 해당 관리규약에서 정하는 바에 따라 조치할 수 있을 것이나 관리규약에 관련내용이 없을 경우에는 자체적으로 판단해야 한다. (국토부 주택건설공급과)

- 재건축으로 인하여 장기수선계획 및 장기수선충당금의 적립이 종료된 경우 적립된 장기수선충당금의 사용에 대하여는 관리규약의 내용을 고려하여 부담주체인 소유자들이 협의하여 처리할 사항임(※ 장충금 이익잉여금등은 전체소유자의 총유물로 소유자의 결의로만 처분가능)

※ 장기수선충당금의 사용방법이 잘못된 경우에도 벌칙이 적용되는 것인지?

- 공동주택관리법 제29조 제2항 수립 조정된 장기수선계획을 위반해 주요시설을 교체하거나 보수하지 아니한 자(입대의 회장 및 관리소장) 법 제102조의 제2항 제4호의 규정에 의해 1000만원 이하의 과태료에 처하도록 규정하고 있고 관리비 사용료 장기수선충당금을 목적 이외의 용도로 사용하는 경우 공동주택관리법 제102조 제2항 제9호에 의거 1000만원 이하의 과태료에 처할 수 있으며 하자보수보증금를 이법에 따른 용도외의 목적으로 사용하는 경우 법 제102조 1항에 의거 2000만원 이하의 과태료 대상임

※ 장기수선계획을 조정하여 리모델링 비용을 장기수선충당금으로 적립할 수 있는지?
※ 이미 적립한 장기수선충당금의 일부를 리모델링 추진비로 사용할 수 있는지?

- 리모델링은 대수선 또는 일부 증축하는 것이므로 장기수선계획에 포함 할 수 있음
- 장기수선계획 및 장기수선충당금을 리모델링 비용으로 사용하는 방법 및 절차에 대하여 관리규약으로 정하여 운영할 수 있음

- 1.300세대이상의 공동주택과 승강기나 중앙집중식 난방방식(지역난방포함)의 공동주택을 건설 공급하는 사업주체는 장기수선계획을 수립하여야 하며(공동주택관리법 제29조1항)
- 2.관리주체는 장기수선계획에 따른 공동주택의 주요 시설물의 교체 및 보수에 필요한 장기수선충당금을 해당 주택의 소유자로부터 징수하여 적립해야 하므로 (법 제30조제1항)
- 3.장기수선충당금의 적립은 의무관리 공동주택이 아닌 150세대 미만의 승강기나 중앙집중식(지역난방 포함) 난방방식의 공동주택에도 적립해야 합니다.

※ 해당 아파트는 분양을 목적으로 사업계획 승인을 받았으나 총 210가구 중 72가구는 분양을 했고 86가구는 임대사업자 변경등록을 하지 않은 상태에서 임대를 하고 나머지 52가구는 미분양 가구일 경우 공동주택관리법 제30조 제1항에 따라 임대를 한 주택의 소유자인 사업주체에게 장기수선충당금을 부과하는 것이 맞는 것인지?

- 공동주택관리법 제30조 제1항에 따라 관리주체는 장기수선계획에 따라 공동주택 주요시설의 교체 및 보수에 필요한 장충금을 주택의 소유자로부터 징수해 적립해야 합니다. 이와 관련해 분양을 목적으로 사업계획을 승인받았으나 해당 공동주택의 일부를 임대사업자 변경등록을 하지 않은 상태에서 사업주체가 임대를 한 상태라면 해당 공동주택은 분양주택(사용자)에 해당할 것이므로 소유자인 사업주체가 장충금을 납부해야 할 것으로 사료됩니다. (국토부 주택건설공급과- 1514- 2014- 3.25)

※ 장기수선계획이 분실되어 없는 상태이고, 해당 항목들에 대한 장기수선충당금이 적립되어 있지 않는 상태이지만, 공사를 진행하여야 할 경우는 비용처리와 부담을 어떻게 해야 하며, 공사비는 어떻게 지출해야 하는지?

– 장기수선계획서를 분실하였다면 다시 장기수선계획을 수립하여 그 계획에 따라 해당 시설에 대한 교체, 보수를 실시하고 장기수선충당금이 적립되어 있지 아니한 경우 입주자가 그 비용을 부담해야 할 것으로 사료됩니다. (국토교통부건설공급과 FAQ– 2013.01.29.)

※ 법 제29조를 위반하여 장기수선계획을 수립하지 아니하거나 검토하지 아니한자 또는 장기수선계획에 대한검토사항을 기록하고 보관하지 아니한자 500만원 이하의 과태료에 처한다.

※ 법 제30조에 따른 장기수선충당금을 적립하지 아니한 자 500만원 이하의 과태료 (법재102조3항)

1. 정기 예금한 장기수선충당금을 중도 해지 전에 장충금을 집행할 경우 가지급금으로 먼저 집행하고 장기수선예치금 만기 후에 장충금으로 상계해 대치할 수 있는지?

2. 장기수선계획에 도래하지 않은 장충금으로 집행해야할 수선비용을 사정에 의해 먼저 지급해야 할 경우 가지급금으로 비용을 집행하고 장기수선계획을 조정한 후에 가지급비용으로 집행한 비용을 장충금으로 상계처리할 수 있는지요?

– 1. 2. 공동주택관리법·령에는 공동주택의 주요시설을 교체하거나 보수하기 위하여 장기수선계획을 수립하고 계획에 따라 필요한 비용을 소유자로부터 징수 적립해 그 적립된 장충금을 사용해 장기수선계획에 따른 공사를 실시하도록 규정하고 있습니다 또한 동법 제90조 제3항에서 입대의와 관리주체는 관리비 사용료와 장충금을 이 법에 따른 용도 외의 목적으로 사용해서는 안된다고 규정하고 있고 동법시행령 제23조 제2항 7항에서 장충금을 관리비와 구분해 징수하고 별도의 계좌로 예치 관리 하도록 규정하고 있습니다. 따라서 공동주택관리법 제30조 제1항에 따른 장충금은 공동주택 공용부분 주요시설의 수선공사라는 특별한 목적을 위해

관리비 사용료등과 구분해 징수 적립 관리하고 그 용도 및 사용방법도 징수목적에 따라 엄격하게 제한된 금원입니다. 이에 장기수선계획에 따라 장충금으로 집행해야할 공사비를 장충금이 아닌 다른 비용으로 우선 집행하는 방식 등은 공동주택관리 법·령에서 정하고 있는 장기수선계획 및 장충금 제도의 취지에 적합하지 않습니다.

※ 공동주택 회계처리 기준 해설서에 수선유지비를 재난 및 재해등의 예방에 따른 점검비용으로 규정하고 있는데 구체적인 사용의 예로 어떤 것 들이 있는지요?

– 재해 예방비는 공동주택 부대시설 중 옹벽 축대 석축 난간 등 재난 및 재해를 예방하기 위한 시설물 점검을 위해 지출하는 비용으로 판단됩니다. (국토부 주택건설공급과 2017.7)

※ 아파트 공급면적의 적용범위와 장기수선충당금의 부과기준 적용 면적을 계약면적 비율에 해야 하는지 아니면 공급면적 비율에 부과하는 방법 중 어느 면적에 적용해 부과해야 하는 지요?

– 공동주택관리법 시행규칙 [별표1] 제7호에 따르면 월간 가구별 장충금은 장기수선계획기간 중의 수선비총액 /(총공급면적*12*계획기간(년)*가구당 주택공급면적으로 계산하도록 규정하고 있습니다. 이와 관련 주택공급면적이란 주택공급에 관한 규칙 제59조 제2항 제3호에 따라 주택공급 계약서에 포함 되는 주택공급면적(공동주택인 경우에는 주거전용면적 주거 공용면적 및 그 밖의 공용면적을 구분해 표시해야 한다)으로 보는 것이 타당할 것으로 판단됨을 알려 드립니다.(국토부 주택건설공급과 2017.4)

– 공동주택관리법 시행규칙 [별표1]에 규정되어 있는 공동주택 공용부분 주요시설에
대한 수선공사를 실시하려는 경우 입주자대표회의와 관리주체는 반드시 이를 장기
수선계획에 반영해야 한다고 할 것이며 [별표1]에 명시되지 않는 사항 중 단순 소
모성 부품 등의 경우에는 장기수선계획에 반영치 않고 관리비중 수선유지비로 부
과하는 것은 가능할 것으로 판단됩니다. 다만 많은 비용이 소모되고 공동주택의
가치를 증진하는 내용의 공사라면 장기수선계획에 반영해 장충금을 사용하는 것은
제반 사정을 고려해 자체적으로 결정할 사항입니다.

– 공동주택관리법 제30조 제1항에 따라 장기수선충담금은 장기수선계획에 따라 공
동주택의 주요시설의 교체 및 보수에 팔요한 비용을 소유자로부터 징수해 적립하
는 것이며 동법 시행령 [별표1]에 장기수선계획수립 기준을 규정하고 있습니다. 조
경시설물이 아닌 수목 식재 전지작업등은 [별표1]에서 정하고 있는 사항이 아니며
이를 장기수선계획에 포함해 장충금을 사용하는 것은 적절하지 않습니다. 〈국토부
주택건설공급과– 2018.5〉

18. 하자보수

◎ **시행령 제36조(담보책임기간)** ① 법 제36조제2항에 따른 공동주택의 내력구조부별 및 시설공사별 담보책임기간(이하 "담보책임기간"이라 한다)은 다음 각 호와 같다.

　　1. 내력구조부별(「건축법」 제2조 제1항 제7호에 따른 건물의 주요 구조부를 말한다. 이하 같다) 하자에 대한 담보책임기간: 10년

　　2. 시설공사별 하자에 대한 담보책임기간: [별표 4]에 따른 기간

② 사업주체(「건축법」 제11조에 따른 건축허가를 받아 분양을 목적으로 하는 공동주택을 건축한 건축주를 포함한다. 이 하 이 조에서 같다)는 해당 공동주택의 전유부분을 입주자에게 인도한 때에는 국토교통부령으로 정하는 바에 따라 주택인도증서를 작성하여 관리주체(의무관리대상 공동주택이 아닌 경우에는 「집합건물의 소유 및 관리에 관한 법률」에 따른 관리인을 말한다. 이하 이 조에서 같다)에게 인계하여야 한다. 이 경우 관리주체는 30일 이내에 공동주택관리정보시스템에 전유부분의 인도일을 공개하여야 한다.

③ 사업주체는 주택의 미분양(未分讓) 등으로 인하여 제10조 제4항에 따른 인계·인수서에 같은 항 제5호에 따른 인도일의 현황이 누락된 세대가 있는 경우에는 주택의 인도일부터 15일 이내에 인도일의 현황을 관리주체에게 인계하여야 한다.

◎ **영 제37조(하자의 범위)** 법 제36조제3항에 따른 하자의 범위는 다음 각 호의 구분에 따른다.

　　1. 내력구조부별 하자: 다음 각 목의 어느 하나에 해당하는 경우

　　　가. 공동주택 구조체의 일부 또는 전부가 붕괴된 경우

　　　나. 공동주택의 구조안전상 위험을 초래하거나 그 위험을 초래할 우려가 있는 정도의 균열·침하(沈下) 등의 결함이 발생한 경우

　　2. 시설공사별 하자: 공사상의 잘못으로 인한 균열·처짐·비틀림·들뜸·침하·파손·붕괴·누수·누출·탈락, 작동 또는 기능불량, 부착·접지 또는 결선(結線) 불량, 고사(枯死) 및 입상(立像) 불량 등이 발생하여 건축물 또는 시설물의 안전상·기능

상 또는 미관상의 지장을 초래할 정도의 결함이 발생한 경우

◎ **영 제38조(하자보수 절차)** ① 법 제37조제1항 각 호 외의 부분 후단에 따라 입주자대표회의등(같은 항 각 호의 어느 하나에 해당하는 자를 말한다. 이하 이 장에서 같다)은 공동주택에 하자가 발생한 경우에는 담보책임기간 내에 사업주체(법 제37조제1항 각 호 외의 부분 전단에 따른 사업주체를 말한다. 이하 이 장에서 같다)에게 하자보수를 청구하여야 한다.

② 제1항에 따른 하자보수의 청구는 다음 각 호의 구분에 따른 자가 하여야 한다. 이 경우 입주자는 전유부분에 대한 청구를 제2호나목에 따른 관리주체가 대행하도록 할 수 있으며, 공용부분에 대한 하자보수의 청구를 제2호 각 목의 어느 하나에 해당하는 자에게 요청할 수 있다.

    1. 전유부분: 입주자

    2. 공용부분: 다음 각 목의 어느 하나에 해당하는 자

       가. 입주자대표회의

       나. 관리주체(하자보수청구 등에 관하여 입주자 또는 입주자대표회의를 대행하는 관리주체를 말한다)

       다. 「집합건물의 소유 및 관리에 관한 법률」에 따른 관리단

③ 사업주체는 제1항에 따라 하자보수를 청구받은 날(법 제48조제1항 후단에 따라 하자진단 결과를 통보받은 때에는 그 통보받은 날을 말한다)부터 15일 이내에 그 하자를 보수하거나 다음 각 호의 사항을 명시한 하자보수계획(이하 "하자보수계획"이라 한다)을 입주자대표회의등에 서면(「전자문서 및 전자거래 기본법」 제2조제1호에 따른 정보처리시스템을 사용한 전자문서를 포함한다. 이하 이 장에서 같다)으로 통보하고 그 계획에 따라 하자를 보수하여야 한다. 다만, 하자가 아니라고 판단되는 사항에 대해서는 그 이유를 서면으로 통보하여야 한다.

    1. 하자부위, 보수방법 및 보수에 필요한 상당한 기간

    2. 담당자 성명 및 연락처

    3. 그 밖에 보수에 필요한 사항

④ 제3항에 따라 하자보수를 실시한 사업주체는 하자보수가 완료되면 즉시 그 보수결과를

하자보수를 청구한 입주자대표회의등에 통보하여야 한다.

◎ **영 제39조(담보책임의 종료)** ① 사업주체는 담보책임기간이 만료되기 30일 전까지 그 만료 예정일을 해당 공동주택의 입주자대표회의(의무관리대상 공동주택이 아닌 경우에는 「집합건물의 소유 및 관리에 관한 법률」에 따른 관리단을 말한다. 이하 이 장에서 같다)에 서면으로 통보하여야 한다. 이 경우 사업주체는 다음 각 호의 사항을 함께 알려야 한다.

    1. 영 제38조에 따라 입주자대표회의 등이 하자보수를 청구한 경우에는 하자보수를 완료한 내용

    2. 담보책임기간 내에 하자보수를 신청하지 아니하면 하자보수를 청구할 수 있는 권리가 없어진다는 사실

② 제1항에 따른 통보를 받은 입주자대표회의는 다음 각 호의 구분에 따른 조치를 하여야 한다.

    1. 전유부분에 대한 조치: 담보책임기간이 만료되는 날까지 하자보수를 청구하도록 입주자에게 개별통지하고 공동주택단지 안의 잘 보이는 게시판에 20일 이상 게시

    2. 공용부분에 대한 조치: 담보책임기간이 만료되는 날까지 하자보수 청구

③ 사업주체는 제2항에 따라 하자보수 청구를 받은 사항에 대하여 지체 없이 보수하고 그 보수결과를 서면으로 입주자대표회의 등에 통보하여야 한다. 다만, 하자가 아니라고 판단한 사항에 대해서는 그 이유를 명확히 기재한 서면을 입주자대표회의 등에 통보하여야 한다.

④ 제3항 본문에 따라 보수결과를 통보받은 입주자대표회의 등은 통보받은 날부터 30일 이내에 이유를 명확히 기재한 서면으로 사업주체에게 이의를 제기할 수 있다. 이 경우 사업주체는 이의제기 내용이 타당하면 지체 없이 하자를 보수하여야 한다.

⑤ 사업주체와 다음 각 호의 구분에 따른 자는 하자보수가 끝난 때에는 공동으로 담보책임 종료확인서를 작성하여야 한다. 이 경우 담보책임기간이 만료되기 전에 담보책임 종료확인서를 작성해서는 아니 된다.

    1. 전유부분: 입주자

    2. 공용부분: 입주자대표회의의 회장(의무관리대상 공동주택이 아닌 경우에는 「집합건물의 소유 및 관리에 관한 법률」에 따른 관리인을 말한다. 이하 같다)

⑥ 입주자대표회의의 회장은 제1항에 따라 공용부분의 담보책임 종료확인서를 작성하려면 다음 각 호의 절차를 차례대로 거쳐야 한다. 이 경우 전체 입주자의 5분의 1 이상이 서면으로 반대하면 입주자대표회의는 제2호에 따른 의결을 할 수 없다.

    1. 의견 청취를 위하여 입주자에게 다음 각 목의 사항을 서면으로 개별통지하고 공동주택 단지 안의 게시판에 20일 이상 게시할 것

        가. 담보책임기간이 만료된 사실

        나. 완료된 하자보수의 내용

        다. 담보책임 종료확인에 대하여 반대의견을 제출할 수 있다는 사실, 의견 제출기간 및 의견 제출서

    2. 입주자대표회의 의결

◎ **영 제43조(하자보수보증금의 용도)** 법 제38조제2항에서 "하자심사 · 분쟁조정위원회의 하자 여부 판정 등에 따른 하자보수비용 등 대통령령으로 정하는 용도"란 입주자대표회의가 직접 보수하거나 제3자에게 보수하게 하는 데 사용되는 경우로서 하자보수와 관련된 다음 각 호의 용도를 말한다.

    1. 법 제43조제2항에 따라 송달된 하자 여부 판정서(같은 조 제8항에 따른 재심의 결정서를 포함한다) 정본에 따라 하자로 판정된 시설공사 등에 대한 하자보수비용

    2. 법 제44조제3항에 따라 하자분쟁조정위원회(법 제39조제1항에 따른 하자심사 · 분쟁조정위원회를 말한다. 이하 같다)가 송달한 조정서 정본에 따른 하자보수비용

    3. 법원의 재판 결과에 따른 하자보수비용

    4. 법 제48조제1항에 따라 실시한 하자진단의 결과에 따른 하자보수비용

    ※ 공동주택관리법 제38조 제2항을 위반하여 하자보수 보증금을 이 법에 따른 용도 외의 목적으로 사용한 경우 공동주택관리법 제102조 제1항에 의거 2000만원 이하의 과태료 법 제38조 제2항에 따른 하자보증금 사용신고를 하지 아니하거나 거짓으로 신고한 자는 법 제102조 제3항 제16호에 의거 500만원 이하의 과태료

– 공동주택 하자적출을 위한 용역업체 선정은 해당 공동주택의 소유자의 재산가치 증대 및 재산보호 등과 관련된 사항으로 입주자(소유자)의 부담으로 집행하는 것이 타당할 것으로 판단됩니다. 이 경우 하자적출을 위한 비용을 소유자가 별도 부담으로 집행하는 경우와 해당공동주택 입주자가 적립에 기여한 잡수입으로 집행하는 경우가 있을 것으로 사료됩니다. 전자의 경우 법령에서 규정한 관리비 등에 해당하지 않아 선정지침 적용대상이 아닐 것이나 후자의 경우라면 법령에서 규정한 그 밖의 공동주택단지에서 발생하는 모든 수입에 따른 금전에 해당되므로 관리비 등에 포함돼 선정지침 적용대상으로 판단되니 참고하시기 바랍니다. 〈중앙공동주택관리지원센타 전자민원– 2017.11.09.〉

※ 하자진단(적출) 용역업체 선정 시 공동주택관리법 제30조 제2항 제2호에 따라 입주자 과반수 동의를 얻어 장기수선충당금으로 사용할 수 있는지요?

– 공동주택관리법 제30조 제2항 제2호는 법 48조에 따른 하자진단 및 감정에 드는 비용으로 질의와 같이 하자적출에 소요되는 비용이 아닌 점 유의하기 바라며 질의의 하자적출에 드는 비용을 장충금으로 집행하는 것은 타당하지 않습니다. 〈중앙공동주택관리지원센타 전자민원– 2017.11.09.〉

※ 공동주택관리법 제90조 제3항에 따라 입대의 및 관리주체는 관리비 사용료와 장기수선충당금을 이 법에 따른 용도외의 목적으로 사용한 경우 동법 재102조 제2항 제9호에 의거 1000만원 이하 과태료 대상입니다.

– 하자담보책임은 종전 주택법에서 정한 기간에 따라 종료토록 하고 있으며 하자담
보책임을 종료하고자 할 때에는 입주자 5분지4의 동의(공용부분)받도록 하고 있는
데 입주자 5분지4 동의가 없어도 사실상 하자가 발생하지 않았다면 하자담보책임
은 종료되는 것이며 하자보수가 완료됐는지에 대해 사업주체와 입대의간에 다툼이
있을 경우 하자담보책임 종료를 명확히 하기위해 하자보수종료 확인서에 입주자 5
분지4의 서면확인서를 첨부하도록 한 것입니다. 따라서 2016년 8월12일 이전까지
하자담보책임 기간이 종료된 경우에는 종전 주택법을 적용하고 2016년 8월12일
이후에 하자담보책임기간이 종료가 되지 않을 경우에는 현행 공동주택관리법을 적
용해야 합니다. (국토부 주택건설공급과 - 2017.9)

– **공동주택관리법 제30조 제②항** 장기수선충당금의 사용은 장기수선계획에 따른다.
다만, 해당 공동주택의 입주자 과반수의 서면동의가 있는 경우에는 다음 각 호의
용도로 사용할 수 있다.
　　1. 법 제45조에 따른 하자분쟁조정 등의 비용
　　2. 법 제48조에 따른 하자진단 및 감정에 드는 비용
　　3. 법 제1호 또는 제2호의 비용(하자분쟁조정 등의 비용 하자진단 및 감정에 드는 비용)을 청구하는 데 드는 비용이라고 규정하고 있음 참고하기 바랍
　　　니다.(국토부 주택건설공급과– 2819 2011.5.13.)

– 공동주택관리법 제25조에서 관리비등의 집행을 위한 사업자 선정 시 국토부장관이 정해 고시하는 경쟁입찰의 방법 즉 주택관리업자 및 사업자 선정지침에 따라 사업자를 선정해야 합니다. 소송 승소금을 사용해 공사를 진행한다면 해당 승소금이 관리비 등에 편입될 수 있는지에 따라 지침의 적용여부가 달라 집니다. 만약 승소금이 관리비등으로 편입될 수 있는 것이라면 승소금으로 공사를 진행하는 경우 지침을 적용해야 하며 관리비등과 무관한 것이라면 이에 대해서는 공동주택관리법·령에 별도로 명시한 바가 없으므로 입찰방법 등은 당해 판결문 취지에 따라 해당 승소금을 수령할 자들의 의견을 수렴해 결정해야 할 것입니다. (국토부 주택건설 공급과 2015- 4)

★ 법 제25조(관리비등의 집행을 위한 사업자 선정) 의무관리대상 공동주택의 관리주체 또는 입주자대표회의가 법 제23조제4항제1호부터 제3호까지의 어느 하나에 해당하는 금전 또는 제38조제1항에 따른 하자보수보증금과 그 밖에 해당 공동주택단지에서 발생하는 모든 수입에 따른 금전(이하 "관리비등"이라 한다)을 집행하기 위하여 사업자를 선정하려는 경우 다음 각 호의 기준을 따라야 한다.

   1. 전자입찰방식으로 사업자를 선정할 것. 다만, 선정방법 등이 전자입찰방식을 적용하기 곤란한 경우로서 국토교통부장관이 정하여 고시하는 경우에는 전자입찰방식으로 선정하지 아니할 수 있다.(적격심사제 또는 수의계약)
   2. 그 밖에 입찰의 방법 등 대통령령으로 정하는 방식을 따를 것

– 임대주택의 임대사업자가 공동주택관리법 시행령 제36조 제1항에 따라 해당 건설임대주택을 분양 전환하려는 경우에는 분양전환 승인신청서 분양전환 허가신청서 또는 분양전환 신고서를 사용검사권자 에게 제출할 때 하자보수보증금 예치증서를 함께 제출하여야 하며 임대주택의 하자담보책임기간은 공동주택관리법 제36조 제

2항에 따라 해당 공동주택의 사용검사일 또는 사용승인일로부터 산정하며 하자보
수보증금의 예치는 분양전환 승인일 현재를 기준으로 그 잔여기간에 대하여 예치
하는 것임

※ 하자보수보증금 사용 신고 의무 대상은?

– 개정 공동주택관리법 제38조② 입주자대표회의등은 제1항에 따른 하자보수보증금
  을 제39조에 따른 하자심사 · 분쟁조정위원회의 하자 여부 판정 등에 따른 하자보
  수비용 등 대통령령으로 정하는 용도로만 사용하여야 하며, 의무관리대상 공동주
  택의 경우에는 하자보수보증금의 사용 후 30일 이내에 그 사용내역을 국토교통부
  령으로 정하는 바에 따라 시장 · 군수 · 구청장에게 신고하여야 한다. (구 주택법
  제46조 제7항 신설 관련 부칙 제1조 및 제6조에 의거 2013년 12월5일 이후 최초
  로 하자보수보증금을 사용하는 경우 신고 대상에 해당 됨)
※ 입주자대표회의에서 하자보수금 청구 시 하자판정서 등의 증빙서류와 하자보수비
  용 및 산출내역 제출
※ 법 제38조제2항을 위반하여 하자보수보증금을 이법에 따른 용도외의 목적으로
  사용한 자 에게는 2천만원 이하의 과태료를 부과한다.(법 제102조 제1항)
※ 제38조제2항에 따른 신고를 하지 아니하거나 거짓으로 신고한 자 500만원 이하
  의 과태료를 부과한다.(법 제102조 제3항 16호)

※ 하자진단에 소요되는 비용의 성격 하자진단이나 하자발췌에 소요되는 비용을 수 선유지비로 입주자 등에게 부과할 수 있는지요?

– 하자진단 등의 비용등을 입주자등에게 관리비로 부과할 수 없다. 사업주체와 조정
  에 합의한 경우 당사자간 합의로 산정 및 부담하고 합의가 이루어지지 아니한 경
  우 국토부 하자분쟁조정위원회에서 부담비율을 정하는 것이다. 입주자대표회의가
  일방적으로 하자진단업자를 선정하는 경우에는 소유자들이 부담을 해야할 것이다.
  (국토부 주택건설공급과 2011.8.17.)

★ **공동주택관리법 제30조 제②항** 장기수선충당금의 사용은 장기수선계획에 따른다. 다만, 해당 공동주택의 입주자 과반수의 서면동의가 있는 경우에는 다음 각 호의 용도로 사용할 수 있다.

> 1. 제45조에 따른 하자분쟁조정등의 비용
> 2. 제48조에 따른 하자진단 및 감정에 드는 비용
> 3. 제1호 또는 제2호의 비용을 청구하는 데 드는 비용

※ **하자보증금청구 용역(하자진단업체)업체 선정시 하자보수 공사까지 하는 업체를 선정하여 하자보수보증금을 수령했는데 입대의에서 별도의 입찰절차를 거쳐 하자보수 공사업체를 재 선정해야 하는지요?**

– 하자진단업체 선정은 사업자 선정지침 적용대상이 아닙니다. 다만 하자보수공사는 선정지침 제2조제1항 제2호 [별표7]제1호가목에서 경쟁입찰 최저낙찰제의 방법에 따라 사업자를 선정해야 합니다.(국토부 주택건설공급과 2013.3.27.)

※ **베란다 및 공용부분 복도창 등에 누수와 결로가 발생한 경우 하자보수 요청을 할 수 있는지요?**

– 결로현상이 발생하는 위치가 건축물의 설비기준 등에 관한 규칙 및 건축물의 에너지 절약 설계기준 에 의하여 의무적으로 단열조치를 하여야 하는 부분에 해당하는지와 하자판정기관의 판정결과 등을 고려하여 당사자간에 협의 또는 민사관련 법령에 따라야할 것 입니다. (국토부 주택건설공급과)

- 공동주택의 발코니 설계 및 변경지침 (2016.1.16.)국토부 주거환경팀– 250 제5호에 따라 공동주택을 사용검사 받기 전에 사업주체가 발코니 구조변경(거실 등으로 확장)을 한 경우에는 그 부분은 사업주체에게 하자보수 책임이 있습니다. (국토부 주택건설공급과)

1) 하자담보책임 종료확인서 작성 시 입대의와 일괄적으로 하지 않고 개별적으로 소유자와 확인서를 받아야 하는지요? 그리고 장기간 준공 후 미분양으로 입대의가 구성되지 않았을 경우 공용부분에 어떻게 해야 되는지?
2) 준공 후 미분양 아파트로 오랫동안 공실로 유지될 경우 하자담보 책임기간 기산일은 언제인지요?
3) 준공 후 미분양 아파트로 일시적으로 사업주체에서 임대(전세 월세)를 할 경우 담보책임기간 기산일은 언제로 잡아야 하는지요?

- 1) 공동주택관리법 시행령 제39조에 따라 사업주체는 공동주택의 전유부분에 대해 전체 입주자의 담보책임 종료확인서를 작성해야 하고 공용부분도 입대의회장의 담보책임 종료확인서를 작성해야 사업주체의 하자담보책임이 종료됩니다.
- 2. 3) 동법 시행규칙 제16조에 따른 주택인도증서는 사업주체 관리주체 입주자 등이 각각 작성해 공동주택 전유부분을 인계 인수하는 주택인도 증서입니다. 따라서 사업주체의 하자담보책임기간은 주택인도증서 기준일부터 기산되므로 주택의 미분양 임대등의 경우도 주택인도증서 기준일부터 하자담보책임기간이 기산됩니다. (국토부 주택건설공급과– 2017.5)

18-2. 전유부분과 공용부분

1. **전용부분:** 구분소유권의 목적물인 건물부분으로 외벽 및 다른 가구등과의 경계벽과 바닥의 안쪽에 설치된 각종 시설물 및 창호(외벽창호 베란다 창 포함) 개별가구에서 단독으로 사용하는 부분과 가구에 속하는 부속물을 포함하고 배관 및 배선 등은 다음 기준에 따름

   가. 계량기가 설치된 배관 배선: 수도 전기 가스 난방 및 온수 등은 가구 계량기 전까지 부분

   나. 오수관 배수관 우수관등 Y자관 및 T자관 등 2가구 이상이 공용으로 사용하는 시설 전까지 부분

2. **공용부분:** 제1호 외의 부분으로 2가구 이상이 사용하는 시설물 다만 건축물의 구조부(내력벽 기둥 바닥 보 지붕틀)와 건물 및 입주자 안전을 위해 전유부분에 설치된 스프링클러 (화재감지기 포함)는 공용부분

- **소규모 공동주택에 적용되는 규정:** ① 법 제18조 공동주택관리규약 ② 법 제29조 장기수선계획 ③ 법 제30조 장기수선충당금 ④ 법 제32조 안전관리계획 및 교육 등 ⑤ 법 제33조 안전점검 등 ⑥ 법 제35조 행위허가 기준 등 ⑦ 법 제36조 하자담보책임 ⑧ 법 제37조 [하자보수 등]

※ 분리배선이후 공동주택 전 세대가 종합유선방송 구내 전송선로 설비를 통해 케이블 TV 시청만 하고 있는 경우에도 장기수선계획에 방송 공동수신 안테나 시설을 포함시켜야 되는 지?

- 공동주택에는 방송통신위원회가 정하여 고시하는 바에 따라 텔레비전방송 에프엠 라디오 방송 공동수신안테나 및 그 부속설비와 종합유선방송의 구내전송 선로설비를 설치하여야 합니다. 주택건설기준등에 관한 규정 제42조 또한 방송수신 공동설비는 장기수선계획 수립기준에 따라 교체 보수하여야 합니다.(국토부 건설공급과 FAQ 2013.1.30.)

◆ **관리규약 제95조(전용부분의 관리책임)** 전용부분은 입주자등의 책임과 부담으로 관리한다.

◆ **관리규약 제96조(공용부분의 관리책임)** 관리주체는 공용부분을 관리하고, 그 관리에 필요한 비용은 영 제23조제1항, 제2항 및 제3항(세대에서 개별적으로 사용하는 사용료는 제외한다)에 따라 관리비등으로 입주자등이 부담한다.

19. 부대 복리시설

■ **판례: 대법원 2007도376** 주민 운동시설을 해당 공동주택 입주민 외의 자에게 사용료를 받고 이용하도록 하거나 관리주체가 아닌 자에게 보증금이나 임대료를 받고 임대하여 임차인이 독점적으로 사용 수익을 얻으며 자기의 계산 하에 전업으로 운영하는 경우 등은 영리목적으로 운영한 것으로 판시한 바 있습니다.

■ **판례: 입주자대표회의가 외부차량의 출입을 통제하는 경우 위법성 (대법원 판례)**
아파트단지를 관리하는 단체가 외부 차량의 아파트 단지내 출입을 통제하는 행위가 아파트 단지내 상가건물 구분소유자들의 대지 사용권을 방해하는 침해 행위가 되는 지 여부는 아파트 단지 내 상가건물과 그 부속 주차장의 위치 및 이용관계 아파트 단지 안으로의 출입 통제방법 아파트 및 상가건물 부근의 지리적 상황 아파트 입주자들과 상가건물의 소유자 또는 이용자의 이해득실 기타 제반 사정 등을 참작하여 사회통념에 따라 판단하여야 함 아파트 입주자대표회의가 아파트 단지 출입구에 차단기를 설치하여 외부차량의 출입을 통제하는 행위가 제반 사정상 아파트 단지내 상가건물 구분소유자들의 수인한도를 넘어 그 대지 사용권을 침해하였다고 볼 수 없음 (대법원 2009.12.1.. 2009다 49971)

■ **법제처 유사 유권해석요약 (법제처 11- 0539 2011.11.17.)**
공동주택관리법 시행령 제14조에 따라 입주자대표회의 의결로 공동주택단지 안에서 알뜰시장을 개설하게 하고 그에 대하여 사용료를 받는 것이 공동주택관리에 관한 법·령에 위반되는 것은 아니라고 할 것임

■ **법제처 유사 유권해석요약(법제처13- 0224 2013.8.21.)**
공동주택관리법 시행령 제19조 제23호 주민운동시설의 위탁에 따른 방법 또는 절차에 관한 사항을 관리규약으로 정해 관리주체가 아닌자 에게 위탁하여 운영하는 경우 해당 공동주택의 모든 입주자 및 사용자가 사용 수익할 수 있으므로 주민운동시설의 보수 유지 위탁 등

관리운영에 필요한 비용을 공동주택관리법 제23조에 따른 관리비로 산정하여 주민운동시설을 사용하지 않는 공동주택의 입주자등에게도 부담시킬 수 있다고 할 것임

◎ **시행령제 제29조(주민운동시설의 위탁 운영)** ① 관리주체는 입주자등의 이용을 방해하지 아니하는 한도에서 주민운동시설을 관리주체가 아닌 자에게 위탁하여 운영할 수있다.

② 관리주체는 제1항에 따라 주민운동시설을 위탁하려면 다음 각 호의 구분에 따른 절차를 거쳐야 한다. 관리주체가 위탁 여부를 변경하는 경우에도 또한 같다.

1. 「주택법」 제15조에 따른 사업계획승인을 받아 건설한 공동주택(임대주택을 제외한다)의 입주민을 위한 주민운동시설의 경우: 입주자대표회의의 의결 또는 전체 입주자등의 10분의 1 이상이 제안하고 전체 입주자등 과반수의 동의를 받을 것

2. 「주택법」 제15조에 따른 사업계획승인을 받아 건설한 건설임대주택의 입주민을 위한 주민운동시설의 경우: 임대사업자 또는 임차인의 10분의 1 이상이 제안하고 전체 임차인 과반수의 동의를 받을 것

3. 「건축법」 제11조에 따른 건축허가를 받아 주택 외의 시설과 주택을 동일건축물로 건축한 건축물의 입주민을 위한 주민운동시설의 경우: 입주자대표회의의 의결 또는 입주자등의 10분의 1 이상이 제안하고 전체 입주자등 과반수의 동의를 받을 것

◎ **영 제29조의2(인근공동주택단지 입주자등의 주민공동시설 이용의허용(2017년1월10일 본조신설)**

① 관리주체는 입주자등의 이용을 방해하지 아니하는 한도에서 주민공동시설을 인근 공동주택단지 입주자등도 이용할 수있도록 허용할 수 있다. 이 경우 영리를 목적으로 주민 공동시설을 운영해서는 아니된다.

② 관리주체가 제1항에 따라 주민공동시설을 인근 공동주택단지 입주자등도 이용할 수 있도록 허용하려면 다음 각 호의 구분에 따른 절차를 거쳐야 한다. 관리주체가 허용여부를 변경하는 경우에도 또한 같다.

1. 주택법 제15조에 따른 사업계획승인을 받아 건설한 공동주택 중 건설임대주택을 제외한 공동주택의 경우에는 다음 각 목의 어느 하나에 해당하는 방법으로 제한하고 과반의 범위에서 관리규약으로 정하는 비율이상의 입주자등의 동의를받을것

가. 입주자대표회의의 의결

나. 입주자등의 10분지1 이상의 요청

2. 주택법 제15조에 따른 사업계획승인을 받아 건설한 건설임대주택의 경우에는 다음 각 목의 어느 하나에 해당하는 방법으로 제안하고 과반의 범위에서 관리규약으로 정하는 비율 이상의 임차인 동의를 받을 것

가. 임대사업자의 요청

나. 임차인 10분지1 이상이 요청

3. 건축법 제11조에 따른 건축허가를 받아 주택외의 시설과 주택을 동일건축물로 건축한 건축물의 경우에는 다음 각 목의 어느 하나에 해당하는 방법으로 제안하고 과반의 범위에서 관리규약으로 정하는 비율 이상의 입주자등의 동의를 받을 것

가. 입주자대표회의의 의결

나. 입주자등의 10분지1 이상이 요청 〈본조신설 2017.1.10.〉

◆ 준칙 제62조(관리주체의 업무)

③ 관리주체는 영 제29조제1항에 따라 관리주체가 아닌 자에게 주민공동시설을 위탁하여 운영할 수 있으며, 위탁업체의 선정 절차 및 방법 등은 지침을 준용한다.

※ 주택건설 기준등에 관한 규정 제2조 제3호

3. "주민공동시설"이란 해당 공동주택의 거주자가 공동으로 사용하거나 거주자의 생활을 지원하는 시설로서 다음 각 목의 시설을 말한다.

가. 경로당

나. 어린이놀이터

다. 어린이집

라. 주민운동시설

마. 도서실(정보문화시설과 「도서관법」 제2조제4호가목에 따른 작은도서관을 포함한다)

바. 주민교육시설(영리를 목적으로 하지 아니하고 공동주택의 거주자를 위한 교육장소를 말한다)

사. 청소년 수련시설

아. 주민휴게시설

자. 독서실

차. 입주자집회소

카. 공용취사장

타. 공용세탁실

파. 「공공주택 특별법」 제2조에 따른 공공주택의 단지 내에 설치하는 사회복지시설

하. 그 밖에 가목부터 파목까지의 시설에 준하는 시설로서 「주택법」(이하 "법"이라 한다) 제15조제1항에 따른 사업계획의 승인권자(이하 "사업계획승인권자"라 한다)가 인정하는 시설

◎ **시행령 제23조(관리비)** ④ 관리주체는 주민운동시설, 인양기 등 공용시설물의 이용료를 해당 시설의 이용자에게 따로 부과할 수 있다. 이 경우 제29조에 따라 주민운동시설의 운영을 위탁한 경우의 주민운동시설 이용료는 주민운동시설의 위탁에 따른 수수료 및 주민운동시설 관리비용 등의 범위에서 정하여 부과 징수하여야 한다.

◎ **시행령 제25조(관리비등의 집행을 위한 사업자 선정)** ① 법 제25조에 따라 관리주체 또는 입주자대표회의는 다음 각 호의 구분에 따라 사업자를 선정(계약의 체결을 포함한다. 이하 이 조에서 같다)하고 집행하여야 한다.

1. 관리주체가 사업자를 선정하고 집행하는 다음 각 목의 사항

    가. 청소, 경비, 소독, 승강기유지, 지능형 홈네트워크, 수선·유지(냉방·난방시설의 청소를 포함한다)를 위한 용역 및 공사

    나. 주민운동시설의 위탁, 물품의 구입과 매각, 잡수입의 취득(공동주택의 어린이집 임대에 따른 잡수입의 취득 은 제외 한다), 보험계약 등 국토교통부장관이 정하여 고시하는 사항

2. 입주자대표회의가 사업자를 선정하고 집행하는 다음 각 목의 사항

    가. 법 제38조제1항에 따른 하자보수보증금을 사용하여 보수하는 공사

    나. 사업주체로부터 지급받은 공동주택 공용부분의 하자보수비용 을 사용하여 보수하는 공사

3. 입주자대표회의가 사업자를 선정하고 관리주체가 집행하는 다음 각 목의 사항

가. 장기수선충당금을 사용하는 공사

나. 전기안전관리(「전기사업법」 제73조제2항 및 제3항에 따라 전기설비의 안전관리에 관한 업무를 위탁 또는 대행하게 하는 경우를 말한다)를 위한용역

※ 주민운동시설의 영리운영의 판단기준

– 공동주택 복리시설은 주택단지 입주자등의 생활복리를 위한 시설이고 (주택법 제2조제9호)복리시설의 용도변경도 영리를 목적으로 하지 아니하는 시설로만 허용되는 점 (시행령 별표3 1.용도변경)이러한 주택법령의 취지를 감안하여 대법원에서도 공동주택의 주민운동시설은 영리를 목적으로 해서는 안 된다는 취지로 판시한 점(대법원 2007도376)등을 감안하면 복리시설을 영리목적으로 임대하여 사용하도록 하는 것은 가능하지 않습니다. 따라서 주민운동시설을 위탁하여 관리하는 외부 위탁업자에게 임대료와 보증금을 받는 것은 타당하지 않으며 질의와 같이 영리로 운영하여서는 안 되고 위탁에 따른 수수료를 지급하는 것이 타당할 것으로 판단됩니다. (국토부주택건설공급과 – 전자민원 2014.6.18.)

《근거 주민 운동시설은 입주자등의 생활복리를 위한 근거》

● 주민운동시설은 공동주택단지의 입주자등의 생활복리를 위한 공동시설(주택법 제2조제9호)

● 복리시설의 용도변경은 영리를 목적으로 하지 아니하는 시설로만 허용(시행령 별표3)

● 이러한 관련 규정 등을 감안 대법원에서도 주민운동시설은 영리로 운영해서는 안 된다고 판시(대법원2007도 376 대법원 2009도9214)

- 주민공동시설 이용료를 전 가구에 부과하는 경우 해당 수입은 관리수입에 해당하므로 수익을 발생하는 것은 타당하지 않으므로 익월에 관리비로 차감하거나 환급을 하는 것이 타당하다고 사료됩니다. 단 해당 공동주택 주민공동시설 이용자에게 이용료로 부과 징수하는 경우에는 관리 외 수입(잡수입)으로 처리하는게 타당하므로 이를 장충금으로 처리하는 것은 타당하지 않을 것으로 판단됩니다. 아울러 주민운동시설의 운동기구 구입 및 운영비용은 관리비로만 부과는 방법 일부는 관리비 일부는 수익자 부담원칙에 따라 시설 이용자에게 이용료로 부과하는 방법 시설 이용자에게 이용료로 부과하는 방법 등이 있으며 어떤 방법으로 부과할 것인지 여부는 해당 단지에서 입주자등의 의견과 제반 여건을 감안해 관리규약에 정해 운영하는 것이 타당할 것으로 판단됩니다. 〈국토부 주택건설공급과— 2019.1.2.〉

- 공동주택관리법 시행령 제14조 제2항 제5호에 따르면 공용시설 이용료 부과기준의 결정은 입주자대표회의 의결로 정하도록 규정하고 있으며 동법 시행령 제19조 제1항 제12호에 따르면 관리비 등의 가구별 부담액 산정방법 징수 보관 예치 사용 절차는 해당 공동주택 관리규약으로 정해 부과하도록 규정하고 있습니다. 따라서 주차증 발급 등에 따른 수수료를 부과하기 위해서는 입대에서 부과기준을 결정하고 해당 공동주택 관리규약으로 정해 부과하는 것이 타당하다고 판단됩니다. 〈국토부 주택건설공급과— 2019.1.2.〉

– 공동주택관리법 시행령 제23조 제4항에 따라 주민공동시설의 이용료는 위탁에 따른 수수료 및 관리에 소요되는 비용 등의 범위에서 관리주체가 부과·징수하도록 해 수익창출 등을 금지하는 비영리 운영만을 허용하고 있습니다. 또한 주민운동시설은 관리주체가 운영해야 하며, 공동주택관리법 시행령 제29조에 따라 공동주택 주민운동시설을 관리주체가 아닌 자에게 위탁해 운영할 경우, 시설 사용료 및 강사료는 주민운동시설 위탁업자가 받을 수 없고 관리주체가 부과·징수해야 함이 타당할 것으로 판단됩니다.〈 국토부 주택건설공급과– 2018. 6.〉

– 입찰공고전에 입찰의 종류 및 방법 참가자격 제한 등 입찰과 관련한 중요사항에 대해 공동주택관리법 시행령 제14조 제1항에 따른 방법으로 입대의 의결을 거쳐야 하며 주택관리업자 및 사업자 선정지침 제29조 제2항에 의거 계약은 입찰정보 및 낙찰금액등과 동일한 내용으로 체결하도록 규정하고 있습니다.〈국토부 주택건설 공급과– 2018.2〉

– 공동주택관리법 시행령 제29조 제1항에 따르면 관리주체는 입주자등의 이용을 방해하지 않는 한도에서 주민공동시설을 관리주체가 아닌 자에게 위탁해 운영할 수 있다고 규정하고 있을 뿐 위탁운영자가 갖추어야 할 자격 면허 등의 제한은 이법에 별도로 규정하고 있지 않습니다. 다만 주민운동시설 내 개인 강습료로 운영하는 요가 댄스 등의 전문가 지도가 필요한 경우에는 해당 공동주택에서 강사 트레이너 등과의 별도 노무계약을 체결해 운영해야 할 것으로 판단됩니다. (국토부 주택건설 공급과– 2017.7)

– 공동주택의 부대시설(주차장제외 시행령제19조1항27호) 및 복리시설(어린이집과
운동시설제외)은 위탁(임대)해 운영할 수 없으므로 귀 공동주택 관리주체가 직접
관리해야 한다 다만 주민 운동시설의 경우 2013년 1월9일 구 주택법 시행령이 개
정됨에 따라 2014년 1월1일 부터는 해당요건을 갖춘 경우 입주자 등의 이용을 방
해하지 않는 한도에서 관리주체가 아닌 자에게 위탁해 운영할 수 있습니다 (시행
령 제29조) (전자민원 2013.5.14.)

– 주민운동시설 운영을 위한 운동기구 구입은 입주자등이 사용하기 위한 기구를 구
입하는 것이므로 관리비로 부과를 해야 할 것으로 판단 됩니다. 또한 관리비 부과
는 해당 운동기구의 수명등을 고려하여 일정 기간 동안 나누어 부과할 수 있을 것
으로 판단 됩니다. (공동주택관리지원센타 전자민원- 2014.04)

● **공동주택의 부대시설인 주차장을 불특정 다수의 일반인에게 유료 개방하는 것이
공동주택법에 위반되는지?**

◎ **공동주택관리법 시행령 제19조 제1항 제27호** 공동주택의 주차장 임대계약에 대한 다음
각 목의 기준
도시교통정비촉진법 제33조제1항제4호에 따른 승용차 공동이용을 위한 주차장 임대계약
의 경우와 지방자치단체와 입주자대표회의 간 체결한 협약에 따라 공공기관이 운영 관리하
는 경우 관리규약에 정한경우 유료 가능

- 아파트 단지안의 주차장 유지 및 운영기준은 입대의 의결사항이므로(시행령 제14조제2항제8호)주차장 사용에 관한 사항은 입대의 의결로 결정할 수 있습니다. 다만 해당 아파트에 거주 하면서 부득이한 사정으로 주민등록을 해당 아파트에 둘 수 없거나 회사차량 사용 또는 타인명의의 차량을 사용하는 주민도 있기 때문에 입주민 생활에 불편을 초래되지 않도록 충분히 의견을 수렴해 의사를 결정하는 것이 바람직할 것으로 사료 됩니다.(주택건설공급과- 서면민원- 2013.12.24.)

주민 운동시설의 위탁은 주택관리업자 및 사업자 선정지침에 따른 경쟁입찰(최저)의 방법으로 사업자를 선정하고 집행하므로 (영제26조 제1항 제1항 나목)입주자대표회의에서 위탁수수료를 결정할 수 없음

- 아파트 내 설치돼 있는 복리시설은 입주자등의 복리를 위한 생활시설 이므로 .주민 복리시설인 아파트 단지 내 독서실을 제3자에게 임대료를 받고 임대하는 등 영리를 목적으로 운영할 수 없습니다.(국토부 주택건설공급과 3671- 2013- 10.1)

※ 아파트단지 내 헬스장의 운영주체는 누구인지?

- 공동주택 공용부분의 유지 보수 및 안전관리는 관리주체의 업무이다.(공동주택관리법 제63조 제1항 제1호)따라서 복리시설인 단지 내 헬스장 등 주민운동시설은 관리주체가 관리해야 합니다. 다만 관리주체는 주민운동시설을 입주자등의 이용을 방해하지 아니하는 한도에서 관리주체가 아닌 자에게 위탁해 운영할 수 있습니다. (공동주택관리법 시행령 제29조 제1항)

※ 입주자등이 헬스 강사를 초빙하여 수강료를 내면서 주민운동시설을 이용할 수 있는지요?

- 주민운동시설의 외부 전문가 위탁관리는 입주자등의 과반수의 찬성이 있어야 하고 그 외부 전문가도 경쟁입찰을 통해 선정해야 하므로 위와 같이 주민 운동시설을 사용할 수 없음 다만 헬스 강사를 관리사무소 직원으로 채용(파트타임도 가능)하여 활용하는 것은 가능함 (국토부 주택건설공급과)

※ 공동주택 단지내 상가입점자로서 아파트측과 주차문제에 대해 분쟁이 있는 경우 해결방법은?

- 상가입점자의 공동주택 단지 내 주차장에 대한 지분 유무 등을 고려해 판단해야 하므로 질의의 경우 상가입점자와 아파트 입대의와 협의를 통해 해결해야 할 것으로 사료됩니다.

★ **공동주택관리법 제2조(정의)** ① 이 법에서 사용하는 용어의 뜻은 다음과 같다. 〈개정 2015.8.28., 2015.12.29., 2016.1.19.〉 1. "공동주택"이란 다음 각 목의 주택 및 시설을 말한다. 이 경우 일반인에게 분양되는 복리시설은 제외하도록 규정하고 있다 하더라도 입주자대표회의와 그 부속시설의 소유자 사이에 입주자대표회의가 관리규약 등에 의하여 그 복리시설을 관리하고 관리비를 징수하기로 약정한 경우에는 관리비를 부과할 수 있을 것임(대법원 2012.04.13. 2011다17854)

※ 입주자대표회의 구성 전 부대시설의 운영경비 부담주체는 누구 인지요? 사업주체가 입주예정자 과반수가 입주할 때 까지 그 공동주택을 직접 관리하도록 한 것은 사업주체에서 운영경비를 모두 부담하라고 하는 것인지 또한 입대의 구성 전에 부대시설의 운영경비는 누가 부담해야 하는지요?

- 공동주택을 건설한 사업주체는 입주예정자의 과반수가 입주할 때 까지 그 공동주택을 직접 관리해야 한다고 규정하고 있다.(공동주택관리법 제11조)이는 사업주체에서 공동주택의 운영경비를 모두 부담하라는 의미는 아니며 입주자대표회의에서 관리하기 전 까지 기간 동안 사업주체에서 관리하라는 의미이다. 입대의 구성전의 부대시설은 관리비 등 또는 해당 시설의 이용자에게 부과하는 사용료 등으로 운영할 수 있을 것으로 사료되며 미분양 또는 소유권이 사업주체로부터 이전되지 전의 공동주택의 경우에는 해당 세대의 소유자인 사업주체가 해당 세대의 관리비 등을 부담해야 할 것으로 사료된다. (국토부 주택건설공급과 - 4801 2012.9.6.)

당해 아파트의 커뮤니티시설(주민운동시설 독서실 등)의 매월 인건비 운영비 등 관련비용을 사용자에게만 부과할 수 있는지 소유자에게만 부과할 수 있는지 여부와 전가구별로 동일하게 부과를 할 수 있는지 커뮤니티 시설의 유지 관리비는 관리비의 어느 항목에 해당 하는지요?

- 주민운동시설은 복리시설의 하나로 (주택법 제2조 제9호)복리시설의 관리에 소요된 비용은 관리비로 부과할 수 있을 것이며 수익자 부담 원칙에 따라 그 비용의 일부를 해당 시설을 이용하는 사람에게 사용료로 따로 부과할 수 있을 것입니다. 주민 운동시설의 운영경비를 관리비로만 부과를 할 것인지 관리비와 사용료로 부과를 할 것인지 사용료로만 부과를 할 것인지 등은 제반 사정을 고려하여 자체적으로 판단하여야 합니다. 커뮤니티 시설의 유지 관리비는 관리비 세부 내역 중 대부분의 항목에 해당할 것으로 판단되나 공동주택별로 제반 여건이 다를 것이므로 귀 공동주택에서 자체적으로 판단해 결정 운영하시기 바랍니다. (국토부 주택건설공급과- 2736 - 2013.8.19.)

※ 주차장 보수공사를 위하여 필요한 비용과 관련하여 차량이 없는 세대의 반발로 2차량 이상 세대에 주차장 수선충당금으로 부과 징수할 수 있는지 여부 및 이 경우 관리비 고지서로 고지할 수 있는지와 그 외 주차장 수선충당금을 어떠한 방법으로 부과할 수 있는지요?

- 단지안의 전기 도로 상.하수도 주차장 승강기 등의 유지 및 운영기준은 입주자대표회의 구성원 과반수의 찬성으로 의결할 수 있으므로 입주자대표회의에서 주차장 운영규정을 제정하여 운영할 수 있습니다. 단 주차장 보수공사는 장충금을 사용해야 하며 주차료 등 공동시설 사용료는 관리비고지서에 통합하여 부과할 수 있습니다. (국토부 주택건설공급과 주택토지실 주택정책단) (2017년 4월28일 국토부 유권해석)

- 공동주택 관리비는 입주자등이 납부하는 것으로 공동주택 부지 매입을 위한 목적으로 부과할 수 없으며 장충금으로도 공동주택 단지의 부지를 추가로 매입할 수 없으므로 부지 매입을 위한 비용은 관리비등으로 부과할 수 없습니다. 또한 공동주택 명의로 대출하는 것은 공동주택 전출 전입으로 인한 채무자 변경 등 많은 문제가 발생할 수 있어 공동주택 입대의 명의로 대출하는 것은 타당하지 않습니다.

〈국토부- 2018.3〉

20. 행위허가(부대 복리시설 등)

★ **법 제35조(행위허가 기준 등)** ① 공동주택(일반인에게 분양되는 복리시설을 포함한다. 이하 이 조에서 같다)의 입주자등 또는 관리주체가 다음 각 호의 어느 하나에 해당하는 행위를 하려는 경우에는 허가 또는 신고와 관련된 면적, 세대수 또는 입주자나 입주자 등의 동의 비율에 관하여 대통령령으로 정하는 기준 및 절차 등에 따라 시장·군수·구청장의 허가를 받거나 시장·군수·구청장에게 신고를 하여야 한다.

  1. 공동주택을 사업계획에 따른 용도 외의 용도에 사용하는 행위
  2. 공동주택을 증축·개축·대수선하는 행위(「주택법」에 따른 리모델링은 제외한다)
  3. 공동주택을 파손하거나 해당 시설의 전부 또는 일부를 철거하는 행위(국토교통부령으로 정하는 경미한 행위는 제외한다)
  4. 그 밖에 공동주택의 효율적 관리에 지장을 주는 행위로서 대통령령으로 정하는 행위

② 제1항에 따른 행위에 관하여 시장·군수·구청장이 관계 행정기관의 장과 협의하여 허가하거나 신고받은 사항에 관하여는 「주택법」 제19조를 준용하며, 「건축법」 제19조에 따른 신고를 받은 것으로 본다. 〈개정 2016.1.19.〉

③ 공동주택의 시공 또는 감리 업무를 수행하는 자는 공동주택의 입주자등 또는 관리주체가 허가를 받거나 신고를 하지 아니하고 제1항 각 호의 어느 하나에 해당하는 행위를 하는 경우 그 행위에 협조하여 공동주택의 시공 또는 감리 업무를 수행하여서는 아니 된다. 이 경우 공동주택의 시공 또는 감리 업무를 수행하는 자는 입주자등 또는 관리주체가 허가를 받거나 신고를 하였는지를 사전에 확인하여야 한다.

④ 공동주택의 입주자등 또는 관리주체가 제1항에 따른 행위에 관하여 시장·군수·구청장의 허가를 받거나 신고를 한 후 그 공사를 완료하였을 때에는 시장·군수·구청장의 사용검사를 받아야 하며, 사용검사에 관하여는 「주택법」 제49조를 준용한다. 〈개정 2016.1.19.〉

⑤ 시장·군수·구청장은 제1항에 해당하는 자가 거짓이나 그 밖의 부정한 방법으로 제1항 및 제2항에 따른 허가를 받거나 신고를 한 경우에는 그 허가나 신고의 수리를 취소할 수 있다.

★ **법제99조(벌칙)** 다음 각 호의 어느 하나에 해당하는 자는 1년 이하의 징역 또는 1천만원 이하의 벌금에 처한다. 1호의4 제35조(행위허가 기준 등)제1항 및 제3항을 위반한 자(같은 조 제1항 각 호의 행위 중 신고대상 행위를 신고하지 아니하고 행한 자는 제외한다)

■ **개별난방방식 변경 시 공동주택관리법상 행위허가 기준 충족 및 집합건물법 상 공용부분 변경 요건필수 (서울북부 지방법원 민사1부 재판장 김현룡 부장판사. 2018. 9. 11.)**

– 공동주택관리법상의 허가요건은 갖추었지만 집합건물 소유 및 관리에 관한법률이 정한 공용부분 변경의 요건을 갖추지 못했기 때문에 이사건 공사는 공용부분을 변경하는 공사로서 집건법에서 정한 요건을 충족하지 못해 위법할 뿐만 아니라 장기수선계획에도 반영되지 아니한 공사라는 이유로 공사중지 가처분 인용 결정을 함에 따라 아파트 개별난방 공사 추진은 잠정 중단되었다. 집건법 제15조제1항 제41조제1항에 따라 관리단 집회에서 구분소유자 및 의결권의 각 4분지3 이상의 결의 또는 서면이나 전자적 방법에 의한 구분소유자 및 의결권의 5분지4 이상의 합의요건을 갖추지 못한채 공사를 진행할 경우 분쟁이 심화되는 등 회복하기 어려운 손해가 발생할 우려가 있다고 판단해 입찰절차 및 후속절차의 중지를 명한 사례 (각 현장에서는 주의할 필요가 있음)

※ **500가구를 초과하는 공동주택을 리모델링하는 경우 공동주택 결로 방지 성능평가를 받아야 하는지요?**

– 주택법에서 공동주택을 리모델링하고자 하는 경우에는 주택법 제66조에 따른 리모델링의 허가 등을 받도록 규정하고 있습니다. 또 공동주택 결로 방지를 위한 설계기준 제3조에 따르면 이 기준은 주택법 제15조에 따른 사업계획승인을 받아 건설하는 500가구 이상의 공동주택에 적용하도록 규정돼 있습니다. 〈국토교통부주택건설공급과- 2019- 1〉

1) 아파트 단지에 재활용품 분리보관시설을 신규로 설치할 경우 행위허가 대상인지요?

2) 행위허가 증축 대싱이라면 건축물 대상 상 건폐율 및 용적률이 증가하는 것인지요?

- 1. 공동주택관리법상 공동주택은 당초 사용검사를 받은 대로 사용하는 것이 원칙이고 동법 시행규칙 제15조 제1항의 경미한 행위를 제외하고는 행위허가 또는 신고 대상이므로 재활용품분리 보관시설을 신규로 만드는 것은 공동주택관리법 시행령 제35조 제1항 [별표3]제6호 다목에 따른 부대시설의 증축에 해당돼 행위허가 또는 행위신고 대상으로 판단됩니다.

- 2. 건축법 시행령 제119조 제1항 제2호 다목6 및 제3호마목에 따르면 공동주택에 설치하는 생활폐기물 보관함은 건축면적 및 바닥면적(지상층에 설치하는 경우)에 산입하지 않습니다. 〈국토부 주택건설공급과- 2018.9〉

※ 신축아파트가 기존의 브랜드로 분양이 이루어지고 난 뒤에 그 브랜디가 단종 된 경우 향후 아파트단지 가치상승을 고려해 브랜드 교체를 할 수 있는지요?

- 그 단지 소유자 4분지3 이상이 브랜드 변경에 동의를 해야 하고 새브랜디 명에 부합하는 실체 유형적 변경이 있어야 하며 인근 아파트와 명칭이 혼동되는 등 타인의 권익침해가 없어야 할 뿐만 아니라 상표권자인 브랜드 소유권자의 동의도 받아야 합니다. 위 조건을 갖춘 후 행위허가를 받아야 합니다.(2018.9.12.. 법무법인 산하)

※ 공동주택관리법 시행령 [별표3]의 공동주택의 행위허가 또는 신고기준 6. 의나목2 와 관련 행위신고 여부?

1. 전기자동차의 충전기만 설치하는 경우

2. 충전기 및 주차구획을 전기자동차 전용주차구획 설치 (주차면 변동 없음)하는 경우

3. 충전기 및 주차구획을 기존 주차면이 아닌 구역에 설치하는 경우(주차면수 증가) 에는 신고대상 인지요?

– 1. 2의 경우 기존주차장에 설치하는 경우 모두 행위신고 대상입니다. 3.의 경우 주차장이 아닌 지역에 충전기 및 주차구획을 설치하는 경우 설치 지역에 해당하는 용도변경이나 주차면이 증가하는 경우 행위허가나 신고대상입니다. 〈국토부 주택건설공급과- 2017.11〉

시행령 [별표3. 6의나목2]

나. 부대시설 및 입주자 공유인 복리시설	허가사항	신고사항
	전체 입주자 3분의 2 이상의 동의를 받아 허가를 받은 경우	1) 국토교통부령으로 정하는 경미한 사항으로서 입주자대표회의의 동의를 받은 경우 2) 주차장에 「환경친화적 자동차의 개발 및 보급 촉진에 관한 법률」 제2조제3호에 따른 전기자동차의 고정형 충전기 및 충전 전용 주차구획을 설치하는 행위로서 입주자대표회의의 동의를 받은 경우

◎ **시행령 제19조** ② 입주자등은 다음 각 호의 어느 하나에 해당하는 행위를 하려는 경우에는 관리주체의 동의를 받아야 한다. 제2항 제7호 7. 환경친화적 자동차의 개발 및 보급 촉진에 관한 법률 제2조제3호에 따른 전기자동차의 이동형 충전기를 이용하기 위한 차량무선인식장치(RFID tag)를 말한다)를 콘센트 주변에 부착하는 행위 〈신설17.1.10〉 ※ 입대의 의결 구청에 행위신고 관리주체의 동의사항

1. A동의 최상층 가구가 2가구로 돼 있으나 이를 4가구로 변경하고자 할 경우 주택법에 따른 가구수 증가형 리모델링으로 행위가 가능한지요?
2. B동의 최상층이 입주자 공유시설인 회의실로 돼 있으나 이를 4가구로 변경하고자 할 경우 주택법에 따른 가구수증가형 리모델링으로 행위가 가능한지요?
3. 1. 2에 대해 가구수를 추가하고자 할 경우 가구수 증가형 외에 행위허가 등의 다른 방안이 있는지요?

– 1. 2 주택법 제2조 제25호에 따른 리모델링은 건축물의 노후화 억제 또는 기능 향상등을 위해 각 가구의 증축가능 면적을 합산한 면적의 범위안에서 기존 가구수의 15%이내에서 가구수를 증가하는 증축행위가 가능하므로 증축없이 가구수 증가만 실시할 경우에는 주택법에서 정한 리모델링에 해당되지 않는 것으로 판단됩니다.

3. 공동주택관리법 제35조(행위허가 기준 등) 및 공동주택 관리법 시행령 [별표3]의 제6호 증축 허가기준에 따라 증축하려는 건축물의 위치 규모 및 용도가 주택법 제15조에 따른 사업계획 승인을 받은 범위에서 가능하나 다만 건축법 시행령 제5조의5에 따라 시.군.구 건축위원회의 심의를 거쳐 증축이 가능함을 알립니다. 〈국토부 택건설공급과‒ 2018.3〉

※ 법정 조경면적과 기준을 모두 충족하고 단지 조경위치만 변경하고자 하는데 어떤 절차를 거쳐야 하는지요?

‒ 주택법 시행규칙 제13조5항 제2호에 따르면 건축물이 아닌 부대시설 및 복리시설의 설치기준 변경으로 해당 부대시설 및 복리시설 설치기준 이상으로 변경이고 위치변경(건축설비 제외)이 발생하지 않는 변경은 경미한 사항에 해당하는 바 조경시설의 위치가 변경되는 경우에는 사업계획 승인을 받아야 할 것으로 판단됩니다. 〈국토부 주택건설 공급과‒ 2018.3〉

※ 전체 주차대수 100대 중 일반주차가 96대이고 장애인 주차가 4대인 상황에서 장애인 구차구획과 일반주차 구획의 위치를 상호간 바꾸는 경우 행위허가 또는 신고 대상인지요?

‒ 공동주택단지 내의 주차장 설치대수 중 일반주차장과 장애인주차장의 규격 차이로 개별 주차장의 면적 변경이 될 수 있어 공동주택관리법 시행령 제35조 제1항 관련 [별표3]제6호 가목에 따른 부대시설의 증축 행위허가 대상에 해당합니다. (국토부 주택건설공급과 2017‒ 12)

※ 법적 조경면적과 기준을 모두 충족하고 조경위치만 변경하고자 하는데 어떤 절차를 거쳐야 하는지요?

– 주택법 시행규칙 제13조 제5항 제2호에 따르면 건축물이 아닌 부대시설 및 복리시설의 설치기준 변경으로서 해당 부대시설 및 복리시설 설치기준 이상으로의 변경이고 위치변경(건축설비 제외)이 발생하지 않는 변경은 경미한 사항에 해당하는 바 조경시설의 위치가 변경되는 경우에는 사업계획 변경승인을 받아야 할 것으로 판단 됩니다. (국토부 주택건설공급과- 2018.3)

※ 아파트 단지안에 있는 메타세쿼이아 30구루를 벌목한다고 하는데 관리사무소에서 지자체로 문의하니 행위허가가 경미한 사항으로 허가를 받지 않아도 된다고 하는데 경미한 사항의 기준은 무엇인지요?

– 공동주택관리법 제35조제1항에 따르면 공동주택을 파손 또는 훼손하거나 해당 시설의 전부 또는 일부를 철거하는 행위는 대통령으로 정하는 기준 및 절차 등에 따라 시장 군수 구청장에게 허가를 받거나 신고를 해야 한다고 규정하고 있으나 공동주택관리법 시행규칙 제15조제1항8호에 따라 조경시설 중 수목의 일부제거 및 교체는 경미한 행위로 행위허가 또는 신고 대상에서 제외하고 있습니다. 단 해당 수목 제거행위가 경미한 사항인지 여부는 지자체에 문의하시기 바랍니다. 〈국토부 건설공급과- 2018- 6〉

※ 복리시설 전체면적의 변동 없이 공유면적의 일부를 전유부로 변경(파손 철거 구조변경 등 없음)하고자 할 경우 공동주택관리법 시행령 [별표3]의 행위허가 및 신고 대상인지 아니면 행위허가 및 신고대상이 아닐 경우 건축물대장 표시사항 변경 신청만 하면 되는지요?

– 입주자 공유가 아닌 복리시설인 근린생활의 공유부분을 전유부분으로 사용할 경우에는 공동주택관리법 제35조 제1항 제1호에 따른 용도외의 용도로 사용하는 행위에 해당돼 동법 제99조 제1호에 따라 1년 이하의 징역 또는 1000만원 이하의 벌금에 처하도록 규정하고 있습니다. (국토부 건설공급과 2017.12)

– 공동주택 단지 내 택배함 설치는 기존 주택단지에 택배함이 없다면 공동주택관리법 시행령 [별표3]제6호 가목에 따라 전체 입주자 3분지2 이상의 동의를 받아 행위허가를 받아야 하며 기존 주택단지에 설치된 택배보관함의 10%범위에서 증축하는 경우라면 공동주택관리법 시행령[별표3]제6호 나목 및 동법 시행규칙 제15조 제3항에 따라 입주자대표회의 동의를 받아 행위신고로 가능합니다.

※ 어린이 놀이터 철거시 주민동의 요건 및 행위허가

– 공동주택의 어린이놀이시설의 보수 및 전면 교체 등은 수립 또는 조정된 장기수선계획에 따릅니다. 파손 철거가 수반되는 공사인 경우 공동주택관리법 시행령 제35조 별표3에 따라 전체 입주자 3분지2 이상의 동의를 받아 행위 허가권자인 시장 군수 구청장으로부터 행위허가를 받아야 합니다. 다만 시행규칙 [별표1]장기수선 수립기준에 부분수선 부분수리는 수선유지비로 보수할 수 있습니다.

※ 입대의에서 지하주차장 입구 지붕(케노피)을 설치하기로 의결한 경우 구조물 설치 및 변경 시 입주자의 3분지2 동의 및 구청장 허가를 받아야 하는지요?

– 공동주택관리법 시행령 제35조 제1항 별표3의 제6호에 따라 부대시설 및 입주자 공유인 복리시설의 신축 및 증축에 대해서는 전체 입주자 3분지2 이상의 동의를 얻어 시장 군수 구청장의 허가를 얻어야 합니다. 설치비용은 장기수선계획에 의한 장충금을 사용하여야 합니다.

※ 아파트 전체동의 강화유리 여닫이 문인 공동현관문을 철거한 후 자동문으로 교체하고 각 세대 인터폰을 교체해 로비폰과 연결하는 통합경비시스템 설치 공사시 철거나 파손이 수반되는 공사이므로 입주자 3분지2 이상의 동의 받아 행위허가 신고를 해야 하는 지 입대의 의결로 가능한지요?

– 공동주택관리법 제35조 제2항 제3호에 따라 공동주택을 파손 훼손하거나 해당 시설의 전부 또는 일부를 철거하려는 행위를 하려는 경우에는 시행령 제35조 제1항 관련[별표3] 제1호다목. 부대복리시설 및 입주자 공유인 복리시설: 전체 입주자의 3분지2 이상의 동의를 얻어 지자체장의 허가를 받거나 신고를 하여야 한다 라고 규정하고 있으며 시행규칙 [별표1] 장기수계획수립기준 제1호 다목에 외부 창문 출입문(자동문)은 전면 교체주기가 15년으로 되어 있는 장기수선계획 수립기준으로 지자체장에게 행위허가 신고사항입니다.

※ 전기자동차 충전기관련 공동주택 단지내 시설물(전신주 등)을 설치하는 경우 행위허가 대상인지요?

– 공동주택관리법 시행령 [별표3]제6호 나목에 따라 부대시설 및 입주자 공유인 복리시설을 증축하는 경우 전체 입주자 3분지2 이상의 동의를 받아 사전에 행위허가를 득한 후 설치를 해야 합니다. 질의의 경우가 부대시설을 늘리는 경우라면 상기 규정에 따른 행위허가 대상입니다. 〈국토부 주택건설공급과– 2018.5〉

※ 공동주택관리법 시행령 제15조(행위허가 신청 등)제3항의 내용가운데 다음 각 호의 시설을 사용검사를 받은 면적 또는 규모의 10%범위에서 증축하는 경우란 무엇인지요?

– 공동주택 시행규칙 제15조 제3항에서 규정하고 있는 영[별표3]제6호 나목 신고기준란에서 국토교통부령으로 정하는 경미한 사항이란 주택건설기준 등에 관한 규정에 적합한 범위에서 다음 각 호의 시설을 사용검사 받은 면적 또는 규모의 10%범위에서 증축하는 경우를 말한다. 사용검사를 받은 면적 또는 규모의 10%범위란 각 호 시설에 대해 사용검사를 받은 면적 또는 규모의 10%를 의미하는 것으로 판단되니 참고하기 바랍니다. 〈중앙공동주택관리지원센타 전자민원– 2017.9.24.〉

※ 현재 저의 아파트는 준공한지 오래된 아파트라 무인택배함이 없습니다.아파트 내 무인택배함 설치가 행위허가 신고 대상인지요?

– 공동주택 단지내 택배함의 설치는 기존 주택단지에 택배함이 없다면 공동주택관리법 시행령 [별표3] 제6호 가목에 따라 전체 입주자 3분지2 이상의 동의를 받아 행위허가를 받아야 하며 기존 주택단지에 설치된 택배보관함의 10%범위에서 증축하는 경우라면 공동주택관리법 시행령 [별표3]제6호 나목 및 같은 법 시행규칙 제15조 제3항에 따라 입주자대표회의 동의를 받아 행위신고로 가능합니다. 〈중앙공동주택관리지원센타 전자민원– 2017.10.20.〉

※ 지하주차장에서 출차 시 지상의 경광등이 경고음을 울리게 되는데 경광등 가까이에 있는 동 입주민들은 늦은 시간까지 이 경고음 소리로 인해 고통을 호소하고 있으며 소리를 줄여달라는 민원과 소리를 키워달라는 민원으로 입주민 간 민원이 발생해 고민중에 있습니다.관리사무소와 입대의에서는 사고 발생 시에 대비해 소리는 줄이지 못한 상황입니다.소리를 제거하거나 줄임므로 인해 사고 시에 입대의과 관리사무소에 법적책임이 있는지 경고음 소리에 규정이 있는지 궁금합니다.

- 차량출입경보시스템은 입주민의 교통안전을 위해 주차장 출입구에 설치하는 것으로 설치에 대한 법적기준은 찾지 못했으며 소음과 관련해서 유사한 법적기준은 환경정책기본법 시행령 [별표1](환경기준)의2 소음기준을 참고할 수 있을 것으로 사료됩니다. 아울러 이런 문제 해결을 위해 최근에는 LED를 사용해 에너지 절감이 가능하고 적정음량을 조절할 수 있는 제품들이 생산 판매되고 있습니다. 〈중앙공동주택관리지원센타 전자민원- 20117.7.17〉

※ 공동주택에 자동심장충격기를 설치해야 한다는데 의무사항인지요 의무사항이라면 언제까지 설치를 해야 하는지요?

- 자동심장충격기는 환자의 피부에 부착된 전극을 통해 전기충격을 심장에 보내 심방이나 심실의 세동(비정상적으로 빠르게 떨려 제대로 된 삼장기능을 하지 못하는 상태)을 제거하는 제세동기를 자동화해 만든 의료기입니다. 응급의료에 관한 법률 제42조의2 제1항 제6호에 따라 500가구 이상 공동주택에 자동심장충격기 등 심폐소생술을 할 수 있는 응급장치를 갖추도록 의무화했고 2년의 유예가간을 두고 시행했습니다.(개정 2016.5.29.) 제2항에서는 응급장치를 갖춘 경우에 해당 시설 등의 관리자는 시장 군수 구청장에게 신고할 것을 규정하고 있습니다.(신설 2016.12.2.) 따라서 500가구 이상의 관리주체는 2018년 5월30일 까지 의무적으로 설치를 해야 합니다. 자동심장충격기를 갖추지 않거나 설치 신고를 하지 아니한 경우에는 300만원 이하의 과태료를 부과하도록 되어 있습니다.(응급의료에 관한법률 제62조 제1항 제3의2호 및 제3의4호)(개정2016.12.2.) 동별로 1대씩 설치하는 것을 권장하고 있으며 미 설치 건물에서 설치건물로 달려가 5분이내에 자동심장충격기를 확보해 돌아올 수 있을 정도로 가까운 거리에 있는 경우에는 1대를 설치가 가능하도록 하고 있습니다. 〈공동주택관리지원센타 전자민원- 2017.5.17.〉

21. 어린이집 임대 및 주차장 임대

■ 국토부 질의 답변(주택건설 공급과- 2710 2017.03.21.)

1. 공동주택관리법 시행령 부칙 제15조 제1항 제2항으로 규정하고 있는 맞게라는 의미는 관리규약 준칙에서 어린이집 임대료는 5%이내 동의비율 과반수 이상으로 정하고 있는 경우 해당 공동주택에서는 동 관리규약 준칙과 동일하게 정하라는 의미인지요?

시행령 부칙 제15조(관리규약의 준칙 등에 관한 경과조치) ① 시·도지사는 이 영 시행일부터 2개월 이내에 제19조제1항 제21호· 제26호 및 제27호에 맞게 관리규약 준칙을 개정하여야 한다.
② 입주자대표회의는 이 영 시행일부터 3개월 이내에 제1항에 따른 관리규약준칙에 맞게 관리규약을 개정하여야 한다.

2. 공동주택관리법 시행령 부칙 제15조 제1항 및 제2항으로 규정하고 있는 맞게라는 규정이 있음에도 해당공동주택단지에서 카세어링을 원치 않을 경우 공동주택관리법 시행령 제19조(관리규약준칙)제1항 제27호: 공동주택의 주차장 임대계약에 관한 관리규약 준칙을 관리규약으로 정하지 않아도 되는지요?
3. 어린이집 임대료 산정기준이 되는 보육료 수입을 확인하는 방법이 있는지요?
4. 관리규약 준칙에서 공동주택의 선거관리위원회 및 입주자대표회의 정원을 0명으로 정하고 있는 것과 같이 어린이집 임대에 동의하는 비율(0분의0이상)임대료 (보육료 수입의 100분지0) 및 임대기간(0년)과 같이 구체적으로 명기하지 않아도 되는 지요?

■ **답변내용**

1. 공동주택관리법 제18조 제1항에 따르면 시.도지사는 공동주택의 입주자등을 보호하고 주거생활의 질서를 유지하기 위해 공동주택의 관리 또는 사용에 관하여 준거가 되는 관리규약의 준칙을 정하도록 하고 있고 같은 조 제2항에서 입주자등은 동 관리규약 준칙을 참조하여 관리규약을 정하도록 하고 있으며 특히 어린이집의 임대료 등에 관한 사항은 관리규약 준칙 어린이집의 안정적운영 보육서비스 수준의 향상등을 고려하여 결정하도록 강제 규정을 두고 있습니다. 아울러 같은 법 제93조 제1항 제5호에 따르면 입주자대표회의등이 공동주택 관리규약을 위반한 경우에는 관리감독기관인 시 · 군 · 구청장이 시정명령 등 필요한 조치를 할 수 있도록 규정하고 있습니다. 또한 법제처 법령해석(2013.6.12.)에서도 관리규약의 준칙은 시,도지사가 공동주택의 입주자 및 사용자를 보호하고 주거생활의 질서를 유지하기 위하여 정하는 등에 비추어 볼 때 관리규약의 준칙은 사실상 구속력을 갖인 것으로서 각 공동주택의 관리규약은 특별한 사유가 없는 한 관리규약 준칙의 취지 및 방향에 적합하게 규정되어야 할 것으로 해석하여 이러한 점을 분명히 하고 있는 것입니다.

– 따라서 어린이집 임대료 등에 관한 사항을 결정할 때는 관리규약 준칙 어린이집의 안정적 운영 보육서비스 수준의 향상 등을 고려하여 결정하도록 공동주택관리법 제18조 제2항에서 강제규정을 두고 있고 같은법 시행령 제19조(관리규약의 준칙) 제1항 제21호 관련 부칙 제15조(관리규약준칙 등에 관한 경과조치)에서도 시,도지사는 이영 시행일부터 2개월 이내에 시행령 제19조 제1항 제21호에 맞게 관리규약 준칙을 개정해야 하고 입주자대표회의는 이 영 시행일부터 3개월 이내에 동 관리규약 준칙에 맞게 관리규약을 개정해야 한다 라고 규정하고 있으므로

– 해당 지방자치단체 관리규약 준칙에서 어린이집 임대료를 보육료 수입의 5% 이내로 동 어린이집을 이용하는 입주자등 중 어린이집 임대에 동의하는 비율을 과반수 이상으로 정하였다면 관내 의무관리대상 공동주택에서는 관리규약 준칙에 맞게 관리규약을 정해야 할 것입니다. 다만 동의비율과 임대료에 관한 사항은 공동주택관리법 · 령에는 특별이 규정한 바 없으므로 관리규약 준칙 제.개정권자가 지역실정

고려와 영유아법을 담당하는 보육정책 주무부서인 보건복지부(지자체내 보육정책 담당과 등)등 전문기관 등의 자문을 받아 정하는 것이 바람직할 것으로 판단됩니다.

2. 해당 공동주택단지에서 주차장을 카셰어링으로 제공할 계획이 없는 경우에는 공동주택관리법 시행령 제19조(관리규약준칙)제1항 제27호: 공동주택의 주차장 임대계약에 관한 관리규약 준칙내용을 해당 아파트 관리규약에 정하지 않아도 되며 향후 카셰어링으로 제공할 경우에는 관리규약으로 정하면 됩니다.

3. 해당 어린이집 보육료 수입이 얼마인지는 보건복지부에서 확인 가능한 것으로 판단되오니 구체적인 방법은 보건복지부(지자체내 보육정책담당과)로 확인하시기 바랍니다.

4. 어린이집 임대료 및 임대기간을 관리규약 준칙으로 정하도록 한 규정은 지난 2016.8.12. 시행된 공동주택관리법 시행령 제정시 반영된 것입니다. 어린이집 임대료 등은 관리규약 준칙 어린이집의 안적적운영 보육서비스 수준의 향상 등을 고려하여 정하도록 하고 있기 때문에 관리규약 준칙에 포함될 사항으로 입주자등 중 어린이집 임대에 동의하는 비율 이외에 임대료 및 임대기간 등을 추가하여 어린이집을 이용하는 입주자등으로 하여금 중요계약내용(임대료 임대기간 등)을 확인할 수 있는 기회를 부여함으로써 입주자대표회의가 단기계약 요구나 지나친 임대료 인상 등으로 보육의 질이 떨어지는 것을 방지하려는 것입니다.
다만 동의비율과 임대료에 관한 사항은 공동주택관리법 · 령에는 특별이 규정한 바 없으므로 관리규약 준칙 제.개정권자가 지역실정 고려와 영유아법을 담당하는 보육정책 주무부서인 보건복지부(지자체내 보육정책 담당과 등)등 전문기관 등의 자문을 받아 정하는 것이 바람직 할 것으로 판단됩니다.

■ **과도한 어린이집 임대료 시정조치**

서울 강동구가 자치구에서는 최초로 아파트 관리동에 입주한 민간 어린이집의 과도한 임대료를 적정수준으로 시정조치를 했다 서울시 공동주택 관리규약 준칙에 따르면 이린이집의 임대료는 보육료수입의 100분지5범위 이내로 정하도록 돼있다. 2017년 3월 강동구가 공동주택 내 관리동 민간어린이집 임대료를 전수 조사한 결과 규정보다 높게 책정해 운영하고 있는 아파트가 11개소로 나타났다. 공동주택관리규약 준칙은 일종의 가드라인으로서 임대료 위반사항에 대해 시정명령이나 과태료 부과등의 행정처분을 할 수 있는 법적근거가 미약했든 것이 사실이다. 하지만 2016.8.12.공동주택관리법이 개정됨에 따라 관리규약 위반사항에 대해서도 행정처분이 가능하도록 법적 구속력이 마련됐다. 구는 법제처 법령해석과 고문변호사의 법률자문을 통해 어린이집 임대료를 과도하게 책정한 아파트에 대한 행정처분의 법적 근거를 확보해 11개 아파트에 시정명령을 내렸다. 그 결과 11개단지 모두 어린이집 임대료를 적정수준으로 자진 시정했다.

◎ **시행령 제29조의3(사업주체의 어린이집 임대계약 체결)** ① 시장·군수·구청장은 입주자대표회의가 구성되기 전에 어린이집 임대계약의 체결이 필요하다고 인정하는 경우에는 사업주체로 하여금 입주예정자 과반수의 서면 동의를 받아 어린이집 임대계약을 체결하도록 할 수 있다.

② 사업주체는 제1항에 따라 어린이집 임대계약을 체결하려는 경우에는 해당 공동주택단지의 인터넷 홈페이지에 관련 내용을 공고하고 입주예정자에게 개별 통지하여야 한다.

③ 사업주체는 제1항에 따라 어린이집 임대계약을 체결하는 경우에는 관리규약의 어린이집 임차인 선정기준에 따라야 한다. 이 경우 관리규약 중 제19조제1항 제21호다목(어린이집을 이용하는 입주자등 중 어린이집 임대에 동의하여야 하는 비율)의 사항은 적용하지 아니한다. 〈신설공포시행2017.8.16〉

★ **공동주택관리법 제18조(관리규약)** ① 특별시장·광역시장·특별자치시장·도지사 또는 특별자치도지사(이하 "시·도지사"라 한다)는 공동주택의 입주자등을 보호하고 주거생활의 질서를 유지하기 위하여 대통령령으로 정하는 바에 따라 공동주택의 관리 또는 사용에 관하여 준거가 되는 관리규약의 준칙을 정하여야 한다.

② 입주자등은 제1항에 따른 관리규약의 준칙을 참조하여 관리규약을 정한다. 이 경우 「주택법」 제21조에 따라 공동주택에 설치하는 어린이집의 임대료 등에 관한 사항은 제1항에 따른

관리규약의 준칙, 어린이집의 안정적 운영, 보육서비스 수준의 향상 등을 고려하여 결정하여야 한다. 〈개정 2016.1.19.〉

◎ **시행령 제19조(관리규약 준칙) 제1항 제21호** 공동주택의 어린이집 임대계약(지방자치단체에 무상임대하는 것을 포함한다)에 대한 다음 각 목의 임차인 선정기준. 이 경우 그 기준은 「영유아보육법」 제24조제2항 각 호 외의 부분 후단에 따른 국공립어린이집 위탁제 선정관리 기준에 준하여야 한다.

　　　가. 임차인의 신청자격

　　　나. 임차인 선정을 위한 심사기준

　　　다. 어린이집을 이용하는 입주자등 중 어린이집 임대에 동의하여야 하는 비율

　　　라. 임대료 및 임대기간

　　　마. 그 밖에 어린이집의 적정한 임대를 위하여 필요한 사항

◎ **시행령 제19조 제1항 제27호** 공동주택의 주차장 임대계약에 대한 다음 각 목의 기준

　　　가. 도시 교통정비촉진법 제33조제1항제4호에 따른 승용차 공동이용을 위한 주차장 임대계약의 경우

　　　　　1) 입주자등 중 주차장의 임대에 동의하는 비율

　　　　　2) 임대할 수 있는 주차대수 및 위치

　　　　　3) 이용자의 범위

　　　　　4) 그 밖의 주차장의 적정한 임대를 위하여 필요한 사항

　　　나. 공동주택 주차장 유료개방(지방자치단체와 입주자대표회의 간 체결한 협약에 따라 공공기관이 운영 관리하는 경우로 한정한다)을 위한 임대계약의 경우

　　　　　1) 입주자등 중 주차장의 유료개방에 동의하는 비율

　　　　　2) 개방할 수 있는 주차대수 위치 및 시간대

　　　　　3) 그 밖의 주차장의 적정한 개방을 위하여 필요한 사항〈2017.8.12〉

④ 제1항제21호 다목에도 불구하고 주택법 제49조제1항에 따른 사용검사권자는 입주초기부터 어린이집 운영이 필요하다고 판단하는 경우 사업주체로 하여금 입주예정자 과반수의 서면동의를 받아 어린이집 운영자를 선정하게 할 수 있다.

● 아파트 주차장은 보안 방범문제 등으로 영리목적의 개방이 금지됐으나 입주민들이 관리규약 개정을 통해 유료개방결정을 하고 입주자대표회의와 지방자치단체간에 협약을 체결하여 주차장을 공공기관이 운영할 경우 유료개방이 가능해 진다. 낮 시간대 상대적으로 여유 공간이 많은 공동주택 부설주차장의 활용도를 높여 주차수요의 시간대별 불일치를 해소하겠다는 취지다.(시행령 제19조 제1항 제27호나항)

◆ **관리규약준칙 제66조(어린이집의 임대 및 위탁 등)** ① 관리주체는 어린이집의 운영을 다음 각 호의 방법 중 전체 입주자등의 과반수가 찬성하는 방법으로 임대하거나 위탁하여야 한다.

> 1. 지방자치단체에 무상으로 임대하는 방법(관할 지방자치단체에서 국공립 어린이집으로 운영하려는 경우)
> 2. 「영유아보육법」 제21조제1항에 따른 어린이집의 장의 자격을 갖춘 자에게 위탁하는 방법

② 관리주체가 제1항 제2호에 따라 어린이집을 최초로 위탁하는 경우의 수탁자 선정은 영유아보육법 시행규칙 [별표 8의2]의 규정에 의한 「국공립어린이집 위탁체 선정관리 세부심사기준」에 따른다. 이 경우 세부심사를 위한 평가는 입주자대표회의에서 하되, 필요한 경우에는 해당 지방자치단체에 평가와 관련한 자문을 구할 수 있다.

③ 관리주체는 어린이집 임대차계약기간 만료일 3개월 전에 기존 수탁자와의 재계약 여부를 결정하여야 한다. 이 경우 관리주체는 어린이집을 이용하는 자에게 재계약여부를 조사하여 과반수가 서면동의를 하였을 경우 기존 수탁자와 재계약을 한다.

④ 관리주체가 제3항에 따라 기존 수탁자와 재계약을 하지 않을 경우에는 제1항에 따른 방법으로 운영자를 선정한다.

⑤ 입주자대표회의는 제2항에 따른 수탁자와의 계약이나 제3항에 따른 재계약 시 계약기간, 임대료(임대보증금이 있는 경우에는 임대보증금을 포함한다) 등 중요계약 내용은 어린이집을 이용하는 자의 과반수 동의를 받아야 한다.

⑥ 어린이집의 임대차계약기간은 3~5년으로 하고 임대료(임대보증금이 있는 경우에는, 은행법에 따른 금융기관으로서 가계자금대출시장의 점유율이 최상위인 금융기관의 1년 만기 정기예금이율에 따라 임대보증금을 임대료로 전환한 금액을 포함한다)는 보육료 수입

의 100분의 5 범위 이내로 정한다. 이 경우 보육료 수입은 보육정원으로 산정하며, 임대료의 50%이상을 어린이집 유지보수에 필요한 사항에 집행하여야 한다.

⑦ 관리주체가 어린이집과 임대차계약 시에는 [별첨 3]의 공동주택 어린이집 표준임대차계약서를 사용한다.

⑧ 제1항부터 제7항까지 규정에도 불구하고 구청장은 입주자대표회의가 구성되기 전 어린이집 임대계약이 필요하다고 인정하는 경우에는 사업주체가 입주예정자 과반수의 서면동의를 받아 어린이집 임대계약을 체결하도록 할 수 있으며, 관련 내용을 해당 공동주택 단지의 홈페이지에 공고하고 입주예정자에게 개별 통지하여야 한다. 이 경우 사업주체는 제1항제2호에 따라 어린이집을 위탁하는 경우「국공립어린이집 위탁체 선정관리 세부심사기준」에 따라 선정하여야 하며, 임대차계약기간 및 임대료는 제6항을 준용한다.〈2017년 11월24개정〉

◆ **관리규약 제67조(공동주택의 주차장 임대)** ① 입주자등은 『도시교통정비 촉진법』 제33조제1항제4호에 따른 승용차 공동이용을 위한 주차장에 한정하여 영 제19조제1항제27호에 따라 공동주택의 주자장 임대할 수 있다.

② 제1항에 따라 공동주택의 주차장을 임대하고자 할 경우에는 입주자대표회의 의결 또는 전체 입주자등의 과반수의 동의를 받아야 한다.

③ 공동주택의 주차장을 제2항에 따라 임대하기로 결정한 때에는 공동주택의 실정을 고려하여 주차대수 및 위치 등을 입주자대표회의 의결로 결정하고 전체 입주자등에게 게시판 및 통합정보마당을 통하여 공지하여야 한다.

◆ **관리규약제67조의2(공동주택의 주차장 외부 개방)** ① 입주자등은 지방자치단체가 직접 운영·관리하는 방식 또는『지방공기업법』제76조에 따라 설립된 지방공단이 운영·관리하는 방식으로 입주자등 외의 자에게 공동주택의 주차장을 개방 할 수 있다.

② 제1항에 따라 공동주택의 주차장을 개방하고자 할 경우에는 공동주택의 실정을 고려하여 개방할 수 있는 주차대수 및 위치, 개방가능 시간, 그 밖에 필요한 사항을 입주자대표회의에서 의결로 결정하고, 전체 입주자등의 과반수 이상의 동의를 받아야 한다.

③ 공동주택의 주차장을 제2항에 따라 개방하기로 결정한 때에는 의결한 내용을 전체 입주자등에게 게시판 및 통합정보마당을 통하여 공지하여야 한다.〈2017년 11월24일신설〉

◆ **관리규약제67조의3(주민공동 시설의 이용 등)** ① 관리주체는 영 제29조의2에서 정한 의결 또는 요청이 있을 경우 주민공동시설을 인근 공동주택단지 입주자등도 이용할 수 있도록 허용할 수 있다. 이 경우 영리목적으로 운영하여서는 아니되며, 다음 각 호 사항을 입주자대표회의 의결로 결정하고 전체 입주자등의 과반수 이상의 동의를 받아야 한다. 허용 여부를 변경하는 경우에도 또한 같다.

   1. 이용자의 범위 : ○○아파트 입주자등,

   2. 이용허용 시설

   3. 그 밖에 인근 공동주택단지 입주자등의 이용을 위하여 필요한사항

② 입주자대표회의 및 관리주체는 주택법 제15조에 따라 주민공동 시설의 이용을 외부 개방을 조건으로 사업계획 승인된 경우 다음 각 호 사항을 입주자대표회의 의결로 결정하고 주민공동 시설을 인근 공동주택단지 입주자등에게 개방하여야 한다. 이 경우에도 영리목적의 운영을 하여서는 아니된다.

   1. 이용자의 범위 : ○○아파트 입주자등, ○○아파트 입주자등

   2. 이용허용 시설 (개정 2019.2.22.)

◆ **관리규약 제3조 제14.** "주민공동시설"이란 주택건설기준 등에 관한 규정 제2조제3호 각목에 해당하는 시설을 말한다. 단, 어린이집은 제외한다.(2017년11월14일신설 2019.2.22.제12호에서14호로)

※ **도시교통정비 촉진법 제33조 (특별관리구역 지정계획 등의 수립)** 시장은 법 제45조에 따라 수립하는 특별관리구역 지정계획 또는 특별관리시설물 지정계획에 다음 각 호의 사항을 포함하여야 한다.

   1. 특별관리구역 지정 예정 구역 또는 특별관리시설물 지정 예정 시설물

   2. 해당 구역의 교통 현황과 특별관리구역의 지정 필요성 또는 해당 시설물 주변의 교통 현황과 특별관리시설물의 지정 필요성

   3. 특별관리구역 또는 특별관리시설물의 관리목표 및 관리방법

   4. 교통수요관리 조치의 내용 및 세부 시행계획(해당 지역 또는 주변지역의 주차 여건 개선대책을 포함하여야 한다)

5. 특별관리구역 또는 특별관리시설물 지정의 기대 효과

[전문개정 2008.12.31.]

※ **어린이집 임대계약 체결 시 계약주체가 입주자대표회의인지 아니면 관리주체인지요?**

- 공동주택 주민공동시설 의 복리시설인 어린이집은 공동주택을 소유하고 있는 입주자의 공용재산인 점을 고려한다면 어린이집 임대계약 체결 시 계약주체는 입주자를 대표하는 입대의로 하는 것이 바람직하다고 판단됩니다. 〈국토부 주택건설공급과- 2018.9〉

※ **계약만료가 도래한 공동주택 내 어린이집에 대한 조치로 입주자대표회의가 현운영자를 배제하고 새로운 운영자를 선정할 수 있는지?**

- 공동주택의 어린이집과 관련해 공동주택관리법·령에서는 임대계약 시 어린이집을 이용하는 입주자등 중 보육시설의 임대에 동의하는 비율에 관한 사항을 관리규약으로 정하도록 하고 있으므로 (공동주택관리법 시행령 제19조 제1항 제21호)해당 공동주택 관리규약에서 정한 동의 비율에 따라 어린이집 운영자를 선정해야 한다. (국토부 주택건설공급- 6477- 2012.11.22.)

※ 질의: 단지내 보육시설 임대위탁 시 사업자 선정지침 적용여부

※ 공동주택 내에서 기존 운영되고 있는 보육시설을 임대나 위탁할 경우 주택관리업자 및 사업자 선정지침을 적용해 입찰을 해야 하는지? 아니면 관리규약에 정해진 절차에 따라 입주자대표회의 의결을 거쳐 보육시설을 이용하는 입주자등의 과반수 서면동의 절차를 거쳐 결정해야 하는 지?

- 회신: 사업자 선정지침 적용 안돼
- 공동주택 관리규약에는 단지 내 보육시설 임대차 계약시 보육시설을 이용하는 입주자등 중 어린이집의 임대에 동의하는 비율을 정하고 있다 따라서 귀 공동주택 관리규약에서 정하고 있는 어린이집의 임대에 동의하는 입주자등의 비율을 준수해야 할 것이다 단지 내 어린이집 임대계약은 주택관리업자 및 사업자 선정지침을 적용하는 대상이 아니므로 그 외의 계약과 관련한 절차 등에 대해서도 해당공동주택 관리규약에서 정하고 있는 내용을 따르기 바란다. (국토부 주택건설 공급과 921- 2013.2.28.)

※ 공동주택 관리규약에 보육시설은 입주자대표회의 의결을 거쳐 선정하도록 되어 있는 경우 입주자대표회의 구성 후 보육시설 운영자를 선정해야 되는지 아니면 구성 전에도 관리소장이 선정할 수 있는지?

- 관리규약에 보육시설 운영자 선정은 입주자대표회의의 의결을 거치도록 되어 있다면 그 규정에 따라야 할 것으로 판단된다. 다만 입주초기라 입주자대표회의가 구성되지 않았으나 이미 입주한 입주자등이 보육시설 선정을 원할 경우 사용검사권자는 어린이집 운영이 필요하다고 판단하는 경우 사업주체(관리주체)로 하여금 입주예정자 과반의 서면동의를 얻어 어린이집 운영자를 선정할 수 있도록 허용할 수 있다.

– 시·도지사는 공동주택 입주자등을 보호하고 주거생활의 질서를 유지하기 위해 대통령령으로 정하는 바에 따라 공동주택의 관리 또는 사용에 관해 준거가 되는 관리규약의 준칙을 정하며 (공동주택 관리법 제18조제1항(시행 2016년 8월12일)입주자등은 제1항에 따른 관리규약 준칙을 참조해 관리규약을 정하도록 하고 있습니다. 이 경우 공동주택관리법 제21조에 따라 공동주택에 설치하는 어린이집 임대료 등에 관한 사항은 제1항에 따른 관리규약 준칙 어린이집의 안정적인 운영 보육서비스 수준의 향상 등을 고려해 결정해야 할 사항입니다. (공동주택관리법 제18조제2항)따라서 질의한 어린이집의 임대료 결정은 해당 지자체에서 상기 법령에 따라 관리규약의 준칙으로 정해 운영할 사항이므로 보다 자세한 사항은 해당 지자체에 문의해 주시기 바랍니다. (국토부 주택건설 공급과 2016.3)

22. 층간소음

★ **법 제20조(층간소음의 방지 등)** ① 공동주택의 입주자등은 공동주택에서 뛰거나 걷는 동작에서 발생하는 소음이나 음향기기를 사용하는 등의 활동에서 발생하는 소음 등 층간소음(<u>벽간소음 등 인접한 세대 간의 소음(대각선에 위치한 세대 간의 소음을 포함한다)</u>을 포함하며, 이하 "층간소음"이라 한다)으로 인하여 다른 입주자등에게 피해를 주지 아니하도록 노력하여야 한다. (일부 법 개정 2017년 8월9일 개정 법률 제1483호 시행일2018년2월10일)

② 제1항에 따른 층간소음으로 피해를 입은 입주자등은 관리주체에게 층간소음 발생 사실을 알리고, 관리주체가 층간소음 피해를 끼친 해당 입주자등에게 층간소음 발생을 중단하거나 차음조치를 권고하도록 요청할 수 있다. 이 경우 관리주체는 사실관계 확인을 위하여 세대 내 확인 등 필요한 조사를 할 수 있다.

③ 층간소음 피해를 끼친 입주자등은 제2항에 따른 관리주체의 조치 및 권고에 따라 층간소음 발생을 중단하는 등 협조하여야 한다.

④ 제2항에 따른 관리주체의 조치에도 불구하고 층간소음 발생이 계속될 경우에는 층간소음 피해를 입은 입주자등은 제71조에 따른 공동주택관리 분쟁조정위원회나 「환경분쟁 조정법」 제4조에 따른 환경분쟁조정위원회에 조정을 신청할 수 있다.(※ 서울시 공동주택과 층간소음 상담실: 2133- 0955 서울시 환경분쟁조정위원회: 2133- 7278)

⑤ 공동주택 층간소음의 범위와 기준은 국토교통부와 환경부의 공동부령으로 정한다.

⑥ 관리주체는 필요한 경우 입주자등을 대상으로 층간소음의 예방, 분쟁의 조정 등을 위한 교육을 실시할 수 있다.

⑦ 입주자등은 필요한 경우 층간소음에 따른 분쟁의 예방, 조정, 교육 등을 위하여 자치적인 조직을 구성하여 운영할 수 있다.

◆ **관리규약 준칙 제68조(층간소음 생활수칙 등)** ① 입주자등은 공동주택의 층간소음으로 다른 입주자등에게 피해를 주지 아니하도록 노력하여야 한다.

② 입주자등은 오후 10시부터 다음날 오전 6시까지 다음 각 호의 행위를 금지한다.

　1. 뛰거나 문, 창문 등을 크게 소리나게 닫는 행위

　2. 망치질 등 세대내부 수리 및 탁자나 의자 등 가구를 끄는 행위

　3. 피아노 등 악기의 연주

　4. 헬스기구, 골프 연습기 등 운동기구의 사용

　5. 애완동물이 짖도록 관리를 소홀히 하는 행위

　6. 그 밖의 층간소음으로 입주자등에 피해를 끼치는 행위

③ 입주자등은 오후 10시부터 다음날 오전 6시까지 다음 각 호의 행위를 자제한다.

　1. 세탁, 청소 등 소음을 발생하는 가사일

　2. TV, 라디오, 오디오 등으로 인해 소음을 발생시키는 행위

　3. 주방을 사용하거나 샤워로 인한 소음을 발생시키는 행위

④ 관리주체에서는 층간소음 방지를 위하여 게시판 및 방송을 통하여 적극적인 홍보활동을 하여야 한다.

◆ **관리규약 준칙 제69조(층간소음 관리위원회)** ① 입주자대표회의는 층간소음의 분쟁 조정, 예방, 교육 등을 위하여, 입주자와 사용자를 구성원으로 하는 층간소음 관리위원회를 구성한다.

② 층간소음 관리위원회는 동별 대표자 1인, 관리사무소장, 선거관리위원회 위원 1인, 부녀회 또는 노인회 회원 1인, 입주자등에서 경륜이 있는 사람 1인 이상 총 5인 이상으로 구성하고, 임기는 2년으로 하며 위원장은 호선한다.

③ 층간소음 관리위원회는 다음 각 호의 업무를 수행한다.

　1. 층간소음에 따른 분쟁의 조사, 조정

　2. 층간소음 예방과 분쟁의 조정을 위해 필요한 교육

　3. 그 밖에 층간소음과 관련한 자료 수집 등 필요한 사항

◆ **관리규약 준칙 제70조(층간소음 관리위원회 지원 등)** ① 층간소음 관리위원회는 필요한 경우 관리주체의 행정업무 지원이나 층간소음 관련 전문기관·단체 또는 전문가의 자문을 받을 수 있고, 위원으로 하여금 층간소음 분쟁의 효율적인 조정을 위해, 층간소음에 관한 교육을 담당하는 전문기관·단체의 교육을 이수하게 할 수 있다.

② 층간소음 관리위원회 운영에 필요한 실비, 수당, 교육비용, 자문료 등 경비는 잡수입에서 지출할 수 있다.(당해년도 잡수입에서 입대의 의결을 거쳐 지출가능 서울시 공동주택과 유권해석 2017.2.22.)

◆ **관리규약 준칙 제71조(층간소음 분쟁조정 절차 등)** ① 층간소음으로 피해를 입은 입주자등은 관리주체에게 층간소음 발생 사실을 알리고, 관리주체는 사실관계 확인을 위해 필요한 조사를 하여야 한다. 관리주체는 조사 결과에 따라 층간소음 피해를 끼친 해당 입주자등에게 층간 소음발생을 중단하도록 요청하거나 차음조치를 하도록 권고할 수 있다.

② 층간소음 피해를 끼친 입주자등은 제1항에 따른 관리주체의 조치에 따라 층간소음 발생을 중단하는 등 협조하여야 한다.

③ 제1항에 따른 조치에도 불구하고 층간소음 발생이 계속될 경우 관리주체 또는 해당 당사자는 층간소음 관리위원회에 이 사실을 알리고 층간소음 분쟁의 조사, 조정을 요청할 수 있다.

④ 제3항에 따른 요청을 받은 층간소음 관리위원회는 층간소음 피해를 입은 입주자등과 층간소음 피해를 끼친 입주자등과의 다자면담을 실시하고, 면담결과에 따라 층간소음을 발생시킨 입주자등에게 층간소음 발생을 중단하도록 요청하거나 차음조치를 권고할 수 있다. 이 경우 층간소음 관리위원회는 사실관계 확인을 위해 필요한 조사를 할 수 있다.

⑤ 관리주체는 층간소음 분쟁조정에도 불구하고, 분쟁이 계속될 경우에는 해당 당사자가 서울특별시 환경분쟁조정위원회나 자치구 공동주택관리 분쟁조정위원회에 조정을 신청하도록 안내하여야 한다.

※ 서울시 환경분쟁조정위원회 2133-7278

23. 공동체활성화 단체

● 공동체활성화 단체란 입주자등 10인 이상으로 구성된 자생단체 중 대표자를 정하여 입주자대표회의에 공동체활성화 단체 구성신고서 및 사업비 지원신청을 제출하여 입주자대표회의로부터 승인을 받은 때 성립하며 입주자대표회의에서는 회계연도 종료일부터 1월 이내에 모든 공동체활성화 단체의 사업에 대해 감사를 실시하고 감사의견서를 첨부한 결산서를 작성하여 통합정보마당 게시판 등의 방법으로 입주자등에게 공개하여야 한다.

■ **판례: 아파트 부녀회 수입금관리**

아파트에 거주하는 부녀회를 회원으로 하여 입주자등의 복지증진 및 지역사회 발전 등을 목적으로 설립된 부녀회가 회칙과 임원을 두고서 주요업무를 월례회나 임시회를 개최하여 의사결정 하여 온 경우에 법인 아닌 사단의 실체를 갖추고 있다고 볼 수 있으며 법인 아닌 사단의 실체를 갖춘 아파트 부녀회의 수익금이 아파트부녀회 회장의 개인명의의 예금계좌에 입금되어 있는 경우 수입금의 관리 사용권을 승계한 입주자대표회의가 수입금의 지급을 청구할 상대방은 부녀회장이 아닌 부녀회임 (대법원 2006.12.21. 2006다52723)

■ **판례: 아파트부녀회 법적지위와 부녀회 해산권한(부산지법2008.12.12. 2008가합13756)**

아파트에 거주하는 주부를 회원으로 구성되어 회칙과 임원을 두고 아파트 내에서 그 입주민을 위한 봉사활동 등을 하는 법인 아닌 사단의 실체를 갖는데 입주자대표회의가 관련법규나 관리규약에 근거하여 그 하부조직 내지 부속직 으로 설립하는 것이 아니라 아파트 주부들에 의하여 자율적으로 결성된 이상 입주자대표회의로부터 독립적 법적지위를 가지는 자생단체라고 할 것이고 입주자대표회의가 그 자율적 결성을 지원하였다는 사정만으로 달리볼 수 없음 부녀회가 입주자대표회의 요구에 따라 일정한 수입금의 처리에 관한 결산을 보고하여 이를 승인받거나 그에 대한 감사에 응할 의무를 지고 있음에도 이를 이행하지 않았던 사안에서 입주자대표회의로서는 이를 사유로 위임과 유사한 부녀회와의 법률관계를 해지하고 만약 부녀회가 입주자대표회의 이익을 위하여 사용하여야 할 일정한 수입금을 자기를 위하여 사용한 때에는 민법 제685조의 규정을 준용하여 그 손해의 배상등을 구할 수 있음을 별론 으로 하더라도 관련 법규나 입주자대표회의 관리규약에 부녀회 해산에 관한 아무런 근거규정 없이 이상 같은 사유를 들어 독립적 자생단체인 부녀회를 해산할 권리를 갖는다고 할 수 없음

◆ **관리규약 준칙 제39조(공동주택 활성화 단체 구성 및 활동지원)** ① 단지 내 입주자등은 (필요시 전문가, 시민단체 구성원을 예외적으로 포함할 수 있다) 법 제21조에 따라 입주자등의 소통 및 화합증진을 위하여 10명 이상으로 공동체 활성화 단체를 구성할 수 있으며, 이에 따른 세부 운영은 [별첨 5] "공동체 활성화 단체 운영규정"을 참조하여 정한다.

② 제1항에 따라 구성된 공동체 활성화 단체가 활동지원을 받고자 할 때에는 그 구성 일시, 구성원의 명단(대표자 등 직위, 동 호수, 연락처 포함), 활동목적, 회칙 등이 포함된 "공동체 활성화 단체 구성신고서"와 사업의 목적, 대상, 기간, 추진방법, 기대효과 및 소요비용 등이 포함된 "사업비지원 신청서"를 입주자대표회의에 제출하고 승인을 받아야 한다.

③ 관리사무소장은 공동체 활성화 단체 구성 및 활동지원 관련하여 소요비용 정산에 대한 회계사무(장부작성, 지출증빙, 결산 등)를 지원한다. 이 경우 공동체 활성화 단체는 적격 지출증빙 서류(신용카드매출전표, 현금영수증, 세금계산서 등)를 관리사무소에 제출하여야 한다.

④ 입주자대표회의는 해당 공동체 활성화 단체 활동이 공동체 활성화와 부합하지 않는 특별한 사정이 없는 한 그 구성 및 활동을 지원하여야 하며, 지원이 불가능한 경우 그 사유를 사업비지원을 신청한 날부터 30일 이내 해당 자생단체 및 단지 내 게시판 등에 공지하여야 한다.

◆ **관리규약 준칙 제40조(공동체 활성화 단체의 기능)** 단지 내 공동체 활성화 단체는 공동주택단지 내·외 주민 간 공동체 활성화 사업을 추진하고 공동보육시설 운영, 자원봉사 프로그램 등 자체 운영프로그램 개발과 입주자등의 참여를 위하여 노력하여야 하며

활동의 내용은 국토교통부가 제정한 "공동주택 공동체 문화 활성화를 위한 프로그램 운영 매뉴얼"의 내용과 취지에 부합하여야 한다.

◆ **관리규약 준칙 제41조(필요비용의 지원)** ① 입주자대표회의는 공동체 활성화 단체가 추진하는 사업에 필요한 비용을 제80조제3항의 규정에 따른 잡수입으로 사업계획 및 추진실적 등에 따라 집행할 수 있다

② 공동체 활성화 단체는 활동별 사업실적 및 결과보고서를 매월 입주자대표회의에 제출하여야 한다.

◆ **관리규약준칙 제42조(공동체 활성화 단체의 활동제한)** ① 단지 내 공동체 활성화 단체는 사전에 입주자 대표회의의 의결 또는 사전협의를 거치지 아니하고 입주자등에게 부담을 주는 행위나 기업체 등으로부터 금전의 기부 등을 받을 수 없다.

② 공동체 활성화 단체는 제1항 또는 제41조제1항에도 불구하고 시·자치구로부터 공모사업 등을 통해 예산 등을 지원받을 수 있다.

◆ **관리규약 준칙제43조(봉사활동을 위한 전담운영자)** ① 단지 내 공동체 활성화 단체는 입주자등 상호 간 또는 입주자등이 참여하는 자원봉사를 체계적으로 하기 위하여 전담운영자를 지정할 수 있고 소정의 사례비(현금 외에도 단지 내에서 물품, 서비스와 교환할 수 있는 명칭을 불문하고 봉사점수 등을 포함한다)를 지급할 수 있다.

② 전담운영자는 단지 내·외 공동체 활성화 사업을 위한 외부의 자원봉사 네트워크를 갖추기 위한 활동을 할 수 있다.

- 1. 단지내 입주민등은 10인 이상으로 구성된 공동체활성화 단체를 구성할 수 있고 구성된 단체는 공동체활성화 사업을 추진하고 구성일시 대표자 구성원 등이 포함된 신고서를 입주자대표회의에 신고함으로서 성립합니다.(관리규약 제39조 제1항 제2항)
- 2. 다만 신고된 공동체활성화 단체 또는 10인 이상의 입주민 등이 대표자를 지정하여 주민 공동체활성화 사업계획을 입주자대표회의에 제출하면 안건으로 처리하고 필요시 사업비 지원에 대한 사항은 입주자대표회의의 승인을 받아야 합니다.

● 당아파트 경로당에 난방비를 지원할 수 있는 방안은 ?

- 공동주택관리법 시행령 제19조제1항 제12호 제18호에 따라 관리비등의 세대별부담액 산정방법 및 징수 보관 예치 사용절차와 관리 등으로 발생한 수입의 용도 및 사용절차를 관리규약에 정하도록 하고 있으므로 관리규약에 규정하거나 사업계획 및 예산에 편성해 입대의의 승인을 받거나 공동체 활성화에 관한 사항으로 보아 입대의 의결을 받아 지원할 수 있습니다.

1. 자생단체가(입주자 동호회)입주자대표회의의 승인 없이 단지 내에서 영리사업인 바자회 계약을 체결했다면 유효한지?
2. 단지내 자생단체가 구성돼 활동하려면 어떤 절차를 밟아 입대의 승인을 받은 것이 합법적인지 여부 및 자생단체를 해산시키려면 어떤 절차를 밟아야 하는지?
3. 단지내 노인정은 사단법인으로 되어 있는데 입대의 에서 자생단체로 승인이 가능한지?

- 1. 자생단체가 바자회를 체결한 경우 유효한지 여부에 대해서는 구체적인 사실관계를 검토해 귀 공동주택 관리규약 및 제 규정에 따라 판단해야합니다.
- 2. 자생단체는 입주자 등이 자발적으로 결성하는 것이므로 소속 구성원 간 협의 및 내부 규정에 따라 운영되고 있습니다 따라서 입대의에서 해산이 가능한지 여부는 당 공동주택의 자생단체의 활동범위 운영취지 및 관리규약에 따라 해당 공동주택 입주자 등이 판단해야 할 것입니다
- 3. 노인회의 자생단체 승인여부에 대해서는 재정적 지원 및 노인회 구성원 등을 고려해 귀 관리규약에 따라 판단해야 합니다.

※ 관리외 잡수입을 매월 정기적으로 노인정 운영비 등으로 사용할 수 있는지

- 관리외 잡수입는 공동주택관리법 시행령 제26조 제1항에 따라 관리비 등의 사업계획 서 및 예산안에 편성해 입대의 승인을 받거나 동법 시행령 제21조 제1항 공동체생활 활성화에 관한 사항 등으로 입대의 승인을 받았을 때 시행령 제19조 제1항 제26호에 따라 관리규약으로 규정된 경우 가능할 것으로 사료된다. 단 공동체활성화단체로 인정할 경우에는 입대의 의결로 가능합니다.(국토부 택건설 공급과 6637- 2011.11.8.)

1) 부녀회장 업무추진비를 입대의 의결로 지급하고 있는 것이 타당한지

- 공동주택관리 법령에서는 부녀회장에게 별도로 규정하고 있는 내용이 없습니다. 다만 입대의에서 공동체생활의 활성화를 위해 의결한 사항이라면 잡수입에서 해당 비용을 지급할 수 있을 것으로 사료 됩니다.

2) 관리소장 및 입대의 임원의 업무추진비에 대해 공동주택관리법령에서는 규정한 바가 없습니다. 다만 입대의 운영비는 사용료의 하나입니다. 따라서 영수증의 첨부 등 세부적인 사항 등에 대해서는 귀 공동주택에서 관리규약으로 정해 합리적으로 결정해 처리하는 것이 타당할 것으로 사료됩니다. 관리소장 입주자대표회의 회장 감사등 임원에게 지급하는 업무추진비는 실비 변상적인 일종의 인건비성 판공비로서 규약에 따른 수급권자가 임의로 사용할 수 있는 것이 원칙이며 서울시 공동주택 관리규약준칙(예시)제88조 관련 공동주택관리 회계처리기준 제21조 제2호 다목에 판공비 등 부득이 영수증을 징구하지 못한 경우에는 지급증(임원영수증)으로 갈음할 수 있다고 규정하고 있으니 참고하시기 바랍니다.

※ 여성 동별 대표자가 순수한 봉사활동을 위해 부녀회를 조직하는 것이 위배되는지요?

- 부녀회는 자생단체이므로 입주자 등이 자발적으로 결성이 가능하므로 동별 대표자의 직위를 위반하는 것은 아닙니다. 다만 질의의 여성 동별 대표자가 부녀회 임원을 겸직하는 경우 관리규약에서 겸직금지를 금하고 있다면 관리규약에 따라야 합니다.

24. 사업자 선정지침 문답

■ 선정지침 중 개정내용(국토부 고시 2018- 614호 2018년 10월31일 일부개정 밑줄)

제7조 (낙찰의 방법) ① 낙찰의 방법은 다음 각 호와 같다.

    1. 적격심사제 : [별표 4] 또는 [별표 5], [별표 6]의 평가기준에 따라 최고점을 받은 자를 낙찰자로 선정하는 방식

    2. 최저낙찰제 : 최저가격으로 입찰한 자를 낙찰자로 선정하는 방식

    3. 최고낙찰제 : 최고가격으로 입찰한 자를 낙찰자로 선정하는 방식

② 낙찰의 방법은 제1항에 따른 방법 중에서 어느 하나의 방법을 선택하고, 입주자대표회의의 의결을 거쳐서 결정하여야 한다. 다만, 입주민투표(전자적 방법을 포함한다)로 낙찰방법을 결정하고자 하는 경우,(공사 또는 용역사업에 한한다)에는 관리규약으로 대상 금액을 별도로 정하여야 한다.

③ 적격심사제에서 최고점을 받은 자가 2인 이상인 경우에는 최저(최고)가격을 기준으로 낙찰자를 결정하고, 최저(최고)가격도 동일한 경우에는 추첨으로 낙찰자를 결정한다.

④ 최저(최고)낙찰제에서 최저(최고)가격으로 입찰한 자가 2인 이상인 경우에는 추첨으로 낙찰자를 결정한다.

제8조(입찰서 제출) ① 전자입찰방식의 경우에는 별지 제1호서식의 입찰서는 전자적인 방법으로 입력하고, 그 밖의 입찰서의 구비서류와 제19조와 제27조에 따른 서류는 시스템에 서류를 등록하는 방법으로 제출하여야 한다.

② 비전자적인 입찰방식의 경우 입찰자(대리인을 지정한 경우 그 대리인을 말한다, 이하 같다)는 별지 제1호서식의 입찰서와 제19조 및 제27조에 따른 서류를 제출하여야 한다.

③ 서류제출(전자입찰방식인 경우 서류의 등록을 의미한다)은 입찰서제출 마감일 18시까지 도착한 것에 한하여 효력이 있다. 다만, 제15조제1항에 따른 입찰공고기간을 초과하여 공고한 경우에는 제출마감 시간을 18시 이전으로 정할 수 있으며 이 경우 입찰공고문에 명시하여야 한다.

④ 입찰자는 제출한 입찰서를 교환·변경할 수 없다.

제10조(낙찰자 선정) ① 입주자대표회의 또는 관리주체는 입찰자의 제출서류를 <u>제9조에 따른 입찰서 개찰 후에 검토하여야 하고,</u> 제5조에 따른 입찰의 성립 여부를 판단한다.
② 입주자대표회의 또는 관리주체는 제1항에 따른 판단 결과 입찰이 성립된 경우, 유효한 입찰 가운데 제7조의 기준에 따라 낙찰자를 선정한다.

제11조(선정결과 공개) ① <u>입주자대표회의는</u> 영 제5조제2항제1호에 따른 주택관리업자 영 제25조에 <u>따른 사업자 선정입찰의 낙찰자가 결정된</u> 경우에는 다음 각 호의 내용을 관리주체에게 즉시 통지하여야 한다.
    1. 입찰공고 내용(경쟁입찰을 대상으로 한다)
    2. 선정결과 내용(수의계약을 포함한다)
    가. 주택관리업자 또는 사업자의 상호·주소·대표자 및 연락처
    나. 계약금액
    다. 계약기간
    라. 수의계약인 경우 그 사유
② 관리주체는 제1항에 따른 통지를 받거나 <u>사업자선정의 낙찰자를 결정한 경우,</u> 제1항 각 호의 사항을 해당 공동주택단지의 인터넷 홈페이지(인터넷 홈페이지가 없는 경우에는 해당 공동주택단지의 관리사무소나 게시판 <u>등 이하 같다,)와 공동주택관리정보시스템에 낙찰자 결정일의 다음날(토요일과 「관공서의 공휴일에 관한 규정」제2조에 따른 공휴일을 제외한 날을 말한다) 18시까지</u> 공개하여야 한다.

제13조(적격심사제 운영) ① 적격심사제로 주택관리업자 및 사업자를 선정하는 경우에는 평가주체를 다음 각 호와 같이 구성한다.
    1. [별표 7]에 따라 입주자대표회의가 계약자인 경우에는 입주자대표회의 구성원(입주자대표회의가 선정한 평가위원을 추가할 수 있음).
    2. [별표 7]에 따라 관리주체가 계약자인 경우에는 관리주체와 관리주체가 선정한 평가위원(단, 당해 공동주택 입주자등으로 한정함), <u>다만 해당 공동주택을 관리중인 주택관</u>

리업자의 임직원이 운영하는 사업자가 해당 공동주택 내 공사 및 용역 등의 입찰에 참여한 경우 해당 주택관리업자의 소속으로 배치된 관리사무소장은 평가위원에서 제외(그 밖에 평가집행에 관한 업무수행은 가능)하여야 하고, 위의 경우 입주자대표회의가 선정한 입주민이 평가주체가 된다.

② 제1항에 따라 구성된 평가주체 중 5인 이상이 적격심사 평가에 참여한 경우에 한하여 평가결과를 유효한 것으로 인정하고, 적격심사 평가 시 입주자대표회의의 구성원(평가위원으로 선정되지 못한 구성원인 경우), 해당 공동주택의 입주민(참관하고자 하는 입주민의 범위와 절차 등은 관리규약으로 정하여야 한다.)은 참관할 수 있다.

③ 입주자대표회의 또는 관리주체가 적격심사제를 운영할 때에는 회의록을 작성하여 보관(평가표를 포함한다)하고, 공동주택의 입주자등이 이의 열람을 청구하거나 본인의 비용으로 복사를 요구하는 때에는 이에 응하여야 한다. (다만, 법 제27조제2항 각 호의 정보는 제외하고 요구에 응하여야 한다.)

제2장 주택관리업자의 선정

제14조(입찰공고 방법) ① 입주자대표회의가 주택관리업자를 선정할 때에는 제16조에 따른 입찰공고 내용을 해당 공동주택단지의 인터넷 홈페이지와 공동주택관리정보시스템에 공고하여야 한다.

② 제1항에 따라 공동주택관리정보시스템을 이용하여 입찰공고를 하는 경우, 해당 단지의 관리사무소장은 공동주택관리정보시스템을 관리하는 자(이하 "시스템 관리자"라 한다)에게 사전에 [별지 제2호 서식]에 따라 공동주택관리정보시스템 이용 신청을 하여야 한다.

③ 시스템 관리자는 관리사무소장이 제2항에 따라 신청한 서류를 확인하여 이상이 없는 경우에는 공동주택관리정보시스템 이용을 위한 아이디와 패스워드를 즉시 부여하여야 한다.

제16조(입찰공고 내용) ① 입찰공고 내용에는 다음 각 호의 사항이 명시되어야 하며, 명시된 내용에 따라 입찰과정을 진행하여야 한다.

　　1. 관리 대상(세대수, 동수, 총 주택공급면적 등)
　　2. 경비·청소 등의 직영운영 또는 위탁운영에 관한 사항
　　3. 현장설명회를 개최하는 경우 그 일시·장소 및 참가의무여부에 관한 사항

4. 입찰의 종류 및 낙찰의 방법(적격심사제의 경우, 세부배점 간격이 제시된 평가배점표 포함)

5. 입찰서 등 <u>제출서류(제19조에 따른 제출서류에 한함)</u>에 관한 사항(제출서류의 목록, 서식, 제출방법, 마감시한 등)

6. 개찰의 일시·장소

7. 입찰참가자격에 관한 사항(<u>제18조의 참가자격제한에 대한 사항에 한함</u>)

8. 제6조에 따라 무효로 하는 입찰이 있는 경우, 해당 입찰자에게 입찰 무효의 이유를 알리는 방법에 대한 사항

9. 입찰 관련 유의사항(입찰가격 산출방법 및 기준 등)

10. 계약체결에 관한 사항(계약기간 등)

11. 제31조에 따른 입찰보증금 및 그 귀속에 관한 사항

12. 그 밖에 입찰에 필요한 사항(<u>제1호부터 제11호까지의 사항 외 계약체결과 관련하여 설명이 필요한 사항 또는 기타사항 등을 기재</u>)

② 전자입찰의 경우에는 <u>제8조제1항에 따른 방법으로 서류를 제출하여야 한다.</u>

③ 입찰시 입찰서제출 마감일은 입찰업무의 원활한 수행을 위해 근무일(토요일과 「관공서의 공휴일에 관한 규정」 제2조에 따른 공휴일을 제외한 날을 말한다)의 18시까지로 한다. <u>다만, 제15조제1항에 따른 입찰공고기간을 초과하여 공고한 경우에는 입찰서 제출마감 시간을 18시 이전으로 정할 수 있으며, 이 경우 입찰공고문에 명시하여야 한다.</u>

④ 전자입찰시스템에 게시된 내용과 붙임 파일 형태의 입찰공고문의 내용이 서로 다른 경우에는 입찰공고문의 내용이 우선한다. 다만, 입찰공고일은 전자입찰시스템에 게시된 날과 입찰공고일이 다른 경우 전자입찰시스템에 게시한 날이 우선한다.

제17조(현장설명회) 제15조에 <u>따라 현장설명회를 개최하고자 하는 경우 다음 각 호의 사항 중 필요한 사항을 설명하도록 하며, 각 호 외 사항을 추가로 제시할 수 없다.</u>

1. 관리 대상(세대수, 동수, 총 주택공급면적 등 현황)

2. 입찰공고 내용의 구체적인 설명

3. 그 밖에 입찰에 관한 질의응답 등 필요한 사항

제18조(참가자격의 제한) ① 주택관리업자가 입찰공고일 현재 다음 각 호의 어느 하나에 해당하는 경우에는 경쟁입찰에 참가할 수 없으며, 입찰에 참가한 경우에는 그 입찰을 무효로 한다. (수의계약의 경우에도 해당된다)

1. 법 제52조제1항에 따른 등록을 하지 아니한 자

2. 법 제53조제1항에 따른 영업정지 처분을 받고 그 영업정지 기간 중에 있는 자

3. 국세 및 지방세를 완납하지 아니한 자

4. 입찰공고일 현재 주택관리업 등록기준에 미달하는 자

5. 해당 입찰과 관련하여 물품·금품·발전기금 등을 입주자, 사용자, 입주자대표회의 (구성원을 포함한다), 관리주체(관리사무소 직원을 포함한다) 등에게 제공한 자

6. 해당 공동주택의 입주자대표회의의 구성원(그 배우자 및 직계존비속을 포함한다)이 임·직원으로 소속된 주택관리업자

7. 주택관리업자 선정과 관련하여 입찰담합으로 공정거래위원회로부터 과징금 처분을 받은 후 6개월이 경과되지 아니한 자

② 주택관리업자는 영업지역의 제한을 받지 아니한다.

제19조(제출서류) 입찰에 참가하는 주택관리업자는 다음 각 호의 서류를 입주자대표회의에 제출하여야 한다. (비전자적인 방식의 경우 다음 각 호 중 제1호, 제4호, 제5호는 원본을 제출하여야 한다.)

1. 입찰서 1부

2. 주택관리업등록증 사본 1부

3. 사업자등록증 사본 1부

4. 법인등기부등본(개인은 주민등록등본을 말한다) 1부

5. 국세 및 지방세 납세증명서 1부(전자발급 포함)

6. 제한경쟁입찰인 경우 그 제한요건을 증빙하는 서류 사본 1부

7. 적격심사제인 경우 평가배점표에 따른 제출서류 사본 1부

8. 그 밖에 입찰에 필요한 서류(제1호부터 제7호와 관련한 추가서류에 한하며, 그 밖의 서류를 포함하지 못한다)

제20조(입찰가격 산출방법) 주택관리업자 선정의 경우 입찰가격은 부가가치세를 제외한
금액으로 한다.

제21조(계약체결) ① 계약은 입주자대표회의를 대표하는 자가 낙찰자로 선정된 주택관리
업자와 체결한다. 이 경우 입주자대표회의의 감사는 참관할 수 있다.

② 제1항에 따른 계약은 입찰정보 및 낙찰금액 등과 동일한 내용으로 체결되어야 한다.

③ 입주자대표회의는 낙찰자로 선정된 주택관리업자가 특별한 사유 없이 10일 이내에 계약
을 체결하지 아니하는 경우에 그 낙찰을 무효로 할 수 있다.

제3장 공사 및 용역 사업자 선정

제22조(입찰공고 방법) 관리주체(영 제25조제1항제2호와 제3호에 따라 입주자대표회의가
사업자 선정의 주체인 경우에는 입주자대표회의를 말한다. 이하 같다)가 사업자를 선
정할 때에는 제24조에 따른 입찰공고 내용을 제14조의 절차에 따라 <u>해당 공동주택단
지의 인터넷 홈페이지와 공동주택관리정보시스템에 공고하여야 한다.</u>

제23조(입찰공고 시기) ① 입찰공고는 입찰서 제출 마감일의 전일부터 기산하여 10일 전
에 하여야 한다. 다만, 입주자대표회의에서 긴급한 입찰로 의결(임대주택의 경우 임대
사업자가 임차인대표회의와 협의)한 경우나 재공고 입찰의 경우에는 입찰서 제출 마감
일의 전일부터 기산하여 5일 전에 공고할 수 있다(현장설명회가 없는 경우에 한한다).

② 현장설명회는 입찰서 제출 마감일의 전일부터 기산하여 5일 전에 개최할 수 있으며,
현장설명회를 개최하는 경우에는 현장설명회 전일부터 기산하여 5일 전에 입찰공고를 하여
야 한다.

제24조(입찰공고 내용) ① 입찰공고 내용에는 다음 각 호의 사항이 명시되어야 하며, 명시
된 내용에 따라 입찰과정을 진행하여야 한다.

　　1. 사업 개요(사업내용·규모·면적 등)

　　2. 현장설명회를 개최하는 경우 그 일시·장소 및 참가의무여부에 관한 사항

　　3. 입찰의 종류 및 낙찰의 방법(적격심사제의 경우, 세부배점 간격이 제시된 평가배점표

포함)

4. 입찰서 등, <u>제출서류(제27조에 따른 제출서류에 한함)</u>에 관한 사항(제출서류의 목록,
   서식, 제출방법, 마감시한 등)

5. 개찰의 일시·장소

6. 입찰참가자격에 관한 사항(<u>제26조의 참가자격제한에 대한 사항에 한함)</u>

7. 제6조에 따라 무효로 하는 입찰이 있는 경우, 해당 입찰자에게 입찰 무효의 이유를
   알리는 방법에 대한 사항

8. 입찰 관련 유의사항(입찰가격 산출방법 및 기준 등)

9. 계약체결에 관한 사항(계약기간 등)

10. 제31조에 따른 입찰보증금 및 그 귀속에 관한 사항

11. 그 밖에 입찰에 필요한 사항(<u>제1호부터 제10호까지의 사항 외 계약체결과 관련하여
    설명이 필요한 사항 또는 기타사항 등을 기재)</u>

② 전자입찰의 경우에는 <u>제8조제1항에 따른 방법으로 서류를 제출하여야 한다.</u>

③ 입찰시 입찰서제출 마감일은 입찰업무의 원활한 수행을 위해 근무일(토요일과 「관공서의
공휴일에 관한 규정」 제2조에 따른 공휴일을 제외한 날을 말한다)의 18시까지로 한다. <u>다만,
제15조제1항에 따른 입찰공고기간을 초과하여 공고한 경우에는 제출마감 시간을 18시 이전
으로 정할 수 있으며 이 경우 입찰공고문에 명시하여야 한다.</u>

④ 전자입찰시스템에 게시된 내용과 붙임 파일 형태의 입찰공고문의 내용이 서로 다른
경우에는 입찰공고문의 내용이 우선한다. 다만, 입찰공고일은 전자입찰시스템에 게시된
날과 입찰공고일이 다른 경우 전자입찰시스템에 게시한 날이 우선한다.

⑤ 관리주체는 제1항에 따른 입찰공고 시 <u>다음 각 호의 어느 하나에 따른 방법으로 입찰가격의
상한을 공고할 수 있다. 다만, 잡수입의 경우 다음 각 호 중 제1호의 방법으로 입찰가격의
하한을 공고 할 수 있다.</u>

　<u>1. 해당 입찰과 관련한 3개소 이상의 견적서</u>

　<u>2. 지방자치단체의 자문검토결과</u>

　<u>3. 건축사 또는 기술사 등 관계전문가(해당 입찰과 관련된 전문가가 해당된다)의 확인</u>

　<u>4. 법 제86조에 따른 공동주택관리 지원기구의 자문 검토결과</u>

제25조(현장설명회) ① 제23조에 따라 현장설명회를 개최하고자 하는 경우 다음 각 호의 사항 중 필요한 사항을 설명하도록 하며, 각 호 외 사항(제출서류 및 참가자격 제한 등 제24조 제1항 각 호의 사항)을 추가로 제시할 수 없다.

  1. 다음 각 목의 현황 등 사업 여건

  가. 경비용역 : 경비초소 및 경비구역 현황

  나. 청소용역 : 청소범위 및 청소면적 현황

  다. 소독용역 : 소독범위 및 소독면적 현황

  라. 승강기유지관리 용역 및 공사 : 승강기 대수 및 시설현황

  마. 지능형 홈네트워크 설비유지관리 용역 및 공사 : 지능형 홈네트워크 설비 대수 및 시설현황

  바. 각종 시설 및 보수공사 : 설계도서, 보수범위 및 보수방법

  사. 건축물 안전진단 : 설계도서 및 안전진단범위

  아. 그 밖의 용역 및 공사 : 용역 및 공사에 필요한 현황

  2. 입찰공고 내용의 구체적인 설명

  3. 그 밖에 입찰에 관한 질의응답 등 필요한 사항

제26조(참가자격의 제한) ① 사업자가 입찰공고일 현재 다음 각 호의 어느 하나에 해당하는 경우에는 경쟁입찰에 참가할 수 없으며, 입찰에 참가한 경우에는 그 입찰을 무효로 한다. (수의계약의 경우에도 해당된다)

  1. 사업종류별로 해당 법령에 따른 면허 및 등록 등이 필요한 경우 그 자격요건을 갖추지 아니한 자

  2. 해당 법령에 따른 영업정지 처분을 받고 그 영업정지 기간 중에 있는 자

  3. 국세 및 지방세를 완납하지 아니한 자

  4. 해당 입찰과 관련하여 물품·금품·발전기금 등을 입주자, 사용자, 입주자대표회의(구성원을 포함한다), 관리주체(관리사무소 직원을 포함한다) 등에게 제공한 자

  5. 해당 공동주택의 입주자대표회의의 구성원(그 배우자 및 직계존비속을 포함한다), 관리사무소장 또는 관리직원이 운영하는 사업자

  6. 사업자 선정과 관련하여 입찰담합으로 공정거래위원회로부터 과징금 처분을 받은

후 6개월이 경과되지 아니한 자

② 사업자는 영업지역의 제한을 받지 아니한다. 다만, 해당 법령에서 영업지역을 제한하는 경우에는 그러하지 아니하다.

제27조(제출서류) 입찰에 참가하는 사업자는 다음 각 호의 서류를 관리주체에게 제출한다. (비전자적인 방식의 경우 다음 각 호 중 제1호, 제4호 및 제5호는 원본을 제출하여야 한다.)

1. 입찰서 1부
2. 사업종류별로 해당 법령에 따른 면허 및 등록 등이 필요한 경우 면허증, 등록증 또는 이와 유사한 증명서 사본 1부
3. 사업자등록증 사본 1부
4. 법인등기부등본(개인은 주민등록등본을 말한다) 1부
5. 국세 및 지방세 납세증명서 1부(전자발급 포함)
6. 제한경쟁입찰인 경우 그 제한요건을 증빙하는 서류 사본 1부.
7. 적격심사제인 경우 평가배점표에 따른 제출서류 사본 1부
8. 그 밖에 입찰에 필요한 서류(제1호부터 제7호와 관련한 추가서류에 한하며, 그 밖의 서류를 포함하지 못한다)

제28조(입찰가격 산출방법) ① 사업자 선정의 경우 입찰가격은 부가가치세를 제외한 금액으로 한

② 용역 사업자 선정의 경우 입찰가격은 월간 용역비에 용역기간 개월 수를 곱하여 산정한 금액으로 한다.

③ 공사 사업자 선정의 경우 입찰가격은 총 공사금액 또는 단가로 한다.

제29조(계약체결) ① 계약은 관리주체가 낙찰자로 선정된 사업자와 체결한다. 이 경우 입주자대표회의의 감사는 참관할 수 있다.

② 제1항에 따른 계약은 입찰정보 및 낙찰금액 등과 동일한 내용으로 체결되어야 한다.

③ 관리주체는 낙찰자로 선정된 사업자가 특별한 사유 없이 10일 이내에 계약을 체결하지

아니하는 경우에 그 낙찰을 무효로 할 수 있다.

④ 관리주체는 계약을 체결할 때에 사업자에게 제31조제3항에 따른 계약보증금을 받아야 한다.

⑤ 관리주체는 공동주택에서 상시 근무가 필요한 용역 계약을 체결할 때에 사업자에게 4대 보험(고용보험, 국민건강보험, 국민연금, 산업재해보상보험) 가입증명서를 <u>계약체결 후 1개월 이내에 받아야</u> 한다.

제42조(재검토기한) <u>국토교통부장관은「훈령·예규 등의 발령 및 관리에 관한 규정」(대통령 훈령 334호)에 따라 이 고시에 대하여 2018년 7월 1일을 기준으로 매 3년이 되는 시점(매 3년째의 6월 30일까지를 말한다)마다 그 타당성을 검토하여 개선 등의 조치를 하여야 한다.</u>

부칙

제1조(시행일) 이 고시는 발령한 날부터 시행한다. 다만, 제4조제6항, 제13조제2항 개정규정은 2019년 1월 1일부터 시행한다.

제2조(적용례) 제13조제2항 개정규정은 관리규약을 시행일 이전에 개정하였다면 시행일 이전에 우선 적용할 수 있다.

◆ **.관리규약준칙제56조(주택관리업자선정 시 낙찰의 방법 등)** ① 주택관리업자의 선정시 낙찰의 방법은 「주택관리업자 및 사업자선정지침(이하"지침"이라 한다.)」제7조제2항에 따라 입주자대표회의의 의결을 거쳐 적격심사제 또는 최저(최고)낙찰제의 방법으로 정한다.

② 제1항에 따른 적격심사제의 방법으로 주택관리업자를 선정할 경우 세부적인 평가배점표는 [별지 제9호서식]에 따른다.(개정 2019.22)

– 선정지침 제24조 제1항에 따르면 입찰공고내용에 입찰가격 유의사항(입찰가격 산출방법 및 기준 등)등이 명시되어야 하며 명시된 내용에 따라 입찰과정을 진행해야 한다고 규정하고 있습니다. 위 사항은 공동주택관리법령 및 지침에도 별도로 규정하고 있지 않으며 사업종류 및 내용에 따라 해당 공동주택에서 정해야 할 것으로 판단됩니다. 지침 [별표 3]에서 입찰가격 산출방법 및 기준과 관련해 임금 및 수당 보험료 등 관계법령에서 산출기준을 적용하고 있는 경우에 는 공고 시 별도 명시하지 않더라도 적용해야 하고 그 밖에 발주처에서 정해야 할 산출방법 및 기준은 공고 시 명시   해야 한다고 규정하고 있으니 참고하시기 바랍니다. 〈국토교통부주택건설공급과– 2019.1〉

※ 하자진단 및 하자소송대리 사업자 선정 시 주택관리업자 및 사업자 선정지침 적용 여부?

– 공동주택관리법 제25조에 의거 주택관리업자 및 사업자 선정지침은 의무관리대상 공동주택은 법 제23조   제4항 제1호부터 제3호까지의 어느 하나에 해당하는 금전 또는 법38조 1항에 따른 하자보수 보증금과 그   밖에 해당 공동주택단지에서 발생하는 모든 수입에 따른 금전을 집행하기 위해 사업자를 선정하는 경우 적용하도록 하고 있습니다. 질의의 하자소송대리 사업자 선정의 경우 위 규정에 따른 금전 등을 집행하지   않는 것으로서 위 지침 적용대상에 해당되지 않는 것으로 판단됩니다.〈국토부주택건설공급과– 2019.1〉

※ 아파트 주차구획 3면 중 1면은 전기차 충전기를 설치하고 2면은 전기차 충전구획
으로 사용할 경우 주차구획 1면이 감소되는 상항인데도 행위신고만으로 가능한지
요?

– 공동주택관리법 시행령 제35조[별표3]제6호에 따라 부대시설에 환경친화적 자동
차의 개발 및 보급촉진에 관한 법률 제2조 제3호에 따른 전기자동차의 고정형 충
전기 및 충전 전용 주차구획을 설치하는 것은 입대의의 동의를 받은 경우 행위신
고 대상입니다. 〈국토부 주택건설공급과– 2018.10〉

※ 감염예방법에 따른 소독과 산림보호법에 따른 수목진료사업을 일괄로 입찰할 수
있는지요?

– 주택관리업자 및 상업자 선정지침 제24조에 따르면 입찰공고 내용에 사업개요 입
찰참가자격에 관한 사항 입찰관련 유의사항 등을 명시하도록 규정하고 있으며 동
지침 [별표1]에 의거 일반경쟁입찰이나 제한경쟁 입찰 시 사업종류별로 하도록 규
정하고 있습니다. 따라서 감염병예방법에 따른 소독과 산림보호법에 따른 수목진
료사업은 사업종류가 달라 입찰공고내용이 상이할 것이므로 사업자 선정절차를 각
각 진행해 시행하는 것이 동지침에 적합한 것으로 판단됩니다. 〈국토부 주택건설
공급과– 2018.10〉

※ 입찰가격 상한을 공고할 수 있는 방법은 무엇인지요?

– 주택관리업자 및 사업자 선정지침 제24조 제5항에 따르면 입찰가격 상한을 공고
할 수 있는 방법을 규정하고 있습니다. 1. 해당 입찰과 관련한 3개소 이상의 견적
서 2.지방자치단체의 자문검토결과 3.건축사 또는 기술사 등 관계전문가의 확인
해당 입찰과 관련한 전문가가 해당된다) 4.제86조에 따른 공동주택관리 지원기구
의 자문검토 결과 방법 중 하나를 통해 입찰가격 상한을 공고할 수 있습니다

※ 주택관리업자 계약기간 중 경비.청소업무를 직영에서 위탁으로 전환이 가능한지요?

– 주택관리업자 및 사업자 선정지침 제16조 제1항제2호에 따르면 주택관리업자의 선정을 위한 입찰공고 시 입찰공고 내용에 경비 청소 등의 직영운영 또는 위탁운영에 관한 사항을 명시하도록 하고 있습니다. 질의는 주택관리업자 계약기간 중 직영 운영하는 경비 청소업무를 위탁으로 전환하는 것으로 이해되며 이는 지침에 적합하지 않을 것으로 판단 됩니다. 〈국토부 주택건설공급과– 2018.6〉

※ 계약기간중에 계약조건을 변경하는 것이 사업자 선정지침에 위배 되는 지요?

– 공동주택관리법과 사업자 선정지침에서는 계약기간 중 변경계약에 관해서는 별도로 규정하고 있지 않습니다. 따라서 계약기간 중 변경계약 등의 사항은 당사자 간의 합의 당초 체결한 계약서 내용과 민법 등을 종합적으로 검토해 판단할 사항으로 사료됩니다. 〈국토부 주택건설공급과– 2018.4〉

※ 공고내용과 제출서류를 변경해 공고한 후 유찰된 경우 2회 이상 유찰로 보아 수의계약을 할 수 있는 지요?

– 주택관리업자 및 사업자 선정지침 [별표2] 제7호에 따르면 일반경쟁입찰 또는 제한경쟁입찰이 2회 이상 유찰된 경우(다만 이 경우에는 최초로 입찰에 부친 내용을 변경할 수 없다)수의계약을 할 수 있다고 규정하고 있으며 입찰공고 내용 등을 변경해 공고한 경우에는 위에 해당되지 않으므로 수의계약 대상에 해당되지 않을 것으로 판단됩니다. 〈국토부 주택건설공급과– 2018.2〉

– 공동주택관리법 제25조에 따라 해당 공동주택의 관리비 등을 집행하는 공사 및 용역 물품구매 사업자 선정시 주택관리업자 및 사업자 선정지침에 따른 입찰절차를 적용합니다. 따라서 해당 공동주택내 스크린골프 시스템 교체비용을 관리비로 집행하는 경우 사업자 선정지침을 적용해야 합니다. 〈국토부 주택건설공급과– 2017.6〉

※ 입찰공고 후 2차례의 유찰로 수의계약을 진행하고자 하는데 수의계약 진행시에도 입찰참가 자격이나 적격심사제에 따른 서류를 제출받아야 하는지요?

– 주택관리업자 및 사업자 선정지침 [별표2]에 따르면 일반경쟁입찰 또는 제한경쟁입찰이 2회 이상 유찰된 경우 최초로 입찰에 부친내용을 변경하지 않으면서 수의계약을 할 수 있습니다. 수의계약 참가자격 절차에 대해 선정지침제18조 (참가자격의 제한)제 1항에서① 주택관리업자가 입찰공고일 현재 다음 각 호의 어느 하나에 해당하는 경우에는 경쟁입찰에 참가할 수 없으며, 입찰에 참가한 경우에는 그 입찰을 무효로 한다.(수의계약의 경우에도 해당된다)라고 규정하고 있으며 수의계약이라도 참가자격의 제한에 해당하는지 확인이 필요하며 수의계약의 경우 적격심사는 실시하지 않을 것이므로 적격심사 관련제출서류는 불필요한 것으로 판단 됩니다. 〈국토부 주택건설공급과– 2018.7〉

※ 아파트 경비실에 에어컨을 설치하고자 하는데 에어컨은 공산품으로서 수의계약 대상인지?

– 주택관리업자 및 사업자 선정지침 [별표2]수의계약 대상 제2호에서 '공산품을 구입하는 경우'는 '공업적으로 생산된 제품으로서 소비자가 완성된 제품의 형태로 구입이 가능하고, 별도의 가공 없이 사용할 수 있는 최종 제품 또는 그 부분품이나

부속품을 의미하므로 추가적으로 해당 법령에 따른 면허·등록을 필요로 하는 전문적 기술 인력을 필요로 하는 공사를 수반하지 않아야 할 것'이라고 유권해석하고 있습니다. 질의한 에어컨의 경우 제품에 따라 위 규정에 따른 공산품에 해당하는지 불분명하며, 공동주택관리법 제93조에 따라 관할 공동주택 관리의 감독 권한이 있는 시·군·구(공동주택 관리 담당 부서)로 문의하기 바랍니다. 〈 국토부 주택건설공급과– 2018. 6.〉

※ 전자입찰 시 비전자적인 서류를 퀵서비스로 제출 가능한지요?

– 주택관리업자 및 사업자 선정지침 제8조(입찰서제출) ② 비전자적인 입찰방식의 경우 입찰자(대리인을 지정한 경우 그 대리인을 말한다. 이하 같다)는 별지 제1호 서식의 입찰서와 제19조 및 제27조에 따른 서류를 제출하여야 한다.

③ 서류제출(전자입찰방식인 경우 서류의 등록을 의미한다)은 입찰서제출 마감일 18시까지 도착한 것에 한하여 효력이 있다. 다만, 제15조제1항에 따른 입찰공고기간을 초과하여 공고한 경우에는 제출마감 시간을 18시 이전으로 정할 수 있으며 이 경우 입찰공고문에 명시하여야 한다. 입찰공고에 우편이나 방문 등 비전자적인 방법으로 제출할 수 있도록 명시한 경우 입찰서 제출마감일 18시까지 해당 서류가 도착했다면 퀵서비스로 제출된 서류도 인정할 수 있을 것으로 판단됩니다. (주택건설공급과– 2017.9)

※ 제한경쟁입찰 1회 유찰시 지명경쟁 입찰로 변경할 수 있는지 또한 지명경쟁 입찰시 유효한 2안 이상의 입찰참가 신청이 맞는지 ?

– 제한경쟁 입찰을 실시해 유찰된 경우 입찰의 방법에 대해서는 귀 공동주택에서 자율적으로 선택할 수 있으므로 지명경쟁 입찰을 할 수 있다. 아울러 주택관리업자 및 사업자 선정지침 [별표1]제1호 다 목에서 지명경쟁 입찰은 지명경쟁입찰 : 계약의 성질 또는 목적에 비추어 특수한 설비·기술·자재·물품 또는 특수한 실적이 있는 자가 아니면 계약의 목적을 달성하기 곤란한 경우로서 입찰대상자가 10인 이

내인 경우 그중에서 선정하는 방법. 이 경우 5인 이상의 입찰대상자를 지명하여 통지하여야 하며, 2인 이상의 유효한 입찰참가 신청이 있어야 한다. 다만, 입찰대상자가 5인 미만인 때에는 대상자를 모두 지명하여야 한다.(2015년 11월16일개정)

※ 낙찰업체에서 계약을 포기한 경우 차순위 업체와 계약체결이 가능한지요?

– 발주처의 귀책사유 없이 낙찰자로 선정된 사업자가 계약체결을 포기한 경우라면 계약을 포기한 업체를 제외한 참가업체수가 주택관리업자 및 사업자 선정지침 제5조 제1항에서 정하고 있는 유효한 입찰의 수에 해당한다면 입주자대표회의 의결을 거쳐 차순위 업체와 계약체결이 가능할 것으로 판단됩니다. 따라서 낙찰자가 계약을 포기한 경우 차순위 업체와 계약할지 여부 재공고 여부는 해당 발주처인 공동주택 입대의 의결로 판단해야할 사항입니다.(국토부 주택건설공급과– 2017.5)

1. 2년차 하자 종결을 위한 하자진단(적출)용역업체 선정 시 주택관리업자 및 사업자 선정지침에 의거해 처리해야 하는지 여부(공동주택관리법 제48조에 따른 하자진단이 아니고 사업주체에 하자보수 청구하기 위한 용역업체 선정)
2. 수의계약으로 제1항의 용역업체를 선정 가능할 경우 입대의 의결로 가능한지 혹은 주민동의 후 입대의 의결로 가능한지 여부 필요하다면 동의비율 관련근거 등
3. 제1항의 용역업체 선정 시 용역비용(하지진단 비용)의 부담주체 및 소유자 부담일 경우 관리비 고지서로 부과할 수 있는지 여부
4. 제3항의 용역비용을 공동주택관리법 제30조 제2항 제2호에 따라 입주자 과반수의 동의를 얻어 장기수선충당금으로 사용할 수 있는지 여부

– 1 공동주택관리법 제23조에 따라 의무관리 대상 공동주택의 관리주체 또는 입대의가 제23조 제4항 제1호부터 제3호까지의 어느 하나에 해당하는 금전 또는 법 제38조에 따른 하자보수 보증금과 그 밖에 해당 공동주택단지에서 발생하는 모든 수입에 따른 금전(이하 관리비 등 이라 한다)을 집행하기 위하여 사업자를 선정하려는 경우 주택관리업자 및 사업자 선정지침을 준수해야 합니다. 다만 질의와 같이

공동주택의 하자를 적출하기 위한 용역사업체 선정은 해당 공동주택 소유자의 자산가치 증대 및 재산보호 등과 관련된 사항으로 입주자(소유자)의 부담으로 집행하는 것이 타당할 것으로 판단됩니다. 이 경우 소유자가 별도로 부담할 경우 선정지침 적용대상이 아니나 입주자가 적립에 기여한 잡수입으로 집행하는 경우에는 선정지침을 적용해야 합니다.

- 2. 하자 적출을 위한 비용을 소유자가 별도로 부담할 경우 선정지침 적용대상이 아니므로 소유자의 의견을 수렴하여 해당 공동주택에서 자율적으로 결정해 용역업체를 선정할 수 있을 것으로 판단됩니다.

- 3. 공동주택관리법 시행령 제23조 제6항에 따라 관리주체는 제1항부터 제5항까지의 규정에 따른 관리비 등을 통합해서 부과한때는 그 수입 및 집행 세부내역을 쉽게 알 수 있도록 정리해 입주자등 에게 알려 주어야 한다고 규정하고 있습니다. 다만 소유자가 그 비용을 별도로 부담하는 경우에는 관리비 등에 해당하지 않아 관리비에 통합해 부과하는 것은 타당하지 않을 것으로 판단됩니다.

- 4. 공동주택관리법 제30조 제2항 제2호는 법 제48조에 따른 하자진단 및 감정에 드는 비용이 아닌 점 유의하기 바라며 장충금으로 집행할 수 없습니다. 〈중앙공동주택관리지원센타 전자민원- 2017.11.9.〉

※ 입주자대표회의에서 하자보수보증금으로 사용 가능한 사항 중 옥상 방수공사를 자체적으로 실시 할려고 합니다. 방수액 구입비 약 6000만원 작업자 인건비 약 3000만원 정도의 비용이 소요될 것으로 예상 됩니다. 입대의 의결 후 저채 공사를 실시하려고 한다면 문제되는 것으로 아래와 같은 사항들이 긍금 합니다.

1. 국토부 주택관련 담당자에게 질의 시 방수액은 공산품이 아니어서 수의계약 대상이 아니라고 합니다. 그러나 방수액 생산업체에 문의한 결과 방수액 생산을 위해 공산품 관련법 적용을 받고 생산하고 있다고 합니다. 방수액이 공산품인지 아닌지 문의 합니다. 수의계약 대상 인가요?

2. 국토부 주택관련 담당자에게 질의 시 방수공사 시 면허가 없는 관리소장이 공사를

실시했을 경우 면허법 위반이 될 수 있다고 합니다. 그러나 국토부 건축면허 관련 담당자에게 문의한 결과 도급계약 있는 공사를 실시하는데 관련 면허 없는 사람이 공사를 실시하는 경우 건축면허법 위반이 된다고 합니다. 입대의 의결 후 별도 계약 없이 관리소장이 공사를 실시하면 면허법 위반인가요?

3. 상기와 같이 방수공사를 위해 인력 사무실에서 인력을 제공받고 일당을 지급하는 것 이외에는 아무런 계약없이 아파트 자체 방수공사를 위한 인건비 300여 만원을 들인 경우에도 일반경쟁 입찰을 해야 되나요?

- 주택관리업자 및 사업자 선정지침 [별표2]수의계약 대상 제2호에서 공산품을 구입하는 경우에는 공업적으로 생산된 제품 (전기용품 포함)으로서 소비자가 완성된 제품의 형태로 구입이 가능하고 별도의 가공없이 사용할 수 있는 최종제품 또는 그 부분품이나 부속품을 의미하므로 추가적으로 해당 법령에 따른 면허 등록을 필요로 하는 전문적 기술 인력을 필요로 하는 공사를 수반하지 않아야 할 것이라고 유권해석 하고 있습니다. 질의한 방수액의 경우 공업적으로 생산된 제품에 해당하더라고 소비자가 사용하는 완제품(물품과 비품 등)의 형태가 아닌 공사에 필요한 원료 및 자재에 해당하고 해당 법령에 따라 면허 등록을 갖춘자가 시공해야 하는 공사를 수반하게 된다면 수의계약 대상으로볼 수 없을 것으로 판단되므로 경쟁입찰로 사업자를 선정해야 될 것입니다.(방수액 구입과 공사업자 선정은 각 각의 경쟁입찰로 분리해 선정이 가능)방수공사를 위해 갖추어야 할 면허 등록과 해당 법령에 대한 사항은 건설산업기본법을 소관하고 있는 우리부 건설정책과(044- 201- 3515)로 문의하시기 바랍니다. 〈중앙공동주택관리지원센타 전자민원- 2017- 6.14〉

※ 주택관리업자 및 사업자 선정지침 제31조 제4항 단서부분에 계약금액이 300만원 이하인 경우 입찰보증금 및 계약보증금 납부를 면제할 수 있다 고 규정하고 있습니다. 여기서 계약금액이란 총 금액을 말하는 것인지요? 용역계약에서 계약기간 2년에 월 용역비 20만원인 경우 계약보증금을 받아야 하는 지요?(1년240만원 2년480만원)

– 주택관리업자 및 사업자 선정지침 제28조 제2항은 용역사업자 선정의 경우 입찰 가격은 월간용역비에 용역기간 개월 수를 곱해 산정한 금액으로 한다. 고 명시하고 있고 제29조 제2항에 따라 계약은 입찰정보 및 낙찰금액 등과 동일한 내용으로 체결해야 합니다. 따라서 위의 경우 480만원으로 산정해 면제대상이 되지 않습니다. 〈중앙공동주택관리지원센타 전자민원- 2017.10.31.〉

※ 당 아파트는 자체적으로 휄스장을 운영하고 있습니다. 이번에 운동기구 1대를 교체하고자 합니다. 가격이 300만원을 초과합니다. 이 경우 운동기구를 공산품으로 보아 수의계약이 가능한지 아니면 입찰공고를 통해 구입해야 하는 지요?

– 주택관리업자 및 사업자 선정지침 [별표2]수의계약대상 제2호에서 공산품을 구입하는 경우는 공업적으로 생산된 제품(전기용품 포함)으로서 소비자가 완성된 제품의 형태로 구입이 가능하고 별도의 가공 없이 사용할 수 있는 최종제품 또는 그 부분품을 의미하므로 추가적으로 해당 법령에 따른 면허 등록을 필요로 하는 전문적 기술 인력을 필요로 하는 공사를 수반하지 않아야 할 것이라고 국토부에서 유권해석하고 있습니다. 따라서 질의의 운동기구가 공산품에 대한 유권해석의 내용에 부합하는 경우라면 입주자대표회의의 의결을 거쳐 수의계약으로 구입할 수 있을 것이니 참고하시기 바랍니다. 참고로 종전 전기용품 안전관리법과 품질경영 및 공산품 안전관리법을 통합해 전기용품 및 생활용품 안전관리법을 제정(2017.1.28.)하고 종전 법령은 폐지했으며 종전 법령의 공산품은 전기용품 및 생할용품 안전관리법 제2조 제2호에서 규정하는 생활용품으로 용어가 변경되었습니다. 〈중앙공동주택관리지원센타 지원센타- 2017.8.14.〉

※ 아파트 내 외벽도장 공사 지하주차장 수선공사 옥상 방수공사를 시행하기 위해 입대의 의결 후 K- apt를 통해 최저가 입찰공고를 통해 최저가 업체를 선정했으나 낙찰자로 선정한 건설업체가 입찰서를 제출한 내역서 금액 집계과정에서 오류가 발생해 최저가를 잘못 계산해 입력했다며 계약을 불응하고 무효를 주장하고 있습니다. 이 경우 차순위 업체와 계약을 해야 하는지 재입찰을 진행해야 하는지요?

- 발주처의 서류검토 미비로 부적격업체에 낙찰통보를 한 경우에는 차 순위 업체와 계약을 체결할 수 없습니다. 선정지침 제6조에 따라 입찰의 무효에 해당하지 않는 유효한 입찰의 수를 헤아려 입찰의 성립 여부를 판단한 후 유효한 입찰가운데 낙찰자를 선정하는 것이 지침에 적합합니다. 즉 입찰서 등에 하자가 있었다면 그 하자의 내용이 동 지침에서 정하고 있는 무효사유에 해당하는지 여부를 낙찰전에 검토했어야 하나 이러한 검토가 제대로 이루어지지 않고 낙찰통보가 됐다면 해당 입찰의 성립여부를 신뢰할 수 없게 됩니다. 따라서 발주처의 서류검토 미비로 부적격업체를 낙찰자로 선정해 낙찰통보를 한 경우에는 차 순위업체와 계약을 체결할 수 없으며 다시 입찰공고를 해야 합니다. 발주처의 귀책사유 없이 낙찰자로 선정된 업체가 계약을 포기한 경우에는 입대의 의결 후 입찰의 성립여부에 따라 차 순위업체와 계약을 체결할 수 있습니다. 〈중앙공동주택관리지원센타 전자민원- 2017.6.14.〉

※ 적격심사제 적용시 제한경쟁 입찰방법과 병행이 가능한지요?

- 적격심사제와 제한경쟁입찰을 병행하여 실시할 수 있습니다. 제한경쟁입찰의 방법으로 입찰참가 기준을 제시해 자격을 제한한 후 기준에 부합하는 업체 중에서 적격심사 평가표에 따라 최고점수를 받은 업체를 사업자로 선정하는 것은 가능합니다.

※ 전자입찰 시스템 적용 외예규정은 어떻게 되는지요?

- 주택관리업자 및 사업자 선정지침 제3조 제3항에서 제1항의 규정에도 불구하고 제3조 제3항에 따른 수의계약이나 적격심사제로 주택관리업자 및 사업자를 선정하는 경우에는 전자입찰방식으로 선정하지 않을 수 있다 라고 규정하고 있으므로 참고하시기 바랍니다.

※ 관리주체와의 분쟁으로 인해 입찰공고에 필요한 공동주택관리정보시스템의 임시 아이디와 패스워드는 지방자치단체의 지도 감독 없이 발급받을 수 없으므로 조달청의 나라장터와 공동주택관리정보시스템과 연계되는 점을 이용해 임시 아이디와 패스워드를 발급받지 않고 조달청에 새로운 주택관리업자 입찰공고를 하는 것이 적법한지?

– 주택관리업자 및 사업자 선정지침 제14조(입찰공고방법)에 따라 공동주택관리정보시스템의 아이디는 관리사무소장에게 부여하고 있으며 해당 아이디를 이용해 입찰공고를 진행 합니다. 다만 관리주체와의 분쟁 등으로 정상적인 입찰진행이 어려울 경우 공동주택 관리에 관한 지도 감독권한을 가진 해당 지자체(시.군.구)의 확인 등을 통해 임시 아이디와 패스워드를 지급하고 있습니다. 이와 관련 해당 지자체의 확인 지도 등이 없이 질의 내용과 같은 절차로 입찰공고를 하는 것은 주택관리업자 및 사업자 선정지침에 적합하지 않음을 알림니다. (국토부 주택건설공급과– 2014.8)

※ 입찰공고에 최저가로 선정된 업체와 입찰가격보다 낮게 다시 조정해 계약체결을 할 수 있는지 이같은 계약체결이 적정하지 않다면 공동주택관리법 및 관련규정 위반조항이 있는지?

– 주택관리업자 및 사업자 선정지침 제5조 제2항에 따라 입주자대표회의와 관리주체는 경쟁입찰 시 협의에 의한 선정 우선협상 대상자의 선정 또는 이와 유사한 방법을 적용해서는 안되기 때문에 경쟁입찰에서 낙찰자로 선정된 사업자에게 계약금액의 조정을 요구해 낙찰가액보다 낮게 계약하는 것은 적정하지 않습니다. 선정지침 제29조(계약의 체결) ② 제1항에 따른 계약은 입찰정보 및 낙찰금액 등과 동일한 내용으로 체결되어야 한다 라고 규정하고 있습니다. (국토건설부 주택공급과 2014–8)

※ 구청 지원금과 회원들의 자비로 주민운동시설인 테니스장의 보수공사를 위한 업체를 수의계약으로 선정할 수 있는지?

– 주택관리업자 및 사업자 선정지침은 관리비 등의 집행을 위한 사업자 선정 등에 적용하는 것이므로 관리비등의 부담 없이 시의 지원금과 회원들의 자비만으로 진행하는 공사는 동 지침이 적용되지 않습니다.

※ 주민운동시설 외부위탁 운영자 사업자 선정을 위한 적격심사 프레젠테이션 시 입출입 시스템 무상제공 및 스크린골프 프로그램 업그레이드를 제안한 업체는 주택관리업자 및 사업자 선정지침 제18조 제1항 제5호에 해당되는지?

– 주택관리업자 및 사업자 선정지침 제18조(입찰참가의 제한)제1항 제5호에 따라 해당 입찰과 관련해 물품 금품 발전기금 등을 사용자 입주자 입대의 관리주체 등에게 제공한 자는 입찰에 참여할 수 없습니다. 이와 관련해 질의내용에 관한 사항은 동 지침에 별도로 정하고 있는 사항은 없으나 적격심사 프레젠테이션 시 당해 사업과 관련이 없는 사항을 무상으로 제공하는 등의 제안을 하는 것은 바람직하지 않습니다.(국토부 주택건설 공급과 2015-3)

※ 개찰현장에서 관계자 등이 참석하지 않는 상태에서 입찰서를 개봉해 최저가 업체를 선정해 낙찰업체로 선정할 수 있는지?

– 선정지침 제9조(입찰서 개찰) 입주자대표회의 또는 관리주체가 입찰서를 개찰할 때에는 입찰공고에 명시된 일정에 따라 입찰업체 등 이해관계인이 참석한 장소에서 하여야 한다. 다만, 입찰공고 일정대로 개찰이 진행되거나 개찰 일정 변경을 통보하였음에도 불구하고 입찰업체가 참석하지 않은 경우에는 입찰업체 등 이해관계인이 참석하지 않더라도 개찰할 수 있다. 라고 규정되어 있음 이 경우 5인 이상의 평가주체가 참여한 경우에 한하여 평가결과를 유효한 것으로 인정한다.(평가주체가 3인에서 5인으로 개정2018.10.31.)

– 낙찰의 방법을 적격심사로 할 경우 적격심사 시 특정항목의 서류를 제출하지 않는 경우 입찰의 무효로 처리하는 것이 아니며 해당 서류를 제출하지 않은 것에 해당하는 점수를 부여하면 되는 것입니다.(최저점수 부여하면 됨)

※ 예정 가격에 맞지 않는 입찰가격이 유찰의 사유가 되는지?

– 예정가격을 정하고 이를 낙찰의 가격으로 삼는 것은 주택관리업자 및 사업자 선정지침에 적합하지 않습니다. 따라서 예정가격 자체가 지침에 적합하지 않는 것이므로 예정가격에 맞지 않는 입찰가격이 유찰의 사유가 될 수 없습니다. 다만 입찰가격의 상한과 관련해 주택관리업자 및 사업자 선정지침 제24조(입찰공고)제 ⑤항에 규정하고 있습니다. 참고하시기 바랍니다.

※ 당 아파트 공용 오수배관 역류로 가구 내부에 피해가 발생해 해당 가구의 조속한 보수요청으로 보험사의 손해 사정인과 협의해 보수업체 견적을 받아 보험회사에 제출했고 보험사와 보수업체 간 합의해 보수를 실시 해당 보수비를 보험사에서 직접 지급한 것이 주택관리업자 및 사업자 선정지침에 위반 되는 지?

– 관리비 등을 집행하기 위한 사업자를 선정할 경우에는 주택관리업자 및 사업자 선정지침에 따라야 할 것입니다. 이와 관련 질의내용과 같이 보험사에서 보수비를 직접 지급을 했다면 이를 관리비 등의 집행으로 볼 수 없을 것이므로 해당 공동주택에서 자체적으로 사업자를 선정하는 것이 가능할 것임을 알립니다. 또한 선정지침 [별표2](수의계약대상)제10호에 그 밖에 천재지변 안전사고 발생 등 긴급한 경우로서 경쟁입찰에 붙일 여유가 없을 때 수의계약이 가능 합니다.(※ 수의계약 시 2개 이상 견적서 비교 (선정지침 [별표2]제6호) 및 입대의 의결(선정지침 제4조5항)

- 1. **선정지침제7조(낙찰의 방법)** ① 낙찰의 방법은 다음 각 호와 같다.

  1. 적격심사제 : [별표 4] 또는 [별표 5], [별표 6]의 평가기준에 따라 최고점을
     받은 자를 낙찰자로 선정하는 방식

  2. 최저낙찰제 : 최저가격으로 입찰한 자를 낙찰자로 선정하는 방식

  3. 최고낙찰제 : 최고가격으로 입찰한 자를 낙찰자로 선정하는 방식

② 낙찰의 방법은 제1항에 따른 방법 중에서 어느 하나의 방법을 선택하고, 입주자대
표회의의 의결을 거쳐서 결정하여야 한다. 다만, 입주민투표(전자적 방법을 포함
한다)로 낙찰방법을 결정하고자 하는 경우(공사 또는 용역사업에 한한다)에는 관
리규약으로 대상 금액을 별도로 정하여야 한다.이는 입찰종류 (일반 제한 지명) 낙
찰방법 (최저 최고)참가자격의 제한 등 입찰과 관련한 중요한 사항에 대해 사전에
입대의 에서 의결하라는 의미입니다. 따라서 이러한 내용에 대한 입대의 의결을
거친 후 입찰공고를 했다면 정해진 낙찰방법에 따라 낙찰자를 선정 히는 것이며
낙찰자 선정에 대한 입대의 의결을 따로 거칠 필요가 없습니다. 다만 감사는 입회
할 수 있습니다.

- 2. **선정지침 제29조[계약체결]** ② 제1항에 따른 계약은 입찰정보 및 낙찰금액 등과
동일한 내용으로 체결되어야 한다.라고 규정한 바 최저 낙찰제를 적용한 입찰에서
최저가를 제시한 업체의 입찰가격이 높다는 이유로 유찰시키거나 가격협상을 하는
것은 동 지침에 적합하지 않습니다. 또한 하자 없이 진행된 입찰과정 중 발주처의
사정에 의해 계약을 체결하지 않는 경우에 대한 규정은 공동주택관리법·령 및 지
침에 제시돼 있지 않습니다. 따라서 발주처의 사정에 따라 계약체결여부를 결정할
수 있을 것이나 계약을 하지 않음으로써 발생하는 손해배상 청구소송에 대한 책
임은 발주처에 귀속되는 것이니 참고 하시기 바랍니다. (국토부 주택건설 공급과
2015.4)

- 주택관리업자 및 사업자 선정지침 제18조(참가자격의제한) 제2항에 사업자는 영업 지역의 제한을 받지 아니 한다 라고 명시돼 있습니다. 거리에 따라 차등 점수를 부여하는 평가방식은 실질적인 지역제한에 해당한다고 볼 수 있으므로 사업자 선정 시 지역 가점제 항목을 추가하는 것은 바람직 하지 않습니다. (국토부 주택건설 공급과)

※ 1.적격심사제 표준평가표 비고에 제시된 평가기준 변경의 적합성 여부는 ?
※ 2.적격심사제 표준평가표 평가 항목인 기술자 추가보유 산정시의 기준일은?

- 1. 주택관리업자 및 사업자 선정지침[별표5] 비고 제1호. 평가항목 및 배점은 입주자 등의 과반수 찬성을 얻어 관리규약으로 정하는 경우 단지 특성에 따라 변경할 수 있다. 다만, 배점 합계는 100점, 입찰가격 배점은 30점, 지원서비스 능력 배점은 5점으로 한다.
- 2. 주택관리업자 및 사업자 선정지침 [별표5 비고 제4호 나목에 따라 입찰공고일 현재 해당 자격증 소지자가 해당 업체에서 최근 1개월 이상 근무한 경우 기술자 추가 보유수로 인정됩니다.

※ 알뜰시장 입찰 공고 시 현장설명회 시간을 10시로 했으나 입찰 담합을 방지하기 위해 10시 이후 현장설명회에 참여한 업체도 입찰에 참가시켰고 그 업체가 최고가로 낙찰 선정됐을 경우 입찰을 무효화 시킬 만큼 흠결 있는 입찰인지?

- 현장설명회에 참여한 업체들이 입찰 담합 등의 사유로 발주처에서 업체별로 다르게 현장설명회를 하였을 때 공동주택에서 제시한 동일한 기준으로 입찰에 응했다면 그 입찰은 무효로 보기는 어려울 것으로 판단되오니 업무에 참고하기 바랍니다.

※ 공동주택에서 입찰을 진행함에 있어 투찰함 없이 관리주체에서 임의로 입찰서를 보관하고 개찰시 에도 관리주체 입주자대표회장 총무이사만 참석해 입찰 금액 등을 문서로 기록 보관했다가 입대의회의 시 문서를 공개 낙찰업체를 결정했다면 유효한 입찰인지 하자가 있는 무효 입찰인지?

선정치침 제8조(입찰서 제출) ② 비전자적인 입찰방식의 경우 입찰자(대리인을 지정한 경우 그 대리인을 말한다. 이하 같다)는 별지 제1호서식의 입찰서와 제19조 및 제27조에 따른 서류를 제출하여야 한다.

③ 서류제출(전자입찰방식인 경우 서류의 등록을 의미한다)은 입찰서제출 마감일 18시까지 도착한 것에 한하여 효력이 있다. 다만, 제15조제1항에 따른 입찰공고기간을 초과하여 공고한 경우에는 제출마감 시간을 18시 이전으로 정할 수 있으며 이 경우 입찰공고문에 명시하여야 한다. 라고 규정하고 있습니다. 참고 하시기 바랍니다.

선정지침 제13조(적격심사제) ② 제1항에 따라 구성된 평가주체 중 5인 이상이 적격심사 평가에 참여한 경우에 한하여 평가결과를 유효한 것으로 인정하고, 적격심사 평가 시 입주자대표회의의 구성원(평가위원으로 선정되지 못한 구성원인 경우), 해당 공동주택의 입주민(참관하고자 하는 입주민의 범위와 절차 등은 관리규약으로 정하여야 한다.)은 참관할 수 있다.

선정지침 제9조(입찰서 개찰) 입주자대표회의 또는 관리주체가 입찰서를 개찰할 때에는 입찰공고에 명시된 일정에 따라 입찰업체 등 이해관계인이 참석한 장소에서 하여야 한다. 다만, 입찰공고 일정대로 개찰이 진행되거나 개찰 일정 변경을 통보하였음에도 불구하고 입찰업체가 참석하지 않은 경우에는 입찰업체 등 이해관계인이 참석하지 않더라도 개찰할 수 있다. 당 아파트의 입찰서 개찰 방법은 동 지침에 적합하지 않습니다.

※ 가. 공동주택 옥상과 지하주차장의 방수공사를 위한 사업자를 선정하기 위해 제한 경쟁입찰을 실시하는 경우와 관련해 입주자대표회의에서 시공능력 평가액과 신용 평가 등급을 입찰참가 자격에 추가할 수 있는지?

※ 나. 사업의 규모 면적 및 사업기간 등의 사업계획개요 입찰 및 개찰 현장설명회의 실시장소 입찰의 마감 시한 등이 고의로 누락된 입찰 공고문이 적합한지?

- 가. 주택관리업자 및 사업자 선정지침에 따른 제한경쟁 입찰에서 입찰참가 자격으로 정할 수 있는 사항은 사업실적 기술능력 자본금으로 한정되며 신용능력 신용평가 등급으로 입찰참가를 제한하는 것은 동 지침에 적합하지 않습니다

- 나. 동 지침 제16조에서 입찰공고문에 명시한다고 정한 사항이 누락된 입찰공고문을 공고하는 것은 동 지침에 적합하지 않습니다.

※ 가.CCTV 설치업체 선정을 위한 제한경쟁입찰을 2회 실시했으나 모두 유찰돼 입주자대표회의의 의결 없이 임시의장과 기술이사 2인이 업체를 결정하고 수의계약을 체결 가능여부

※ 나.계약체결은 입대의의결 계약체결은 관리소장 업무가 아닌지?

- 가. 선정지침 제4조(입찰의 방법) ⑤ 제3항에 따른 수의계약의 경우 수의계약 전에 계약상대자 선정, 계약 조건 등 계약과 관련한 중요 사항에 대하여 영 제14조제1항에 따른 방법으로 입주자대표회의의 의결을 거쳐야 한다. 라고 규정하고 있습니다.

- 나. 입찰이 유찰된 경우 향후 입찰을 어떻게 진행할 것인지 입대의에서 미리 의결한 경우가 아니라면 그 방법에 대해 의결한 것이 타당할 것으로 판단되며 동 지침 [별표7] 제2호 가목에서 장기수선충당금을 사용하는 공사를 하는 경우에는 입대의가 계약주체이며 집행은 관리주체입니다. CCTV 설치공사(시행규칙 제8조)는 장기수선충당금을 사용하는 공사이므로 계약자는 입대의 회장이 계약주체임(국토부 주택건설공급과 6913 2012- 12.21)-

- 가. 주택관리업자 및 사업자 선정지침에서 제한 경쟁입찰은 유효한 3인 이상의 입찰 참가 신청이 있어야 하는바 최저가 입찰참가업체가 유효한 입찰이 아니라면 유효한 입찰은 2개뿐이므로 제한경쟁 입찰이 성립되지 않습니다 산출내역서를 잘못 써서 무효가 된 업체를 제외하고 유효한 업체가 3인 이상인 경우에는 차순위 업체를 낙찰자로 선정할 수 있지만 유효한 입찰이 2인인 경우 차 순위 업체를 낙찰자로 결정할 수 없으며 제 공고를 해야합니다. 일반경쟁입찰 제한경쟁입찰이 2회차 유찰된 경우 수의계약가능 합니다. (※ 수의계약 시 입대의 의결(선정지침 [별표2] 제9호) 2인 이상의 견전서 (선정지침 [별표2]제6호)

- 나. 구체적인 사정은 알 수 없으나 단 산출 내역서를 잘못 기재했다고 해서 입찰참가를 제한하는 것은 적합하지 않을 것으로 판단합니다 (국토부 주택건설공급과 4994 2012.. – 09.17)

- 공사 및 용역업체 입찰시 주택관리업자 및 사업자 선정지침 제18조에서 정하는 참가자격의 제한 외에 개별 공동주택에서 임의로 참가자격의 제한 조건을 추가하거나 변경할 수 없다 아울러 제한경쟁 입찰이라면 사업실적 기술능력 자본금에 한정해 제한이 가능하지만 법인 설립 5년 이상으로 참가자격을 제한하는 것은 동 지침에 적합하지 않다.(국토부 주택건설공급과 전자민원2013.2.15.)

- 입주자대표회장의 직무정지로 대표회의 업무가 마비가 됐다 이에 입주민들의 불편을 최소화 하기 위해 각종 용역계약이 만료될 경우 관리소장이 동일 조건으로 재계약하고 계약서에 서약서 (계약기간 내에 대표회의가 이의 제기시는 용역기간 금액 등을 재 산정 하기로 하고 재 산정한 사항 등을 성실히 이행한다고 명시)를 받고 있다 이 방법으로 계약하는 것이 타당 한지?

회신: 관리소장이 임의로 용역업체와 재계약 할 수 없어

주택관리업자 및 사업자 선정지침 [별표2] 제9호에서 계약기간이 만료되는 기존사업자([별표7]의 사업자로서 공사업자는 제외한다)의 사업수행 실적을 평가해서 다시 계약이 필요하다고 영제14조 제1항에 따른 방법으로 입주자대표회의에서 의결한 경우 재계약이 가능한 것으로 정하고 있는바 관리주체가 임의로 재계약을 하는 것은 동 지침에 적합하지 않는 것으로 판단되며 회장 업무대행자나 일반경쟁의 입찰 방법으로 사업자를 선정 하는 것이 타당하다 (국토부 전자민원2013.2.20.)

질의: 사업주체 관리 시 수의계약 관련

※ 입주초기 사업주체가 선정한 관리주체가 공사 용역업자와 계약을 체결할 경우 300만원 초과건에 대해서 입찰 없이 수의계약으로 체결하는 것이 법적으로 타당한지?

- 회신: 사업주체 관리기간에도 용역업체 선정은 사업자 선정지침 적용해야
- 주택관리업자 및 사업자 선정지침 제2조 제2항에서 관리주체가 경비 청소 소독 승강기유지 홈네트워크 유지 수선유지 및 물품구입 매각 등을 위해 공사 및 용역 등 사업자를 선정하거나 장기수선충당금으로 공사를 하기 위해 공사업자를 선정하는 경우에는 동 지침을 적용토록 규정하고 있는바 사업주체 관리기간에는 사업주체가 관리주체 이므로 동 지침을 적용해야 한다. 사업자 선정지침 제2조② 「공동주택관리법」(이하 "법"이라 한다) 제11조 제1항에 따른 사업주체 관리기간 중 제1항 제2호에 따라 사업자를 선정할 때에는 동 지침에서 정하고 있는 입주자대표회의의 역

할을 사업주체가 대신하는 것으로 적용한다. 따라서 경비 청소 등의 사업자 선정을 수의계약 했다면 동 지침에 적합하지 않으며 시정명령 또는 과태료 대상이 될 수 있다. (국토부 주택건설 공급과 전자민원- 2013.6.26.)

※ 차량번호 인식 주차차단기 설치공사 사업자 선정과 관련해 일반 경쟁입찰 2회 유찰 후 다음 입찰을 일반입찰로 할 것인지에 대해 안건 상정 후 부결됐다고 해 수의계약으로 사업자를 선정키로 의결 처리한 절차가 적법한지?

- 주택관리업자 및 사업자 선정지침 [별표2] 제7호에서 일반 경쟁입찰 제한경쟁입찰이 2회 유찰된 경우에는 수의계약이 가능한 것으로 정하고 있으므로 수의계약을 할 것인지 경쟁입찰을 할 것인지는 귀 공동주택의 입대의에서 결정할 사항입니다. 하지만 귀 공동주택의 입대의에 상정한 안건이 다음 입찰을 경쟁입찰로 할 것인지에 대한 것이라면 동 내용이 부결됐다고 해 반드시 수의계약으로 결정한 것으로 단정하기가 어려우므로 수의계약으로 체결한 것은 동 지침에 적합하지 아니한 것으로 판단되니 참고 하시기 바랍니다. (국토부 주택건설공급과 95- 2014.1.7.)

※ 주택관리업체 및 사업자 선정지침에 따르면 계약기간이 만료되는 기존사업자의 [별표7]의 사업자로서 공사 사업자는 제외한다.의 사업수행 실적을 평가해 다시 계약이 필요하다고 영 제14조 제1항에 따른 방법으로 입주자대표회의에서 의결할 경우 수의계약이 가능한 것으로 규정하고 있다. 그렇다면 사업수행 실적평가는 계약주체인 관리소장이 평가하는 것인지 아니면 입주자대표회의에서 평가하는 것인지?

- 사업수행평가는 입주자대표회의에서 평가하는 것으로 보아야 한다. 주택관리업자 및 사업자 선정지침 [별표2] 제9호에서 계약기간이 만료되는 기존사업자 [별표7]의 사업자로서 공사 사업자는 제외한다)의 사업수행 실적을 평가해 다시 계약이 필요하다고 영 제14조 제1항에 따른 방법으로 입주자대표회의에서 의결(임대사업자는 임차인 대표회의와 협의)한 경우에는 수의 계약이 가능한 것으로 정하고 있

으므로 입주자대표회의에서 의결하는 수의계약의 조건이 된다. 따라서 입주자대표회의에서 사업수행을 평가하는 것으로 보아야 하며 관리주체는 사업수행실적을 평가하는데 필요한 자료를 준비하는 것으로 보면 될 것이다.(국토부 주택건설 공급과 전자민원 2013.10.28.)

※ 입찰공고 시 특정제품으로 지정하는 것의 적정성 여부

– 주택관리업자 및 사업자 선정지침에 따라 경쟁입찰을 통해 사업자를 선정할 때에는 입찰공고 시 발주처인 공동주택에서 제품의 성능 품질 사양 등을 제시할 수 있으나 특정제품을 지정하는 것은 동 지침에 적합하지 않습니다. 단 승강기 어린이 놀이시설에 한해 안전 등 당해 시설물의 특성을 고려해 특정제품을 지정하는 것은 가능한 것으로 해석하고 있으며 이 경우에도 그 설치공사는 동 지침에서 정하는 경쟁입찰 최저낙찰제 방식으로 사업자를 선정하도록 하고 있습니다. (국토부 주택건설 공급과 2015- 4)

※ 단지 사정상 예산이 한정 되어 있는 경우 입찰가격 상한을 미리 정하여 공고할 수 있는지?

– 단지 여건에 따라 예산이 한정되는 등 필요가 있다면 입찰공고 시 입찰가격 상한을 공고할 수 있음 이 경우 선정지침 제24조(입찰공고내용)⑤ 관리주체는 제1항에 따른 입찰공고 시 다음 각 호의 어느 하나에 따른 방법으로 입찰가격의 상한을 공고할 수 있다. 다만, 잡수입의 경우 다음 각 호 중 제1호의 방법으로 입찰가격의 하한을 공고 할 수 있다.

1. 해당 입찰과 관련한 3개소 이상의 견적서
2. 지방자치단체의 자문검토결과
3. 건축사 또는 기술사 등 관계전문가(해당 입찰과 관련된 전문가가 해당된다)의 확인
4. 법 제86조에 따른 공동주택관리 지원기구의 자문 검토결과 라고 규정하고 있습니다.

- 공동주택관리법 시행령 제5조 제2항 제2호에서 다만 계약기간이 만료된 주택관리
업자를 다시 당해 공동주택의 관리주체로 선정하는 경우에는 관리규약에서 정하는
절차에 따라 입주자 등으로부터 사전에 의견을 청취한 결과 입주자 등의 10분지1
이상이 서면으로 이의를 제기하지 아니한 경우에 한정해 입주자대표회의 구성원의
3분지2 이상의 찬성을 얻어 결정할 수 있다 라고 정하는바 이와 관련 공동주택관
리법령에서는 서면으로 이의를 제기하는 양식에 대해 별도로 정하고 있지 않으며
따라서 연대서명으로 제출한 이의신청서가 허위로 작성된 것이 아닌 실지로 입주
자 등의 의견을 반영한 것이라면 그 인정서를 인정할 수 있을 것으로 판단된다.(단
사법부판단필요) 다만 관리규약으로 의견청취 양식을 정한 경우 이에 따라야 한
다. (주택건설 공급과 전자민원 2013.7.22.)

※ 관리소장입니다. 현 소독업체와의 사업수행 실적을 평가한 결과 우수한 것으로 인
정돼 현 업체와 수의계약을 체결했습니다. 다만 수의계약 체결과정에서 서비스를
더 제공받는 조건으로 용역비를 인상했는데 주택관리업자 및 사업자 선정지침에
위반인지 그리고 사업실적 수행평가 후 수의계약을 통한 재계약 체결에는 횟수 제
한이 있는지요?

- 주택관리업자 및 사업자선정 지침 [별표2]에 따라 기존 용역사업자와 수의계약을
체결하는 경우에는 반드시 기존과 동일한 조건으로 계약을 체결한 것은 아닙니다.
계약의 내용과 조건은 당사자들이 합리적으로 정하면 됩니다. 재계약 횟수와 관련
해 따로 제한을 두고 있지는 않습니다. 다만 재계약 여부는 기존 용역업자의 사업
수행 실적을 합리적인 방법으로 공정 투명하게 평가해야 할 것입니다.

※ 입찰가격이 너무 높다는 것이 유찰사유에 해당 하는지?

– 질의한 내용을 보면 내부적으로 예정가격을 정한 것으로 보입니다. 예정가격을 정하여 이를 낙찰가격의 기준으로 삼는 것은 주택관리업자 및 사업자 선정지침에 적합하지 않습니다. 따라서 예정가격 자체가 지침에 적합하지 않은 것이므로 예정가격이 낙찰의 기준이 될 수 없으며 예정가격에 맞지 않는 입찰가격이 입찰 무효 사유도 될 수 없습니다. 다만 입찰가격의 상한과 관련해 선정지침 제24조 제5항에서는 3개 이상의 견적서 또는 지방자체단체의 자문 건축사 기술사 등 관계전문가의 확인 법 제86조에따른 공동주택관리 지원기구의 자문 검토결과 입찰가격 상한을 공고할 수 있다 라고 정하고 있습니다. 입찰가격 상한을 공고한 경우 공고한 상한가를 초과하는 입찰은 무효로 처리할 수 있음을 알려 드립니다.

※ 경비용역 업체 제한경쟁 입찰 수정공고 시 입주자대표회의의 승인을 받지 않아도 되는 지?

– 입찰공고의 전반적인 내용은 입대의 에서 결정하는 것이며 입대의 회의에서 의결한 사항의 집행업무를 관리주체가 집행하도록 정하고 있으므로 (공동주택관리법 제63조 제1항 제6호)수정공고라 하더라도 참가자격의 변경 입찰내용의 변경 등 중대한 변경이라면 사전에 입대의에서 의결을 거쳐야 합니다. 따라서 입대의 의결 없이 관리사무소장이 임의로 입찰공고를 진행한 것은 적법하지 않는 것으로 사료됩니다.

※ 장기수선공사 사업자 선정공고 시 관리소장 명으로 공고문이 작성된 경우 해당 공고가 지침에 위배되는 지요?

– 장기수선충당금을 사용하는 공사의 선정주체가 입대의 임을 규정하고 있으며 주택관리업자 및 사업자 선정지침 [별표4]에서 장기수선공사의 계약자가 입대의임을 규정하고 있으나 공고주체에 대해서는 명시한 바가 없습니다. 따라서 장기수선공

사의 사업자 선정과정에서 입대의가 배제되었다거나 계약자가 입대의가 아닌 관리소장이라면 동 지침에 위배되는 것이나 이러한 위배 사항 없이 단순히 선정공고 시 관리소장 명으로 공고문을 작성했다고 해서 동 지침에 위배되는 것이라고 보기는 어려울 것으로 판단됩니다. (국토부 주택건설공급과 2015-12)

※ 원가 분석사 또는 원가계산용역기관이 주택관리업자 및 사업자 선정지침 제24조 제5항의 입찰가 상한 공고를 위한 자문역에 해당되는 지요?

– 입찰가격의 상한과 관련해 원가 분석사 또는 국가 계약법 시행규칙 제9조 제2항에 따른 원가계산용역기관은 그 업무의 수행내용을 고려할 때 상기 지침의 입찰가격 상한 공고를 위한 자문역에 해당되는 것으로 사료 됩니다.

※ 영업배상책임보험에 가입한 업체로 입찰참가 자격을 제한할 수 있는지요?

– 주택관리업자 및 사업자 선정지침 제18조 제1항 각 호에서 입찰의 참가자격에 대하여 정하고 있는 바 영업배상책임보험 가입에 의무화 하고 있지 않으므로 해당사항을 입찰참가를 제한할 수 없습니다. 다만 해당업의 근거법령에서 영업배상책임보험에 대하여 정하는 사항이 있다면 그에 따른 제한은 가능할 것입니다.

※ 사업자 선정지침 상 보증금의 범위 사업자선정지침 제31조 제3항에서 계약이행보증금은 공사계약의 경우 계약금액의 20% 용역금액 및 단가계약의 경우 10%로한다 라고 규정한 경우 계약이행보증금의 경우 범위를 현금 공제증권 또는 보증서로 규정하고 있습니다. 연대보증서도 가능한지요?

– 사업자 선정지침 제31조 제3항의 보증서는 연대보증이나 인보증은 해당되지 않으며 입찰보증금 및 계약보증금은 제4항에 입찰보증금 및 계약보증금은 현금 공제증권 또는 보증서로 납부하여야 한다. 라고 규정하고 있습니다. 연대보증이나 인보증은 해당하지 않습니다.

- 주택관리업자 및 사업자 선정지침 제31조④ 제1항 및 제3항에 따른 입찰보증금 및 계약보증금은 현금, 공제증권 또는 보증서로 납부하여야 한다. 다만, 보험계약을 하는 경우, 공산품을 구입하는 경우 계약금액이 300만원 이하인 경우에는 입찰보증금 및 계약보증금의 납부를 면제할 수 있다.라고 규정하고 있으므로 참고 바랍니다.

※ 유찰된 업체에 참여한 업체의 입찰서를 개봉해 업체를 선정할 수 있는지요?

- 유찰된 입찰서를 개봉해 입찰정보 등이 공개되면 해당 업체는 불이익을 받게 되므로 개봉을 해서는 안 된다. 입찰에 참여한 업체의 서류는 보관해야 되므로 반환하면 안 된다.

※ 국토부 고시에 따라 제출서류상의 자본금과 시.군.구청에 등록한 자본금이 다른 경우 사업자 선정기준 자본금을 제출서류상의 보유자본금을 기준으로 해야 하는지 아니면 행정청에 등록자본금을 기준으로 해야 하는지요?

- 주택관리업자 및 선정지침 주택관리업자 등록기준에 따라 시장 군수 구청장에게 등록한 자본금에 미달하는 자는 참가자격이 제한되므로 질의의 경우 행정청에 등록한 등록자본금을 기준으로 해야 합니다.

※ 사업자 선정지침 위반행위 적발 시 업체선정의 무효성 주택관리업자 선정 후 사업자 선정지침 위반행위가 적발돼 과태료가 부과되었다면 업체 선정 자체가 무효인지요?

- 주택관리업자 및 사업자 선정지침에서 정하는 내용에 적합하지 않게 주택관리업체를 선정했다면 해당 지자체장은 해당 입주자대표회의에 시정명령을 할 수 있으며

시정명령에 불복할 경우 과태료 부과도 가능하다. 다만 과태료 부과와는 별개로 주택관리업자 선정의 유, 무효에 대한 소송이 진행된다면 소송결과에 따라야 하며 구체적인 사실관계에 따라 소송결과도 달라질 것으로 판단됩니다. (국토부 주택건설공급과 2013.6.18.)

※ 일반경쟁입찰(적격심사제)의 경우 사업자 선정지침 제19조(제출서류)에 따라 입찰공고 내용상의 서류는 완료되었으나 현장설명회에서 요구한(시방서)추가 서류가 미비할 경우 (3개업체에서 2개업체 서류미비)입찰자체가 성립하는지 여부 및 추가로 서류보완을 요청하여 처리 가능한지와 성립한다면 적격심사시 요구서류 미비로 항목에 대한 가점의 차이를 주어도 되는지?

– 주택관리업자 및 사업자 선정지침 제19조 제8호에 따라 그 밖에 입찰에 필요한 사항(제1호와 7호와 관련한 추가서류에 한하며 그 밖의 서류를 포함하지 못한다)을 제출토록 할 수 있습니다. 따라서 참가자격을 제한하는 부당한 서류제출이 아니라면 현장설명회에서 요구한 서류를 제출하지 않는 경우에도 제출서류 미제출은 입찰의 무효사유에 해당한다고 볼 수 있습니다. 아울러 적격심사표에 따른 각 항목별 제출서류를 제출하지 않았을 경우에는 해당 항목의 점수를 0점 처리하면 될 것으로 판단됩니다. (국토부 주택건설 공급과– 전자민원 2014.7.1.)

※ 현장설명회 참여업체 없을 때 바로 재공고 가능 여부? 일반경쟁 입찰시 2회 유찰시 수의계약이 가능한데 입찰공고에 현설에 참가한 업체에 한하여 라고 공고를 했으나 현설업체가 1개사 뿐일 경우 입찰마감 기일까지 기다리지 않고 재 입찰공고를 해도 무방한지 2회차 재공고에도 현설에 참여한 업체가 없으면 바로 수의계약이 가능한지요?

– 선정지침 제17조에 따른 현장설명회에 참가하지 않는 자를 입찰참가를 제한했는데 현장설명회 참석자가 2인 미만일 경우에 대한 유찰처리에 대하여 명시하고 있지는 않으나 입찰참가 제한에 따라 유찰이 확실시 되므로 유찰처리하고 재입찰 공고하

여도 될 것으로 판단되며 재입찰시에 서도 현장설명회에 참가한 자가 미달될 경우에도 유찰처리 후 입대의 의결에 따라 수의계약절차를 진행하여도 될 것으로 판단됩니다. (국토부 주택건설공급과– 전자민원2014.6.3.)

※ 사업자 선정지침 제4조3항 [별표2]수의계약대상 중 6항에 300만원 이하인 경우 2인 이상의 견적서를 받아 수의계약을 할 수 있다.여기서 2인 이상의 견적금액이 모두 300만원 이하 인 경우만 성립되는지 또는 어느 하나라도 300만원 이상 이면 불성립 되는 지요?

– 주택관리업자 및 사업자 선정지침 [별표2] 제6호의 공사 및 용역금액이 300만원 이하인 경우로서 2인 이상의 견적서를 받아 입대의에서 의결한 경우 수의계약가능 견적금액에 따른 제한 사항은 별도로 규정하고 있지 않습니다. (국토부 유사민원–2016.8.26.)

※ 입찰공고의 참가자격 제한에서 정한 자본금이 2억이라면 2회 유찰로 수의계약을 할 경우 1억으로 완화하여 계약할 수 있는 지요?

– 2회 유찰된 입찰 시 모두 자본금을 2억으로 제한하였다면 수의계약 시에도 2억을 충족한 업체와 수의계약을 체결 하여야 합니다. (선정지침 제18조 제1항) (국토부 유사민원 2016.9.8.)

25. 주택관리업자 및 용역·공사업체 선정

전자투표제 도입(2014년 6월25일 시행)

★ **공동주택관리법 제7조(위탁관리)**

★ **법 제7조(위탁관리)** ① 의무관리대상 공동주택의 입주자등이 공동주택을 위탁관리할 것을 정한 경우에는 입주자대표회의는 다음 각 호의 기준에 따라 주택관리업자를 선정하여야 한다.

    1. 「전자문서 및 전자거래 기본법」 제2조제2호에 따른 정보처리시스템을 통하여 선정 (이하 "전자입찰방식"이라 한다)할 것. 다만, 선정방법 등이 전자입찰방식을 적용하기 곤란한 경우로서 국토교통부장관이 정하여 고시하는 경우에는 전자입찰방식으로 선정하지 아니할 수 있다. (적격심사제 또는 수의계약의 경우)

    2. 그 밖에 입찰의 방법 등 대통령령으로 정하는 방식을 따를 것

② 입주자등은 기존 주택관리업자의 관리 서비스가 만족스럽지 못한 경우에는 대통령령으로 정하는 바에 따라 새로운 주택관리업자 선정을 위한 입찰에서 기존 주택관리업자의 참가를 제한하도록 입주자대표회의에 요구할 수 있다. 이 경우 입주자대표회의는 그 요구에 따라야 한다.

◎ **시행령 제5조(주택관리업자의 선정 등)** ① 법 제7조제1항제1호에 따른 전자입찰방식의 세부기준, 절차 및 방법 등은 국토교통부장관이 정하여 고시한다.

② 법 제7조 제1항제2호에서 "입찰의 방법 등 대통령령으로 정하는 방식"이란 다음 각 호에 따른 방식을 말한다.

    1. 국토교통부장관이 정하여 고시하는 경우 외에는 경쟁 입찰로 할것 이 경우 다음 각 목의 사항은 국토교통부장관이 정하여 고시한다.

        가. 입찰의 절차

        나. 입찰 참가자격

        다. 입찰의 효력

라. 그 밖에 주택관리업자의 적정한 선정을 위하여 필요한 사항

2. 제1호에도 불구하고 계약기간이 끝난 주택관리업자를 수의계약의 방법으로 다시 관리주체로 선정하려는 경우에는 다음 각 목의 요건을 모두 갖출 것

가. 관리규약으로 정하는 절차에 따라 입주자등의 의견을 청취한 결과 전체 입주자등의 10분의 1 이상이 서면으로 이의를 제기하지 아니할 것

나. 가목의 요건이 충족된 이후 입주자대표회의 구성원 3분의 2 이상이 찬성할 것

3. 입주자대표회의의 감사가 입찰과정 참관을 원하는 경우에는 참관할 수 있도록 할 것

4. 계약기간은 장기수선계획의 조정 주기를 고려하여 정할것

③ 법 제7조제2항 전단에 따라 입주자등이 새로운 주택관리업자 선정을 위한 입찰에서 기존 주택관리업자의 참가를 제한하도록 입주자대표회의에 요구하려면 전체 입주자등 과반수의 서면동의가 있어야 한다.

★ **법 제25조(관리비등의 집행을 위한 사업자 선정)** 의무관리대상 공동주택의 관리주체 또는 입주자대표회의가 법 제23조제4항 제1호부터 제3호까지의 어느 하나에 해당하는 금전 또는 법 제38조 제1항에 따른 하자보수보증금과 그 밖에 해당 공동주택단지에서 발생하는 모든 수입에 따른 금전(이하 "관리비등"이라 한다)을 집행하기 위하여 사업자를 선정하려는 경우 다음 각 호의 기준을 따라야 한다.

1. 전자입찰방식으로 사업자를 선정할 것. 다만, 선정방법 등이 전자입찰방식을 적용하기 곤란한 경우로서 국토교통부장관이 정하여 고시하는 경우에는 전자입찰방식으로 선정하지 아니할 수 있다.

2. 그 밖에 입찰의 방법 등 대통령령으로 정하는 방식을 따를 것

◎ **시행령 제25조(관리비등의 집행을 위한 사업자 선정)** ① 법 제25조에 따라 관리주체 또는 입주자대표회의는 다음 각 호의 구분에 따라 사업자를 선정(계약의 체결을 포함한다. 이하 이 조에서 같다)하고 집행하여야 한다. 〈개정 2017.1.10.〉

1. 관리주체가 사업자를 선정하고 집행하는 다음 각 목의 사항

가. 청소, 경비, 소독, 승강기유지, 지능형 홈네트워크, 수선·유지(냉방·난방시설의 청소를 포함한다)를 위한 용역 및 공사

나. 주민운동시설의 위탁, 물품의 구입과 매각, 잡수입의 취득(공동주택의 어린이집 임대에 따른 잡수입의 취득은 제외한다), 보험계약 등 국토교통부장관이 정하여 고시하는 사항

2. 입주자대표회의가 사업자를 선정하고 집행하는 다음 각 목의 사항

가. 법 제38조제1항에 따른 하자보수보증금을 사용하여 보수하는 공사

나. 사업주체로부터 지급받은 공동주택 공용부분의 하자보수비용을 사용하여 보수하는 공사

3. 입주자대표회의가 사업자를 선정하고 관리주체가 집행하는 다음 각 목의 사항

가. 장기수선충당금을 사용하는 공사

나. 전기안전관리(「전기사업법」 제73조제2항 및 제3항에 따라 전기설비의 안전관리에 관한 업무를 위탁 또는 대행하게 하는 경우를 말한다)를 위한용역

② 법 제25조제1호에 따른 전자입찰방식에 대해서는 제5조제1항을 준용한다.

③ 법 제25조제2호에서 "입찰의 방법 등 대통령령으로 정하는 방식"이란 다음 각 호에 따른 방식을 말한다.〈개정 2017.8.16.〉

1. 국토교통부장관이 정하여 고시하는 경우 외에는 경쟁입찰로 할 것. 이 경우 다음 각 목의 사항은 국토교통부장관이 정하여 고시한다.

가. 입찰의 절차

나. 입찰 참가자격

다. 입찰의 효력

라. 그 밖에 사업자의 적정한 선정을 위하여 필요한 사항

2. 입주자대표회의의 감사가 입찰과정 참관을 원하는 경우에는 참관할 수 있도록 할 것

④ 입주자등은 기존 사업자(용역 사업자만 해당한다. 이하 이 항에서 같다)의 서비스가 만족스럽지 못한 경우에는 전체 입주자등의 과반수의 서면동의로 새로운 사업자의 선정을 위한 입찰에서 기존 사업자의 참가를 제한하도록 관리주체 또는 입주자대표회의에 요구할 수 있다. 이 경우 관리주체 또는 입주자대표회의는 그 요구에 따라야 한다.

◆ **관리규약준칙 제56조(주택관리업자 선정 시 낙찰의 방법 등)** ① 주택관리업자의 선정 시 낙찰의 방법은 「주택관리업자 및 사업자선정지침(이하 "지침"이라 한다.)」 제7조제2

항에 따라 입주자대표회의의 의결을 거쳐 적격심사제 또는 최저(최고)낙찰제의 방법으로 정한다.

② 제1항에 따른 적격심사제의 방법으로 주택관리업자를 선정할 경우 세부적인 평가배점표는 [별지 제9호서식]에 따른다.(개정 2019.2.22.)

◆ **관리규약준칙 제57조(위탁 · 수탁관리 계약)** ① 입주자대표회의의 회장은 제56조제1항에 따라 선정된 주택관리업자와의 계약은 [별첨 1]의 "공동주택 위탁 · 수탁관리 계약서"를 참조하여 체결하여야 한다.

② 제1항에 따른 계약기간은 법 제29조 제2항에 따른 장기수선계획의 조정주기와 입주자대표회의 임기, 회계연도 등을 고려하여 ○년(예시– 2년,3년)으로 한다.

③ 관리주체 또는 입주자대표회의는 주택관리업자 또는 공사, 용역 등을 수행하는 사업자와 계약을 체결하는 경우 계약 체결일부터 1개월 이내 계약서를 게시판, 통합정보마당에 법 제27조제2항 각 호의 정보를 제외하고 공개하여야 한다.

④ 입주자대표회의는 위탁 · 수탁관리 계약 시 주택관리업자가 청소, 경비, 소독, 승강기유지보수 등을 다시 위탁을 할 경우에 그 범위를 사전에 명확하게 제시하여야 한다.

⑤ 위탁 · 수탁관리 계약 시 위탁관리기구 구성은 제51조제2항을 준용한다.

◆ **준칙 제59조(사업자 선정 시 낙찰의 방법 등)** ① 공사 또는 용역 등의 사업자 선정 시 낙찰의 방법은 「주택관리업자 및 사업자선정지침(이하"지침"이라 한다.)」제7조제2항에 따라 입주자대표회의의 의결을 거쳐 적격심사제 또는 최저(최고)낙찰제의 방법으로 정한다.

② 입주자대표회의는 다음 각 호에서 정하는 금액 이상의 공사 또는 용역 사업자의 낙찰방법은 전체 입주자등 투표(전자적 방법을   포함한다)로 정하여야 한다.

   1. 공사 : ○○원

   2. 용역 : ○○원.

③ 제1항에 따른 적격심사제의 방법으로 공사 또는 용역 등을 선정할 경우 세부적인 평가배점표는 [별지 제9– 2호서식] 및 [별지 제9– 3호서식]에 따른다.(신설 2019.2.22.)

◆ **준칙 제59조의2(기존사업자의 재계약)** ① 관리주체가 지침[별표2]제9호에 따라 계약기간이 만료되는 기존사업자(지침[별표7]의 사업자로서 공사업자는 제외함. 이하 같다)와 재계약 하고자 하는 경우 계약만료 60일 전까지 [별지 제10호서식]에 따라 사업수행실적을 평가하여 평가결과를 게시판과 통합정보마당에 10일 이상 게시하여 입주자등의 이의신청을 접수하여야 한다.

② 관리주체는 제1항의 이의신청이 전체 입주자등의 10분의 1 미만인 경우에는 입주자대표회의의 의결을 받아 재계약하며, 이의신청이 10분의 1 이상 이거나 입주자대표회의의 의결을 받지 못하는 경우에는 제59조의 방법에 따라 경쟁입찰을 실시하여야 한다.(기존59조가 59조의2로 개정신설)

③ 관리주체는 제1항의 이의신청이 전체 입주자등의 과반수인 경우는제60조에따른다(신설 19.2.22

◆ **준칙 제60조(용역 사업자 입찰참가 제한)** 입주자등은 기존 용역사업자의 서비스가 만족스럽지 못한 경우 전체 입주자등의 과반수 서면동의로 입찰참가 제한을 하도록 관리주체 또는 입주자대표회의에 요구할 수 있으며, 관리주체 또는 입주자대표회의는 요구에 따라야 한다.(개정 2019.2.22.)

◆ **준칙 제60조의2(공사 및 용역금액의 사후정산)** ① 관리주체는 공사·용역의 입찰 공고시 퇴직적립금, 연차수당, 4대 보험 등의 사후정산에 관한 사항을 명시하여 입찰에 참가하려는 자가 미리 알 수 있도록 해야 한다.

② 관리주체는 제1항에 따라 선정된 경비·청소 등 각종 용역업체와 [별첨 1-2]의 용역계약서에 용역비 산출내역서를 첨부하여 계약을 체결하여야 하며, 용역내용이 산출내역서와 다르게 제공되었을 경우에는 용역비를 정산한 후 지급하여야한다. 이 경우 퇴직적립금, 연차수당, 4대 보험 등은 기성대가 및 준공대가 지급 시 용역업체가 지급사유를 입증한 경우에만 지급하여야한다(신설 2019.2.22.)

◆ **준칙 제60조의3(입주자대표회의 의결 정족수 미달 시 입찰)** ① 경쟁입찰의 경우 입찰공고 전 입찰과 관련한 중요한 사항에 대하여 입주자대표회의가 의결 정족수 미달로 의

결할 수 없을 때에는 전체 입주자등의 의견을 청취하여 결정할 수 있다.

② 입주자대표회의(계약자가 관리주체인 경우 관리주체를 말한다)는 제1항에 따른 의견청취가 필요한 경우 선거관리위원회에 다음 각 호의 사항을 통지하고 전체 입주자의 의견청취를 요청하여야 한다.

   1. 입찰 공고명

   2. 입찰의 종류(제한경쟁입찰의 경우 참가자격에 대한 사항 포함)

   3. 낙찰의 방법

   4. 그 밖에 필요한 사항

③ 선거관리위원회는 의견청취를 요청받은 날부터 5일 이내 다음 각 호의 사항을 10일 이상 게시판과 통합정보마당에 공개하고 전체 입주자등에 의견을 청취한 후 그 결과를 입주자대표회의에 제출하고 게시판과 통합정보마당에 공개하여야 한다.

   1. 제1항 각호의 내용

   2. 전체 입주자등의 10분의 1 이상이 이의를 제기하지 아니하고 전체 입주자등의 과반수가 찬성하여야 입찰을 진행할 수 있다는 내용

   4. 이의제기 및 의견 제출방법, 제출기간(충분한 의견청취를 위해 최소 5일 이상의 기간으로 한다) 및 제출장소

   5. 그 밖에 필요한 사항

④ 입주자대표회의는 제1항에 따라 입주자등의 의견청취 결과 전체 입주자등의 10분의 1 이상이 이의제기를 아니한 경우에 한정하여 입주자등의 과반수의 찬성으로 해당 입찰을 진행할 수 있다.

(신설 2019.2.22.)

※ 주택관리업자 선정을 위한 적격심사 시 사업체 사업제안 설명회(현장설명회 아님)를 열어 듣고자 합니다.
① 제안 설명회 참가자격을 입찰참가자 모두에게 부여해야 하는지요?
② 입찰 참가자가 너무 많은 것을 고려해 적격심사표상 평가항목 중 사업제안을 제외한 나머지 항목의 점수로 상위 5개업체를 선정해 제안설명회를 할 수 있는지요?

– 동일한 입찰 건에 대한 입찰의 성립 여부 판단과 평가는 동 지침과 동 지침에 적합하게 입찰공고 시 제시한 기준에 따라 제출된 서류 등으로 이뤄지는 것이며 입찰 과정 중간에 새로운 기준을 적용해 일부업체를 대상으로 사업제안 등을 청취하는 절차를 거처 사업자를 선정하는 것은 동 지침에 적합하지 않습니다. 〈중앙공동주택 관리지원센타 전자민원 – 2015.11.25〉

※ 경비 및 청소용역을 일괄로 입찰할 수 있는지요?

– 선정지침 제24조에 따르면 입찰공고 내용에 사업개요 입찰참가 자격에 관한 사항 입찰관련 유의사항 등 동 지침 [별표1]에의거 일반경쟁입찰이나 제한경쟁입찰 시 사업종류별로 하도록 규정하고 있습니다. 따라서 경비용역과 청소용역은 사업종류가 달라 입찰공고내용이 상이할 것이므로 사업자 선정절차를 각 각 진행해 시행하는 것이 동 지침에 적합할 것으로 판단됩니다. 〈국토부 주택건설공급과 – 2018. 10〉

.※ ※ ※ 지명경쟁입찰로 주택관리업자를 선정할 수 있는지요?※ ※ ※

– 지명경쟁입찰은 계약의 성질 또는 목적에 비춰 특수한 설비 기술 자재 물품 또는 특수한 실적이 있는자가 아니면 계약의 목적을 달성하기 곤란한 경우로서 입찰대상자가 10인 이내인 경우 그 중에서 선정하는 방법입니다. 이 경우 5인 이상의 입찰대상자를 선정하여 통지해야 하며 2인 이상의 유효한 입찰참가 신청이 있어야 합니다. 다만 입찰대상자가 5인 미만인 때에는 대상자 모두를 지명해야 한다고 규정하고 있습니다. 하지만 주택관리업자는 상기 내용에 따른 지명경쟁입찰 대상이 아님을 알립니다. (국토부 주택건설공급과 – 2014 – 3)

※ 위탁관리수수료 입찰단가 산정 기준은 각 5개항목(기술지원비 기업이윤 등)당 각 각 ㎡당 단가인지 아니면 각 항목을 합한 월간 수수료 합계의 ㎡당 단가인지요?

- 입찰가격 산출방법은 주택관리업자 및 사업자 선정지침 제16조(입찰공고내용) 제1
항 제9호에 (입찰가격 산출방법 및 기준 등)을 입찰공고에 명시하도록 하고 있습
니다. 공동주택단지의 총 주택공급면적에 제곱미터당 단가를 곱해 산정한 월간 위
탁관리수수료에 계약기간의 개월 수를 곱해 산정한 금액으로 하되 부가가치세를
제외한 금액으로 해야 합니다. (※ 위탁관리 수수료 산정방법= 총 주택공급면적
×㎡당 단가×개월수(위수탁관리 계약기간) (국토부 주택건설공급과 2011.10.13.)

※ 관리주체가 사업 또는 용역을 위해 관리비 등을 사용할 때 개별 건당 입대의 의결
을 거쳐야 하는지 의결없이 사업자 선정지침에 따라 관리주체가 업체를 선정 계약
을 해도 되는지요?

- 입주자대표회의의 승인을 받았어도 입찰의 종류 및 공사나 용역별로 입대의에서
별도의 의결을 거치는 것이 타당합니다. (선정지침 제7조2항 관리규약준칙 제56
조1항 참조)

※ 경비용역 및 청소업체 선정을 위해 제한경쟁입찰 실시 후 유찰돼 일반경쟁입찰로
방법을 변경 또다시 2회차 까지 유찰되었다면 3회차에는 수의계약을 할 수 있는
지 경비 청소용역업체도 이런 경우 지명경쟁입찰을 할 수 있는지요? 또 지명경쟁
입찰시 목적에 접합한 특수한 장비 설비 기술 자재 물품이나 실적이 있는 경우로
돼 있는바 경비 청소용역 업체도 이런 경우로 볼 수 있는지요?

- 일반경쟁입찰로 재공고하였으나 2회차 까지 유찰된 경우에는 3회차 에는 수의계
약을 할 수 있습니다. 제한경쟁입찰 또는 지명경쟁입찰로 유찰된 경우에는 일반경
쟁입찰로 변경해 재 공고한 경우에만 2회차 까지 유찰로 인한 3회차 수의계약이
가능합니다. 목적에 적합한 특수한 장비나 설비 기술 물품 실적이 있는 경우 경비
청소 용역업체도 지명경쟁입찰로 선정할 수 있습니다. (국토부 주택건설 공급과 2
011.3.4.)

– 주택관리업자 및 사업자 선정지침 [별표4]비고 제1호에서 입주자등의 과반수의 찬
성을 얻어 관리규약으로 정할 경우에는평가항목 및 점수를 달리 정할 수 있다. 다
만 배점합계는 100점 입찰가격 배점은 30점으로 한다 여기서 평가항목 및 점수와
다르게 평가표를 만들어 관리규약으로 정한 경우를 말하므로 표준평가표와 달리
별도의 평가표를 관리규약으로 정하고 있다면 해당 평가표를 활용해 주택관리업자
를 선정하는 것은 유효합니다. (주택건설 공급과 2014.11)

– 이와 관련 사업수행 평가표의 작성주체에 관해서는 공동주택관리법·령 및 동 지
침에 별도로 명시하고 있는 내용은 없으며 해당 공동주택의 관리규약 및 제반 여
건 등에 따라서 자체적으로 운영해야 할 사항으로 사료됩니다. 다만 관리주체가
자기를 평가를 해서는 안 됩니다. (국토부 주택건설공급과 2014- 9)   사업자
선정 지침 제13조(적격심사제 운영)제①항 제2호 다만 해당 공동주택을 관리중인
주택관리업자의 임직원이 운영하는 사업자가 해당 공동주택 내 공사 및 용역 등의
입찰에 참여한 경우 해당 주택관리업자의 소속으로 배치된 관리사무소장은 평가위
원에서 제외(그 밖 의 평가집행에 관한 업무수행은 가능)하여야 하고, 위의 경우
입주자대표회의가 선정한 입주민이 평가주체가 된다.

② 제1항에 따라 구성된 평가주체 중 5인 이상이 적격심사 평가에 참여한 경우에 한하
여 평가결과를 유효한 것으로 인정하고 적격심사 평가 시 입주자대표회의 구성원
((평가위원으로 선정되지 못한 구성원인 경우)해당공동주택의 입주민(참관하고자
하는 입주민의 범위와 절차 등은 관리규약으로 정하여야 한다)은 참관할 수 있다.

– 주택관리업자 및 사업자 선정지침 [별표2]제9호를 적용하여 수의계약을 하는 경우 기존 사업자의 사업수행실적 평가가 필요한 것이며 제6호(공사 및 용역)를 적용하여 수의계약을 하는 경우에는 기존 사업자의 사업수행실적 평가가 필요하지 않습니다. (국토부 주택건설 공급과 유사민원– 2015.12.16.)

– 하자소송 승소금을 사용해 공사를 진행한다면 해당 승소금이 관리비등에 편입될 수 있는지에 따라 지침의 적용 여부가 달라 집니다. 만약 승소금이 관리비 등으로 편입될 수 있는 것이라면 승소금 으로 공사를 진행하는 경우 지침을 적용해야 하며 관리비등과 무관한 것이라면 이에 대해서는 공동주택관리법·령에 별도로 명시한 바가 없으므로 입찰방법 등은 당해 판결문 취지에 따라 해당 승소금을 수령할 자들의 의견을 수렴해 결정해야 할 것입니다. (국토부 주택건설 공급과 2015– 4)

◎ **영제25조(관리비등의 집행을 위한 사업자 선정)제1항 제2호 제3호** 입주자대표회의가 사업자를 선정하고 집행하는 다음 각 목의 사항

    2. 입주자대표회의가 사업자를 선정하고 집행하는 다음 각 목의 사항

        가. 법 제38조제1항에 따른 하자보수보증금을 사용하여 보수하는 공사

        나. 사업주체로부터 지급받은 공동주택 공용부분의 하자보수비용 을 사용하여 보수하는 공사

    3. 입주자대표회의가 사업자를 선정하고 관리주체가 집행하는 다음 각 목의 사항

        가. 장기수선충당금을 사용하는 공사

        나. 전기안전관리(「전기사업법」 제73조제2항 및 제3항에 따라 전기설비의 안전관리에 관한 업무를 위탁 또는 대행하게 하는 경우를 말한다)를 위한용역

– 당해 입찰시 산출내역서 제출을 요구했다면 주택관리업자 선정 및 사업자 선정지침 [별표3] 입찰의 무효 제11호 가목에서 입찰서상의 입찰가격과 총계금액이 일치하지 아니한 입찰은 입찰의 무효에 해당하는 것으로 정하고 있는바 입찰의 무효로 처리하여야 합니다. 〈국토부 주택건설공급과 - 502013 - 01.0〉

※ 주택관리업자 선정을 위한 입찰공고 시 공정거래 위원회로 부터 과징금 처분 사실이 없는 업체로 공고 한 것이 주택관리업자 및 사업자선정 지침에 적합한지 여부

– 주택관리업자 및 사업자 선정지침 제18조 제1항 각 호에서 정하는 참가 제한조건은 개별공동주택에서 임의로 변경하거나 추가할 수 없는바 선정과 관련해 입찰담합으로 공정거래위원회로부터 과징금 처분을 받은 후 6개월이 경과하지 않는 자는 경쟁입찰에 참가할 수 없으며(선정지침 제18조 제1항 제7호) 입찰에 참가한 경우에는 그 입찰을 무효로 한다고 정하고 있으므로 과징금 처분을 받았더라도 6개월이 지났다면 입찰에 참가할 수 있습니다 따라서 질의의 공고는 주택관리업자 및 사업자선정 지침에 적합하지 않으니 참고하기 바랍니다. 〈국토부 주택건설공급과 - 6914 - 2012.12.21.〉

※ 주택관리업자 교체에 관한 입주민 과반수의 동의서를 받아 이를 근거로 현 관리업체를 입찰에서 제외하는 내용으로 공고 하는 것이 효력이 있는 지 여부?

– 입주자대표회의는 계약기간이 만료된 주택관리업자에 대해 관리규약에서 정하는 절차에 따라 입주자 등으로부터 사전에 해당 주택관리업자의 주택관리에 대한 만족도를 청취한 결과 전체 입주자등의 과반수가 서면으로 교체를 요구한(부동의 포함) 경우 해당 공동주택의 입찰 참가를 제한해야 한다 따라서 해당 공동주택관리규약에 필요한 절차를 정해 그에 따라 집행해야 합니다. 입주민의 자발적인 서면동의서의 유.무효에 대해서는 사법적 판단이 필요합니다. 〈국토부 주택건설공급과 – 307– 2013.01.22.〉

※ 하자보증금 청구 용역업체를 선정해 하자보증금을 수령했고 하자보증금 청구업체 선정 시 하자보수 공사 까지 하는 업체를 선정했는데 입주자대표회의에서 별도의 입찰절차를 거쳐 하자보수 공사업체를 재선정해야 하는지 여부

– 하자보증금(하자진단)청구업체 선정은 주택관리업자 선정 및 사업자 선정지침의 적용대상이 아닙니다 다만 하자보수 공사는 선정지침 [별표7] 제1호 가목에서 공개경쟁입찰 최저낙찰제의 방법에 따라 입주자대표회의가 사업자를 선정하도록 정하고 있습니다 (국토부 주택건설공급과 2013.03.27.)

관리주체의 용역업체에 대한 보험료 및 연차수당 퇴직금 등 실비정산을 의무적으로 실시해야 하는지요?

- 사업자선정 지침 [별표3]입찰의 무효 제9호. 입찰가격 산출 방법 및 기준(임금 및 수당, 보험료 등 관계법령에서 산출기준을 적용하고 있는 경우에는 공고시 별도 명시하지 않더라도 적용하여야 하고, 그 밖에 발주처에서 정하여야 할 산출방법 및 기준은 공고시 명시하여야 함)질의한 관리주체의 용역업체에 대한 보험료 수당 등 실비정산에 대한 사항은 공고 시 명시하지 않았더라도 적용해야 합니다.

※ 입주자대표회의에서 주택관리업자 선정 시 그 주택관리업자가 경비나 청소 용역 업체를 수의계약에 의해 업체선정이 가능한가?

- 공동주택의 관리주체는 경비 청소 등 용역을 위해 사업자를 선정할 경우에는 공동 주택관리법 시행령 제25조에 의거 경쟁입찰에 의하도록 하고 있으므로 수의계약 으로 업체선정은 불가합니다.

※ 주택관리업자 적격심사제 표준평가표 중 협력업체와의 공생발전지수는 무었을 의 미하는 지요?

- 주택관리업자 적격심사제 표준평가표 중 협력업체와의 공생발전지수는 경비 청소 등에 대해 별도용역을 하는 경우 동 업체와 협력할 수 있는 방안을 창의적으로 제 시하고 실행할 수 있는 사업계획에 대해 부여하는 점수입니다.

- 주택관리업자 및 사업자 선정지침 제20조에서 주택관리업자의 입찰금액은 부가
가치세를 제외한 금액으로 한다고 정하고 있을 뿐 다른 규정은 없으므로 국토부
에서는 0원을 초과한 입찰금액은 유효한 것으로 지침을 운영하고 있습니다. 다만
귀 공동주택에서 입찰공고 시 입찰금액의 산출방법 또는 산출기준 등을 공고했다
면 그에 맞지 않게 입찰금액을 제출한 입찰은 무효로 처리할 수 있습니다. 〈국토
부 주택건설공급과- 전자민원 2014.4.11.〉

● 입찰가격산출방법=총주택공급면적×평방미터당단가×위탁관리개월수

※ 주택관리업자가 경비 청소업무를 직접수행 가능 여부와 입대의 의결한 예산으로
집행이 가능한지 주택관리업자가 경비 청소업무를 별도로 용역입찰을 하지 않고
직접 수행하는 것이 적법한지 주택관리업자가 직접 수행한다면 경비,청소비는 당
초에 입대의에서 의결한 예산으로 집행하면 되는지요?

- 공동주택관리법 제63조 제1항 제2호에서 공동주택 단지내 경비 청소 소독 및 쓰레
기수거는 관리주체의 업무로 정하고 있으므로 동 업무에 대해 관리주체에서 직영
하는 것은 가능하다. 선정지침 제16조(입찰공고내용)제1항 제2호에 경비 청소 등
의 직영운영 또는 위탁운영에 관한 사항을 반드시 공고하도록 규정하고 있으며 물
론 입주자대표회의에서 별도로 용역을 하겠다고 하면 선정지침에서 정하는 경쟁입
찰 절차에 따라 용역업체를 선정할 수 있다. 또한 주택관리업자가 경비 청소업무
를 직접 수행하더라도 귀 공동주택의 예산대로 경비 청소비를 집행할 수 있을 것
이나 최저임금 등 법적 사항은 지켜야 한다. 〈국토부 주택건설 공급과 2013.9.2.〉

26. 공동주택 공사 · 용역 시행 매뉴얼

1. 공사입찰 전 준비사항

1) 보수대상 및 방법 결정

- 공사의 범위 시기 방법 등을 결정(예정되어 있는 시기의 최소 1년전부터 건물 및 설비에 대한 점검)

- 장기수선계획 반영 계획 확인(장기수선계획 변경 없이 당해연도에 보수를 하지 않거나 계획에 반영되지 않는 공사를 하는 경우 과태료 대상 공동주택관리법 제102조 제2항 제4호 1000만원 이하의 과태료

- 공사비 지급계정 적정여부 확인(관리비나 각종 사용료를 장충금으로 지출해야 할 공사비용으로 사용하는 경우 과태료 대상 공동주택관리법 제90조 제3항 제9호를 위반하여 1000만원 이하의 과태료 대상입니다.

2) 적정공사비 산출 (설계도면 공사시방서 작성)

- 공종별로 목적물의 물량 규격 단가 등이 표시 되어 있는 내역서 작성

- 공사물량 산출이 어렵거나 관련도면이 없는 경우 전문가에게 의뢰(별도의 용역비가 소요되거나 정확한 물량산출이 가능하고 실제 공사 입찰시 입찰가격의 상한 자료로 활용 가능 사업자 선정지침 제24조 제5항)

- 입찰 공고시 전문가의 확인 및 적정자문기관의 검토결과를 통한 입찰가격의 상한을 공고(지침 24조5항)

- 입찰 공고 시 내역서를 공개하고 입찰자가 단가와 금액을 기재한 입찰가격 산출내역서를 입찰서와 함께 제출토록 하여 공사 준공 시 물량정산의 기초자료로 활용

2. 기존 주택관리업자와 재계약시 확인할 사항

1) 재계약 여부 결정

- 재계약 여부 결정시기: 기존 주택관리업자와의 계약기간 만료 60일 전까지 (관리규약

준칙 제58조)

● 재계약 여부 결정: ①입주자대표회의 과반수의 찬성으로 재계약 여부 결정　②입주민 등에게 기존 주택관리업자의 주택관리 만족도 의견청취(준칙 별지 8호서식사용)10일 이상 게시판과 통합정보마당에 공개　③의견청취 결과 입주자등의 10분지1 이상이 서면으로 관리방법의 변경 또는 주택관리업자의 교체를 요구하지 아니한 경우　④입주자대표회의 구성원의 3분지2 이상의 찬성으로 재계약 여부 확정

● 기존주택관리업자의 주택관리 만족도에 대한 의견청취 절차가 관리규약에 규정되어 있어야 함(관리규약에 관련규정이 없을 경우 기존 주택관리업자와의 재계약 불가능)

2) 입주자 등의 의견 청취 내용

● 계약기간이 만료되는 주택관리업자 상호(개인 또는 법인 명칭)

● 계약기간이 만료되는 날

● 계약기간이 만료되는 주택관리업자의 주택관리실적 평가내용

● 다시 계약할 경우의 계약기간 및 계약내용

● 입주자등의 10분지1 이상이 이의를 제기하면 재계약할 수 없다는 내용

● 전체 입주자 등의 과반수가 서면으로 교체(재계약 부동의)를 요구한 경우에는 기존 주택관리업자는 입찰참가를 제한 한다 라는 내용

● 이의제기 및 참가제한 의견 제출방법 제출기간 및 제출장소(이의서(관리규약으로 정한 입주자등의 의견청취서)는 대표자를 정하여 연서로 제출할 수 있으며 제출기간은 최소한 5일 이상으로 하고 장소는 입주자대표회의가 지정한 장소로 한다.)

● 그 밖에 필요한 사항

3. 기존 용역업자(경비 청소 소독 승강기유지관리 등)와 재계약 시 확인할 사항

1) 재계약 여부 결정

● 재계약 여부 결정시기: 기존 사업자와의 계약기간 만료 45일 전까지(준칙 제59조)

● 재계약 여부 결정 방법: 사업수행 실적평가 후 입주자대표회의 의결(준칙 별지 제10호서식 사용 평가점수 80점 이상을 받은 경우 입주자대표회의에서 구성원 과반수 찬성 의결로 재계약 가능

● 기존 사업자의 사업수행 평가절차가 관리규약에 규정되어 있어야 함(관리규약에 관련 규정 없을 경우 기존 사업자와 재계약 불가능 공개경쟁 입찰로 사업자를 선정해야 함)

2)사업수행실적 평가

● 사업수행실적 평가주체→입주자대표회의가 계약자인 경우 : 전기안전관리 용역 (입주자대표회의 구성원으로 평가위원 구성 (입주자대표회의가 평가위원으로 추가할 수 있음) 관리주체가 계약자인 경우→경비 청소 소독 승강기유지 등(관리주체와 관리주체가 선정한 평가위원(아파트 입주자 등으로 한정 입주자대표회의 구성원도 평가위원이 될 수 있음) ※ 평가주체 중 5인 이상이 평가에 참여한 경우 유효함 다만 해당 공동주택을 관리중인 주택관리업자의 임직원이 운영하는 사업자가 해당 공동주택 내 공사 및 용역 등의 입찰에 참여한 경우 해당 주택관리업자의 소속으로 배치된 관리사무소장은 평가위원에서 제외 입주자대표회의가 선정한 입주민이 평가위원이 된다. (지침 제13조 제1항제2호 단서조항 신설)

※ 유의사항: ① 사업수행실적 평가 시 회의록을 작성하여 보관할 것(입주자등의 열람이나 복사요구 시 공개)

② 평가위원 5인 이상은 개별심사 평가표를 위원별로 각각 작성하고 평균점수를 계정하여 한 장으로 정리보관 ※ 사업수행실적 평가결과 평가점수가 80점 미만인 경우 재계약 불가 경쟁입찰로 선정해야 함

4. 입찰과정별 확인할 사항

1. 입찰공고

● 입찰서 제출 마감일 10일 전에 공고(공고일은 불산입)

● 현장설명회 5일 전 입찰공고(공고일불산입)

● 재공고/긴급입찰: 입찰서 제출 마감일 5일 전 공고가능(현장설명회를 개최하는 경우에는 입찰서 제출 마감일 10일전에 공고)

● 해당공동주택 단지의 홈페이지(게시판 등)와 공동주택관리정보시스템에 공고

● 입찰가격 상한 공고: 적정성 자문기관의 검토 또는 3개소 이상의 견적서나 건축사 기술사 등 관계전문가 확인 필요 법 제86조에 따른 공동주택관리 지원기구 자문검토결과(선정지침 제24조 제5항 참조)

◆ **제한경쟁 입찰시 제한 가능 사항**

❶ 사업실적: 적격심사제의 경우 세부 배점표의 최저점수 이하로 제한

❷ 기술능력: 기술(공법 설비 성능 물품 등)보유현황 (기술 보유업체가 10인 이상인 경우)

❸ 자 본 금: 해당 계약의 규모와 건설산업기본법 시행령 별표의 건설산업 등록기준에서 제시하고 있는 법정 자본금 등을 고려하여 제한(주택관리업 도장공사업 방수공사업 승강기설치공사업의 경우 2억원)

※ **입찰공고 내용에 명시되어야 할 사항**

1) 사업개요 및 현장설명회 일시 장소와 참가의무 여부

2) 입찰의 종류/낙찰의 방법: 적격심사제의 경우 세부배점 간격이 제시된 평가배점표 반드시 포함

3) 입찰서 등 제출서류에 관한 사항: 제출서류의 목록 서식 제출방법 마감시한 등

4) 개찰의 일시 장소

5) 입찰참가 자격(입찰무효 시 그 이유를 알리는 방법 포함)

6) 유의사항(입찰가격 산출방법 및 기준 등): 현장설명회에서 입찰가격 산출방법 및 기준을 공지하였다면 사업자 선정지침에 적합하지 않음 반드시 입찰공고에 공고해야 함

7) 계약체결에 관한사항(계약기간 등)

8) 입찰보증금 및 그 귀속에 관한사항

9) 그 밖에 입찰에 필요한 사항(입주자대표회의 의결사항): 해당 입찰에 참여할 경우 업체에서 알아야 하는 발주처의 특수성 등

※ 법령으로 영업지역을 제한하는 경우가 아니면 영업지역 제한 불가

2. 현장설명회

● 입찰서 제출 마감일 5일전 개최

● 입찰서 작성방법(산출내역서 포함)입찰유의서 낙찰자 결정방법 설계도서 시방서 계약체결에 관한 주요 사항 등

※ 유의 사항

1) 현장설명회를 개최하는 경우 입찰서 제출 마감일이 12월 20일 이면 12월 15일에 현장
   설명회를 개최하면 되는 것이므로 입찰공고는 12월 10일 이전에 하여야 함

2) 현장설명회 참가를 의무로 하여 현장설명회 참석업체에 한하여 참가자격을 부여하는
   경우라 하더라도 제한 경쟁입찰의 제한요건 입찰가격 산출방법 및 기준 등 입찰과 관
   련한 중요한 사항은 반드시 입찰공고문에 명시되어야 함

※ 현장설명회에 포함되어야 할 사항

1) 다음 각 목의 현황 등 사업여건

● 경비용역: 경비초소/경비구역 현황

● 청소 소독용역 : 청소 소독범위/청소 소독 면적현황

● 승강기유지관리 용역 및 공사: 승강기 대수/시설현황

● 지능형 홈네트워크 설비유지관리용역 및 공사: 설비대수/시설현황

● 각종 시설 및 보수공사: 설계도서 보수범위/보수방법

● 건축물 안전진단: 설계도서/안전진단 범위

● 그 밖의 영역 및 공사: 공사에 필요한 사항

2) 현장설명회 일시 장소/참가의무 여부 3)입찰의 종류/낙찰방법 4)입찰공고 내용의 구
   체적인 설명 5)그 밖의 입찰에 관한 질의응답 등 필요한 사항

※ 현장설명회는 반드시 개최해야 하는 것은 아님→현장설명회 참가자간 입찰담합 우려
   가 있을 경우 등 필요한 경우 현장설명 자료를 공고문에 함께 게시하고 현장설명회 생
   략가능

3. 입찰서류 및 입찰방법

● 전자입찰 방식으로 사업자를 선정할 것

● 수의계약이나 적격심사제인 경우에는 비전자적 방법 가능

● 입찰서제출→ 우편/방문제출 입찰서(입찰서 구비서류 포함)와 그 밖의 서류를 제출마
   감일 18시 까지 도착한 것만 유효 → 제출한 입찰서류는 교환 변경 불가

● 입찰의 성립→일반경쟁입찰/지명경쟁입찰: 2인 이상의 유효한 입찰   제한경쟁입찰: 3인 이상의 유효한 입찰

※ 입찰 참가자격 제한

입찰공고일 현재 다음의 어느 하나에 해당하는 경우 그 입찰을 무효로 함

1. 사업종류별로 해당 법령에 따른 자격요건을 갖추지 아니한 자

2. 해당 법령에 따른 영업정지 처분을 받고 그 영업정지 기간 중에 있는 자

3. 국세 및 지방세를 완납하지 아니한 자

4. 해당 입찰과 관련하여 물품 금품 발전기금등을 입주자 사용자 입대의(구성원포함) 관리주체(관리사무소 직원 포함)등에게 제공한 자

5. 해당 공동주택의 입주자대표회의 구성원(그 배우자 및 직계존비속 포함한다)이 임.직원으로 소속된 주택관리업자   6.사업자 선정과 관련하여 입찰담합으로 공정거래위원회로부터 과징금 처분을 받은 후 6개월이 경과되지 아니한 자

※ 입찰 참가자 제출서류(우편/방문 퀵써비스 배달가능)

1. 입찰서(사업자 선정지침 별지 제1호 서식)→ 별지서석을 사용하지 아니하거나 입찰가격을 아라비아 숫자로만 기재한 경우 무효 → 전자입찰방식인 경우에는 시스템에 입찰서 내용을 입력하는 것으로 갈음할 수 있음

2. 사업종류별로 해당 법령에 따른 면허증 등록증 또는 유사한 증명서 사본

3. 사업자등록증 사본 법인 등기부등본(개인은 주민등록등본)

4. 국세 지방세 납세증명서 1부(전자발급포함)

5. 제한요건을 증빙하는 사본 1부(제한경쟁입찰인 경우)

6. 평가배점표에 따른 제출서류(적격심사제인 경우)

7. 그 밖에 입찰에 필요한 서류

※ 입찰금액 산정 및 입찰보증금 5%이상 (입찰금액 산정 VAT별도)

공사: 총 공사금액 또는 단가 용역: 월간용역비×용역기간 개월 수 입찰보증금(현금 보증 보험증권 공제증권 또는 보증회사 발행분)→ 입찰금액의 5%이상

4. 적격심사 평가

● 적격심사제 평가주체→입대의가 계약자인 경우: 주택관리업자선정 하자보수공사 장기수선충당금을 사용하는 공사 전기안전관리 용역 →입대의 구성원으로 평가위원을 구성 (입대의가 선정한 평가위원을 추가할 수 있음) (다만 해당 공동주택을 관리중인 주택관리업자의 임직원이 운영하는 사업자가 해당 공동주택내 공사 및 용역 등의 입찰에 참여한 경우 해당 주택관리업자의 소속으로 배치된 관리소장은 평가위원에서 제외하여야 하고 위의 경우 입주자대표회의가 선정한 입주민이 평가위원이 된다.)

지침 제13조 제1항제2호 단서조항 신설 :다만 해당 공동주택을 관리중인 주택관리업자의 임직원이 운영하는 사업자가 해당 공동주택 내 공사 및 용역 등의 입찰에 참여한 경우 해당 주택관리업자의 소속으로 배치된 관리사무소장은 평가위원에서 제외(그 밖에 평가집행에 관한 업무수행은 가능)하여야 하고, 위의 경우 입주자대표회의가 선정한 입주민이 평가주체가 된다.

관리주체가 계약자인 경우 :경비 청소 소독 승강기유지 등 → 관리주체와 관리주체가 선정한 평가위원(당해 아파트 입주자등으로 한정) → 입대의 구성원도 평가위원이 될 수 있음 → 평가주체 중 5인 이상이 평가에 참여한 경우에 한하여 평가결과가 유효함

※ 유의사항→사업수행실적 평가시 회의록을 작성하여 보관할 것 →공동주택의 입주자등이 열람이나 복사요구시 공개 →평가위원 5인 이상은 개별 심사(평가표를 위원별로 각각 작성)하고 평균점수를 계정하여 한 장으로 정리 보관

※ 적격심사제 또는 관리규약으로 정한 경우(입대의 의결)최저 최고 낙찰제 가능→적격심사제에서 동점자 발생 최저 가격으로 결정 →최저 최고 가격도 동일한 경우 추첨으로 결정 →최저 최고 낙찰제에서 최저 최고 가격이 2인 이상인 경우 추첨으로 결정

5. 낙찰자 결정

● 입찰서의 개찰 → 입찰공고에 명시된 일정에 따라 이해관계인이 참석한 장소에서 개찰 → 반드시 모든 입찰업체가 참여해야 개찰이 가능한 것이 아님. 다만 입찰공고 일정대로 개찰이 진행되거나 개찰변경 일정을 통보하였음에도 불구하고 입찰업체가 참석하지 아니한 경우에는 입찰업체 등 이해관계인이 참석하지 않더라도 개찰할 수 있다.

● 경쟁입찰시 협의에 의한 선정 우선협상 대상자의 선정 불가 → 낙찰자 선정 후 계약금
액을 입찰서 금액과 다르게 재협의하거나 최저가나 적격심사제가 아니라 여러 조건을
제시받아 그 중 가장 좋은 조건을 제시하는 업체를 협상자로 선정한 사례 → 하자기간
을 타 업체보다 2배 길게 한다거나 공사 완료 후 발전기금 제공 등

27. 관리감독 및 행정처분

★ **제92조(보고 · 검사 등)** ① 국토교통부장관 또는 지방자치단체의 장은 필요하다고 인정할 때에는 이 법에 따라 허가를 받거나 신고 · 등록 등을 한 자에게 필요한 보고를 하게 하거나, 관계 공무원으로 하여금 사업장에 출입하여 필요한 검사를 하게 할 수 있다.

※ 제92조제1항에 따른 보고 또는 검사의 명령을 위반한 자 500만원 이하의 과태료를 부과한다.(법 제102조 3항26호)

② 제1항에 따른 검사를 할 때에는 검사 7일 전까지 검사 일시, 검사 이유 및 검사 내용 등 검사계획을 검사를 받을 자에게 알려야 한다. 다만, 긴급한 경우나 사전에 통지하면 증거인멸 등으로 검사 목적을 달성할 수 없다고 인정하는 경우에는 그러하지 아니하다.

③ 제1항에 따라 검사를 하는 공무원은 그 권한을 나타내는 증표를 지니고 이를 관계인에게 내보여야 한다.

※ 조사 또는 검사나 감사를 거부.방해 또는 기피한 자 1년이하의 징역 또는 1천만원 이하의 벌금(법 제99조벌칙 7호)

★ **공동주택관리법 제93조[공동주택관리에 관한 감독]**

① 지방자치단체의 장은 공동주택 관리의 효율화와 입주자 사용자를 보호하기 위하여 다음 각 호의 어느 하나에 해당하는 경우 입주자 사용자 입주자대표회의나 동별 대표자 관리주체는 대통령으로 정하는 업무에 관한 사항을 보고 또는 입주자대표회의의 구성을 위한 선거를 관리하는 기구나 그 구성원 등에게 자료의 제출이나 그 밖에 필요한 명령을 할 수 있으며 소속 공무원으로 하여금 영업소 관리사무소 등에 출입하여 공동주택의 시설 장부 서류 등을 조사 또는 검사하게 할 수 있다 이 경우 출입 검사 등을 하는 공무원은 그 권한을 나타내는 증표를 지니고 이를 관계인에게 내 보여야한다

　　1. 제3항 또는 제4항에 따른 감사에 필요한 경우

　　2. 이법 또는 이법에 따른 명령이나 처분을 위반하여 조치가 필요한 경우

　　3. 공동주택 단지 내 분쟁의 조정이 필요한 경우

4. 공동주택 시설물의 안전관리를 위하여 필요한 경우

5. 입주자대표회의 등이 공동주택 관리규약을 위반한 경우

6. 그밖에 공동주택관리에 관한 감독을 위하여 필요한 경우

② 공동주택의 입주자 또는 사용자는 제1항 제2호 제3호 또는 제5호에 해당하는 경우 전체입주등의 10분지3 이상의 동의 받아 지방자치단체의 장에게 입주자대표회의나 그 구성원 관리주체 법 제64조 제1항에 따른 공동주택의 관리사무소장 또는 입주자대표회의 구성을 위한 선거를 관리하는 기구나 그 구성원의 업무에 대하여 감사를 요청할 수 있다 이 경우 감사요청은 그 사유를 소명하고 이를 뒷받침 할 수 있는 서류를 첨부하여 서면으로 하여야 한다.

③ 지방자치단체장은 제2항에 따른 감사요청이 이유가 있다고 인정하는 경우에는 감사를 실시한 후 감사를 요청한 입주자 또는 사용자에게 그 결과를 통보 하여야 한다.

④ 지방자치단체의 장은 제2항에 따른 감사요청이 없더라도 공동주택관리의 효율화와 입주자 및 사용자의 보호를 위하여 필요하다고 인정하는 경우에는 제2항의 감사대상의 업무에 대하여 감사를 실시 할 수 있다

⑤ 지방자치단체의 장은 제3항 또는 제4항에 따라 감사를 실시할 경우 변호사 공인회계사 등의 전문가에게 자문하거나 해당 전문가와 함께 영업소 관리사무소 등을 조사할 수 있다

⑥ 제2항부터 제5항까지의 감사 요청 및 감사실시에 필요한 사항은 지방자치단체의 조례로 정한다.

※ 법 제99조[벌칙]

1년 이하의 징역 1천만원 이하의 벌금: 법 92조 제1항 (보고기피 검사방해)법93조 제1항 제3항 따른 조사 검사 또는 검사를 방해 거부 기피한자 법 제35조(행위허가 기준 등)제1항 제3항을 위반한 자.

※ 제93조제1항에 따른 보고 또는 자료제출 등의 명령을 위반한 자 1천만원 이하의 과태료를 부과한다(법102조2항)

◎ **시행령 제96조[공동주택관리에 관한 감독]**

① 법 제93조제1항에서 대통령령이 정하는 업무라 함은 다음 각 호의 업무를 밀한디

1. 입주자대표회의의 구성 및 의결

2. 관리주체 및 관리소장의 업무

3. 지치관리기구의 구성 및 운영

4. 관리규약의 제정.개정

5. 시설물의 안전관리

6. 공동주택의 안전점검

7. 장기수선계획 및 장기수선충당금 관련 업무

8. 법 제35조제1항의 규정에 의한. 행위 허가 또는 시행령 제35조 제1항 허가 .신고 관련업무

9. 그 밖에 공동주택의 관리에 관한 업무

※ 지방자치단체에서 과태료를 100% 감액해 부과하지 않을 수 있는지요?

– 공동주택관리법을 위반했을 경우 이에 대한 과태료 등 행정처분은 질서위반행위규제법에 따라 고의 또는 과실여부 등을 확인해 공동주택을 관리 감독하고 행정처분의 권한을 가진 해당 지체체에서 결정할 시힝입니다 다만 지자체에서 과태료를 부과하도록 결정된 경우 공동주택관리법 시행령 [별표9]과태료 부과기준의 일반기준 라목에 따라 감경사유가 여러개 있는 경우라도 감경의 범위는 과태료 금액의 2분지1을 넘을 수 없습니다.〈국토부 주택건설공급과– 2018.2〉

28. 공동주택관리정보시스템

★ 1. 공동주택법관리법 제23조[관리비등의 납부 및 공개 등]

④ 공동주택의 관리주체는 다음 각 호의 내역 항목(항목별 산출내역을 말하며 세대별 부과내역은 제외한다)을 대통령령으로 정하는 바에 따라 공개 하여야 한다 해당 공동주택단지 인터넷 홈페이지 홈페이지가 없는 경우에는 해당 공동주택단지의 관리사무소나 게시판 등을 말한다 이하 같다)와 법제88조 제1항에 따른 공동주택관리정보시스템에 공개하여야 한다 (※ 법제102조 제3항 제5호에 의거 500만원 이하의 과태료)

    1. 제2항에 따른 관리비

    2. 제3항에 따른 사용료 등

    3. 법 제30조 제1항에 따른 장기수선충당금과 그 적립금액

    4. 그 밖에 대통령령 으로 정하는 사항

● K- APT시스템 관리비 등47개 공개항목 통일(감정원)

사업자선정지침제11조(선정결과 공개)

② 제1항에 따른 통지를 받거나 직접 사업자를 선정한 경우, 관리주체는 제1항 각 호의 사항을 해당 공동주택단지의 인터넷 홈페이지(인터넷 홈페이지가 없는 경우에는 해당 공동주택단지의 관리사무소나 게시판 등)와 공동주택관리정보시스템에 즉시 공개하여야 한다.

제2장 주택관리업자의 선정

선정지침 제14조(입찰공고 방법) ① 입주자대표회의가 주택관리업자를 선정할 때에는 제16조에 따른 입찰공고 내용을 공동주택관리정보시스템에 공고하여야 한다.

제3장 공사 및 용역 사업자 선정

제22조(입찰공고 방법)관리주체(영 제25조제1항제2호와 제3호에 따라 입주자대표회의가

사업자 선정의 주체인 경우에는 입주자대표회의를 말한다. 이하 같다)가 사업자를 선정할 때에는 제24조에 따른 입찰공고 내용을 제14조의 절차에 따라 해당 공동주택단지의 인터넷홈페이지와 공동주택관리정보시스템에 공고하여야 한다.

◎ **공동주택관리법 시행령 제32조(설계도서의 보관 등)** ② 법 제31조에 따라 의무관리대상 공동주택의 관리주체는 공용부분에 관한 시설의 교체, 유지보수 및 하자보수 등을 한 경우에는 그 실적을 시설별로 이력관리 하여야 하며, 공동주택관리정보시스템에도 등록하여야 한다.

◎ **시행령 제36조(담보책임기간)** ② 사업주체(「건축법」 제11조에 따른 건축허가를 받아 분양을 목적으로 하는 공동주택을 건축한 건축주를 포함한다. 이 하 이 조에서 같다)는 해당 공동주택의 전유부분을 입주자에게 인도한 때에는 국토교통부령으로 정하는 바에 따라 주택인도증서를 작성하여 관리주체(의무관리대상 공동주택이 아닌 경우에는 「집합건물의 소유 및 관리에 관한 법률」에 따른 관리인을 말한다. 이하 이 조에서 같다)에게 인계하여야 한다. 이 경우 관리주체는 30일 이내에 공동주택관리정보시스템에 전유부분의 인도일을 공개하여야 한다.

29. 혼합주택관리(준주택 주상복합)

★ **공동주택관리법 제10조(혼합주택단지의 관리)** ① 입주자대표회의와 임대사업자는 혼합주택단지의 관리에 관한 사항을 공동으로 결정하여야 한다. 이 경우 임차인대표회의가 구성된 혼합주택단지에서는 임대사업자는 「민간임대주택에 관한 특별법」 제52조제3항 각 호의 사항을 임차인대표회의와 사전에 협의하여야 한다. 〈개정 2015.8.28.〉
② 제1항의 공동으로 결정할 관리에 관한 사항과 공동결정의 방법 및 절차 등에 필요한 사항은 대통령령으로 정한다.

2분지 1초과 관리주체:

1. 관리방법의 결정 및 변경
2. 주택관리업자의 선정
3. 분지2이상관리주체: 1. 장기수선충당금 및 특별수선충당금을 사용하여 주요시설의
    교체 및 보수
    2. 관리비등을 사용하여 시행하는 공사 및 용역에 관한 사항

◎ **시행령 제7조(혼합주택단지의 관리)** ① 법 제10조제1항에 따라 혼합주택단지의 입주자대표회의와 임대사업자가 혼합주택단지의 관리에 관하여 공동으로 결정하여야 하는 사항은 다음 각 호와 같다.

1. 법 제5조제1항에 따른 관리방법의 결정 및 변경
2. 주택관리업자의 선정
3. 장기수선계획의 조정
4. 장기수선충당금(법 제30조제1항에 따른 장기수선충당금을 말한다. 이하 같다) 및 특별수선충당금(「민간임대주택에 관한 특별법」 제53조 또는 「공공주택 특별법」 제50조의4에 따른 특별수선충당금을 말한다)을 사용하는 주요시설의 교체 및 보수에 관한 사항

5. 법 제25조 각 호 외의 부분에 따른 관리비등(이하 "관리비등"이라 한다)을 사용하여 시행하는 각종 공사 및 용역에 관한 사항

② 제1항에도 불구하고 다음 각 호의 요건을 모두 갖춘 혼합주택단지에서는 제1항 제4호 또는 제5호의 사항을 입주자대표회의와 임대사업자가 각자 결정할 수 있다.

1. 분양을 목적으로 한 공동주택과 임대주택이 별개의 동(棟)으로 배치되는 등의 사유로 구분하여 관리가 가능할 것

2. 입주자대표회의와 임대사업자가 공동으로 결정하지 아니하고 각자 결정하기로 합의하였을 것

③ 제1항 각 호의 사항을 공동으로 결정하기 위한 입주자대표회의와 임대사업자 간의 합의가 이루어지지 아니하는 경우에는 다음 각 호의 구분에 따라 혼합주택단지의 관리에 관한 사항을 결정한다.

1. 제1항 제1호 및 제2호의 사항: 해당 혼합주택단지 공급면적의 2분의 1을 초과하는 면적을 관리하는 입주자대표회의 또는 임대사업자가 결정

2. 제1항 제3호부터 제5호까지의 사항: 해당 혼합주택단지 공급면적의 3분의 2 이상을 관리하는 입주자대표회의 또는 임대사업자가 결정

④ 입주자대표회의 또는 임대사업자는 제3항에도 불구하고 혼합주택단지의 관리에 관한 제1항 각 호의 사항에 관한 결정이 이루어지지 아니하는 경우에는 법 제71조제1항에 따른 공동주택관리 분쟁조정위원회에 분쟁의 조정을 신청할 수 있다.

◆ **관리규약준칙 제99조(혼합주택단지의 관리)** 입주자대표회의는 혼합주택단지의 관리에 관한 사항을 임대사업자와 공동으로 결정하여야 하며, 영 제7조에 정하지 않은 공동결정에 관한 사항, 그 방법 및 절차에 대하여는 [별첨 6]을 참조하여 입주자대표회의, 임차인대표회의, 임대사업자가 별도의 협약서로 정한다.

– 공동주택관리법 제10조 및 동법 시행령 제7조에 의거 혼합주택단지의 입주자대표회의와 임대사업자가 혼합주택단지의 관리에 관해 공동으로 결정해야 하는 사항으로 주택관리업자의 선정 동법 제25조 각 호 외의 부분에 따른 관리비 등을 사용해 시행하는 각종 공사 및 용역에 관한 사항 등을 규정하고 있습니다. 따라서 입대의와 임대사업자가 공동으로 결정해야 할 것이며 주택관리업자의 선정 사항을 공동으로 결정하기 위한 입대의와 임대사업자간의 합의가 이루어지지 않는 경우에는 공동주택관리법 제7조 제3항에 의거 해당 혼합주택단지 공급면적의 2분지1을 초과하는 면적을 관리하는 관리주체가 결정하도록 규정하고 있으니 참고 하시기 바랍니다. 〈국토부 주택건설공급과– 2018.9〉

– 관리규약은 분양주택은 공동주택관리법 · 령에 따라(법 제18조)임대주택은 임대주택법에 따라 각 각 제.개정 합니다. 단 각자의 관리규약에서 공통되는 내용 등에 대해서는 공통관리규약을 제정할 수 있습니다

– 분양단지는 공동주택관리법 · 령에 따라 입대의를 구성해야 하며 (공동주택관리법 제14조)임대주택은 임대주택법령에 따라 임차인대표회의를 구성할 수 있습니다 (임대주택법 제29조 제1항)그리고 분양단지에서는 입대의 구성원 과반수의 찬성으로 의결하며 (공동주택관리법 시행령 제14조 제1항)임차인대표회의의 의결방법은

임대주택법·령에서 별도로 정하고 있지 않습니다. 관리규약으로 정해야 함 (국토부 주택건설공급과– 2014.8)

※ 질의: 혼합단지에서 분양 임대 동 대표 임기 조정관련

분양 임대 혼합단지에서 분양세대의 동별 대표자와 임대세대의 동별 대표자의 임기가 달라 조정하고자 하는 경우 임대세대 동별 대표자 임기를 단축 또는 연장해 조정할 수 있는지 또한 현재 구성된 분양동과 임대동의 동별 대표회의를 해산할 수 있는지 아울러 임기조정이 가능 하다면 임기 개시일은 언제인지?

- 분양 임대 혼합단지 동별 대표자에 대해 공동주택관리법 시행령에는 별도로 정하고 있는 내용이 없다 따라서 분양세대는 입주자대표회의를 임대주택에는 임차인대표회의를 구성하고 공동사안에 대해서는 입주자대표회의 임대사업자 임차인 대표회의 및 입주자등과 협의해 처리하는 것이 바람직하다 임대주택의 임차인대표회의 구성원에 대해서는 임기 등에 관한 규정이 없으므로 해당 임대주택의 관리규약으로 그 임기를 조정해 운영할 수 있을 것으로 판단된다.

- 또한 분양주택의 입주자대표회의 구성원의 임기를 조정해 부득이 그 임기가 단축된 경우 1회의 임기로 산정해야 하며 임기조정의 필요에 따라 부득이 임기를 채우지 못하는 동별 대표자의 경우는 사퇴 또는 해임에 해당되지 않음을 관리규약 부칙에 명시해 둘 필요가 있을 것으로 판단된다. 임기조정을 하는 경우 새로이 시작하는 임기의 시작일은 귀 공동주택에서 자체적으로 결정하고 관리규약에 명시해 운영할 수 있을 것으로 판단 된다 (국토부 주택건설공급과 996– 2013.3.6.)

– 공동주택관리법 시행령 제7조 제1항 제5호에 따라 혼합주택단지에서 입대의와 임대사업자가 공동으로 결정하는 관리비등을 사용해 시행하는 각종 공사 및 용역에 관한 사항에는 공사 및 용역사업자 선정과 관련된 사항도 포함하고 있으므로 공사업체를 선정할 경우 주택관리업자 및 사업자 선정지침을 적용해야 할 것으로 판단됩니다.(국토부 주택건설공급과 2017.2)

※ 임대를 목적으로 하는 주택에 준주택이 포함되는데 상가용 오피스텔도 포함되는지요?

– 주택 임대관리업이란 임대를 목적으로 하는 주택의 시설물 유지를 수행하는 것으로 임대를 목적으로 하는 주택의 범위에는 준주택도 포함하고 있습니다. 준주택에는 오피스텔이 포함되어 있으며 건축법상의 오피스텔은 사업용 주거용으로 구분하고 있지 않으므로 상가용 오피스텔도 포함된다고 할 수 있습니다. (준준택: 오피스텔 노인복지주택 기숙사등)

※ 5년 공공임대 아파트로서 총 600세대 중 약 300세대는 분양전환을 받고 나머지 세대는 시행사와의 소송으로 인해 아직 분양전환을 받지 아니한 경우 입주자대표회의 회장 및 감사는 투표로 뽑아야 하는지 입대의에서 선출해도 되는지요?

– 입주자대표회의는 분양주택에서 구성하는 것이며 임대세대에서는 임차인대표회의를 구성할 수 있습니다. 따라서 입주자대표회의를 구성하는 분양세대가 500세대 미만으로 입주자대표회의 회장 및 감사의 선출은 입주자대표회의 과반수의 찬성으로 선출할 수 있습니다. 〈국토교통부 건설공급과 FAQ- 2013.01.29.〉

– 입주자대표회의는 공동주택관리법 제14조에 따라 분양주택의 입주자가 구성하여 운영할 수 있으며 임대를 목적으로 하는 임대주택의 임차인은 민간임대주택법 제52조에 의거 임차인대표회의를 구성할 수 있으며 분양주택과 임대주택이 혼재된 단지의 경우에도 임차인대표회의 구성을 배제하고 있지 않으므로 귀 단지의 경우 입주자대표회의와는 별도로 임차인대표회의 구성도 가능하며 단지운영 관리 시 각 대표회의의 권한범위 내에서 상호 협의하여 처리할 수 있습니다 분양주택의 경우 입주자등이 제정한 관리규약을 임대주택의 경우에는 임대사업자와 임차인대표회의 간 협의에 의한 관리규약을 따라야 할 것입니다. 다만 서로 상충되는 부분은 협의에 의하여 해결하여야 할 것으로 사료 됩니다. 〈국토부 주거복지기획과– 2014. 12. 30.〉

※ 분양과 임대가 혼재한 공동주택단지의 특별수선충당금의 부과 징수는 어떻게?

– 분양주택의 경우 공동주택관리법 시행령 제31조에 따라 입주자는 사용검사일로부터 1년이 경과한 날로부터 매월 적립하도록 규정하고 있으며 임대주택의 경우 민간임대주택법 시행령 제43조 제3항 및 공공주택특별법 시해령 제57조제4항애 따라 임대사업자가 사용검사 후 1년이 경과한 날부터 매월 적립하고 분양으로 전환 시 공동주택관리법 시행령 제10조에 의거 최초로 구성되는 입주자대표회의에 인계하도록 하고 있으므로 각 법령에 따라 별도로 부과 징수하고 보관하여야 합니다. 〈국토부 주거복지기획과– 2014. 12. 30.〉

30. 벌칙 및 과태료

★ **제90조(부정행위 금지 등)** ① 공동주택의 관리와 관련하여 입주자대표회의(구성원을 포함한다. 이하 이 조에서 같다)와 관리사무소장은 공모(共謀)하여 부정하게 재물 또는 재산상의 이익을 취득하거나 제공하여서는 아니 된다.

※ 법 제97조(벌칙) 3년이하의 징역 또는 3천만원이하의 벌금에 처한다 다만 그 위반행위로 얻은 이익의 100분지50에 해당하는 금액이 3000만원을 초과하는 자는 3년 이하의 징역 또는 그 이익의 2배에 해당하는 금액이하의 벌금에 처한다

② 공동주택의 관리와 관련하여 입주자등 · 관리주체 · 입주자대표회의 · 선거관리위원회(위원을 포함한다)는 부정하게 재물 또는 재산상의 이익을 취득하거나 제공하여서는 아니 된다.

※ 2년 이하의 징역 또는 2000만원 이하의 벌금 그 위반행위로 얻은 이익의 100분지50에 해당하는 금액이 2천만원을 초과하는 자는 2년 이하의 징역 또는 그 이익의 2배에 해당하는 금액 이하의 벌금에 처한다(법98조3호)

③ 입주자대표회의 및 관리주체는 관리비 · 사용료와 장기수선충당금을 이 법에 따른 용도 외의 목적으로 사용하여서는 아니 된다. ※ 제90조 제3항을 위반하여 관리비 사용료와 장기수선충당금을 이 법에 따른 용도 외의 목적으로 사용한 자 1천만원 이하의 과태료를 부과한다.(법 제102조(과태료)제2항제9호)

④ 주택관리업자 및 주택관리사등은 다른 자에게 자기의 성명 또는 상호를 사용하여 이 법에서 정한 사업이나 업무를 수행하게 하거나 그 등록증 또는 자격증을 대여하여서는 아니 된다. 〈개정 2016.1.19.〉

※ 1년 이하의 징역 1천만원이하벌금(법 제99조(벌칙)제6호)

★ **제92조(보고 · 검사 등)** ① 국토교통부장관 또는 지방자치단체의 장은 필요하다고 인정할 때에는 이 법에 따라 허가를 받거나 신고 · 등록 등을 한 자에게 필요한 보고를 하게 하거나, 관계 공무원으로 하여금 사업장에 출입하여 필요한 검사를 하게 할 수 있다.

※ 제92조제1항에 따른 보고 또는 검사의 명령을 위반한 자 500만원 이하의 과태료를 부과한다.(법 제102조 3항26호)

② 제1항에 따른 검사를 할 때에는 검사 7일 전까지 검사 일시, 검사 이유 및 검사 내용 등 검사계획을 검사를 받을 자에게 알려야 한다. 다만, 긴급한 경우나 사전에 통지하면 증거인멸 등으로 검사 목적을 달성할 수 없다고 인정하는 경우에는 그러하지 아니하다.

③ 제1항에 따라 검사를 하는 공무원은 그 권한을 나타내는 증표를 지니고 이를 관계인에게 내보여야 한다.

※ 조사 또는 검사나 감사를 거부.방해 또는 기피한 자 1년이하의 징역 또는 1천만원 이하의 벌금(법 제99조벌칙 7호)

★ **제97조(벌칙)** 제90조제1항을 위반하여 공모하여 부정하게 재물 또는 재산상의 이익을 취득하거나 제공한 자는 3년 이하의 징역 또는 3천만원 이하의 벌금에 처한다. 다만, 그 위반행위로 얻은 이익의 100분의 50에 해당하는 금액이 3천만원을 초과하는 자는 3년 이하의 징역 또는 그 이익의 2배에 해당하는 금액 이하의 벌금에처한다

★ **제98조(벌칙)** 다음 각 호의 어느 하나에 해당하는 자는 2년 이하의 징역 또는 2천만원 이하의 벌금에 처한다. 다만, 제3호에 해당하는 자로서 그 위반행위로 얻은 이익의 100분의 50에 해당하는 금액이 2천만원을 초과하는 자는 2년 이하의 징역 또는 그 이익의 2배에 해당하는 금액 이하의 벌금에 처한다.

  1. 제52조제1항에 따른 등록을 하지 아니하고 주택관리업을 운영한 자 또는 거짓이나 그 밖의 부정한 방법으로 등록한 자

  2. 삭제 〈2016.1.19.〉

  3. 제90조제2항을 위반하여 부정하게 재물 또는 재산상의 이익을 취득하거나 제공한 자

★ **제99조(벌칙)** 다음 각 호의 어느 하나에 해당하는 자는 1년 이하의 징역 또는 1천만원 이하의 벌금에 처한다.

  1. 제26조 제1항 및 제2항을 위반하여 회계감사를 받지 아니하거나 부정한 방법으로 받은 자 〈2017.3.2신설〉

1호의2. 제26조5항을 위반하여 회계감사를 방해하는 등 같은 항 각 호의 어느 하나에 해당하는 행위를 하는 자

1호의3. 제27조제1항을 위반하여 장부 및 증빙서류를 작성 또는 보관하지 아니하거나 거짓으로 작성한 자

1호의4. 제35조(행위허가 기준 등)제1항 및 제3항을 위반한 자(같은 조 제1항 각 호의 행위 중 신고대상 행위를 신고하지 아니하고 행한 자는 제외한다)

2. 제50조제2항 및 제78조를 위반하여 직무상 알게 된 비밀을 누설한 자 (⇒ 하자분쟁 및 중앙분쟁위 관련 조항)

3. 제53조에 따른 영업정지기간에 영업을 한 자나 주택관리업의 등록이 말소된 후 영업을 한 자

4. 삭제 〈2016.1.19.〉

5. 제67조에 따라 주택관리사등의 자격을 취득하지 아니하고 관리사무소장의 업무를 수행한 자 또는 해당 자격이 없는 자에게 이를 수행하게 한 자

6. 제90조제4항을 위반하여 등록증 또는 자격증의 대여 등을 한 자

7. 제92조제1항 또는 제93조제1항·제3항·제4항에 따른 조사 또는 검사나 감사를 거부·방해 또는 기피한 자

8. 제94조에 따른 공사 중지 등의 명령을 위반한 자

★ **제100조(벌칙)** 다음 각 호의 어느 하나에 해당하는 자는 1천만원 이하의 벌금에 처한다.

1. 제6조제1항에 따른(자치관리) 기술인력 또는 장비를 갖추지 아니하고 관리행위를 한 자

2. 제64조제1항을 위반하여 주택관리사 등을 배치하지 아니한 자

★ **제101조(양벌규정)** 법인의 대표자나 법인 또는 개인의 대리인, 사용인, 그 밖의 종업원이 그 법인 또는 개인의 업무에 관하여 제97조부터 제99조까지의 어느 하나에 해당하는 위반행위를 하면 그 행위자를 벌하는 외에 그 법인 또는 개인에게도 해당 조문의 벌금형을 과(科)한다. 다만, 법인 또는 개인이 그 위반행위를 방지하기 위하여 해당 업무에 관하여 상당한 주의와 감독을 게을리 하지 아니한 경우에는 그러하지 아니하다.

★ **제102조(과태료)** ① 제38조제2항을 위반하여 하자보수보증금을 이 법에 따른 용도 외의 목적으로 사용한 자에게는 2천만원 이하의 과태료를 부과한다.

② 다음 각 호의 어느 하나에 해당하는 자에게는 1천만원 이하의 과태료를 부과한다. 〈개정 2016.1.19.〉

    1. 제13조를 위반하여 공동주택의 관리업무를 인계하지 아니한 자

    2. 삭제 〈2017.3.2〉

    3. 삭제 〈2017.3.2〉

    4. 제29조제2항을 위반하여 수립되거나 조정된 장기수선계획에 따라 주요시설을 교체하거나 보수하지 아니한자

    5. 제43조제3항에 따라 판정받은 하자를 보수하지 아니한 자

    6. 제52조제5항을 위반하여 유사명칭을 사용한 자

    7. 제93조제1항에 따른 보고 또는 자료 제출 등의 명령을 위반한 자

    8. 제65조제5항을 위반하여 관리사무소장을 해임하거나 해임하도록 주택관리업자에게 요구한 자

    9. 제90조제3항을 위반하여 관리비·사용료와 장기수선충당금을 이 법에 따른 용도 외의 목적으로 사용한 자

③ 다음 각 호의 어느 하나에 해당하는 자에게는 500만원 이하의 과태료를 부과한다. 〈개정 2015.12.29., 2016.1.19.〉

    1. 제6조제1항에 따른 자치관리 기구를 구성하지 아니한 자(관리사무소 구성 및 장비)

    2. 제7조제1항 또는 제25조를 위반하여 주택관리업자 또는 사업자를 선정한 자

    3. 제11조제3항 및 제19조에 따른 관리방법의 결정 및 변경, 관리규약의 제정 및 개정, 입주자대표회의의 구성 및 변경 등의 신고를 하지 아니한 자

    4. 제14조제7항을 위반하여 회의록을 작성하여 보관하게 하지 아니하거나, 열람 청구 또는 복사 요구에 응하지 아니한 자

    5. 제23조제4항을 위반하여 관리비 등의 내역을 공개하지 아니하거나 거짓으로 공개한 자

    6. 제26조제3항을 위반하여 회계감사의 결과를 보고 또는 공개하지 아니하거나 거짓으로 보고 또는 공개한 자

    7. 삭제 〈2017.3.2〉

8. 제27조제2항을 위반하여 장부나 증빙서류 등의 정보에 대한 열람, 복사의 요구에 응하지 아니하거나 거짓으로 응한 자

9. 제28조를 위반하여 계약서를 공개하지 아니하거나 거짓으로 공개한 자

10. 제29조를 위반하여 장기수선계획을 수립하지 아니하거나 검토하지 아니한 자 또는 장기수선계획에 대한 검토사항을 기록하고 보관하지 아니한 자

11. 제30조에 따른 장기수선충당금을 적립하지 아니한 자

12. 제31조에 따라 설계도서 등을 보관하지 아니하거나 시설의 교체 및 보수 등의 내용을 기록ㆍ보관ㆍ유지하지 아니한 자

13. 제32조에 따른 안전관리계획을 수립 또는 시행하지 아니하거나 교육을 받지 아니한 자

14. 제33조제1항에 따라 안전점검을 실시하지 아니하거나 같은 조 제2항에 따라 입주자대표회의 또는 시장ㆍ군수ㆍ구청장에게 통보 또는 보고하지 아니하거나 필요한 조치를 하지 아니한 자

15. 제35조제1항 각 호의 행위를 신고하지 아니하고 행한 자(행위허가 위반 법99조 제1호4에 의거 1년이하징역 1천만원이하의 벌금)

16. 제38조제2항에 따른 신고를 하지 아니하거나 거짓으로 신고한 자(하자보수 보증금 사용 신고)

17. 제46조제2항에 따른 조정등에 대한 답변서를 하자분쟁조정위원회에 제출하지 아니한 자 또는 제75조제1항에 따른 분쟁조정 신청에 대한 답변서를 중앙분쟁조정위원회에 제출하지 아니한 자

18. 제46조제3항에 따른 조정등에 응하지 아니한 자(입주자는 제외한다) 또는 제75조 제2항에 따른 분쟁조정에 응하지 아니한 자

19. 제52조제1항에 따른 주택관리업의 등록사항 변경신고를 하지 아니하거나 거짓으로 신고한 자

20. 삭제 〈2016.1.19.〉

21. 삭제 〈2016.1.19.〉

22. 제63조제2항을 위반하여 공동주택을 관리한 자(관리주체는 공동주택을 이법또는 이법의 명령에 따라관리)

23. 제64조제5항에 따른 배치 내용 및 직인의 신고 또는 변경신고를 하지 아니한 자

24. 제66조제3항에 따른 보증보험 등에 가입한 사실을 입증하는 서류를 제출하지 아니한 자

25. 제70조에 따른 교육을 받지 아니한 자

26. 제92조제1항에 따른 보고 또는 검사의 명령을 위반한 자

④ 제1항부터 제3항까지의 규정에 따른 과태료는 대통령령으로 정하는 바에 따라 국토교통부장관 또는 지방자치단체의 장이 부과한다.

◆ **관리규약준칙 제97조(벌칙)** ① 관리주체는 입주자등이 이 규약을 위반하여 공동생활의 질서를 문란하게 한 때에는 다음 각 호에 따라 조치할 수 있다.

1. 1차 : 시정권고 또는 경고문 부착

2. 2차 : ○○만원 이하의 범위에서 위반금 부과

3. 3차 : 위반금을 체납하는 경우 제98조 규정을 준용한다.

② 관리주체는 제1항제2호에 따른 조치를 하기 전에 입주자등에게 서면으로 의견진술 기회를 주어야 하며, 의견을 제출하지 아니한 자는 다른 의견이 없는 것으로 본다.

③ 제1항제2호에 따른 위반금의 부과기준은 입주자대표회의에서 의결하고 그 수입은 잡수입으로 회계처리한다.

④ 관리주체는 영 제19조제2항 각 호 및 제65조에 따른 관리주체의 동의사항을 위반한 자에 대하여 원상복구 등의 시정을 요구하거나 필요한 조치를 할 수 있다.

◆ **관리규약 제98조(관리비등의 체납자에 대한 조치)** ① 관리주체는 입주자등이 관리비등을 체납하면 독촉장을 발부할 수 있다.

② 관리주체가 독촉장을 발부한 후에도 관리비등을 체납한 세대에 대하여는 가산금 징수 및 독촉장발부, 「민사소송법」에 의한 지급명령신청 또는 「소액사건 심판법」에 따른 소액심판청구 등의 조치를 할 수 있다.

③ 사용료를 체납한 때에는 징수권자의 약관 등의 규정을 준용하여 조치한다.

④ 관리주체는 입주자등이 체납한 관리비등을 납부한 때에는 즉시 제2항의조치를 해제하여야 한다.

31. 담배민원(국민건강 증진법)(2016년 9월 3일 시행)

국민건강증진법 제9조(금연을 위한 조치) 제5항 시장 군수 구청장은 주택법 제2조 제3호에 따른 공동주택의 거주 세대 중 2분지1 이상이 그 공동주택의 복도 계단 엘리베이터 및 지하주차장의 전부 또는 일부를 금연구역으로 지정하여 줄 것을 신청하면 그 구역을 금연구역으로 지정하고 금연구역을 알리는 안내 표지를 설치하여야 한다.

국민건강증진법 제9조 제7항 누구든지 지정된 금연구역에서 흡연하여서는 아니 된다.

국민건강증진법 제34조(과태료) 제9조 제7항을 위반하여 공동주택 금연구역에서 흡연을 하는 자 에게는 5만원 이하의 과태료를 부과한다.(2017.10월31일 10만원에서 5만원으로 완화 과태료 부과는 지자체장이 부과)

★ **법 제20조의2(간접흡연의 방지 등)** ① 공동주택의 입주자등은 발코니, 화장실 등 세대 내에서의 흡연으로 인하여 다른 입주자등에게 피해를 주지 아니하도록 노력하여야 한다.
② 간접흡연으로 피해를 입은 입주자등은 관리주체에게 간접흡연 발생 사실을 알리고, 관리주체가 간접흡연 피해를 끼친 해당 입주자등에게 일정한 장소에서 흡연을 중단하도록 권고할 것을 요청할 수 있다. 이 경우 관리주체는 사실관계 확인을 위하여 세대 내 확인 등 필요한 조사를 할 수 있다.
③ 간접흡연 피해를 끼친 입주자등은 제2항에 따른 관리주체의 권고에 협조하여야 한다.
④ 관리주체는 필요한 경우 입주자등을 대상으로 간접흡연의 예방, 분쟁의 조정 등을 위한 교육을 실시할수 있다.
⑤ 입주자등은 필요한 경우 간접흡연에 따른 분쟁의 예방, 조정, 교육 등을 위하여 자치적인 조직을 구성하여 운영할 수 있다. 〈본조 신설 2017.8.9. 시행일 2018.2.10.)〉

◆ **관리규약제71조의2(간접흡연의 방지 등)** 공동주택의 입주자등은 발코니, 화장실 등 세대 내에서의 흡연으로 인하여 다른 입주자등에게 피해를 주지 아니하도록 노력하여야 한다. 〈2017년 11월 24일 신설〉

◆ **관리규약제71조의3(간접흡연 분쟁조정 절차 등)** ① 간접흡연으로 피해를 입은 입주자등은 관리주체에게 간접흡연 발생 사실을 알리고, 관리주체는 간접흡연 피해를 끼친 해당 입주자등에게 일정한 장소에서 흡연을 중단하도록 권고할 수 있다.

② 간접흡연 피해를 끼친 입주자등은 제1항에 따른 관리주체의 조치에 따라 간접흡연의 발생을 중단하는 등 협조하여야 한다.

③ 관리주체는 간접흡연 분쟁조정에도 불구하고, 분쟁이 계속될 경우에는 해당 당사자가 자치구 공동주택관리 분쟁조정위원회에 조정을 신청하도록 안내하여야 한다 〈2017년 11월 14일 신설〉

32. 근로기준법

■ 판례: 취업규칙에 규정된 징계위원회의 의결을 거치지 않고 한 징계처분의 효력

취업규칙에서 근로자를 징계하고자할 때 징계위원회의 의결을 거치도록 되어있는데 이러한 절차를 거치지 않고 징계처분을 한 경우 효력을 인정할 수 있는지요?

1. 취업규칙 등에서 근로자를 징계하고자 할 때 징계위원회의 의결을 거치도록 규정하고 있는 경우 징계할 당시 징계위원회의 구성이 사실상 불가능했다고 볼 수 없는 이상 이러한 절차를 거치지 않고 한 징계처분은 원칙적으로 효력을 인정할 수 없어 무효입니다. (대법원 1996.6.9.선고 95누12613 판결참조)

2. 실제로 근로자에 대한 징계는 취업규칙상 징계위원회에서 결정해야 함에도 입주자대표회의에서 회의도중 인사위원회로 전환한다는 선언만을 한 후 근로자의 해고를 결정했으므로 절차상 하자가 있어 부당해고로 본사례 (서울지방노동위원회 2003.10.30. 판정 2003부해609 참조)

3. 취업규칙에 징계를 위한 인사위원회는 입대의 임원 전원으로 구성하도록 돼 있으나 징계한 시점에서 임원들이 구성돼 있지 않았을 뿐만 아니라 근로자의 징계를 위한 별도의 인사위원회를 구성하지 않은 점등을 종합해보면 근로자의 징계사유가 인정된다고 할지라도 징계절차상 중대한 하자가 있는 부당한 해고라고 본 사례(제주 지방노동위원회 2015.2.25.판정 2015부해2 참조)

4. 취업규칙에서 징계위원회 구성에 대해 규정하고 있음에도 징계위원회를 개최하지 않는 점 입대의 구성원으로 징계위원회를 구성할 수 있었음에도 징계위원회 자체를 구성하지 않는 것에 대해 정당한 사유가 있다고 보기 어려운점 징계위원회를 가름해 입주자총회로서 해고를 의결한 것이 절차상 하자를 치유한 것으로 보기 어려운점 취업규칙에서 징계절차를 규정한 취지는 피징계자의 징계의 공정성과 함께 절차의 적정성을 보장하도록 하는데 있는점 등에 비춰볼 때 입주자총회에서 해고

를 의결한 것은 절차상 하자로 부당하다고 본사례 (서울지방노동위원회 2015.8.1 0.판정 2015부해1573참조)등이 있습니다.

5. 결국 근로자의 징계사유가 인정된다고 할지라도 근로자를 해고하고자 할 때에는 징계의 공정성과 적정성을 보장할 수 있도록 취업규칙에서 징계위원회의 의결 등 징계절차를 규정하고 있을 경우 이러한 절차를 거쳐야 원칙적으로 징계처분의 효 력이 인정될 수 있으므로 징계사유 뿐만 아니라 징계절차에도 유의할 필요가 있습 니다.

기간제 및 단시간 근로자 보호에 관한 법률_

제3조 (적용범위) 판례

① 이 법은 상시 5인 이상의 근로자를 사용하는 모든 사업 또는 사업장에 적용한다. 다만, 동거의 친족만을 사용하는 사업 또는 사업장과 가사사용인에 대하여는 적용하지 아니한다.

제4조 (기간제근로자의 사용) 판례

① 사용자는 2년을 초과하지 아니하는 범위 안에서(기간제 근로계약의 반복갱신 등의 경우에는 그 계속 근로한 총 기간이 2년을 초과하지 아니하는 범위 안에서) 기간제근로자를 사용할 수 있다. 다만, 다음 각 호의 어느 하나에 해당하는 경우에는 2년을 초과하여 기간제근로자로 사용할 수 있다.

② 사용자가 제1항 단서의 사유가 없거나 소멸되었음에도 불구하고 2년을 초과하여 기간제근로자로 사용하는 경우에는 그 기간제 근로자는 기간의 정함이 없는 근로계약을 체결한 근로자로 본다.

● 관리형태(자치에서 위탁 또는 위탁에서 자치) 자체를 변경하는 경우에는 업무의 동질 성이 유지되고 근로자의 인수를 배제하는 특약이 없는 한 영업의 양도 양수로 보아 고 용이 승계된다고 봄

● 주택관리업자를 변경하는 경우에는 다음 2가지로 구분

- 수탁 받은 주택관리업자가 입주자대표회의로부터 독립하여 근로자에 대한 인사 노무관리의 전권을 행사하는 경우에는 원칙적으로 고용승계가 없음
- 수탁 받은 주택관리업자는 근로자에 대해 근로계약체결 등 형식적 사용자의 지위를 가질 뿐 입주자대표회의가 사실상의 사용자로서 근로자의 노무관리에 직접 관여하는 경우에는 특별한 사유가 없는 한 고용은 유지되어야 할 것임

● 구체적 판단기준

가. 관리형태 변경의 경우

- 업무의 동질성이 유지되고 근로자의 인수를 배제하는 특약이 없으면 영업의 양도 양수로 보아 고용은 승계되는 것으로 봄
- 영업양도라 하더라도 당사자 사이에 근로관계 일부를 고용승계 대상에서 제외하기로 한 특약이 있는 경우에는 그에 따라 근로관계의 승계가 이루어지지 않을 수 있으나 그러한 특약은 실질적으로 해고나 다름이 없으므로 근로기준법 제30조 제1항의 정당한 이유가 있어야 유효함
- 영업의 양도 양수 시 당해 기업의 소속근로자가 자유의사에 의해 사직서를 제출하고 퇴직금을 수령한 후 양수 기업에 새로 입사하는 것은 가능함

나. 주택관리업자가 변경되는 경우
1) 원칙적으로 고용승계가 없는 경우

- 주택관리업자가 아파트대표회의로부터 아파트 관리업무를 인수받아 관리직원의 임면 노무관리 보수 및 퇴직금 지급 등 업무수행에 관하여 전권을 행사하는 경우로서
- 위 수탁계약이 해지되어 관리업무를 행하지 않게 되고 새로운 주택관리업자가 다

시 입주자대표회의로부터 아파트 관리업무를 수탁 받아 관리하게 되면
- 두 업체에 고용승계에 관한 별도의 약정이 없는 한 원칙적으로 새로운 업체가 종래업체와 근로자간에 맺어진 근로관계를 승계하여야 할 법적 의무는 없음

2) 원칙적으로 고용이 유지되어야 하는 경우

- 주택관리업자가 비록 외형상으로는 아파트 입주자대표회의로부터 아파트 관리업무를 수탁 받아 관리하고 있을 지라도
- 입주자대표회의가 관리직원의 급여를 직접 지급하거나 관리직원의 급여수준을 직접 결정한 경우 관리직원의 임면 등 인사 노무관리에 직접 관여한 경우에는 주택관리업자 변경 시에도 고용은 유지 되여야 함

※ 근로자의 날 임금 산정

- 감시 단속적 승인을 받은 근로자 등의 경우 근로자의 날에는 통상 하루에 지급하는 임금을 추가로 지급하여야 합니다.
- 근로기준법 제63조의 적용제외 근로자가 근로자의 날에 근로를 제공하지 않고 쉬더라도 통상 하루에 지급하는 소정의 임금을 추가로 지급하여야 합니다 격일제 근로자는 근무일 다음날 휴무일(비번일)은 전날의 근무를 전제로 주어지는 것이므로 격일제 근무자에게 지급하여야 할 통상 하루의 소정임금은 근무일의 절반에 해당하는 근로시간의 소정임금으로 함
- 만약 근로기준법 제63조 적용제외 근로자가 격일제 근무 등을 이유로 근로자의 날 당일을 쉬지 못하고 근로를 제공한 경우라도 휴무자(비번자)와 동일하게 통상 하루의 소정임금을 추가로 지급해야 합니다.

※ 휴게시간으로 인정되는 경우(대법원 판례 2006다 41990)

1. 근무 장소에 쉬더라도 근로자가 스스로 해당 장소를 휴게장소로 선택한 경우
2. 일정 구역을 벗어날 수 없는 등 다소 장소적 제한이 있더라도 사용자의 지휘 감독에서 벗어나 자유로운 이용이 가능한 시간

3. 긴급 상황 발생에 대비해 비상연락체계를 유지하는 상태에 불과하고 사용자의 지휘 감독에서 벗어나 자유로이 쉴 수 있는 시간

※ 휴게시간으로 인정되지 아니한 경우(대법원 판례 2006다 41990)

1. 제재나 감시 감독 등에 의해 근무장소에서 강제로 대기하는 시간
2. 휴게시간 도중 돌발 상황 수습을 위해 대응하는 시간
3. 휴게시간 도중 갑작스럽게 화재가 발생해 진압한 시간
4. 야간 휴게시간 도중 무단으로 외부인이 침입해 대응한 시간
5. 야간 저녁 휴게시간에 제설작업 시간

※ 연차 유급휴가일수 산정 개선(2018.5.29.시행)

- 육아 친화적인 환경과 근속기간 2년 미만 근로자의 휴가권을 보장하기 위해 연차 유급휴가일수 산정에 관한 규정이 개선된다.

- 지난해 11월 28일 개정된 근로기준법은 오는 5월 29일부터 최초 1년간의 근로에 대한 유급휴가를 다음해 유급휴가에서 빼는 규정을 삭제해 1년차에 최대 11일, 2년차에 15일의 유급휴가를 각각 받을 수 있게 된다. 또 연차 유급휴가일수 산정 시 육아휴직으로 휴업한 기간을 출근한 것으로 보도록 했다. '임검'(臨檢)을 '현장조사'로 용어를 순화해 적용하며 위반시 벌금액을 징역 1년당 1000만원으로 조정했다.

※ 24시간 격일근무자(경비 기전기사)야간 근로 가산수당 통상임금 포함여부?

- 통상임금이란 근로자에게 정기적이고 일률적으로 소정근로 또는 총 근로에 대해 지급하기로 정한 시간급 일급 주급 월급 또는 도급금액을 말합니다. 통상임금은 초과 .야간. 휴일근로수당 산정 등을 위한 기초임금이므로 근로계약에 따른 소정근로 시간에 통상적으로 제공하는 근로의 가치를 금전적으로 평가한 것 이어야 합니다. 귀 질의의 내용같이 경비원(격일제 기전기사)의 야간근로 가산수당은 통상임금에 포함되지 않습니다.

※ 근로기준법 제63조[적용제외]근로시간 휴게와 휴일에 관한규정은 다음 각 호의 어느 하나에 해당하는 근로자에 대하여서는 적용하지 않는다.

위 감시적 단속적 근로에 종사하는 자의 적용제외 승인을 받게 되면 근로시간 휴게 휴일에 관한 적용이 배제됩니다.

가. 적용이 배재되는 내용

– 법정근로시간(1일 8시간 1주 40시간)에 대한 제한 휴게시간과 주1회 유급 주휴일 연장근로와 휴일근로에 대한 가산임금

나. 적용되는 내용

– 야간근로수당 오후10시– 익일오전 6시(8시간)까지의 근로에 대해서는 통상임금의 50%를 가산한 야간근로수당 지급 (상시근로자 5인 이상 사업장에 적용)

※ 아파트 관리소장의 경우 근로자에 해당하는지 사용자에 해당하는지 여부 아파트 관리소장의 경우 위탁관리회사에서 임명하여 입주자대표회의에서 면접 승인 후 관리소장으로 근무 하고 있습니다. 입주자대표회의에서 전체 직원의 급여를 직접 지급하고 전체 직원의 급료 인상도 입주자대표회의에서 결정하고 있습니다. 관리소장의 경우 근로자인지 사용자에 해당하는 지요?

– 관리소장이 위탁관리업체에서 임명되고 사용자의 지시를 받아 근로자들을 지휘 감독하는 경우라면 달리 볼 사정이 없는 한 근로자에 해당될 것으로 판단 됩니다.

– 아파트 관리업무를 총괄적으로 관리 감독하는 업무에 종사하는 자라면 달리 볼 사
정이 없는 한 근로기준법상에서 정한 근로시간 휴계와 휴일에 관한 적용 제외 되
여 시간외 근무수당 지급 제외대상으로 휴일이나 연장근로에 대하여는 근로시간에
대한 임금지급은 가능하나 가산수당은 미지급대상으로 판단하고 있습니다.

※ 고용계약기간 및 재계약 유무

질의: 아파트 관리직원 고용계약서가 2018년 1월 31일 끝나고 재계약이 없는 상태입
니다. 재계약을 할려는 데요

1.계약기간을 2년으로 할 수 있는 지요 할 수 있다면 2년의 계약기간이 끝나고 나서
는 사용자가 재계약의무가 있는지요?

2.만약 재계약의무가 있다면 급여 등 근로조건을 변경하는 것은 가능한지요?

3.재계약의무가 없다면 고용계약기간 만료로 (계약기간 1개월전 해고통고)해직처리
가 가능한지요?

– 1. 기간제 및 단기간 근로자 보호 등에 관한 법률 제4조[기간제 근로자의 사용]제1
항에 따라 2년을 초과하지 않는 범위 내에서 계약체결이 가능합니다 근로계약기간
이 끝나고 재계약을 체결할 의무는 없습니다.

– 2. 재계약체결은 당사자 간의 의사의 합치에 따라 이루어지는 것이므로 급여 등
근로조건의 변경이 가능 합니다

– 3. 계약기간이 만료되면 별도의 통보 의사표시 없이 근로관계는 자동으로 해지 됩
니다.(별도의 해지 통지를 할 필요가 없음)

- 일반적으로 실비 변상적으로 지급되는 업무추진비(출장비 정보 활동비 작업용품구입비 등)은 노동관계법령 상 임금으로 보기 어려울 것으로 보입니다.

※ 아파트 경비원에 적용되는 휴게시간이 관계법령상 휴게시간으로 인정되려면 어떻한 조건을 갖추어야 되는지?

- 아파트 경비원에 휴게시간을 부여하는 경우에는 단체협약 취업규칙 근로계약서 등에 시간을 명시해 근로자에게 시간을 충분히 인지시켜야 하고 필요시에는 입주자 등에게도 고지를 해야 할 것이다. 휴게시간은 사용자의 지휘감독에서 벗어나 근로자가 자유롭게 이용하는 것을 보장해야 한다. 다만 비상연락체계를 위해 최소한의 범위 내에서 사업장 밖으로 나가는 것을 제한할 수 있다. 그러나 이 경우에도 사용자가 휴게장소를 경비초소 등으로 특정하는 경우에는 근로와 휴게의 구분이 곤란하므로 휴게시간으로 볼 수 없는 것이 원칙이나 근로자가 직접 선택한 경우에는 인정할 수 있다.

※ 감시적 단속적 업무에 종사하는 자에 대한 정의

1. 감시적 업무: 수위 경비원 물품감시원 등과 같이 심신의 피로가 적은 노무에 종사하는 경우 다만 잠시도 감시를 소홀히 할 수 없는 경우에는 제외 감시적업무가 본래의 업무이나 불규칙적으로 단시간 동안 타 업무를 수행하는 경우 다만 타 업무를 반복수행하거나 겸직하는 경우는 제외 사업주의 지배하에 있는 1일 근로시간이 12시간 이내인 경우 또한 격일제 등
2. 단속적 업무: 평소의 업무는 한가하지만 기계고장 수리 등 돌발적 사고 발생에 대비해 대기하는 시간이 많은 업무 실근로시간이 대기시간의 반이하인 8시간 이내의 경우 대기시간에 근로자가 자유로이 이용할 수 있는 수면 또는 휴게시설이 확보돼 있는 경우 등

– 근로기준법·령에 의하면 사용자는 취업규칙의 작성 또는 변경에 대해 근로자 과 반수로 조직된 노동조합이 있는 경우 그 노동조합 노동조합이 없는 경우에는 근로자 과반수의 의견을 들어야 하고 취업규칙을 근로자에게 불이익하게 변경하는 경우에는 노동조합 또는 그 근로자의 과반수의 동의를 얻어야 한다고 규정하고 있다. 따라서 근로조건에 대해 불이익하게 변경시 에는 위 근로자 집단의 과반수의 동의가 있어야 유효할 것으로 사료 된다

※ 위탁관리 시 공동주택 관리직원의 임금 및 4대 보험을 공동주택에서 지급하고 있다면 그 직원은 위탁관리직원으로 볼 수 없으므로 주택관리업 등록기준상의 인력은 위탁관리회사 명으로 임금 및 4대보험이 지급되는 본사 상시 근무자로 한정 해해석하는 것이 아닌지?

– 공동주택관리법 시행령 [별표5]주택관리업의 등록기준〈비고〉제2호에서 주택관리사와 기술자격은 각 각 상시 근무하는 사람을 말한다 라고 규정하고 있으며 우리부에서는 상시 근무자를 주택관리업 등록회사의 본사 및 현장 (관리사무소)을 포함한 개념으로 해석하고 있습니다.(2014년 4월18일부터)질의와 같이 위탁관리 시 관리직원의 임금 및 4대 보험을 공동주택에서 지급하고 있다는 사정만으로는 위탁관리회사와 관리직원의 근로계약관계가 부정되는 것이라고 볼 수 없는 것으로 판단됩니다. 이와 관련 입대의가 관리업체와 체결한 위.수탁관리 계약상의 지위에 기한 감독권의 범위를 넘어 일부 직원의 채용과 승진에 관여 하거나 관리업무의 수행상태를 감독하기도 하고 또 관리직원들의 근로조건인 임금 복지비 등의 지급 수준을 독자적으로 결정해 오기는 했으나 관리업자 혹은 그를 대리하는 관리소장이 근로계약 당사자로서 갖는 관리직원들에 대한 임면 징계 배치 등 인사권과 업무지휘명령권이 모두 배제 내지 형해화 돼 그 직원들과 체결한 근로계약이 형식적

인 것에 지나지 않는 다고 할 수 없고 또 입대의가 관리직원들의 업무내용을 정하고 그 업무수행 과정에 있어 구체적 개별적인 지휘 감독을 하고 있다고 볼 수도 없는 경우 입대의가 그 관리직원들과 근로계약 관계에 있는 사용자라고 볼 수 없다. (대법원 99마 628 1999.7.12)는 대법원 판례를 알려드립니다. (국토부 주택건설공급과 2015.7)

33. 2014년 2015년 2016년 달라지는 공동주택관리 제도

2014년 달라지는 공동주택 관련제도

1. 주민운동시설의 위탁운영(2014년 4.24 시행)

2. 층간 소음의 규정(2014년 5.14 시행)

3. 혼합주택단지의 관리 (2014.6.25.시행)

4. 입주자 대표회의의 구성원의 교육(2014.6.25시행) 구 주택법 제43조의2 시행령 제50조의3

5. 부정행위 금지(2014.6.25.시행) 공동주택관리법 제90조(3년3천)

6. 전자투표제 도입(2014년 6월25일 시행)

7. 관리비 예치금 징수 근거(2013년 12.5 시행)

8. 관리주체의 회계감사 의무화(2015년 1월1일 시행)

9. 회계서류의 작성 및 보관 의무(2014.6.25시행)

10. 계약서류 공개(2014.6.25시행)

11. 공사용역의 적정성 자문(2014.6.25시행)

12. 하자보증금의 사용용도 규정(2014.6.25.시행)

13. 장기수선계획(2014.6.25시행)

14. 주택관리사 보수교육(2014.6.25시행)

15. 지방자치단체 감사(2014.6.25시행)

16. 전자입찰제 시행 (2015.1.1.시행)

2015년 달라지는 주요 법령 제도

1. 전자입찰 의무시행(구 주택법 제43조의5 시행령 제56조의2 선정지침 제3조)

2. 외부 회계감사 의무화 (구 주택법 제45조의3 시행령 제55조의3)

3. 공동주택 관리 등 용역 부가 가치세 부과 및 면제

4. 소방안전관리보조자 선임제도 신설

5. 소방시설 종합정밀점검 대상 확대

6. 소방시설 점검결과 건축물 관계인이 보고

7. 소방안전관리자 실무 교육(2년마다 실무교육)

8. 최저임금 5580원으로 인상

9. 아파트 발코니 대피공간 대체공간으로 이용가능

10. 야간작업 종사자 특수건강진단 대상 포함

    야간작업 근로자는 특수건강진단 대상에 포함됐다 상시 근로자 50인 이상 300명 미만
    을 사용하는 사업장의 경우 근로자를 야간작업(6개월간 오후 10시부터 다음날 오전 6
    시까지 계속되는 작업 월 평균 4회 이상 6개월간 오후 10시부터 다음날 오전 6시 사이
    의 시간 중 작업 월 평균 60시간 이상 수행하는 경우)에 배치하려는 경우 배치 전후 및
    첫 번째(6개월 이내)12개월마다 야간작업 특수건강진단을 실시해야 한다.

11. 에너지 효율등급 인증제 시행

12. 리모델링 시 에너지 절감을 위한 차양설치

13. 공사 시 설치하는 임시 소방시설 유지 관리

2016년 달라지는 제도

1. 공동주택관리법이 2016년 8월12일부터 시행됨

    1) 관리소장에 대한 입대의 부당간섭 배제

    2) 경비원등 근로자에 대한 처우개선

    3) 중앙 공동주택관리 분쟁조정위원회 설치

    4) 중앙에 공동주택관리 지원기구 설치

2. 구 주택법 시행령 제50조 제⑨ 항신설 500가구 미만 공동주택에 한해 동대표선출 공
    고를 2회 이상 선출공고에도 후보자가 없을 경우 선출공고를 통해 선거구 입주자등의
    3분지2 이상 동의를 얻으면 중임을 한자도 동대표로 선출가능 이 경우 동대표후보자
    가 있을 경우 연임한 동대표는 후보 자격을 상실한다. (2015년 12월22일부터 시행)

3. 관리비 사용료 장기수선충당금을 용도 외 사용금지: 2016년 1월25일부터 관리주체 입

주자대표회의가 관리비와 수도세 전기세 등의 사용료를 다른 용도로 사용할 경우 100
0만원 이하의 과태료 해당. (101조 제2항9호)

4. 의무관리 대상으로 15층 이하 공동주택으로 사용검사일이 30년이 경과됐거나 재난 및
   안전관리 기본법 시행령에 따른 안전등급이 C.D.E 등급에 해당하는 경우에는 시설물
   의 안전관리에 관한 특별법 상 16층 이상의 공동주택과 같이 전문기관의 안전점검을
   받도록 해 안전에 대한 실효성을 높이도록 한 주택법 시행령이 1월 25일부터 실시된
   다.

5. 공동주택 보수 개량비용 주택도시기금 에서 융자: 공동주택의 체계적인 관리를 위해
   국가가 공동주택의 보수 개량에 필요한 비용의 일부를 주택도시기금에서 융자할 수 있
   는 근거가 공동주택 관리법에 마련돼 2016년 8월22일부터 시행

6. 입대의 감리자 등도 하자조정 절차 의무적 참여: 공동주택 하자분쟁의 신속하고 합리
   적인 처리를 위해 하자분쟁 조정 시 입주자 및 관리주체등도 의무적으로 참여하도록
   하고 입주자의 경우 불참 시 하자조정위원회가 직권으로 조정안을 결정해 제시할 수
   있도록 하되 과태료부과 대상에는 제외하는 내용의 공동주택 관리법 일부 개정안이 2
   015년 12월29일 공포돼 오는 8월12일부터 시행된다.

7. 단지 내 보육시설에 관한 사항: 관리규약준칙에 따르도록 공동주택 단지에서 관리규약
   을 정하는 경우 어린이집 임대료에 관한 사항은 관리규약 준칙을 따르도록 함 어린이
   집의 안정적인 운영 보육서비스 수준의 향상 등을 고려해 결정하도록 하는 내용을 담
   은 공동주택관리법 일부 개정안이 2016년 8월12일부터 시행된다.

8. 주택관리사가 공동주택 이외 동시 취업시 자격취소: 주택관리사가 단지이외에 상가나
   오피스텔 등에 동시에 취업할 경우 주택관리사 등의 자격을 취소할 수 있도록 8월12일
   시행하며 사용연수 가구 수 안전등급 층수 등을 고려해 대통령령으로 정하는 15층 이
   하의 공동주택에 대해서도 16층 이상의 공동주택과 동일하게 일정한 자격을 갖춘 자가
   안전점검 실시 입대의 등이 관리규약 위반시 지자체장이 이에대한 시정명령을 할 수
   있도록 했으며 주택관리업자가 거짓으로 등록사항을 변경해 신고한 경우 500만원 이
   하의 과태료부과

9. 최저임금 시간당 6,030원 임금으로 환산하면 8시간 기준 48,240원 월급으로 환산하
   면 주 40시간 기준 (주당 유급 주휴 8시간 포함)으로 월 1,260,270원(6300원*209시

간) 최저임금은 상용근로자 임시직 일용자 시간제근로자 외국인근로자 등 고용형태나 국적에 관계없이 모두 적용 다만 친족만을 사용하는 사업과 가사사용인 정신장애나 신체장애로 근로자 능력이 현저히 낮아 고용노동부장관의 인가를 받은 자에 대해서는 최저임금을 적용하지 않는다. 또한 수습중인자로서 수습사용한 날로부터 3개월 이내인 자 (1년제 미만 기간제 근로자는 제외)는 최저임금의 10%를 감액(시급 5,427원)할 수 있다

10. 피크 임금대비 10%이상 임금감액 시 연간 최대 1,080만원까지 지원 임금 피크제 지원금 지원요건을 완화하고 지원기간을 2018년까지 3년간 연장한다.2015년까지는 10~20% 이상 임금이 감액되고 연소득 6,870만원 미만인 근로자만 지원했다 지난해 12월 이후 정년을 60세 이상으로 정한 사업장에서 10% 이상 임금을 감액하는 임금피크제를 시행하는 경우 연소득 7,250만원 미만 근로자에게 연간 최대 1,080만원까지 지원한다 또한 장시간 근로문화를 개선하고 장년의 고용안정 및 청년채용확대 여력확보를 위해 근로시간 단축지원금을 실시함

11. 어린이 활동 공간 환경안전관리기준 의무대상 확대: 2016년 1월1일부터 어린이 놀이시설 어린이집 유치원 초등학교 등의 중금속 실내 공기질 등에 대한 환경안전관리 기준 준수가 의무화 된다 환경보전법이 제정된 2009년 3월22일 이전 설치된 시설은 환경보전법 시행령 제16조에 따른 환경안전관리기준을 준수해야 한다.(430㎡ 미만 사립 어린이잡 유치원은 2018년 1월1일부터시행 한다)

12. 한국승강기 안전공단 설립 등: 한국승강기안전 관리원과 승강기안전 기술원을 통 폐합해 한국승강기 안전관리공단을 설립하도록 하는 승강기시설 안전관리법이 2016년 7월1일부터 시행된다 또한 승강기검사 정밀안전심사 및 자체점검 결과를 승강기 안전종합정보망에 입력해야 하며 자체점검을 거짓으로 실시하는 경우 6개월 이내의 기간을 정해 안전관리 기술자의 업무수행을 정지할 수 있도록 함

13. 인명피해 예방을 위한 지붕제설 의무화: 내부 기둥이 없어 적설하중에 취약한 공업화 박판강 구조 및 아치 패널건축물의 관리자에게 지붕제설작업 의무화

14. 국회 계류중인 공동주택 관련 현안 법안
    1) 주택관리사보 선발 예정인원제: 절대평가에서 상대평가제로 선발
       심의위원회 심의의견과 직전년도 공동주택 단지수를 고려해 선발인원을 정하도록 함

2) 집합건물에도 주택관리사 의무배치: 오피스텔 등 집합건물의 구분소유자가 150인 이상인 집합건물에 대해 주택관리사 등 전문가를 의무적으로 배치 관리인에 대한 외부 회계감사를 매년 1회 이상 받도록 하고 구분소유권수가 150건 미만인 경우 구분소유자 또는 점유자의 10분지1 이상이 연서하여 요구하거나 관리위원회에서 의결 외부회계감사 실시 장충금 적립

15. 하자심사 분쟁조정위원회 소비자대표 추가: 공동주택 하자심사 조정위원회에 소비자대표를 추가

16. 요금 분배기 계량기 협조의무: 난방계량기의 건전지를 탈 부착하거나 계량기의 고장 상태로 인해 일부 가정이 사용한 난방 사용량이 다른 이웃에게 전가돼 분쟁발생 예방을 위해 요금 분배용 계량기를 정의하고 요금분배기 계량기에 대한 관리주체의 관리의무 입주자 또는 사용자의 적극적 협조의무

17. 준 주택 사용자의 권리 보호 강화: 장기수선계획 수립 장충금 적립 사용자의 장충금 반환

18. 아파트 내 통행로 도로지정: 단지 내 통행로를 도로로 지정 교통약자를 배려 소유자 등과 협의해 도로로 지정할 수 있도록 하고 어린이 노인 및 장애인 보호구역 지정대상에 공동주택 단지 내 도로로 지정한 곳 포함

34. 2017년 달라지는 제도

1. 공동주택 회계처리 기준 1월부터 시행
- 국토교통부가 작년 8월31일 제정 고시한 공동주택 회계처리기준이 올해 1월부터 시행한다. 회계처리 장부기록 재무제표 작성시 필요한 기준으로 지금까지는 시도별 관리규약준칙을 정하도록 해 지역별로 차이가 있었으나 전국적으로 단일화 한 공동주택 회계처리기준의 적용으로 회계업무의 표준성과 객관성 확보 및 효율성을 강화할 것으로 기대된다.

2. 15층 이하 아파트도 보험가입 의무화
- 15층 이하 아파트등도 보험가입이 의무화 된다. 1월8일부터(기존시설은 7월7일 까지) 의무 가입대상에서 제외됐던 15층 이하 아파트등 19종 시설에 대해서도 손해배상 책임보험에 의무적으로 가입하도록 했다. 이번에 도입되는 의무보험의 보상금액은 1인당 1억5000만원 사고당 무한 대물보상금액은 10억원으로 정해 피해자 보상을 강화했고 특히 가입자의 과실여부와 무관하게 보상한다. 의무보험에 미 가입할 경우 최대 300만원의 과태료가 부과된다.

3. 15년 경과한 승강기 3년마다 정밀검사 받아야
- 최초 설치 후 15년이 지난 장기사용 승강기의 안전관리를 강화 한다 그 동안 설치 이후 15년이 지난 지점에서 정밀안전검사를 한번만 받으면 됐으나 1월28일부터서는 정밀안전검사를 3년마다 정기적으로 받아야 한다. 정밀안전 검사기준도 강화해 최초 안전정밀점검을 받고 3년이 지난 승강기에 대해서는 엘리베이터 출입문 이탈 추락사고 방지 등을 방지하는 중요 안전장치를 추가 설치해야 한다. 승강기 이용자 갇힘 사고를 예방하기 위해 자동구출 운전장치를 설치하도록 개선했다.

4. 아파트 리모델링 동의율을 80%에서 75%로 완화

- 아파트 구분소유자의 75%만 동의해도 리모델링 사업추진이 가능해 진다. 현행 리모델링 사업을 위해서는 50%이상의 동별 소유자의 동의와 80%이상의 단지 전체 소유자의 동의가 필요하다. 단지가 아닌 일부동만 리모델링하는 경우에는 해당동 소유자의 75%이상 동의만 받으면 리모델링이 가능해 진다. 개정안은 지난해 11월22일 예고했으며 올해 공포 시행할 예정이다.

5. 최저임금 시급 6,470원

6. 화재예방 소방설비 설치 의무화
- 11층 이상 특정 소방대상물의 모든 층에 스프링클러를 설치하게 돼 있는 기존규정이 6층 이상으로 확대된다. 국민 안전처는 연간 2,369동 평균 연면적 1만 1,184㎡가 증가할 것으로 추정했다. 장애인 등을 위한 소방시설도 노유자 시설의 피난층을 제외한 지상 1층과 지상 2층에도 피난기구를 설치해야 하며 50가구 이상 연립 다세대 지하 주차장에도 소방시설 설치가 의무화 된다. 아파트 층수와 높이에 따라 소방안전관리대상물의 등급이 나뉜다 기존 아파트의 경우 규모에 관계없이 모두 2급 소방안전관리대상물로 규정돼 있었으나 앞으로는 50층 이상 또는 높이 200m 이상인 아파트 30층 이상 또는 높이 120m 이상인 아파트(1급)30층 미만 또는 높이 120m 미만 중 sp나 옥내 소화전 설치대상(2급)자동화재탐지 설비만 설치된 대상물(3급)등으로 나누어 소방안전관리자를 선임해야 한다.

7. 주택관리사(보)자격증 발급 손쉽게(가까운 시, 군 구에서 발급받을 수 있도록 했으며 오는 5월부터서는 민원 24시를 통한 온라인으로 재발급도 추진하겠다고 밝혔다.

8. 2층 이상 건축물 내진설계 의무화
- 내진설계 의무대상이 현행 3층 이상 또는 연면적 500㎡ 이상에서 2층 또는 연면적 또는 500㎡이상의 건축물로 확대된다. 건축법 시행령 개정안이 지난해 9월 입법 예고된 가운데 올해 1월중 시행될 예정이다.

9. 제로에너지 건축물 인증제 시행

- 올해 1월 20일부터 제로 에너지 건축물 인증제가 시행된다. 제로 에너지 건축물이란 고단열 건축자재와 신생 에너지를 결합해 외부 에너지 유입을 최소화한 것으로 인증대상은 주택 업무시설이나 근린생활시설등 대다수 건축물이다. 인증을 받은 건축물은 용적율 최대 15%완화 기반시설 기부체납을 최대 15%완화 (주택사업기준)신재생 에너지설치 보조금 30~50%지원 등의 인센티브가 제공된다.

10. 주택임대차 분쟁조정위원회 설치 운영

11. 부동산 전자계약 시스템 전국확대

- 종이 계약서 대신 스마트폰이나 컴퓨터 등을 이용해 부동산매매 임대차계약을 맺는 부동산 전자계약시스템이 올해 상반기 중에 전국으로 확대될 예정이다. 이 시스템은 지난해 2월 서초구에서 처음 도입된 뒤 8월부터서는 서울 전 지역에서 시범사업이 진행 중이다.

12. 재건축 초과이익 환수제 유예 종료: 현재 시행중인 재건축 초과이익 환수제 유예는 올해 12월 말로 끝난다. 재건축 초과이익 환수제는 2005년 5월부터 서울과 수도권에서 시행됐고 이어 2006년 9월부터 전국적으로 확대되었다. 그러나 2008년 주택시장이 약세를 보이면서 2013년 12월부터 2015년 12월 까지 2년간 시행을 유예했고 이어 2017년말 까지 유예기간을 추가로 연장했다. 따라서 올해 말까지 관리처분인가 신청을 하지 못하면 재건축 초과이익 환수제를 적용받게 된다.

13. 미분양 통계 투명성 제고

14. 고용 산재보험 근로복지공단으로 이관

34-2 2018년도 달라진 내용

1. 입대의 임원 선출.해임 전자투표로 결정(법 제22조 2월10일시행)

   입주자등은 동별 대표자나 입주자대표회의 임원을 선출하는 등 공동주택관리와 관련해 의사를 결정하는 경우 (서면동의에 의해 의사를 결정하는 경우를 포함)대통령으로 정하는 바에 따라 전자적 방법을 통해 의사를 결정할 수 있다.

2. 주택관리사보 시험위원회 한국산업인력공단으로 이관(법 제68조 2월10일 시행)

   시험 선발인원 및 합격기준을 결정하기 위한 목적으로 국토교통부에 설치 운영하고 있는 주택관리사보 시험위원회가 한국산업인력공단에 이관해 설치되는 내용의 공동주택관리법 개정안이 올해 2월10일부터 시행된다.

3. 단지 내 간접흡연 피해방지제도 시행(법 제20조의2 2월10일 시행)

   공동주택의 간접흡연으로 피해를 입은 입주자등은 관리주체에게 간접흡연 발생 사실을 알리고 관리주체가 간접흡연 피해를 끼친 해당 입주자등에게 일정한 장소에서 흡연을 중단하도록 권고할 것을 요청할 수 있다. 이 경우 관리주체는 사실관계 확인을 위해 가구 내 확인 등 필요한 조사를 할 수 있으며 간접흡연 피해를 끼친 입주자등은 관리주체에 협조하여야 하며 필요한 경우 간접흡연에 따른 분쟁의 예방 조정 교육등을 위하여 자치적인 조직을 구성하여 운영할 수 있다.

4. 주택관리업자 및 사업자 선정지침 올해 상반기 중 일부개정(안) (7월1일부터 시행 예정)

   적격심사제 평가표 사용의무화 제한.지명경쟁입찰 시 제한요소 자문의무화 주택관리업자 참가자격 제한 강화 적격심사 평가위원 제외사유 신설 입찰공고 방법 추가 적격심사평표 보관과 공개 의무화등의 내용을 담은 주택관리업자 및 사업자 선정지침 일부개정안이 올해 7워1일부터 시행될 예정이다.

5. 공동주택 관리비 부과세 2020년 말까지 감면 연장

공동주택의 관리 경비 청소용역에 대한 부가가치세 면제 적용기한이 2020년 말까지로 3년 연장 됐다. 이에 따라 가구당 전용면적이 135㎡ 이하인 공동주택의 일반관리비와 경비 청소용역비에 대한 부가가치세가 오는 2020년 12월31일까지 면제된다.

6. 잡수입 관리 법제화 추진

공동주택의 관리주체는 관리규약으로 정하는 바에 따라 잡수입을 투명하게 운영해야 하고 잡수입은 이동통신설비의 설치에서 발생한 잡수입 공동주택 내 어린이집 운영에 따른 임대료 등 잡수입 재활용품 매각으로 발생한 잡수입 공동주택단지의 게시판 등에서 발생한 잡수입 그 밖의 공동주택 단지 내 장터운영 등 공동체생활의 활성화에 따라 발생한 잡수입으로 구분해 관리하도록 하는 공동주택관리법 일부 개정안을 발의 국회 계류 중

7. 관리소장으로 배치된 주택관리사(보) 대한주택관리사협회 가입 의무화

공동주택의 관리소장으로 배치된 주택관리사(보)가 공동주택의 관리에 관한 기술 행정 및 법률에 관한 연구와 그 업무를 효율적으로 수행하기위해 설립된 법정단체인 대한주택관리사협회에 의무적으로 가입하도록 하는 공동주택관리법 일부 개정안이 현재 국회에 계류 중이다.

8. 자료 열람 및 복사요청 전자문서 활용추진

입주자등이 관리주체에게 아파트 관련 자료의 열람 및 복사를 요청하는 경우 서면 외에도 전자문서를 활용할 수 있도록 하는 내용을 담은 공동주택관리법 일부 개정안이 현재 국회 계류 중이다.

9. 150가구 미만 소규모 공동주택 준 의무관리대상 지정 추진

100세대 이상 150세대 미만 공동주택을 준 의무관리대상 공동주택으로 정하고 그 범위는 대통령으로 규정하도록 신설하는 방안이 국회에 계류 중이다.

10. 장기수선충당금 적립요율 최소 적립기준

　　장기수선충당금 적립요율을 대통령으로 정하는 범위에서 국토부 장관이 고시해 장충금을 적정수준으로 확보하도록 하는 내용을 담은 공동주택관리법 일부 개정안이 국회에 계류 중이다.

11. 아파트등 공동주택 비상용 예비전원 시설 설치 의무화

　　공동주택에 비상용 예비전원의 시설 설치를 의무화해 전력공급에 이상이 발행할 경우 입주민들의 불편과 인명피해를 최소화 하는 내용을 담은 공동주택관리법 개정안이 국회에 계류 중이다.

12. 승강기부품 가격공개 등 사후관리 강화

　　지난해 1월 행정안전부가 승강기부품 안전기준 일원화 유지관리 도급계약의 공정성과 투명성강화 승강기부품 가격 공개 등 승강기 사후관리 의무를 강화하는 내용을 담은 승강기시설 안전관리법 개정안이 국회 법제사법위원회에서 제2안 심사위원회로 회부되어 계류 중이다.

13. 공동육아 나눔터 운영 113개 지역으로 확대

　　이웃 간 자녀 돌봄 활동을 지원하는 공동육아 나눔터가 2017년 66개 지역에서 올해 113개 지역으로 확대된다. 지원 대상은 18세 미만의 자녀가 있는 가정이며 부모의 맞벌이 및 비맞벌이 여부는 상관없이 이용 가능하다. 신규 운영지역은 지자체 공모신청에 따라 선정할 예정이며 시.군.구별 개소 일정에 따라 서비스 제공시기가 달라진다.

14. 승강기안전관리자 법정교육 인터넷 수강 허용

　　2018년 1월부터 승강기안전관리자 대상 법정교육을 인터넷으로 받는 것이 가능해 진다. 행정안전부는 2017년 9월 승강기법 시행규칙을 개정하고 원격교육 시스템교육 시스템 구축에 나서 앞으로 인터넷연결이 가능한 곳이라면 어디서든지 원격교육을 받을 수 있게 되었다.

15. 최저임금 시급 7,530원

2018년 최저임금이 2017년보다 1,060원 오른 7,530원으로 결정됐다. 일급으로 환산 시 주간 40시간 기준(주간 유급주휴 8시간포함)157만 3,770원(7,530원×209시간)이 된다. 다만 수습근로자로서 수습사용한 날로부터 3개월 이내인 자는 최저임금액의 10%를 감액(시급6,777원)할 수 있으나 예외적으로 경비 청소등 숙련이 필요없는 단순 노무직종의 경우 수습근로자 감액없이 최저임금을 100% 지급해야 한다.

16. 60세 이상 고령자 고용지원금 지원기간 3년 연장

당초 2017년 12월31일까지 60세이상 고령자를 일정비율 이상 고용하는 사업주에게 분기당 18만원 지원하던 60세 이상 고령자 고용지원금이 종료될 예정이었으나 최저 임금 인상으로 인해 2020년까지 지원기간을 연장하고 지원금액을 분기당 30만원까 지 인상(18만원→24만원→27만원→30만원)한다.

17. 실업급여 1일 상한액 6만원으로 인상

최저임금 인상에 따라 기존 실업급여 상한액 5만원에서 1만원 오른 6만원으로 지급한 다. 이에 따라 월 180만원(30일기준)까지 실업급여를 받게 된다. 이는 2018년 1월1일 이후 퇴직자부터 적용된다.

18. 일자리 안정자금 13만원 지원

노동자수 30인 미만 기업의 사업주가 월평균 보수액 190만원 미만 노동자를 1개월 이 상 고용한 경우 노동자 1인당 매월 13만원을 사업주에게 지원하는 일자리 안정자금제 도가 시행된다. 특히 공동주택 경비원 청소원 고용 사업주의 경우에는 30인 이상도 지원된다. 일자리 안정자금 시행에 따른 후속조치로는 두루누리 사업의 지원 대상을 월 140만원 미만에서 190만원 미만으로 확대 국민연금 보험료를 기존 40%~60%지 원에서 40%~90%지원으로 확대 등을 추진한다.

19. 탄소 포인트제 신규 참여가구 인센티브 산정시기 단축

탄소포인트제 신규 참여가구의 인센티브 신청 시기를 가입일 다음 반기부터 가입일 다

음 월부터로 변경한다. 이에 따라 2018년 2월에 가입한 가구의 경우 기존에는 다음 반기인 7월부터 산정이 시작돼 다음연도 6월에 인센티브를 지급받을 수 있었으나 바뀐 기준에 따라 3월부터 산정을 시작해 같은 해 12월에 인센티브를 받을 수 있게 된다.

20. 연차 유급휴가일수 산정 개선 (5월29일 시행)

육아 친화적인 환경과 근속기간 2년 미만 근로자의 휴가권을 보장하기 위해 연차 유급휴가일수 산정에 관한 규정이 개선된다.

지난해 11월 28일 개정된 근로기준법은 오는 5월 29일부터 최초 1년간의 근로에 대한 유급휴가를 다음해 유급휴가에서 빼는 규정을 삭제해 1년차에 최대 11일, 2년차에 15일의 유급휴가를 각각 받을 수 있게 된다. 또 연차 유급휴가일수 산정 시 육아휴직으로 휴업한 기간을 출근한 것으로 보도록 했다. '임검'(臨檢)을 '현장조사'로 용어를 순화해 적용하며 벌금액을 징역 1년당 1000만원으로 조정했다.

34-3. 2018년 최저임금 계산서식

2018년도 최저임금 7,530원 (전년도대비 16.4%인상) 주40시간 근무시 : 1,573,770원

1. 최저임금법 적용자와 비적용자

최저임금은 비정규직 일용직 단기알바 외국인 근로자등 모든 근로자에게 적용 된다 다만 가사사용인 동거하는 친족 선원법에 의한 선원은 적용되지 아니하며 신체장애로 근로능력이 현저히 낮아 고용노동부장관의 적용제외 승인을 받은자는 최저임금법을 적용받지 아니한다.

2. 사업주는 최저임금에 대한 내용을 근로자가 쉽게 볼 수 있는 장소에 게시하거나 근로자에게 그 내용을 숙지하여야 합니다. 최저임금에 미달하는 근로계약은 무효이며 근로자는 최저임금에 해당된 금액 이상을 받게 됩니다.

3. 만일 사업주가 최저임금 이상에 해당하는 금액을 근로자게 지급하지 않게 되면 3년 이하의 징역 2천만원 이하의 벌금에 해당하는처벌을 받습니다.

<u>2018년 감단직 근로자 임금계산</u>

<u>2018년도 최저임금 7,530원</u>

① 24시간 격일제 근로자 임금 24시간 근무시

기본급: 7,530원×24시간×365일÷12개월×0.5=2,748,450 (기본급)

야간가산수당: 7,530×8시간×0.5×15일=451,800원(격일제 근무자는 근무시간의 절반 지급)

<u>급여: 3,200,250원(휴게시간 없을 경우)</u>

<u>②휴게시간 8시간줄경우:</u> 주간2시간(점심 저녁 각각1시간) 야간6시간(저녁12시~새벽6

시까지)

기본급: 7,530원×16시간×365일÷12×0.5=<u>1,832,3000원</u>

야간가산수당: 7,530원×2시간×0.5×15일=112,950원

<u>월급합계: 1,945,250원</u>

③ <u>휴게시간 9시간줄 경우</u>: 점심 저녁 각. 각1간30분 3시간 야간6시간 저녁12시~세벽6시까지

기본급: 7,530원×15시간×365일÷12개월×0.5=<u>1,717,781원</u>

야간가산수당: 7,530원×2시간×0.5×15일=112,950원

월급합계: 1,830,731원

④ <u>휴게시간 10시간 줄 경우 (주간 점심 저녁 각 각1시간30분 야간 저녁11시부터 다음날</u>

<u>오전6시까지 7시간)</u>

<u>기본급: 7,530×14시간×365일÷12월×0.5=1,603,263원</u>

<u>야간가산수당: 7,530 x 1시간 x 0.5 x 15일=56,475원</u>

<u>월급합계: 1,659,738원</u>

34-4. 2019년도 감단직 근로자
월급계산(최저임금:8,530원)

① 24시간 근무시

8,530원×24시간×365일÷12개월×0.5=3,113,450원(기본급)

야간가산수당=8,530원×8시간(오후10시~익일06시까지)×0.5×15일=511,800원

3,113,450원(기본급)+511,800(야간가산수당)=3,625,250원(월급합계)

② 휴계시간 10시간(점심식사2시간 저녁식사2시간 야간12시부터 익일06시까지)

8,530원×14시간×365일÷12개월×0.5=1,816,179(기본급)

8,530원×2시간×0.5×15일=127,950원(야간 가산수당)

1,816179원(기본급)+127,950원(야간 가산수당)=1,944,129원(월급합계)

34-5. 2019년도 달라진 제도

1. **아파트 스프레이 재도장 제한:** 대기환경법 개정(안)에 따라 날림먼지 발생사업 관리대상에 공동주택의 외벽 재도장(페인트칠)공사가 포함돼 아파트 재도장공사 시 방진벽 살수시설 등 설치가 의무화 되었다. 또한 공동주택 등 50m 내에서 공사 시행할 경우 반드시 붓이나 롤러 방식으로만 작업하도록 제한 되었다. 정부가 시행유예를 논의중이며 올해 상반기 중 공포 시행예정임

2. **승강기 안전관리강화:** 2017년 2월 행정안전부가 승강기 부품제조업 수입업 등록제도 신설 승강기부품 제조 수입등록제도 신설 제도수입업자 사후관리 의무강화 승강기부품 안전 인증제도 도입 승강기 안전관리자 자격요건 강화 승강기사고 손해 배상보험 의무가입 주체변경 승강기제조 수입업자 유지관리업자 간 협력 등 내용을 담은 승강기 시설 안전관리법 전부 개정안을 발의 올해 3월28일부터 시행 한다.

3. **150가구 이상 민간 임대주택 임차인 대표회의 구성 의무화:** 150가구 이상의 민간임대주택 공동주택은 임차인대표회의를 의무적으로 구성해야 하며 민간임대사업자는 임대계약을 경신할 때 현행법 상 최고치인 년 5%범위에서 임대료를 정해야 한다. 이런 내용을 담은 민간임대주택에 관한 특별법 개정안이 지난해 8월14일 공포돼 6개월이 지난 오는 2월15일 시행된다.

4. **집합건물 관리제도 개선:** 집합건물법 개정(안)에 따라 상가건물 구분점포 성립요건 완화(1000㎡ 이상의 바닥면적 요건삭제) 분양자의 최초 관리단집회 통지 의무화 신설 관리단 집회의 의사 정족수를 구분소유자의 3분지 이상 및 의결권의 3분지2 이상의 결의로 완화 관리인 제도개선 구분소유권 수 50인 이상인 건물관리인 선임사실 신고 임시관리인 선임 청구제도 신설 회계감사 실시 지방자치단체장의 감독권 신설 관리변동

있는 공용부분의 변경제도 신설등이 시행될 예정이다. 본 개정안은 지난해 9월21일부터 10월 30일까지 입법예고 기간을 가졌으며 올해 중 국회를 통과될 것으로 예상된다.

5. **주택관리사보 1차 시험시간 분리:** 올해부터 주택관리사보 제1차 시험을 2교시로 나누어 시행한다. 이에 따라 기존 150분 동안 3개 과목을 한번에 시험 보던 것을 1교시 회계원리 공동주택시설계론(100분) 2교시 민법(50분)을 시험 보게 된다. 이는 장시간의 시험시행에 따른 수험생의 부담을 덜고 화장실 문제 해결 등 인권보호를 위한 조치로 올해 7월13일 치러지는 제22회 주택관리사보 1차 시험부터 적용된다.

6. **최저임금 시급 8,350원 및 정기상여금 복리후생비 포함:** 2019년도 최저임금이 2018년도 보다 830원 오른 8,350원으로 결정되었다. 일급으로 환산 시 주 40시간기준(주당 유급주휴8시간 포함)1,745,150원(8,350원×209시간)이 된다. 최저임금 산입범위에 정기상여금 중 최저임금의 25% 초과분과 복리후생비 중 최저임금의 7%초과분을 추가토록 임금체계도 개편되었다. 이를 통해 상여금 등 비중이 높은 일부 고임금 근로자들이 저임금 근로자를 위한 최저임금 인상혜택을 보는 불합리를 해소했다.

7. **일자리 안정자금 지원 확대:** 최저임금 인상에 따른 소상공인 영세업자의 부담을 덜기위해 올해도 월평균보수 210만원 이하 노동자를 고용한 30인 미만 사업체에 대해 일자리 안정자금 지원을 지속한다. 특히 최저임금 인상영향은 크나 지불 여력이 낮은 5인 미만 사업체에 대해서는 기존 월 13만원에서 2만원을 추가해 월 최대 15만원을 지원한다.(5~30인 미만은 월 13만원)

8. **500가구 이상 신규아파트 국공립어린이집 설치 의무화:** 지난해 12월 영유아보호법 개정으로 올해 9월부터 사용검사를 신청하는 500가구 이상 아파트 단지에 국공립어린이집 설치가 의무화 된다. 기존에 500가구 이상 아파트단지 국공립어린이집 설치 여부가 재량이었든 것에서 필수사항으로 변경되면서 신규아파트의 부담을 줄이기 위해 지자체에서 국공립어린이집 설치비 지원도 함께 병행한다.

9. **공동육아 나눔터 218개소로 확대:** 이웃 간 자녀돌봄 활동을 지원하는 공동육아나눔터를 2018년 113개소에서 218개소로 확대한다. 지원대상은 18세 민만의 자녀가 있는 가정이며 부모의 맞벌이 및 비 맞벌이 여부는 상관없이 이용가능 하다. 신규 운영지역은 지자체 공모신청에 따라 선정할 예정이며 시,군,구별 개소 일정에 따라 서비스 제공 시기가 달라진다.

10. **승강기 안전기준 강화 정원기준 1인당 65㎏에서 75㎏으로 상향조정:** 행정안전부는 승강기 정원 기준을 1인당 65㎏에서 75㎏으로 강화하는 승강기 안전검사기준을 지난해 3월23일 개정 발령했다. 이번 개정으로 기준에는 적정하중이 1,050㎏인 승강기에 65㎏기준으로 16명이 탈 수 있었지만 개정된 기준을 적용하면 정원이 14명으로 줄어들고 이용자 1인당 탑승공간은 15%정도가 늘어난다. 정원 산정기준은 2019년 3월 24일 이후 건축허가분부터 적용한다. 다만 이미 설치된 승강기와 이를 교체 설치하는 승강기는 개정 기준에 따라 정원표기를 변경하도록 계도해 나갈 계획이다.

11. **영구 임대주택 난방용역 부가세 면제 3년 연장:** 영구 임대주택에 거주하는 영세민 지원을 위해 영구임대주택에 공급하는 난방용역에 대한 부가가치세 면제 적용기한을 2018년 12월31일까지 에서 2021년 12월31일 까지 3년 연장했다.

12. **재활용 폐자원 의제 매입세액 공제 3년 연장:** 재활용 폐자원 및 중고자동차 사업자 지원을 위해 재활용 폐자원 등에 대한 부가가치세 매입세액 공제 특례적용 기한을 각 각 연장했다. 재활용 폐자원의 경우 기존 2018년 12월31일까지 에서 2021년 12월31일까지로 3년 연장했으며 중고자동차는 2019년 12월31일 까지로 1년 연장했다.

13. **유로방송서비스 품질평가실시:** 유료방송서비스 이용자의 선택권을 제고하고 사업자 간 품질경쟁 환경조성을 위해 올해 1월1일부터 유료방송서비스 품질평가를 실시한다. 이에 따라 이용자는 품질평가 정보를 활용해 사업자별로 제공하는 방송서비스를 직접 비교 평가 선택할 수 있게 된다. 지난해 유료방송서비스 시범평가를 실시했으며 이를 토대로 올해 평가항목과 평가방식 등을 보완해 본평가를 시행하게 된다.

14. 국회 계류중인 내용

① 입주자 과반수 동의시 지자체장이 관리소장 배치 추진

② 150가구 미만 공동주택 의무관리대상 여부 입주자등이 선택

③ 아파트 하자 발생 시 입주자에게 최대 3배 징벌적 손해배상

④ 외부 회계감사 실효성강화 → 입주자등이 입주자대표회의에 감사인 추천을 의뢰하는 경우 이에 따르고 공동주택관리정보시스템에 회계감사 결과를 공개하는 공개인을 감사인으로 변경

⑤ 일관성 있는 관리규약 준칙를 위해 시.도지사가 준수사항 제정추진 ⑥ 아파트 단지내 통행로를 도로에 포함해 현행 도로법을 적용해 안전시설 설치해야

35. 부가가치세 부과 관련(135㎡=41坪)

1. 수도권에 위치한 공동주택의 전용면적이 135㎡(약41평)를 초과하는 주택에 한하여 위탁관리를 하는 공동주택에 일반관리비중 인건비 경비비 청소비에 부가가치세가 부과됩니다.

2. 과세대상 용역의 판단은 ?
 - 입주자대표회의가 일반관리용역 경비용역 청소용역을 각 각 주택관리업자 경비업자 청소업자에게 위탁하는 경우에 부가가치세가 과세 됩니다 입주자대표회의가 관리사무소장 및 경비 청소원을 직접 고용하여 자치관리하는 경우에는 부가가치세 적용대상이 아닙니다.

3. 단지 내 전용면적 135평㎡(41평) 초과세대와 이하 세대가 혼재한 경우는?
 - 과세 전환대상은 전용면적 135㎡초과하는 위탁관리 공동주택이므로 면적 등 합리적인 방법으로 안분한 135㎡ 초과 세대의 일반관리 경비 청소용역 분에 대하여만 부가가치세가 과세되는 것입니다.

4. 수도권을 제외한 도시지역이 아닌 읍.면이란?
 - 수도권은 서울 경기 인천이며 도시지역이란 국토의 이용계획 및 이용에 관한 법률 제6조 제1호에 의한 용도지역 분류 중 도시지역에 해당되는 지역입니다.

5. 일반관리용역 중 위탁관리수수료만 지급하는 형태와 도급형태의 부가가치세 과세 범위는?
 - 위탁관리 수수료만 지급하는 형태의 위탁관리인 경우 일반관리항목 중 위탁업체소속의 인력에 대한 인건비에 대해 부가가치세가 과세됩니다.(일반관리비: 인건비

사무비 공과금 피복비 교육훈련비등 중에서 인건비만 과세함)
- 도급형태의 위탁관리의 경우 일반관리비를 위한 도급액 전체에 부가가치세가 부과 됩니다.

6. 주택관리업자가 경비 청소 용역을 직접 공급하거나 재 위탁형태로 제공할 경우 과세대상은?
- 주택관리업자가 경비 청소 용역을 직접공급하거나 재 위탁형태로 공급할 경우 모두 주택관리업자의 과세표준에 해당합니다. 주택관리업자가 경비 청소 용역까지 직접 공급하는 경우 경비 청소 용역의 공급가액은 주택관리업자의 부가가치세 과세표준에 포함하는 것이며 주택관리업자가 경비 청소 용역을 재 위탁하는 경우 경비 청소 용역의 공급가액은 각 각 경비업체와 청소업체의 부가가치세 과세표준에 포함하는 것입니다.

7. 부가가치세 과세시기는?
- 2015년 1월1일 이후 공급하는 일반관리 경비 청소 용역에 대하여 부가가치세를 부과하므로 2월에 고지되는 1월분 용역부터 부가가치세가 과세됩니다.

8. 위탁관리 형태일 경우 부가가치세 납부의무자는 ?
- 부가가치세는 용역사업자가 최종 소비자에게 거래 징수하여 납부하는 방식으로 위탁관리업체가 부가가치세를 모두 징수하여 각 세무서에 납부해야 합니다.

9. 위탁관리업체의 과세표준과 수익금액 제외 여부?
위탁관리 형태로 일반관리 용역을 제공할 경우 과세대상에 포함되는 인건비도 해당 업체의 과세표준에 해당 하고 수익금에서는 제외되는 것입니다.

- 공동주택의 입주자대표회의 등이 단지 내 주차장을 운영 관리하면서 입주민들만이 배타적으로 사용하도록 하고 주차대수가 1차량을 초과하는 세대에 대하여 실비 상당액의 주차장 이용료를 받는 경우 부가가치세법 제3조에 따른 부가가치세 납부의무가 없는 것입니다. 다만 입주자등으로부터 주차장 관리에 관한 사항을 포괄적으로 위임받아 자기 책임과 계산으로 주차장 이용 용역을 제공하고 그 대가를 받는 경우에는 부가가치세법 제11조에 따라 부가가치세가 과세되는 것입니다. (국세청 국세법령정보시스템 서면- 2017- 법령해석부기- 0358 2017.03.09.)

- 위탁관리회사가 공동주택을 수탁해 관리하는 경우 관리비를 지출함에 있어 장기수선충당금을 사용하는 경우를 제외하고는 위탁관리의 명의로 하도록 하고 있다. 국세청이 시달한 공동주택 청소용역 및 공동주택 위탁관리용역에 대한 부가가치세 처리지침에서도 위탁관리회사가 입주자대표회의로부터 징수하는 용역비는 위탁관리회사의 부가가치세 과세표준에 포함하도록 명시되어 있다 따라서 위탁관리회사가 용역업체로부터 세금계산서를 교부받은 후 다시 입주자대표회의에 재교부한 세금계산서는 정당하게 발행된 세금계산서다.

36. 국토부 주택관리업자 및 사업자선정지침 본문 및 해설

조 문	주택관리업자 및 사업자 선정지침 국토부 고시 제2018- 614호(개정2018- 10- 31)(밑줄친부분 개정됨)	P-
제2조 적용대상	**제1조(목적)** 이 지침은 공동주택관리법 시행령 제5조제2항제1호에 따른 주택관리업자 선정과 제25조에 따른 사업자 선정 및 제5조1항에 따른 전자입찰방식에 관하여 위임된 사항과 그 시행에 필요한 사항을 규정하는 것을 목적으로 한다. **제2조(적용대상)** 　1. 영제5조제2항제1호에 따라 입주자대표회의가 주택관리업자를 선정하는 경우 　2. 영제25조에 따라 입주자대표회의 또는 관리주체가 공사 및 용역 등 사업 자를 선정하는경우 　② 「공동주택관리법(이하 법이라 한다)제11조제1항에 따른 사업주체 관리기간 중 제1항제2호에 따라 사업자를 선정할 때에는 동 지침에서 정하고 있는 입주자대표회의의 역할을 사업주체가 대신하는 것으로 적용한다. 　※ 경비 청소 소독 승강기유지보수 등 관리주체가 계약자인 경우 ☞ **제2조 제2항:** 1) 공동주택관리법 시행령 제2조(의무관리대상 공동주택의 범위) 「공동주택관리법」제2조제1항제2호에 따른 의무관리대상 공동주택의 범위는 다음 각 호와같다	P- 1

1. 300세대 이상의 공동주택

2. 150세대 이상으로서 승강기가 설치된 공동주택

3. 150세대 이상으로서 중앙집중식 난방방식(지역난방방식을 포함한다)의 공동주택

4. 「건축법」 제11조에 따른 건축허가를 받아 주택 외의 시설과 주택을 동일건축물로 건축한 건축물로서 주택이 150세대 이상인 건축물 기존 유권해석과 동일한 내용을 명문화한 규정임

☞ 〈제2조제2항 관련〉

공동주택관리법 제11조에 따라 의무관리대상 공동주택을 건설한 "사업주체"는 입주예정자의 과반수가 입주할 때까지 "관리주체"로서 그 공동주택을 관리하여야 합니다.

동 지침의 위임 근거인 「공동주택관리법 시행령」 제5조제1항에 따른 주택관리업자 선정의주체는 "입주자대표회의"이며, 동 시행령 제25조에 따른 "관리비등"의 집행을 위한 사업자 선정의 주체는 "관리주체 또는 입주자대표회의"입니다.

즉, "① 입주자대표회의가 주택관리업자를 선정"하는 경우와 "② 관리주체 또는 입주자대표회의가 사업자를 선정하는 경우"에 동 지침이 적용됨.

따라서, "관리주체(사업주체)가 주택관리업자를 선정하는 경우"는 동 지침 적용대상이 아니므로, 사업주체 관리기간 중 관리주체인 사업주체는 수의계약으로 "주택관리업자"를 선정할 수 있습니다. 다만, 관리비 등의 집행을 위한 "사업자"를 선정하는 경우에는 동 지침을 적용하여 사업자를 선정해야 함(경비 청소 소독 승강기유지관리 전기안전관리 대행 등)

* 사업주체 관리기간 중 사업주체가 주택관리업자를 선정하여 공동주택을 관리하였더라도, 관리의 책임은 관리주체인 사업주체에 귀속됨 아울러, 사업주체 관리기간에는 입주자대표회의가 구성되지 않았을

	것이므로, 사업주체가 입찰공고 내용 등을 결정하여 동 지침에 따른 경쟁입찰의 방법으로 사업자를 선정하는 것이 적합함	
제3조 전자입찰시 스템	① 영 제5조제1항에 따라 전자입찰방식으로 주택관리업자 및 사업자를 선정하는 경우에는 다음 각 호의 어느 하나에 해당하는 전자입찰시스템을 이용한다. 　1. 법 제88조제1항에 따른 공동주택관리정보시스템(http://www.k-apt.go.kr을 말한다. 이하 "공동주택관리정보시스템"이라 한다)에서 제공하는 전자입찰시스템(낙찰의 방법 중 제7조제1항제2호 또는 제3호의 경우에 한한다) 　2. 「전자조달의 이용 및 촉진에 관한 법률」에 따른 전자입찰시스템 　3. 민간이 운영하는 전자입찰시스템 ③ 제4조제3항에 따른 수의계약이나 제7조제1항제1호에 따른 적격심사제로 주택관리업자 및 사업자를 선정하는 경우에는 전자입찰방식으로 선정하지 아니할 수 있다.	P-2
제4조 입찰의방법	① 제2조에 따라 주택관리업자 및 사업자를 선정할 때에는 경쟁입찰을 하여야 한다. ② 제1항에 따른 경쟁입찰의 종류 및 방법은 [별표 1]과 같다. ③ 제1항에도 불구하고 [별표 2]에 해당하는 경우에는 수의계약을 할 수 있다. ☞ **제4조 제3항** [별표2]에 해당하는 경우라 하더라도 보험계약을 하는 경우나 공산품을구입하는 등 경쟁입찰이 가능한 경우에는 발주처인 공동주택의 판단에 따라 수의계약이 아닌 경쟁입찰의 방법을 통해 사업자를 선정할 수 있습니다. ④ 제2항에 따른 입찰의 경우 입찰공고 전에 입찰의 종류 및 방법, 참가자격 제한 등 입찰과 관련한 중요 사항에 대하여 영 제14조제1항에 따른	P-2

방법으로 입주자대표회의의 의결을 거쳐야 한다.

⑤ 제3항에 따른 수의계약의 경우 수의계약 전에 계약상대자 선정, 계약 조건 등 계약과 관련한 중요 사항에 대하여 영 제14조제1항에 따른 방법으로 입주자대표회의의 의결을 거쳐야 한다.

☞ 〈제4조제4항 및 제5항 관련〉_신설

[별표1]에 따른 경쟁입찰의 방식으로 입찰을 진행하거나 [별표2]의 수의계약 방식으로 계약을 체결을 하고자 하는 경우, 입찰 및 계약에 대한 중요한 사항을 결정하기 전 공동주택관리법 시행령 제14조제1항의 방법(입주자대표회의 구성원 과반수 찬성으로 의결)을 거치도록 함

☞ 기존 지침(2016- 943호)의 [별표1]의 2호, [별표2] 비고 및 [별표7]의 1호 내용을 본문으로 상향 조정함

⑥ 입주자등은 제4항에도 불구하고 입주자대표회의의 구성원이 과반수에 미달하여 의결할 수 없는 경우에는 다음 각 호의 요건을 모두 갖추어 입찰과 관련한 중요사항을 결정할 수 있다.(제1호 및 제2호의 구체적인 절차와 방법은 관리규약으로 정함)

1. 전체 입주자등의 10분의 1 이상이 이의를 제기하지 아니할 것
2. 제1호의 요건이 충족된 이후 전체 입주자등의 과반수 이상이 찬성할 것

☞ 〈제4조제6항 관련〉_신설

경쟁입찰로 주택관리업자 및 사업자를 선정 시 입주자대표회의 구성원이 과반수에 미달하여 입찰과 관련된 중요사항을 결정할 수 없는 경우, 관리규약으로 정한 구체적인 절차와 방법에 따라 전체 입주자등의 10분의 1이상이 이의를 제기하지 아니한 경우에 한하여 전체 입주자등의 과반수 이상이 찬성으로 입찰과 관련한 중요사항을 결정할 수 있음

	☞ 제4조제6항은 2019년 1월1일부터 시행(부칙 제1조) (개정 2018.10.31. 4.5.6항 신설)	
제5조 입찰의성립	① 일반경쟁입찰과 지명경쟁입찰은 2인 이상의 유효한 입찰로 성립하며, 제한경쟁입찰은 3인 이상의 유효한 입찰로 성립한다. ② 입주자대표회의와 관리주체는 경쟁입찰 시 협의에 의한 선정, 우선협상대상자의 선정 또는 이와 유사한 방법을 적용하여서는 아니 된다. ☞ **제5조 제1항:** 입찰의 성립은 단순이 입찰 참가자의 수로 헤아리는 것이 아니라 [별표3]에서 규정하고 있는 입찰의 무효에 해당하지 않는 유효한 입찰의 수로 헤아리는 것임.	P- 3
제6조 입찰의무효	① 하자가 있는 입찰은 무효로 하며, 무효로 하는 입찰은 [별표 3]과 같다. ② 입주자대표회의 또는 관리주체는 제1항에 따라 무효로 하는 입찰이 있는 경우에는 해당 입찰자에게 입찰 무효의 이유를 알려야 한다. ☞ **제6조 제2항:** 입찰 무효의 이유를 알리는 방법에 대하여 특별히 정하고 있는 방법은 없습니다. 따라서 발주처인 공동주택에서 전화 문자 팩스 서신 등의 방법 중 해당 입찰자에게 입찰 무효의 이유를 알리는 방법에 대한 사항을 정하여 공고하고 공고내용에 따라 입찰 무효의 이유를 알리면 됩니다.	P- 3

제7조
낙찰의방법
	① 낙찰의 방법은 다음 각 호와 같다
	  1. 적격심사제 : [별표 4] 또는 [별표 5], [별표 6]의 평가기준에 따라 최고점을 받은 자를 낙찰자로 선정하는 방식
	  2. 최저낙찰제 : 최저가격으로 입찰한 자를 낙찰자로 선정하는 방식
	  3. 최고낙찰제 : 최고가격으로 입찰한 자를 낙찰자로 선정하는 방식
	② 낙찰의 방법은 제1항에 따른 방법 중에서 어느 하나의 방법을 선택하
		P- 3

고 입주자대표회의의 의결을 거쳐서 결정하여야 한다. 다만 입주민투표(전자적 방법을 포함한다)로 낙찰방법을 결정하고자 하는 경우 (공사 또는 용역사업에 한한다)에는 관리규약으로 대상 금액을 별도로 정해야 한다.

☞ 〈제7조제2항 관련〉

낙찰의 방법은 입주자대표회의 의결을 거쳐 결정하는 것이 원칙이지만, 관리규약으로 대상금액을 정한 경우에 투명성과 공정성 확보를 위하여 입주민 투표로 낙찰방법을 결정할 수 있도록 함 관리규약에 대상금액이 정하지 않은 경우에는 입주자대표회의 의결로 낙찰방법을 결정

③ 적격심사제에서 최고점을 받은 자가 2인 이상인 경우에는 최저(최고)가격을 기준으로 낙찰자를 결정하고, 최저(최고)가격도 동일한 경우에는 추첨으로 낙찰자를 결정한다.

④ 최저(최고)낙찰제에서 최저(최고)가격으로 입찰한 자가 2인 이상인 경우에는 추첨으로 낙찰자를 결정한다

제8조 입찰서제출

① 전자입찰 방식의 경우에는 별지 제1호서식의 입찰서는 전자적인 방법으로 입력하고 그 밖의 입찰서의 구비서류와 제19조와 제27에 따른 서류는 시스템에 서류를 등록하는 방법으로 제출하여야 한다.

☞ 〈제8조제1항 관련〉

기존에는 전자입찰의 방식의 경우 입찰서와 산출내역서·현금납부영수증(증권)을 제외한 서류는 입찰공고에 우편이나 방문 등 비전자적인 방법으로 제출할 수 있도록 명시한 경우 비전자적인 방법으로 제출할 수 있도록 하였으나 개정된 내용에서는 전자입찰의 방식의 경우 제19조와 제27조에 명시된 서류는 시스템에 등록하여 제출하도록 함

　　☞ 전자입찰 시 서류를 같이 시스템에 등록하도록 하여 입찰의 투명

성을 확보하고자 함

② 비전자적인 입찰방식의 경우 입찰자(대리인을 지정한 경우 그 대리인을 말한다. 이하 같다)는 별지 제1호서식의 입찰서와 제19조 및 제27조에 따른 서류를 제출하여야 한다.

☞ 〈제8조제2항 관련〉
기존에는 비전자적 입찰(우편 또는 방문)의 경우 입찰서와 그 밖의 서류를 분리하여 밀봉한 후 투찰하도록 하였으나 개정된 내용에서는 비전자적인 입찰의 경우 입찰서[별지1호서식]와 제19조와 제27조에 명시된 서류를 제출하도록 변경됨

③ 서류제출(전자입찰방식인 경우 서류의 등록을 의미한다)은 입찰서 제출 마감일 18시까지 도착한 것에 한하여 효력이 있다. 다만 제15조제1항에 따른 입찰공고기간을 초과하여 공고한 경우에는 제출마감 시간을 18시 이전으로 정할 수 있으며 이 경우 입찰공고문에 명시하여야한다.

☞ 〈제8조제3항 관련〉
기존에는 우편 또는 방문으로 제출한 서류에 대해서만 제출 마감일 18시까지 도착한 것에 한하여 효력이 있다고 보았으나 개정된 내용에서는 전자입찰의 경우에도 서류등록이 입찰서 제출 마감일 18시까지 등록한 것을 유효한 것을 추가하였고, 만약 지침 제15조에서 정한 입찰공고기간을 초과하여 공고할 경우 18시 이전으로 마감시간을 정할 수 있도록 함(단, 이 경우 입찰 공고문에 명시하여야 함)

④ 입찰자는 제출한 입찰서를 교환·변경할 수 없다.

제9조 입찰서개찰	☞ 입주자대표회의 또는 관리주체가 입찰서를 개찰할 때에는 입찰 공고에 명시된 일정에 따라 입찰업체 등 이해관계인이 참석한

장소에서 하여야 한다. 다만, 입찰공고 일정대로 개찰이 진행되거나 개찰 일정 변경을 통보하였음에도 불구하고 입찰업체가 참석하지 않은 경우에는 입찰업체 등 이해관계인이 참석하지 않더라도 개찰할 수 있다.

☞ 〈제9조 관련〉

입찰공고에 명시된 일정 또는 개찰일정 변경을 통보한 경우에는 모든 입찰업체가 참여하지 않았다고 하여도 개찰을 진행할 수 있습니다

| 제10조
낙찰자선정 | ① 입주자대표회의 또는 관리주체는 입찰자의 제출서류를 <u>제9조에 따른 입찰서 개찰 후에 검토하여야</u> 하고, 제5조에 따른 입찰의 성립 여부를 판단한다.

☞ 〈제10조제1항 관련〉
기존에는 사전에 입찰서류를 검토한 후 유효한 입찰 가운데 낙찰자를 선출하도록 하였으나 개정된 내용에서는 입찰서류를 입찰서 개찰 후 검토하도록 명확히 규정함. 즉 입찰서 개찰 후 입찰서류를 검토한 후 유효한 입찰이 성립한 후 낙찰자를 결정하여야 함.
다만, 개찰일 날 즉시 낙찰자를 선정하여야 한다는 규정이 없으므로 입찰서류 검토에 많은 시간이 소요될 경우에는 입찰공고문에 개찰일(입찰서 검토)과 낙찰결정일(낙찰자 선정)이 별도로 명시하였다면 개찰과 동시에 즉시 낙찰자를 선정하여야 하는 것은 아닌 것으로 사료됨(협회 검토의견)

② 입주자대표회의 또는 관리주체는 제1항에 따른 판단 결과 입찰이 성립된 경우, 유효한 입찰 가운데 제7조의 기준에 따라 낙찰자를 선정한다. | |
| 제11조
선정결과
공개 | ☞ ① <u>입주자대표회의</u>는 영 제5조 제2항제1호에 따른 주택관리업자 영 제25조에 <u>따른 사업자 선정입찰의 낙찰자가 결정된</u> 경우에는 다 | |

음 각 호의 내용을 관리주체에게 즉시 통지하여야 한다.

    1. 입찰공고 내용(경쟁입찰을 대상으로 한다)

    2. 선정결과 내용(수의계약을 포함한다)

        가. 주택관리업자 또는 사업자의 상호·주소·대표자 및 연락처

        나. 계약금액

        다. 계약기간　라. 수의계약인 경우 그 사유

☞ **〈제11조제1항제2호 라목관련〉**

[별표2]에 따라 수의계약을 체결한 경우에는, 그 사유(예: 기존 보험 재계약으로 신규계약에 비하여 ○○% 할인율 적용)를 입주자등이 알 수 있도록 해야 함

② 관리주체는 제1항에 따른 통지를 받거나 <u>사업자선정의 낙찰자를 결정한 경우</u> 제1항 각 호의 사항을 해당 공동주택단지의 인터넷 홈페이지(인터넷 홈페이지가 없는 경우에는 해당 공동주택단지의 관리사무소나 게시판 등 이와 같다)와 공동주택관리정보시스템에 <u>낙찰자 결정일의 다음날(토요일과 관공서의 공휴일에 관한 규정 제2조에 따른 공휴일을 제외한 날을 말한다)18시까지</u> 공개하여야 한다.

☞ **〈제11조제2항 관련〉**

기존에는 관리주체가 사업자를 선정한 경우 공동주택단지의 인터넷 홈페이지와 공동주택관리정보시스템에 즉시 공개하도록 하였으나 개정된 내용에서는 낙찰자 결정일의 다음날의 18시까지 공개하도록 함(☞ 관리주체의 행정적 부담 완화)

제12조 재공고	① 입주자대표회의 또는 관리주체는 입찰이 성립하지 않은 경우 또는 제21조제3항 및 제29조제3항에 따라 낙찰을 무효로 한 경우에 재공고할 수 있다. ② 제1항에 따른 재공고 시에는 공고기간을 제외하고 최초로 입찰에 부친 내용을 변경할 수 없다. 다만, 제한경쟁입찰의 제한 요건을 완화하

는 경우에는 그러하지 아니하다.

☞ 〈제12조 관련〉

수정공고: 공고내용이 경미한 사항(누구나 알수 있을만한 오타 등)을 변경하는 것이며 재공고는 유찰된 경우 또는 낙찰자가 특별한 사유없이 계약을 체결하지 아니한 경우에 동일한 내용(단 제한경쟁입찰의 제한요건을 완화하는 것은 가능)으로 공고하는 것입니다. 따라서 제한경쟁입찰의 제한요건 입찰가격 산출방법 및 기준 등 입찰과 관련한 중요한 사항이 변경된 경우에는 재공고나 수정공고가 아닌 새로운 공고가 되는 것입니다.

재공고: 유찰된 경우 또는 낙찰자가 특별한 사유없이 계약을 체결하지 아니하는 경우에 동일한 내용(단 제한경쟁입찰의 제한요건을 완화하는 것은 가능)으로 공고하는 것 재공고 시 현장설명회를 개최하지 않는 경우에는 입찰공고 기간을 단축할 수 있음(10일에서 5일)

수정공고: 공고내용의 경미한 사항(누구나 알 수 있을만한 오타 등)을 변경하여 공고하는 것 수정공고시에는 입찰공고 기간이 변동이 없음

제13조 적격심사 운영제	① 적격심사제로 주택관리업자 및 사업자를 선정하는 경우에는 평가주체를 다음 각 호와 같이 구성한다. 1. [별표 7]에 따라 입주자대표회의가 계약자인 경우 입주자대표회의 구성원(입주자대표회의가 선정한 평가위원을 추가할 수 있음) ☞ **제13조 제1항 제1호** 입주자대표회의에서는 평가위원을 추가하지 않고 입주자대표회의 구성원만으로 평가주체를 구성할 수 있습니다. 아울러 [별표7]에 따라 입주자대표회의가 계약주체인 경우에는 입주자대표회의 구성원 전원에게 적격심사와 관련된 일정 등이 공지되는 것이 타당하며 평가위원 구성자체를 입주자대표회의 일부 인원으로 한정하거나 적격심사와 관련된 일정 등을 입주자대표회의 일부 인원에게만

공지하는 것은 타당하지 않습니다.

다만 입주자대표회의 구성원 전원에게 일정 등이 공지되었음에도 일부 인원만 적격심사제에 참여한 경우에는 제13조 제2항에 따라 평가주체가 5인 이상인 경우에 한하여 평가결과를 유효한 것으로 인정합니다. 다만 관리주체가 자기를 평가해서는 안 됨.

2. [별표 7]에 따라 관리주체가 계약자인 경우에는 관리주체와 관리주체가 선정한 평가위원(단, 당해 공동주택 입주자등으로 한정함)다만 해당 공동주택을 관리중인 주택관리업자의 임직원이 운영하는 사업자가 해당 공동주택 내 공사 및 용역등의 입찰에 참여한 경우 해당 주택관리업자의 소속으로 배치된 관리소장은 평가위원에서 제외(그 밖의 평가집행에 관한 업무수행은 가능)하여야 하고 위의 경우 입주자대표회의가 선정한 입주민이 평가주체가 된다.

☞〈제13조제1항제2호 관련〉

관리주체가 계약자인 경우 관리주체와 관리주체가 선정한 자가 평가위원이 될 수 있으나 해당 공동주택을 관리중인 주택관리업자의 임직원이 운영하는 사업자가 입찰에 참여할 경우 주택관리업자 소속으로 배치된 관리사무소장은 평가위원에서 제외(단 평가집행에 업무수행을 가능)되고 입주자대표회의가 선정한 입주민이 평가주체가 됨 (☞ 입찰의 투명성 확보)

② 제1항에 따라 구성된 평가주체 중 5인 이상이 적격심사 평가에 참여한 경우에 한하여 평가결과를 유효한 것으로 인정하고 적격심사평가 시 입주자대표회의의 구성원(평가위원으로 선정되지 못한 구성원인 경우)해당 공동주택의 입주민(참관하고자 하는 입주민의 절차와 범위 등은 관리규약으로 정하여야 한다)은 참관할 수 있다.

☞ 〈제13조 제2항 관련〉

기존에는 적격심사시 3인 이상이 평가에 참여할 경우 유효하다고 보았으나 개정된 내용에는 5인 이상이 평가에 참여할 경우 유효로 인정되며 관리규약으로 정할 경우(입주민의 범위와 절차 등) 입주민도 참관할 수 있도록 함

③ 입주자대표회의 또는 관리주체가 적격심사제를 운영할 때에는 회의록을 작성하여 보관(평가표를 포함한다)하고, 공동주택의 입주자 등이 이의 열람을 청구하거나 본인의 비용으로 복사를 요구하는 때에는 이에 응하여야 한다.(다만 법 제27조 제2항 각 호의 정보는 제외하고 요구에 응하여야 한다)

☞ 〈제13조 제3항 관련〉

기존에서는 적격심사제를 운영할 경우 입주자등의 열람 및 복사 청구에 대한 개인정보등을 포함시켜 가능한 지에 대한 명확한 규정이 없어 개정된 안에서는 공동주택관리법 제27조 제2항(개인정보, 의사결정과정 또는 내부검토과정에 있는 사항 등으로서 공개될 경우 업무의 공정한 수행에 현저한 지장을 초래할 우려가 있는 정보)을 제외하고 응하도록 명확히 규정함

제14조 입찰공고	① 입주자대표회의가 주택관리업자를 선정할 때에는 제16조에 따른 입찰공고 내용을 해당 공동주택단지의 인터넷 홈페이지와 공동주택관리정보시스템에 공고하여야 한다. ☞ 〈제14조제1항 관련〉 기존에는 입찰공고 내용을 공동주택관리정보시스템에만 공개하도록 하였으나, 개정안은 인터넷 홈페이지[인터넷 홈페이지가 없는 경우에는 인터넷포털에서 제공하는 유사한 기능의 웹사이트(관리주체가 운영·통제하는 경우에 한정한다), 해당 공동주택단지의 관리사무소나

게시판 등을 말한다]에도 공고하도록 확대함

② 제1항에 따라 공동주택관리정보시스템을 이용하여 입찰공고를 하는
경우 해당 단지의 관리사무소장은 공동주택관리정보시스템을 관리하
는자 (이하 시스템관리자라 한다.)에게 사전에 [별지 제2호서식]에 따라
공동주택관리정보시스템 이용 신청을 하여야 한다.
③ 시스템 관리자는 관리사무소장이 제2항에 따라 신청한 서류를 확인
하여 이상이 없는 경우에는 공동주택관리정보시스템 이용을 위한 아이
디와 패스워드를 즉시 부여하여야 한다.

☞ **제14조 제3항**

　단지의 현황정보 등을 기반으로 한 신청서류에 이상이 없음을 전제
　　로 하여 신청단지에 시스템 이용권한을 부여(아이디와 패스워드
　　부여)하는 것이므로 타 단지의 아이디와 패스워드를 이용하여
　　입찰공고하는 것은 적합하지 않습니다

제15조 입찰공고 시기	① 입찰서 제출 마감일의 전일부터 기산하여 10일전공고 다만, 입대의 에서 긴급한 입찰로 의결한 경우나 재공고시 입찰서제출 마감일전일부 터 기산하여 5일전 공고(현장설명회가 없는 경우) ② 현장설명회는 입찰서 제출 마감일의 전일부터 기산하여 5일 전에 개최할 수 있으며, 현장설명회를 개최하는 경우에는 현장설명회 전일부 터 기산하여 5일 전에 입찰공고를 하여야 한다. ☞ **제15조 제1항** 예를 들어 입찰서제출 마감일이 12월 20일이라면 12월10일 공고를 하면 되는 것이며 긴급입찰이나 재공고 입찰의 경우 12월15일에 입찰공고를 하면 되는 것입니다. 다만 공고기간을 규정한 것은 업체가 공고사실을 알고 준비할 수 있는 최소한의 기간을 확보하게 하고자 하는 취지이므로 정해진 공고기간을 초과하여 공고하는 것은 가능합니다.

	☞ 예를 들어 현장설명회를 개최하는 경우 입찰서 제출마감일이 12월20일 이라면 12월15일 현장설명회를 개최하면 되는 것이며 12월10일에 공고를 하면 되는 것입니다.

다만 입찰공고 시작일- 현장설명회- 입찰서제출 마감일 사의의 기간을 규정한 것은 업체가 입찰 공고문을 확인하여 현장설명회 참석여부를 결정하고 응찰할 경우 제출 서류등을 준비할 수 있는 최소한의 기간을 확보하게 하고자 하는 취지이므로 정해진 기간을 초과하여 공고하거나 현장설명회를 개최하는 것은 가능합니다. |
| 제16조 입찰공고 내용 | ① 다음각호의 사항이 명시되어야 하며, 명시된 내용에 따라 입찰과정을 진행하여 한다.

　1. 관리 대상(세대수, 동수, 총 주택공급면적 등)

☞ **제16조 제1항**

입찰공고문에 동항 각호의 사항을 명시하지 않거나 명시된 내용에 따라 입찰과정을 진행지 않는 것은 동 지침에 위반되는 것입니다.

　Q. 현장설명회 참가를 의무로 하여 현장설명회 참석 업체에 한하여 참가자격을 부여하는 경우 제한경쟁입찰의 제한요건 입찰가격 산출방법 및 기준 등을 입찰공고문이 아닌 현장설명회에서 참석 업체에 알려도 되는 지요?

　A. 업체는 입찰공고 내용을 통해 입찰내용을 파악하고 현장설명회 참가여부를 결정할 수 있습니다. 따라서 현장설명회 참가를 의무로 하여 현장설명회 참석 업체에 한하여 참가자격을 부여하는 경우라 하더라도 제한경쟁의 제한요건 입찰가격 산출방법 및 기준 등에 대한 사항은 입찰과 관련된 중요한 사항이므로 반드시 입찰공고문에 명시되어야 합니다.

　2. 경비 · 청소 등의 직영운영 또는 위탁운영에 관한 사항 |

☞ **제16조 제1항 제2호:** 기존해석과 동일한 내용을 명문화한 규정임

주택관리업자에게 위탁관리 시 경비, 청소 등은 직영 또는 위탁의 방법으로 운영할 수 있습니다. 직영운영은 주택관리업자가 해당 인력 및 장비를 갖추고 직접 업무를 수행하는 경우를 의미하고 위탁운영은 주택관리업자가 동 지침에 따른 경쟁입찰 방법으로 용역사업자를 선정하여 수행하는 경우를 말함

주택관리업자 선정 시 경비 청소 등에 대한 직영운영 또는 위탁운영에 대한 사항은 입찰가격을 산출하는 주요 근거가 되는 것이므로 입찰공고문에 명시되어야 하며 해당 내용이 입찰공고문에 명시되지 않았다거나 명시된 내용과 다르게 계약이 체결되었다면 동 지침에 위반되는 것입니다.

Q. 주택관리업자와 경비 청소 용역사업자가 별도로 선정되어 관리되던 중 용역사업자의 계약기간이 만료된 경우 주택관리업자가 경비 청소 용역을 직영할 수 있도록 수의계약 할 수 있는지요?

A. 공동주택관리법 시행령 제25조 제1항 제1호에서는 공동주택단지의 경비와 청소를 관리주체의 업무로 명시하고 있으므로 해당 공동주택에서 주택관리업자에게 위탁관리를 하는 경우 경비와 청소업무를 관리주체인 주택관리업자가 직접 수행하는 것으로 하여 계약을 체결할 수 있을 것입니다.

3. 현장설명회를 개최하는 경우 그 일시ㆍ장소 및 참가의무 여부에 관한 사항

☞ **제16조 제1항 제3호:** 기존 유권해석과 내용을 명문화한 규정임

입찰에 참가하려는 주택관리업자가 현장에 대한 확인 및 세부적인 사항을 알지 못하고 입찰에 참여하는 것은 적절하지 않으므로 국토부에서는 입찰공고 내용에 현장설명회에 참석한 자에 한하여 입찰에 참가할 수

있도록 참가자격을 제한하는 것으로 동 지침을 운용하고 있습니다. 현장설명회 참석여부에 따라 입찰참가 자격을 제한하는 것은 발주처인 공동주택에서 결정해야 하는 사항이며 현장설명회 참석업체로 참가자격을 제한하기로 결정했다면 동 내용은 입찰공고문에 명시된 경우에 한하여 적용이 가능합니다.

4. 입찰의 종류 및 낙찰의 방법(적격심사제의 경우 세부배점 간격이 제시된 평가배점표 포   함)

☞ 제16조 제1항 제4호

적격심사제의 경우에는 세부배점 간격이 제시된 적격심사표 즉 평가배점표가 반드시 입찰공고문에 제시되어야 합니다

[별표4]주택관리업자 선정을 위한 적격심사제 표준평가표에 따르면 입주자등의 과반수의 찬성을 얻어 관리규약으로 정하는 경우에는 단지 특성에 따라 평가항목 및 배점을 달리(단 입찰가격 배점은 30점이어야 함)정할 수 있습니다. 다만 표준평가표의 배점에 대한 세부배점 간격을 정하는 것은 입주자대표회의 의결로 가능합니다.

즉 관리규약에서 적격심사 평가표를 따로 정하고 있지 않다면 주택관리업자 선정을 위한 적격심사시 [별표4]의 표준평가표를 사용해야 하며 표준평가표에 제시된 평가항목 배점 세부배점을 변경하여는 아니되고 세부배점의 간격을 정하는 것만 입주자대표회의 의결로 가능 합니다. 그리고 관리규약에 상기 절차에 따라 적합하게 규정된 적격심사표가 있다면 그에 따라 입찰절차를 진행하여야 합니다. 다만 관리규약에 규정된 적격심사표가 주택법령이나 동 지침에 적합하지 않는 경우에는 관리규약에 규정된 적격심사표가 있다고 하더라도 동 지침의 표준평가표를 사용할 수 있습니다.

★ 관리규약에 적격심사표를 규정하고 있지 않는 경우

─ 표준평가표를 적용하며 입주자대표회의 의결로 표준평가표의
  세부배점 간격을 성할 수 있음

★ **주택법령에 적합하게 규정된 관리규약 적격심사표**

─ 세부배점 간격이 정해져 있는 경우 : 관리규약에서 정한 적격심사
  표를 적용

─ 세부배접 간격이 정해져 있지 않는 경우: 입대의 의결로 세부배점
  간격을 정할 수 있음

5. 입찰서 등 제출서류(제19조에 따른 제출서류에 한함)에 관한 사항
   (제출서류의 목록, 서식, 제출방법, 마감시한 등)

☞ 〈제16조제1항제5호 관련〉

기존에는 입찰공고에 대하여 제19조에 따른 제출서류이외에 제출서류
를 공고함에 따라 제19조이외의 서류를 제출하지 않았을 경우 유·무효
에 대한 논란이 있어 개정된 내용에서는 공고문에 제19조에 따른 제출서
류에 관한 사항만을 공고할 수 있도록 명확히 규정함

6. 개찰의 일시·장소
7. 입찰참가 자격에 관한 사항(제18조의 참가자격제한에 대한 사항
   에 한함)

☞ 〈제16조제1항제7호 관련〉

주택관리업자 선정공고 시 제18조에서 규정한 입찰참가 제한이외의
내용을 제한하게 되는 경우가 발생하여 많은 입찰의 유,무효에 대한
분쟁이 발생하여 개정된 내용에서는 제18조의 참가자격제한 이외의
사항을 입찰참가자격을 제한을 할 수 없도록 명확히 규정함

8. 제6조에 따라 무효로 하는 입찰이 있는 경우, 해당 입찰자에게

입찰 무효의 이유를 알리는 방법에 대한 사항

☞ **제16조 제1항 제8호**

입찰무효의 이유를 알리는 방법에 대하여 특별히 정하고 있는 방법은 없습니다. 따라서 발주처인 공동주택에서 전화 문자 팩스 서신 등의 방법 중 해당 입찰자에게 입찰 무효의 이유를 알리는 방법에 대한 사항을 정하여 공고하고 공고내용에 따라 입찰 무효의 이유를 알리면 됩니다.

9. 입찰 관련 유의사항(입찰가격 산출방법 및 기준 등)

☞ **제16조 제1항 제9호**

발주처인 공동주택에서 입찰가격 산출방법 및 기준을 공고하였다면 그에 맞지 않게 입찰금액을 제출한 입찰은 무효로 처리할 수 있습니다. 다만 입찰가격 산출방법 및 기준은 입찰과 관련된 중요한 사항이므로 반드시 입찰공고문에 명시되어야 합니다. 따라서 발주처인 공동주택에서 입찰공고문에는 제시하지 않고 현장설명회에서 입찰가격 산출방법 및 기준을 공지하였다면 동 지침에 적합하지 않습니다.

10. 계약체결에 관한 사항
11. 제31조에 따른 입찰보증금 및 그 귀속에 관한 사항
12. 그 밖의 입찰에 필요한 사항(제1호부터 11호까지의 사항 외 계약체결과 관련하여 설명이 필요한 사항 또는 기타 사항 등을 기재)

☞ **제16조 제1항 제12호**

그 밖에 입찰에 필요한 사항에 대한 내용이 주관적이고 모호하여 이 부분을 구체화 하여
1호부터 11호까지의 사항 외의 "계약 체결과 관련한" 설명 혹은 기타사항

으로 구체적 명시하여, 기존의 입주자대표회의 의결로 임의로 정하는 사항을 배제함

그 밖에 입찰에 필요한 사항이란 해당 입찰에 참여할 경우 업체에서 알아야 하는 발주처의 특수성 등을 공고하라는 의미입니다.

따라서 동 규정을 확대해석하여 제18조의 참가자격 및 제한경쟁 입찰인 경우 제한경쟁입찰의 제한요건 증빙에 필요한 제출서류 외에 불필요한 증빙서류를 동 규정에 입각한 서류로 입찰공고에 명시하여 해당 서류의 미제출을 이유로 입찰을 무효로 처리하는 것은 실질적인 입찰참가 제한에 해당되어 동 지침에 적합하지 아니함

② 전자입찰의 경우에는 <u>제8조 제1항에 따른 방법으로 서류를 제출하여야 한다.</u>

☞ 〈제16조제2항 관련〉

전자입찰의 경우 전자입찰방식의 경우에는 별지 제1호서식의 입찰서는 전자적인 방법으로 입력하고, 그 밖의 입찰서의 구비서류와 제19조와 제27조에 따른 서류는 시스템에 서류를 등록하는 방법으로 제출하도록 함

☞ 입찰서와 기타 서류를 등록하도록 하여 입찰과정의 투명성 확보

③ 입찰시 입찰서제출 마감일은 입찰업무의 원활한 수행을 위해 근무일(토요일과「관공서의 공휴일에 관한 규정」제2조에 따른 공휴일을 제외한 날을 말한다.)의 18시까지로 한다. <u>다만 제15조제1항에 따른 입찰공고기간을 초과하여 공고한 경우에는 입찰서 제출마감 시간을 18시 이전으로 정할 수 있으며 이 경우 입찰공고문에 명시하여야 한다.</u>

☞ 〈제16조제3항 관련〉

	기존에는 제15조 제1항의 입찰공고기간(10일/5일)을 초과하여 공고할 경우에 입찰서 제출 마감시간을 18시 까지로 해석 될 수 있는 부분을 개정된 내용을 제15조제1항 입찰공고기간을 초과하여 공고할 경우 입찰 공고문에 명시된 경우에 한하여 18시 이전으로 정할 수 있도록 함 ④ 전자입찰시스템에 게시된 내용과 붙임 파일 형태의 입찰공고문의 내용이 서로 다른 경우에는 입찰공고문의 내용이 우선한다. 다만, 입찰 공고일은 전자입찰시스템에 게시된 날과 입찰공고일이 다른 경우 전자 입찰시스템에 게시한 날이 우선한다.
제17조 현장설명회	제15조에 따라 현장설명회를 개최하고자 하는 경우 다음 각 호의 사항 중 필요한 사항을 설명하도록 하며 각 호 외 사항을 추가로 제시할 수 없다. 　1. 관리 대상(세대수, 동수, 총 주택공급면적 등 현황)　2. 입찰공고 　　내용의 구체적인 설명 　3. 그 밖에 입찰에 관한 질의응답 등 필요한 사항 ☞〈제17조 관련〉 주택관리업자를 선정하기 위한 현장설명회를 할 경우 관리대상, 입찰공고 내용 구체적 설명, 질의응답 등 필요한 사항에 대하여 설명하도록 하며 현장설명회시 추가로 입찰공고내용 이외의 사 항에 대하여 제시하여 공고 내용에 없는 추가 제한사항 등을 제시 할 수 없도록 함
제18조 참가자격의 제한	① 주택관리업자가 입찰공고일 현재 다음 각 호의 어느 하나에 해당하는 경우에는 경쟁입찰에 참가할 수 없으며 입찰에 참가한 경우에는 그 입찰 을 무효로 한다. (수의계약의 경우에도 해당된다.) ☞〈제18조제1항 관련〉 기존 주택관리업자와 재계약(수의계약)을 할 경우 아래 제18조에서 규 정한 결격사유에 해당되지 아니하도록 하여 수의계약의 경우에도 참가

자격 제한에 해당하지 않는 업체와 계약하도록 함 기존에는 주택관리업자선정 결격사유에 입주자대표회의 구성원이 임원으로 소속된 주택관리업자만 참가자격을 두었으나 개정된 내용에서는 임원·직원으로 범위를 확대함(직원까지 확대하여 입찰과정의 투명성 확보)

1. 법 제52조제1항에 따른 등록을 하지 아니한 자
2. 법 제53조제1항에 따른 영업정지 처분을 받고 그 영업정지 기간 중에 있는 자
3. 국세 및 지방세를 완납하지 아니한 자
4. 입찰공고일 현재 주택관리업 등록기준에 미달하는 자
5. 해당 입찰과 관련하여 물품·금품·발전기금 등을 입주자, 사용자, 입주자대표회의(구성원을 포함한다), 관리주체(관리사무소 직원을 포함한다) 등에게 제공한 자
6. 해당 공동주택의 입주자대표회의의 구성원(그 배우자 및 직계존비속을 포함한다)이 <u>임직원</u>으로 소속된 주택관리업자
7. 주택관리업자 선정과 관련하여 입찰담합으로 공정거래위원회로부터 과징금 처분을 받은 후 6개월이 경과되지 아니한 자

② 주택관리업자는 영업지역의 제한을 받지 아니한다.

☞ 〈제18조 관련〉동조에서 정한 참가자격의 제한사항을 개별 공동주택에서 임의로 변경하거나 추가할 수 없습니다. 다만 제한경쟁입찰인 경우에 한하여 동조의 참가자격 제한사항 외에 계약의 목적에 따른 사업실적 기술능력 자본금을 추가로 제한할 수 있습니다

| 제19조
제출서류 | 입찰에 참가하는 주택관리업자는 다음 각 호의 서류를 입주자대표회의에 제출하여야 한다(비전자적인 방식의 경우 다음 각 호 중 제1호 제4호 제5호는 원본을 제출하여야 한다.
　1. 입찰서 1부 | |

	2. 주택관리업 등록증 사본 1부	
	3.사업자등록증 사본 1부	
	4. 법인등기부등본(개인은 주민등록등본) 1부	
	5. 국세 및 지방세 납세등명서1부(전자발급 포함).	
	6. 제한경쟁입찰인 경우 그 제한요건을 증빙하는 서류 사본1부	
	7. 적격심사제인 경우 평가배점표에 따른 제출서류 사본 1부	
	8. 그 밖에 입찰에 필요한 서류(제1호부터 제7호와 관련한 추가서류에 한하며 그 밖의 서류를 포함하지 못한다.	
	☞ 〈제19조 관련〉 기존에서는 제한경쟁입찰인 경우 그 제한요건을 증빙하는 서류(제6호), 적격심사제인 경우 평가배점표에 따른 제출서류(제7호)가 사본제출 시 유,무효에 대한 분쟁이 있어 사본을 제출할 경우에도 유효한 서류로 볼 수 있도록 함. 또한 제19조의 서류 및 관련 제출서류 외에 그 밖의 서류제출을 요구하지 않도록 하여 발주자가 과도한 서류제출 요구를 하지 못하도록 함	
제20조 입찰가격 산출 방법	주택관리업자 선정의 경우 입찰가격은 부가가치세를 제외한 금액으로 한다.	
제21조 계약체결	① 계약은 입주자대표회의를 대표하는 자가 낙찰자로 선정된 주택관리업자와 체결한다. 이 경우 입주자대표회의의 감사는 참관할 수 있다. ② 제1항에 따른 계약은 입찰정보 및 낙찰금액 등과 동일한 내용으로 체결되어야 한다. ③ 입주자대표회의는 낙찰자로 선정된 주택관리업자가 특별한 사유 없이 10일 이내에 계약을 체결하지 아니하는 경우에 그 낙찰을 무효로 할 수 있다.	
제22조 입찰 공고방법		

☞ 〈제21조제3항 관련〉

낙찰자로 선정된 주택관리업자가 특별한 사유 없이 10일 이내에 계약을 체결하지 아니하는 경우에는 그 낙찰을 무효로 할 수 있으며, 이 경우 제12조에 따라 재공고할 수 있음

④ 입주자대표회의는 계약을 체결할 때에 주택관리업자에게 제31조제3항에 따른 계약보증금과 계약체결 후 1개월 이내에 4대 보험(고용보험, 국민건강보험, 국민연금, 산업재해보상보험) 가입증명서를 받아야 한다.

관리주체(영 제25조제1항제2호와 제3호에 따라 입주자대표회의가 사업자 선정의 주체인 경우에는 입주자대표회의를 말한다. 이하 같다)가 사업자를 선정할 때에는 제24조에 따른 입찰공고 내용을 제14조의 절차에 따라 해당 공동주택단지의 홈페이지와 공동주택관리정보시스템에 공고하여야 한다.

☞ 〈제22조 관련〉

기존에는 입찰공고 내용을 공동주택관리정보시스템에만 공개하도록 하였으나, 개정안은 인터넷 홈페이지[인터넷 홈페이지가 없는 경우에는 인터넷포털에서 제공하는 유사한 기능의 웹사이트(관리주체가 운영·통제하는 경우에 한정한다), 해당 공동주택단지의 관리사무소나 게시판 등을 말한다]에도 공고하도록 확대함

제23조 입찰공고 시기	① 입찰공고는 입찰서 제출 마감일의 전일부터 기산하여 10일 전에 하여야 한다. 다만, 입주자대표회의에서 긴급한 입찰로 의결(임대주택의 경우 임대사업자가 임차인대표회의와 협의)한 경우나 재공고 입찰의 경우에는 입찰서 제출 마감일의 전일부터 기산하여 5일 전에 공고할 수 있다(현장설명회가 없는 경우에 한한다).

예를 들어 입찰서 제출 마감일이 12월20일 이라면 일반적인 경우 12월10일에 입찰공고를 하면 되는 것이며 긴급입찰이나 재공고입찰의 경우 12월15일에 입찰공고를 하면 되는 것입니다.

다만 공고기간을 정하는 것은 업체가 입찰공고 사실을 알고 준비할 수 있는 최소한의 기간을 확보하게 하는 취지이므로 정해진 공고기간을 초과하여 공고하는 것은 가능 합니다.

② 현장설명회는 입찰서 제출 마감일의 전일부터 기산하여 5일 전에 개최할 수 있으며, 현장설명회를 개최하는 경우에는 현장설명회 전일부터 기산하여 5일 전에 입찰공고

☞ 제23조 제2항

예를 들어 현장설명회를 개최하는 경우 입찰서 제출마감일이 12월20일 이라면 12월15일에 현장설명회를 개최하면 되는 것이며 12월10일에 입찰공고를 하면 됩니다.

다만 입찰공고시작일– 현장설명회– 입찰서 제출 마감일 사이의 기간을 규정한 것은 업체가 입찰공고문을 확인하여 현장설명회 참석여부를 결정하고 응찰할 경우 제출서류 등을 준비할 수 있는 최소한의 기간을 확보하게 하고자 하는 취지이므로 정해진 기간을 초과하여 공고하거나 현장설명회를 개최하는 것은 가능 합니다

제24조 입찰공고 내용	① 입찰공고 내용에는 다음 각 호의 사항이 명시되어야 하며 명시된 내용에 따라 입찰과정을 진행하여야 한다. ☞ 제24조 제1항 입찰공고문에 동항 각 호의 사항을 명시하지 않거나 명시된 내용에 따라 입찰과정을 진행하지 않는 것은 동 지침에 위반되는 것입니다. 　Q. 현장설명회 참가를 의무로 하여 현장설명회 참석업체에 한하여

참가자격을 부여하는 경우 제한경쟁의 제한요건 입찰가격 산출 방법 및 기준 등을 입찰공고문이 아닌 현장설명회에 참석업체에 알려도 되는 지요?

A. 업체는 입찰공고 내용을 통해 입찰내용을 파악하고 현장설명회 참가 여부를 결정할 수 있습니다. 따라서 현장설명회 참가를 의무로 하여 현장설명회 참석업체에 한하여 참가 자격을 부여하는 경우라 하더라도 제한경쟁입찰의 제한요건 입찰가격 산출방법 및 기준 등에 대한 사항은 입찰에 관련한 중요한 사항이므로 반드시 입찰공고문에 명시되어야 합니다.

1. 사업 개요(사업내용·규모·면적 등)
2. 현장설명회를 개최하는 경우 그 일시·장소 및 참가의무 여부에 관한 사항

☞ **제24조 제1항 제2호:** 기존 유권해석과 동일한 내용을 명문화한 규정임

입찰에 참가하려는 사업자가 현장에 대한 확인 및 세부적인 사항을 알지 못하고 입찰에 참여하는 것은 적절하지 아니 하므로 국토부에서는 입찰 공고 내용에 현장설명회에 참석한 자에 한하여 입찰에 참가할 수 있도록 참가 자격을 제한하는 것은 적절한 것으로 동 지침에서 운용하고 있습니다.

현장설명회 참석여부에 따라 입찰 참가자격을 제한하는 것은 발주처인 공동주택에서 결정해야 하는 사항이며 현장설명회 참석업체로 참가자격을 제한하였다면 동 내용은 입찰공고문에 명시된 경우에 한하여 적용이 가능합니다.

3. 입찰의 종류 및 낙찰의 방법(적격심사제의 경우 세부배점 간격이 제시된 평가 배점표 포함)

☞ **제24조 제1항 제3호**

적격심사제의 경우에는 세부배점 간격이 제시된 적격심사표 즉 평가배점표가 반드시 입찰공고문에 제시되어야 합니다. [별표5] 사업자 선정을 위한 적격심사표에 따르면

☞ 관리규약에서 적격심사표를 규정하지 않고 있는 경우

  – 표준평가표를 적용하며 입주자대표회의 의결로 표준평가표의 세부배점 간격을 정할 수 있음

★ 공동주택관리 법령에서 적합하게 규정된 관리규약 적격심사표에

  – 세부배점 간격이 정해져 있는 경우 : 관리규약에서 정한 적격심사표를 적용

  – 세부배점 간격이 정해져 있지 않은 경우: 입주자대표회의 의결로 세부배점 간격을 정할 수 있음

4. 입찰서 등 제출서류(제27조에 따른 제출서류에 한함)에 관한 사항(제출서류의 목록, 서식, 제출방법, 마감시한 등)

5. 개찰의 일시 · 장소

6. 입찰참가 자격에 관한 사항(제 26조의 참가자격 제한에 대한 사항에 한함)

7. 제6조에 따라 무효로 하는 입찰이 있는 경우, 해당 입찰자에게 입찰 무효의 이유를 알리는 방법에 대한 사항

  입찰무효의 이유를 알리는 방법에 대하여 특별히 정하고 있는 방법은 없습니다. 따라서 발주처인 공동주택에서 전화 문자 팩스 서신 등의 방법 중 입찰자에게 입찰무효의 이유를 알리는 방법에 대한 사항을 정하여 공고하고 공고내용에 따라 입찰무효의 이유를 알리면 됩니다.

8. 관련 유의사항(입찰가격 산출방법 및 기준 등)

☞ **제24조 제1항 제8호**

발주처인 공동주택에서 입찰가격 산출방법 및 기준 등을 공고하였다면 그에 맞지 않게 입찰금액을 제출한 업체는 무효로 처리할 수 있습니다.

다만 입찰가격 산출방법 및 기준은 입찰과 관련한 중요한 사항이므로 반드시 입찰공고문에 명시되어야 합니다. 따라서 발주처인 공동주택에서 입찰공고문에는 제시하지 않고 현장설명회에서 입찰가격 산출방법 및 기준을 공지하였다면 동 지침에 적합하지 않습니다.

9. 계약체결에 관한 사항(계약기간 등)
10. 제31조에 따른 입찰보증금 및 그 귀속에 관한사항
11. 그 밖에 입찰에 필요한 사항(<u>제1호부터 제10호까지의 사항 외 계약체결과 관련하여 설명이 필요한 사항 또는 기타사항 등을 기재</u>)

☞ **제24조 제1항 제11호**

그밖에 입찰에 필요한 사항이란 해당 입찰에 참여할 경우 업체에서 알아야 하는 발주처의 특수성을 공고하라는 의미입니다. 따라서 동 규정을 확대해석하여 제26조의 참가자격 및 제한경쟁입찰인 경우 제한경쟁입찰의 제한요건 증빙에 필요한 제출서류 외에 불필요한 증빙서류를 동 규정에 입각한 서류로 입찰공고에 명시하여 해당 서류의 미제출을 이유로 입찰을 무효로 처리하는 것은 실질적인 입찰참가 제한에 해당되어 동 지침에 적합하지 않습니다.

② 전자입찰의 경우에는 <u>제8조 제1항에 따른 방법으로 서류를 제출하여야 한다.</u>
③ 입찰시 입찰서제출 마감일은 입찰업무의 원활한 수행을 위해 근무일

（토요일과「관공서의 공휴일에 관한 규정제2조에 따른 공휴일을 제외한 날을 말한다）의18시까지로 한다. 다만 제15조제1항에 따른 입찰공고기간을 초과하여 공고한 경우에는 제출마감 시간을 18시 이전으로 정할 수 있으며 이 경우 입찰공고문에 명시하여야 한다.

☞ 법 제86조에 따른 적정성 자문기관은 국토부장관이 지정 고시한 공동주택관리지원기관(우리가 함께 행복지원쎈타 1670-5757)을 의미 합니다.

④ 전자입찰시스템에 게시된 내용과 붙임 파일 형태의 입찰공고문의 내용이 서로 다른 경우에는 입찰공고문의 내용이 우선한다. 다만, 입찰공고일은 전자입찰시스템에 게시된 날과 입찰공고일이 다른 경우 전자입찰시스템에 게시한 날이 우선한다.

⑤ 관리주체는 제1항에 따른 입찰공고 시 다음 각 호의 어느 하나에 따른 방법으로 입찰 가격의 상한을 공고할 수 있다. 다만 잡수입의 경우 다음 각 호중 제1호의 방법으로 입찰가격의 하한을 공고할 수 있다.

　　1. 해당 입찰과 관련한 3개소 이상의 견적서.

　　2. 지방자치단체의 자문겸토결과.

　　3. 건축사 또는 기술사 등 관계전문가(해당 입찰과 관련된 전문가가 해당된다)의 확인

　　4. 법 제86조에 따른 공동주택관리 지원기구의 자문 검토결과.

☞ 〈제24조제5항 관련〉

기존에는 상한가 공고를 할 수 있는 방법(3개소 이상의 견적서, 지방자치단체의 자문, 건축사 등 관계전문가, 공동주택관리 지원기구 자문)만 규정이 되어 있었으나, 잡수입의 경우 하한가를 입찰과 관련된 3개소 이상의 견적을 받으면 공고할 수 있도록 하여 가격 공고 범위를 잡수입에 대해서도 확대함

| 제25조 현장 설명회 | ① 제23조에 따라 현장설명회를 개최하고자 하는 경우 다음 각 호의 사항 중 필요한 사항을 설명하도록 하며 각 호의 사항 (제출서류 및 참가 |

자격 제한 등 제24조 제1항 각 호의 사항)을 추가로 제시할 수 없다.

    1. 다음 각 목의 현황 등 사업 여건:

        가. 경비용역 : 경비초소 및 경비구역 현황

        나. 청소용역 : 청소범위 및 청소면적 현황   다. 소독용역 : 소독범

            위 및 소독면적   현황

        라. 승강기유지관리 용역 및 공사 : 승강기 대수 및 시설현황

        마. 지능형 홈네트워크

            설비유지관리 용역 및 공사 : 지능형 홈네트워크 설비 대수

            및 시설현황

        바. 각종 시설 및 보수공사 : 설계도서, 보수범위 및 보수방법

        사. 건축물 안전진단설계도서 및 안전진단범위

        아. 그 밖의 용역 및 공사 : 용역 및 공사에 필요한 현황

    2. 입찰공고 내용의 구체적인 설명 3. 그 밖에 입찰에 관한 질의응답

      등 필요한 사항

☞ 〈제25조 관련〉

공사 및 용역사업자를 선정하기 위한 현장설명회를 할 경우 제출서류
및 참가자격 제한 등 제24조 제1항(입찰공고 내용) 각 호 사항이외 추가
로 제시할 수 없도록 하여 현장설명회를 통한 추가적인 제한 등을 하지
못하도록 함

제26조 참가자격 제한	① 사업자가 입찰공고일 현재 다음 각 호의 어느 하나에 해당하는 경우에는 경쟁입찰에 참가할 수 없으며 입찰에 참가한 경우에는 그 입찰을 무효로 한다. (수의계약의 경우에도 해당된다.) ☞ 〈제26조제1항 관련〉 사업자와 수의계약을 할 경우 아래 제26조에서 규정한 결격사유에 해당되지 아니하도록 하여 수의계약의 경우에도 참가자격 제한에 해당하지 않는 업체와 계약하도록 함 (수의계약의 경우에도 적정 업체가 선정될	P−23

수 있도록 함)

1. 사업종류별로 해당법령에 따른 면허 및 등록등이 필요한 경우그 자격요건을 갖추지아니한 자
2. 해당 법령에 따른 영업정지 처분을 받고 그 영업정지 기간 중에 있는 자
3. 국세 및 지방세를 완납하지 아니한 자
4. 해당 입찰과 관련하여 물품·금품·발전기금등을 입주자, 사용자, 입주자대표회의(구성원을 포함한다), 관리주체(관리사무소 직원등을 포함한다) 등에게 제공한 자
5. 해당 공동주택의 입주자대표회의의 구성원(그 배우자 및 직계존속을 포함 한다), 관리사무소장 또는 관리직원이 운영하는 사업자
6. 사업자 선정과 관련하여 입찰담합으로 공정거래위원회로부터 과징금 처분을 받은 후 6개월이 경과되지 아니한 자

② 사업자는 영업지역의 제한을 받지 아니 한다. 다만, 해당 법령에서 영업지역을 제한하는 경우에는 그러하지 아니하다

☞ **제26조**
동조에서 정한 참가자격의 제한사항을 개별 공동주택에서 임의로 변경하거나 추가할 수 없습니다.
다만 제한경쟁입찰인 경우에 한하여 동조의 참가자격 제한사항 외에 계약의 목적에 따른 사업실적 기술능력 자본금을 추가로 제한 할 수 있습니다.

Q. 낙엽 및 전지목 무상수거를 조건으로 재활용품 수거업체를 선정 할 수 있는지요?
A. 폐기물 수거와 재활용품 수거는 서로 다른업에 해당하므로 재활

	용품 수거업체를 선정하면서 폐기물 무상수거를 조건으로 하는 것은 적합하지 않습니다. 폐기물 수거 및 재활용품 수거업에 대한 사항은 자원재활용법 폐기물법 등 해당업 법령을 소관하는 환경부(044- 201- 7349)에 문의 하시기 바랍니다.

제27조
제출서류
	입찰에 참가하는 사업자는 다음 각 호의 서류를 관리주체에게 <u>제출한다</u> <u>(비전자적인 방식인 경우 다음 각 호 중 제1호 제4호 및 제5호는 원본을</u> <u>제출해야 한다.</u>
	
	   1. 입찰서 1부
	   2. 사업종류별로 해당 법령에 따른 면허 및 등록 등이 필요한 경우 면허증, 등록증 또는 이와 유사한 증명서 사본 1부
	   3.사업자등록증 사본 1부
	   4. 법인등기부등본(개인은 주민등록등본을 말한다) 1부
	   5.국세 및 지방세 <u>납세증명서1부 (전자발급 포함.)</u>
	   6. 제한경쟁입찰인 경우 그 제한요건을 증빙하는 <u>서류 사본1부.</u>
	   7. 격심사제인경우 평가배점표에 따른 제출서류 사본 1부
	   8.그밖에입찰에 필요한서류(<u>제1호부터 제7호와 관련한 추가서류</u> <u>에 한하며 그 밖의 서류를 포함하지 못한다)</u>
	
	☞〈제27조 관련〉
	   기존에서는 제한경쟁입찰인 경우 그 제한요건을 증빙하는 서류(제6 호), 적격심사제인 경우 평가배점표에 따른 제출서류(제7호)가 사본제 출 시 유,무효에 대한 분쟁이 있어 사본을 제출할 경우에도 유효한 서류 로 볼 수 있도록 함	

제28조 입찰가격 산출방법	① 사업자 선정의 경우 입찰가격은 부가가치세를 제외한 금액으로 한다. ② 용역 사업자 선정의 경우 입찰가격은 월간 용역비에 용역기간 개월 수를 곱하여 산정한 금액으로 한다. 주택관리업자 선정의 경우: 총 주택공급면적에 제곱미터당 단가를 곱해 산정	

	월간 위탁관리 수수료에 계약기간의 개월 수를 곱해 산정한 금액으로 할 수 있음 ③ 공사 사업자 선정의 경우 입찰가격은 총 공사금액 또는 단가로 한다.
제29조 계약체결	① 계약은 관리주체가 낙찰자로 선정된 사업자와 체결한다. 이 경우 입주자대표회의의 감사는 참관할 수 있다. ② 제1항에 따른 계약은 입찰정보 및 낙찰금액 등과 동일한 내용으로 체결되어야 한다. ③ 관리주체는 낙찰자로 선정된 사업자가 특별한 사유 없이 10일 이내에 계약을 체결하지 아니하는 경우에 그 낙찰을 무효로 할 수 있다. ④ 관리주체는 계약을 체결할 때에 사업자에게 제31조제3항에 따른 계약보증금을 받아야 한다. ⑤ 관리주체는 공동주택에서 상시 근무가 필요한 용역 계약을 체결할 때에 사업자에게 4대 보험(고용보험, 국민건강보험, 국민연금, 산업재해보상보험) 가입증명서를 계약체결 후 1개월 이내에 받아야 한다. ☞ 〈제29조 관련〉 기존에는 관리주체가 용역계약을 체결 시 용역사업자 4대보험 가입증명서를 받도록 만 규정*하고 기간에 대한 규정이 없었으나, 개정된 내용에서는 계약체결 후 "1개월 이내" 받도록 명확히 규정함 * 기존에서는 용역계약을 체결 때 즉시 4대보험 가입증명서를 받도록 해석될 여지가 있는 문제가 있었음
제30조잡수입과 관련한 사업자선정	잡수입, 물품의 매각, 주민운동시설의 위탁 등을 위한 사업자 선정은 제3장을 준용한다.
제31조 입찰보증금	① 입찰에 참가하는 자는 입찰금액의 100분의 5 이상을 입찰보증금으로 납부하여야 한다. ☞ 제31조 제1항

발주처인 공동주택에서 입찰보증금의 납부 기준을 정할 수 있다는 의미가 아니라 입찰에 참가하는 업체가 입찰금액의 100분지5 이상을 입찰보증금으로 납부하면 된다는 의미입니다.

    Q. 입찰금액의 100분지20 이상을 입찰보증금으로 납부하도록 입찰공고할 수 있는지요?

    A. 발주처인 공동주택에서 입찰보증금의 납부기준을 동 지침과 다르게 정하여 공고하는 것은 적합하지 않습니다.

② 낙찰자가 계약의 체결을 거절하였을 때에는 해당 입찰보증금을 발주처에 귀속시켜야 한다.

☞ **제31조 제2항**

낙찰자가 계약의 체결을 거절하는 경우가 이니라 발주처인 공동주택의 사정으로 계약체결을 거절하는 경우에는 해당 입찰보증금을 발주처에 귀속시킬 수 없습니다.

    Q. 발주처의 사정으로 낙찰자와 계약을 체결하지 않을 수 있는지요?

    A. 발주처의 사정에 따라 계약체결 여부를 결정할 수 있으나 계약체결을 하지 않으므로 인해서 발생하는 손해배상 청구소송 등에 대한 책임은 발주처로 귀속됩니다.

③ 계약상대자는 주택관리업자계약, 용역계약, 단가계약의 경우 계약금액의 100분의 10을, 공사계약의 경우 계약금액의 100분의 20을 보증금으로 납부해야함

☞ **제31조 제3항**

주택관리업자 공사 용역 단가계약인 경우 계약보증금을 납부하면 되는 것이며 계약이행을 담보할 필요가 없는 단발성의 물품 (구입 매각) 및 기타 (잡수입 등)계약은 계약보증금 납부가 제외됩니다. 다만 1.2년

단위의 기간으로 계약되는 물품(구입 매각) 및 기타(잡수입)계약은 발주처인 공동주택에서 단가계약을 체결하여 계약금액 100분지10에 해당하는 계약보증금을 납부하게 하거나 단가 계약이 아닌 경우에는 입찰공고 시 선납조건 등을 제시하여 계약이행을 담보할 수 있습니다.

> Q. 재활용품 매각 시 선납조건을 제시할 수 있는지요?
>
> A. 재활용품 매각 시 선납,분할납 등 대금지급에 관한 사항은 계약조건을 제시한 것이므로 공고문에 해당내용을 반영하여 사업자를 선정할 수 있습니다. 다만 기간으로 계약되는 것이 일반적인 재활용품매각을 위한 사업자 선정 시 선납조건을 제시하는 것은 계약의 이행을 담보하기 위한 것이므로 계약보증금에 상응하는 정도의 조건을 제시하는 것이 바람직하며 계약금액 전액 선납 등 과도한 조건을 제시하는 것은 바람직하지 않습니다.

④ 제1항 및 제3항에 따른 입찰보증금 및 계약보증금은 현금, 공제증권 또는 보증서로 납부하여야 한다. 다만, 보험계약을 하는 경우, 공산품을 구입하는 경우, 계약금액이 300만원 이하인 경우에는 입찰보증금 및 계약보증금의 납부를 면제할 수 있다.

☞ **제31조 제4항**

입찰에 참가하는 업체가 현금 공제증권 보증서 중에서 선택하여 입찰보증금을 납부하면 되는 것이며 발주처인 공동주택에서 입찰보증금의 납부방법을 한정하는 것은 바람직 하지 않습니다.

⑤ 계약상대자가 계약상의 의무를 이행하지 아니하였을 때에는 해당 계약보증금을 발주처에 귀속시켜야 한다.

제32조: 하자보수 보증금	공사상의 하자보수보증금 예치율은「국가를 당사자로 하는 계약에 관한 법률 시행령 제62조제1항부터 제4항까지를 준용한다.	
제33조:	① 입주자대표회의 또는 관리주체는 제31조에 따라 납부된 입찰보증금	

보증금의 반환	및 계약보증금의 목적이 달성된 때에는 상대자의 요청에 따라 즉시 이를 반환하여야 한다. ② 제32조에 따른 하자담보책임기간이 만료되어 하자보수보증금의 목적이 달성된 때에는 계약상대자의 요청에 따라 즉시 이를 반환하여야 한다.	
제34조 보고 발급	① 시·도지사는 법 제53조 및 영 제67조에 따라 관할 시장·군수·구청장에게 주택관리업자의 공동주택 관리실적을 매년 12월말 기준으로 제출하게 하고, [별지 제3호 서식]에 따라 다음 해 2월 이내에 국토교통부장관에게 보고하여야 한다. ② 시장·군수·구청장은 주택관리업자 등이 공동주택 관리실적 증명서 발급을 요청하면 즉시 [별지 제4호 서식]에 따라 증명서를 발급하여야 한다.	
제42조: 재검토 기한	<u>국토교통부장관은「훈령·예규 등의 발령 및 관리에 관한 규정」(대통령훈령 334호)에 따라 이 고시에 대하여 2018년 7월 1일을 기준으로 매 3년이 되는 시점(매 3년째의 6월 30일까지를 말한다)마다 그 타당성을 검토하여 개선 등의 조치를 하여야 한다.</u> **부칙** **제1조(시행일)** 이 고시는 발령한 날(2018.10.31.)부터 시행한다. 다만, 제4조제6항(입주자등이 결정) 제13조제2항(관리주체가 계약자인 경우 평가위원 구성) 개정규정은 2019년 1월 1일부터 시행한다. **제2조(적용례)** 제13조제2항(관리주체가 계약자인 경우 평가위원 구성) 개정규정은 관리규약을 시행일 이전에 개정하였다면 시행일 이전에 우선 적용할 수 있다.	
[별표1] 제4조 제2항 관련	**입찰의 종류 및 방법** 　1. 경쟁입찰의 종류와 방법은 다음과 같다. 　　가. 일반경쟁입찰 : 사업종류별로 관련법령에 따른 면허, 등록	

또는 신고 등을 마치고 사업을 영위하는 불특정 다수의 희망자
를 입찰에 참가하게 한 후 그 중에서 선정하는 방법

나. 제한경쟁입찰 : 사업종류별로 관련법령에 따른 면허, 등록
또는 신고 등을 마치고 사업을 영위하는 자 중에서 계약의
목적에 따른 사업실적, 기술능력, 자본금"의 하한을 정하여
입찰에 참가하게 한 후 그 중에서 선정하는 방법. 단 이 경우
계약의 목적을 현저히 넘어서는 과도한 제한을 하여서는 아니
된다.

☞ **[별표1] 제1호 나목**

① "하한"의 의미

제한경쟁입찰의 취지가 "일정한 자격요건 이상"을 충족하는 업체를 입
찰참가대상으로 한정하여 그 중에서 선정하는 방식이라는 점을 고려할
때, 제한요건을 상한선이나 일정한 범위로써 제한하는 것은 제한경쟁입
찰의 취지에 적합하지 않으며, 특히 일정한 범위로써 제한하는 경우에는
특정 업체를 선정할 목적으로 악용될 가능성이 높아 적합하지 않습니다.

* 하한선 : "~이상"으로 규정 / 상한선 : "~이하"로 규정 / 일정한 범위
: "~이상~이하"로 규정

② "과도한 제한"에 해당하는지 여부

하한선을 정할 때에는 해당 계약의 규모 등을 감안하여 과도한 제한을
하지 않아야 합니다.

– 사업실적 : 사업실적은 적격심사제의 평가항목(관리실적 또는 업무
실적)으로도 적용이 됩니다. 적격심사제에서는 10건을 만점의 상한선
으로 규정(즉, 10건 이상은 모두 만점)하고 있으므로, 이 기준을 참고*하
여 제한경쟁입찰의 사업실적 제한선을 설정하는 것이 바람직합니다.

입찰의
종류 및
방법

＊만약 발주처인 공동주택에서 관리실적 50개를 제한경쟁입찰의 제한 요건으로 두었다면 해당 입찰에 유효하게 참여한 업체는 적격심사 시 실적 평가항목에서 모두 만점을 받게 되어 변별력이 없어짐

　－자본금 : "해당 계약의 규모"와 해당 법령에서 업 등록 요건 등으로 제시하고 있는 자본금이 있다면 그 "법정 자본금" 등을 고려하여 제한선을 설정하는 것이 바람직합니다.

　　　1) "사업실적"은 입찰서제출 마감일로부터 최근 3년간 계약 목적물과 같은 종류의 실적으로 제한할 수 있다.
　　　2) "기술능력"은 계약 목적을 수행하기 위해 필요한 기술(공법 · 설비 · 성능 · 물품 등을 포함한다) 보유현황으로서, 입찰대상자가 10인 이상인 경우 제한할 수 있다.

☞ **[별표1] 제1호 나목 1)**

① "최근 3년간"의 의미

"최근 3년간"은 고정된 평가기준이므로, 발주처인 공동주택에서 이 기간을 임의로 단축하거나 연장하여 공고하는 것은 적합하지 않습니다. 다만, 입찰에 참여하고자 하는 업체에서는 해당 실적이 최근 3년 이내에 있기만 하다면 그것이 최근 1년 혹은 최근 2년 이내의 실적일지라도 제한요건을 충족하는 것이 됩니다.

〈참고〉
　'최근 3년간'의 실적은 "연도"를 기준으로 합니다 예를 들어 2016년 3월 31일에 공고하였다면, "2013.1.1.부터 제출서류 마감일까지 완료된 실적"을 인정합니다(국토교통부 행정해석 2016. 3. 30)

② "계약 목적물과 같은 종류의 실적"의 의미

최근 3년간의 모든 실적이 아니라, 최근 3년간 계약 목적물과 같은 종류의 실적으로 제한하여야 합니다. 예를 들어, 발주처인 공동주택에서 "승강기 유지관리 용역" 사업자를 선정하는 경우라면, "승강기 유지관리"에 대한 실적을 제한요건으로 제시할 수 있는 것이나, 계약목적과 상관 없는 "승강기 교체 공사" 실적을 제한요건으로 제시할 수 없다는 의미입니다.

③ 실적은 "완료실적"을 의미

제한경쟁입찰의 제한요건으로 사업실적을 둔 것은 해당 업종의 사업자로서 그동안 수행한 사업실적을 일정한 경력으로 둔 경험치를 인정한다는 의미이므로, "제출서류 마감일까지 완료된 실적*"으로 해석하는 것이 제한경쟁입찰의 취지에 적합합니다.

* "계약체결 후 착수 전"이나 "진행중"인 실적은 완료실적에 포함되지 않음

       다. 지명경쟁입찰 : 계약의 성질 또는 목적에 비추어 특수한 기술(공법 · 설비 · 성능 · 물품 등을 포함한다)이 있는 자가 아니면 계약의 목적을 달성하기 곤란하며 입찰대상자가 10인 미만인 경우에 입찰대상자를 지명한 후 선정하는 방법. 이 경우 5인 이상의 입찰대상자를 지명하여야 한다. 다만, 입찰대상자가 5인 미만인 때에는 대상자를 모두 지명하여야 한다.

2. 관리주체가 제한경쟁입찰 · 지명경쟁입찰의 방법으로 사업자를 선정하는 경우에는 입찰공고 전에 영 제14조제1항에 따른 방법으로 입주자대표회의의 의결(임대주택의 경우 임대사업자가 임차인대표회의와 협의)을 거쳐야 한다.

	수의계약의 대상	
[별표2]	다음의 어느 하나에 해당하는 경우 수의계약을 할 수 있다.	

<table>
<tr>
<td>제4조 제3
항 관련

수의계약
대상</td>
<td>
1. 보험계약을 하는 경우

2. 공산품을 구입하는 경우

3. 분뇨의 수집·운반(정화조 청소 포함)과 같이 타 법령이나 자치법규에서 수수료율 등을 정하고 있는 경우

4. 특정인의 기술이 필요하거나 해당 물품의 생산자가 1인 뿐인 경우 등 계약 목적의 달성을 위한 경쟁이 성립될 수 없는 경우

5. 본 공사와의 동질성 유지 또는 장래의 하자책임 명확성을 위하여 마감공사 또는 연장선상에 있는 추가 공사를 본 공사 금액의 10% 이내에서 현재의 시공자와 계약하는 경우

6. 공사 및 용역 등의 금액이 300만원(부가가치세를 제외한 금액을 말한다) 이하인 경우로서, 2인 이상의 견적서를 받은 경우. 다만, 이 경우 동일한 목적을 달성하기 위한 공사 및 용역 등을 시기나 물량으로 나누어 계약할 수 없다.

7. 일반경쟁입찰 또는 제한경쟁입찰이 2회 이상 유찰된 경우. 다만, 이 경우에는 최초로 입찰에 부친 내용을 변경할 수 없다.

☞ **[별표2] 제7호**

제12조제2항에 따라, 제한경쟁입찰의 제한 요건을 완화하여 재공고한 경우에도 유찰이 되었다면 동 규정에 따라 수의계약이 가능합니다. 다만, 동 규정을 적용하여 수의계약을 하는 경우에는, 계약대상물·계약기간·계약조건 등 최초로 입찰에 부친 내용을 변경할 수 없습니다.

8. 영 제5조제2항제2호 단서에 따라 계약기간이 만료되는 기존 주택관리업자의 주택관리 만족도를 관리규약에서 정하는 절차에 따라 입주자등으로부터 사전에 의견을 청취한 결과 입주자등의 10분의 1 이상이 서면으로 관리방법의 변경 또는 주택관리업자의 교체를 요구하지 아니한 경우로서 입주자대표회의의 구성원 3분의 2 이상이 찬성한 경우
</td>
</tr>
<tr>
<td>[별표3]
제6조관련

입찰의무효</td>
<td></td>
</tr>
</table>

☞ **[별표2] 제8호**

① 계약기간이 만료된 후에 기존 주택관리업자와 재계약을 수의계약으로 체결하기 위한 절차가 진행된다면 주택관리업무에 공백이 생기게 되는 것이므로, 동 규정의 의견청취 절차 등은 기존 주택관리업자와의 계약기간 만료 1~2달 전에 진행될 수 있도록 관리규약에 정하여 운영하는 것이 바람직합니다.

② 동 규정의 절차를 충족하여 기존 주택관리업자와 수의계약을 체결하는 경우, 이전 계약과 반드시 동일한 조건으로 계약을 진행해야 하는 것은 아닙니다. 물가상승률·임금인상 등에 의한 계약금액 변동 및 재계약 기간 설정 등 구체적인 계약조건은 발주처인 공동주택과 업체 간 협의를 통해 결정할 사항입니다.

9. 계약기간이 만료되는 기존 사업자([별표 7]의 사업자로서 공사 사업자는 제외한다)의 사업수행실적을 관리규약에서 정하는 절차에 따라 평가하여 다시 계약이 필요하다고 영 제14조제1항에 따른 방법으로 입주자대표회의에서 의결(임대주택의 경우 임대사업자가 임차인대표회의와 협의)한 경우

10. 그 밖에 천재지변, 안전사고 발생 등 긴급한 경우로서 경쟁입찰에 부칠 여유가 없을 경우(선조치 후 보고 가능)

※ 〈비고〉 관리주체가 수의계약을 하는 경우에는 사전에 영 제14조제1항에 따른 방법으로 입주자대표회의의 의결을 받아야 한다. 라는 규정은 2018년 10월31일 개정 시 삭제되었고 선정지침 제4조(입찰의 방법) 제5항에 규정 함

※ 종전 전기용품 안전관리법과 품질경영 및 공산품 안전관리법을 통합해 전기용품 및 생활용품 안전관리법을 제정(2017. 1. 28.)하고 종전 법

령은 폐지했으며 종전 법령의 공산품은 전기용품 및 생활용품 안전관리법 제2조 제2호에서 규정하는 생활용품으로 용어가 변경되었습니다.
〈중앙공동주택관리지원센타 지원센타- 2017.8.14〉

제4조(입찰의 방법) ⑤ 제3항에 따른 수의계약의 경우 수의계약 전에 계약상대자 선정, 계약 조건 등 계약과 관련한 중요 사항에 대하여 영 제14조제1항에 따른 방법으로 입주자대표회의의 의결을 거쳐야 한다.

입찰의 무효

다음의 어느 하나에 해당하는 입찰은 무효로 한다.

1. 입찰참가 자격이 없는 자가 한 입찰

2. 현장설명회에 참가한 자에 한하여 입찰에 참가할 수 있다는 것을 입찰공고에 명시한 경우로서, 입찰에 참가한 자 중 현장설명회에 참가하지 아니한 자의 입찰

3. 입찰서 및 제출서류(적격심사제 평가서류의 경우 행정처분확인서만 포함되며 해당 법령에 따라 행정처분이 없는 경우는 제외한다)가 입찰공고에 제시된 마감시한까지 정해진 입찰장소에 도착(전자입찰방식인 경우에는 시스템에 자료를 등록하는 것을 의미함)하지 아니한 입찰.

4. 입찰보증금의 납부일시까지 정해진 입찰보증금을 납부하지 아니하고 한 입찰

5. 입찰자(법인의 경우에는 대표자를 말한다. 이하 같다) 본인 또는 본인의 대리인(임직원으로 한정한다)이 아닌 자의 입찰

6. 동일한 입찰 건에 대하여 동일인(1인이 동일업종 여러 개의 법인 대표자인 경우, 그 여러 개의 법인을 동일인으로 본다)이 2통

이상의 입찰서를 제출한 입찰

7. 동일한 입찰 건에 대하여 타인의 대리를 겸하거나 2인 이상을 대리한 입찰

8. 입찰자의 기명날인이 없는 입찰(입찰자가 성명을 기재하지 아니하고 대리인 또는 회사명을 기재한 경우와 제출된 인감 증명서와 다른 인감으로 날인된 경우 포함)

9. 입찰가격 산출 방법 및 기준(임금 및 수당 보험료 등 관계법령에서 산출기준을 적용하고 있는 경우에는 공고 시 별도 명시하지 않더라도 적용하여야 하고 그 밖의 발주처에서 정하여야 할 산출방법 및 기준은 공고 시 명시하여야 함)등 입찰공고의 중요한 내용(제16조와 제24조의 그 밖의 입찰에 필요한 사항은 제외)을 위반하여 제출한입찰

10. 입찰서의 기재내용 중 중요부분에 오기가 발견되어 개찰현장에서 입주자대표회의 또는 관리주체가 확인한 입찰 제출서가 거짓이나 허위로 확인된 경우.

11. 타인의 산출내역서와 동일하게 작성된 산출내역서가 첨부된 입찰(동일한 내용의 산출내역서를 제출한 자는 모두 해당) 또는 다음 각목에 해당하는 입찰

　　가. 입찰서의 입찰가격과 산출내역서상의 총계금액이 일치하지 아니한 입찰

　　나. 산출내역서의 각 항목별 합산금액이 총계금액과 일치하지 아니한 입찰

12. 별지 서식의 입찰서를 사용하지 아니 하거나 입찰서의 입찰가격을 아라비아 숫자로만 기재한 입찰(전자입찰방식인 경우에는 제8조 제1항에 따른 방법으로 입찰서를 제출한다.)

13. 「건설산업기본법」, 같은 법 시행령 및 시행규칙에 따라 종합건설업체가 도급받아서는 아니 되는 공사금액의 하한을 위반한 입찰

37. 집합건물

(비의무관리아파트 · 공장형아파트 · 오피스텔 · 연립주택 · 다세대주택 · 주상복합 등)

■ 용어정리■

1. **관리단:** 건물에 대하여 구분소유권 관계가 성립되면 구분소유자 전원을 구성원으로 하여 건물과 부속대지 및 부속시설의 관리에 관한 사업의 시행을 목적으로 당연히 설립되는 단체

2. **관리인:** 집건법 제24조에 의거 구분소유자가 10인 이상일 때에는 관리단을 대표하고 관리단의 사무를 집행할 관리인을 선임 관리인은 구분소유자일 필요가 없으며 그 임기는 2년의 범위에서 관리규약으로 정함 관리단 집회의 결의(구분소유자의 과반수 및 의결권의 과반수)로 선임되거나 해임 다만 관리규약에 관리위원회 결의로 선임되거나 해임되도록 정한 경우에는 그에 따름 관리인에게 부정한 행위나 그 직무를 수행하기에 적합하지 않은 사정이 있을 때에는 각 구분 소유자는 법원에 관리인의 해임을 청구할 수 있음

3. 관리인의 역할

① 공용부분의 보존 관리 변경

② 관리단의 사무집행을 위한 분담금액과 비용을 각 구분 소유자에게 청구 수령하고 그 금원을 관리

③ 관리단의 사업시행과 관련하여 관리단을 대표

④ 그 밖에 규약에 정하여진 행위

4. 관리인의 사무보고

– 집건법 제26조 및 동법시행령 제6조에 따라 관리인은 매년 1회 이상 구분 소유자에게

아래와 같은 사무에 관하여 보고를 하여야 합니다.

① 관리단의 사무집행을 위한 분담금액과 비용의 산정방법

② 징수 지출 적립내역에 관한 사항

③ 관리단이 얻은 수입 및 사용내역에 관한 사항

④ 관리위탁계약 등 관리단이 체결하는 계약의 당사자 선정과정 및 계약조건에 관한 사항

⑤ 규약 및 규약에 기초하여 만든 규정의 설정 변경 폐지에 관한 사항

⑥ 관리단 임직원의 변동에 관한 사항 건물의 대지 및 공용부분 및 부속시설의 보존 관리 변경에 관한 사항

⑦ 관리단을 대표한 재판상 행위에 관한 사항

⑧ 그 밖에 규약 및 규약에 기초하여 만든 규정이나 관리단 집회의 결의에서 정한 사항

※ 관리단의 사무집행을 위한 분담금액과 비용의 산정방법 (관리비 세부명세표)에 대해서도 규약 상 별도의 정함이 없는 한 월1회 서면으로 보고해야 합니다.(집건법 시행령 제6조 제2항)

※ 관리인이 사무보고를 하지 않거나 거짓으로 허위보고한 경우 규약 의사록 선거관련 서면정보를 보관하지 않거나 이해관계인의 정보공개에 응하지 않거나 잘못된 정보를 제공할 경우 집건법 제66조 제2항에 의거 100만원 이하의 과태료를 부과 할 수 있습니다.(구청 건축과 담당)

5. 관리단 집회의 소집

① 관리인은 매년 회계연도 종료 후 3개월 이내에 정기 관리단집회를 소집하여야 함(집건법 제32조)구분소유자의 5분지1 이상 (규약으로 감경가능)이 회의의 목적사항을 구체적으로 밝혀 관리단집회의 소집을 청구하면 관리인은 임시 관리단집회를 소집하여야 한다.

② 청구가 있는 1주일이내에 관리인이 청구일로부터 2주일 이내의 날을 관리단 집회일로 하는 소집통지 절차를 밟지 아니하면 소집을 청구한 구분 소유자는 법원의 허가를

받아 임시 관리단집회를 소집할 수 있습니다.

③ 관리인이 없는 경우 구분소유자 5분지1 이상(규약으로 감경가능)은 관리단집회를 소집할 수 있습니다.(법 제33조)구분소유자 전원의 동의가 있는 때에는 소집절차를 생략하고 관리단 집회를 소집할 수 있습니다.

④ 위원장이 필요하다고 인정하는 때 ● 관리위원회 5분지1 이상이 청구하는 때 ● 관리인이 청구하는 경우 ● 그 밖에 규약에서 정하는 경우

❶ 정기관리단 집회(회계종료 3개월 이내)

❷ 임시 관리단집회 (구분소유자 등 요구 시)

6. 관리단 집회의 의결방법

① 구분소유자의 과반수 및 의결권의 과반수로써 의결 이는 법령과 규약에 따라 달라질 수 있습니다.(법제3조

② 관리단집회의 의장은 규약에 특별한 규정이 있거나 관리단 집회에서 다른 결의를 한 경우가 아니라면 관리인 또는 집회를 소집한 구분소유자 중 연장자가 됩니다.

③ 관리단집회에서 의사에 관해서는 의사록을 작성해야 합니다. 의사록에는 의사의 경과와 그 결과를 적고 의장과 구분소유자 2인 이상의 서명날인을 하여야 합니다.

관리단집회순서: ⇒ 성원보고 ⇒ 안건상정 결의 ⇒ 폐회선언

7. 관리단 대리인 지정

– 구분소유자들은 그들 중 1인을 대리인으로 정하여 관리단에 신고한 경우 그 대리인은 관리단집회에 참석하거나 서면 또는 전자적 방법으로 의결권을 행사할 수 있습니다. 대리인은 의결권을 행사하기 전 의장에게 대리권을 증명하는 서면을 제출해야 합니다.(집건법 시행령 제15조)

※ 집건법 시행령 제13조 최초투표는 공인인증서를 통한 본인확인을 거쳐 의결하도록 되어 있습니다. 다만 규약에서 보다 간편한 방법을 정하여 규정할 경우 문자 또는 이메일이나 팩스확인도 유효하게 인정될 수 있도록 규정을 정하면 이후 투표절차가 용이해 질 것으로 보입니다.

8. 관리단집회에 대한 불복

- 구분소유자는 집회의 소집절차나 결의방법이 집건법 · 령 또는 규약에 위반되거나 현저하게 불공정한 경우 결의내용이 법 · 령 또는 규약에 위배되는 경우 집회결의 사실을 안날부터 6개월 또는 결의한 날로부터 1년 이내 의 결의 취소의 소를 법원에 제기할 수 있습니다.(법 제42조의2)

9. 관리인이란

- 주민대표로서 관리인을 선임하여 관리사무에 대한 의사결정을 일임할 수 있습니다. 다만 이 경우 1인이 모든 권한을 독점할 수 있어 부작용 등 발생할 수 있습니다.
- ※ 관리인은 구분소유자 직접 투표로 선임할 수 있고 관리위원회 간선제로 선임할 수도 있습니다.(규약으로 정함)

> ※ 공동주택관리법에 따른 관리주체와 집합건물의 소유 및 관리에 관한 법률에 따른 관리인을 동일인으로 보는지?

- 관리주체란 공동주택을 관리하는 자로서 관리사무소장(자치관리) 주택관리업자(위탁관리) 관리업무 인계전의 사업주체 임대사업자를 말합니다.(주택법 제2조 제14호)
- 집합건물 소유 및 관리에 관한 법률에 따른 관리인은 구분소유자가 10인 이상일 경우 관리단을 대표하고 관리단의 사무를 집행할 관리인을 선임해야 하는 것이므로 (집건법 제24조 제1항)양자를 동일인으로 보기는 어려울 것으로 사료되나 동일성 여부 등 정확한 법적성격은 양 법률을 모두 아는 법률 전문가에게 문의가 필요할 것으로 사료됩니다. (국토부 주택건설 공급과 3661- 2013.10.1.)

10. 관리위원회란

- 일정수의 구분소유자들을 위원회 위원으로 선출하여 집합건물의 관리에 관한 의사결정을 내리는 기구입니다. 대규모 집합건물의 경우 관리단집회에서 모든 사항을 결정하면 많은 비용이 소모되는 한편 관리인 1인의 결정권을 독점할 경우에는 권한을 남용할 우려가 있어 관리위원회를 통해 적정수 위원회 위원이 의사결정을 한다는데

이의가 있습니다.

※ 관리위원회가 없는 건물에서는 관리인이 건물의 관리에 대한 의사결정을 맡을 수 있습니다.

11. 관리위원회의 의결방법

– 규약에 달리정한 바가 없으면 관리위원회 재적위원 과반수의 찬성으로 의결합니다. 관리위원회 위원이 질병 해외체류 등 부득이한 사유가 있는 경우에는 서면이나 대리인을 통하여 의결권을 행사할 수 있습니다. (집건법시행령 제10조)

※ 관리인 감독기관인 관리위원회는 규약에 반영 시 효력이 있습니다. 관리인의 선임 및 해임

12. 관리위원회 설치 및 기능

① 구분소유자 중에서 관리단집회의 결의로 선출(법 제26조의3)하고 관리인의 사무집행을 감독

② 관리위원회 임기는 2년 이내의 범위에서 관리규약으로 정함

③ 관리인은 집건법 제25조의 관리행위를 하려면 관리위원회 결의를 거쳐야 합니다. 다만 규약으로 달리 정할 수 있습니다. (집건법 제26조의2)

④ 집건법에서는 관리위원회 구성방법에 대해 명문규정을 두고 있진 않지만 서울시 집건법 표준관리규약에서는 구성원의 수 임기 중임여부 등에 대해 자세한 규정을 마련하고 있습니다.

13. 관리위원회 위원의 결격사유(집건법 시행령 제8조)

① 미성년자 피성년후견인

② 파산선고를 받은 자로서 복권되지 않는 사람

③ 금고 이상의 형을 선고받고 그 집행이 끝나거나 그 집행을 받지 아니하기로 확정된 후 5년이 지나지 아니한 사람(과실범 제외)

④ 금고 이상의 형을 선고받고 그 집행유예기간이 끝나는 날로부터 2년이 지나지 아니한 사람(과실범 제외)

⑤ 집합건물 관리와 관련하여 벌금 100만원 이상 선고받은 후 5년이 지나지 아니한 사람

⑥ 관리위탁계약 등 관리단의 사무와 관련하여 관리단과 계약을 체결한 자 또는 그 임직원

⑦ 관리단에 매월 납부해야할 분담금을 3개월 연속 체납한 사람

■ 관리비 항목: 일반관리비, 청소비, 경비비, 소독비, 승강기유지비 ,지능형홈네트워크설비, 유지비, 난방비, 급탕비, 수선유지비, 위탁관리수수료 등

14. 관리규약이란

건물과 대지 부속시설의 관리 또는 사용에 관한 구분소유자들 사이의 사항 중 집건법에서 정하지 아니한 사항을 관리규약으로서 정할 수 있습니다. 서울시에서는 집건법 제28 조 제4항에 따라 자체적으로 표준관리규약을 마련하고 있으로 규약을 제정하는데 참고하시기 바랍니다.

– 서울시 통합정보마당(자료실)에서 표준관리규약에서 제공되는 내용–

● 인접 집합건물 관리비 비교 검색 가능

● 관리비 부과 및 사용명세에 대한 정보공개

● 관리단 관리위원회 집회개최 의결사항 공개

● 수선적립금 수익금 각종공사계약 관리위탁 계약에 대한 정보 공개 등

※ 시 도지사가 배포한 관리규약은 반드시 지켜야 하나요?

– 집합건물법 제28조 제4항에서는 시도지사가 표준관리규약을 마련하여 보급할 것을 규정하고 있습니다. 이를 그대로 활용하여 제정 변경해도 되지만 개별 집합건물의 규모와 형태 등을 감안하여 구분 소유자들이 상황에 맞게 자유로이 변경할 수 있습니다. 반드시 표준관리규약을 제정 개정 변경 폐지하도록 하는 강제성을 가지는 것은 아닙니다.

15. 관리규약의 설정 변경 폐지

– 관리단집회에서 구분소유자의 4분지3 이상 및 의결권의 4분지3 이상의 찬성을 얻어야 합니다. 이 경우 규약의 설정 변경 폐지가 일부 구분소유자의 권리에 특별한 영향을 미칠 때에는 그 구분유자의 승낙을 얻어야 합니다.(집건법 제29조)

> ※ 관리위원회 결의로 집합건물 관리규약을 변경하거나 규약변경에 관한 의결정족수를 변경할 수 있을까요?

– 집합건물법 제29조는 강행규정으로서 규약에 이와 다른 내용을 규정할 수 없으며 그러한 규약이 관리단 집회에서 결의되더라도 그 규약 조항은 효력이 없습니다. 따라서 집합건물의 설정 변경시 관리위원회의 결의로서 정하거나 의결정족수를 구분소유자 및 의결권의 과반수로 정한 규약조항은 집합건물법 제29조에 반하여 그 부분에 대하여 효력이 없습니다.

16. 규약의 열람 · 보관

– 규약은 관리인 또는 구분소유자나 그 대리인으로서 건물을 사용하고 있는자 중 1인이 보관하여야 합니다. 규약을 보관할 구분소유자나 그 대리인은 규약에 다른 규정이 없으면 관리단집회의 결의로서 정합니다. 이해 관계인(점유자 포함)은 규약을 보관하는 자에게 규약의 열람을 청구하거나 자기의 비용으로 등본의 발급을 청구할 수 있습니다. (집건법 제26조)

17. 규약설정의 결의취소의 소

– 구분소유자는 규약을 설정하는데 있어 집회의 소집절차나 결의방법이 위배되는 경우에는 집회 결의사실을 안날로부터 6개월 이내에 결의한 날부터1년 이내에 결의취소의 소를 제기할 수 있습니다 (집건법제42조의2)

18. 규약을 보관하지 않는 경우 과태료 부과

– 규약 의사록 또는 서면(전자적 방법으로 기록된 정보포함)보관을 하지 않는 경우에

관리인 의장 규약 의사록 서면을 보관하는 사람에게는 100만원 이하의 과태료에 부과합니다.(법 제66조 제2항)

19. 점유자의 의결권 행사

– 점유자는 소유자의 승낙을 받아 관리단집회등에 참석하여 의결권을 행사할 수 있습니다.

① 공용부분의 관리에 관한 사항을 정하는 집회

② 관리위원회 위원의 선임 및 해임을 위한 집회

③ 관리위원회 위원의 선임 해임을 위한 집회에 참석하여 관리인과 관리위원회 대한 구분소유자의 의결권을 행사할 수 있습니다.

※ **오피스텔에서 월세를 살고 있는데 규약의 설정을 위한 관리단집회에 참석할 수 있는지요?**

– 월세를 사는 사람은 구분소유자의 승낙을 받아 전유부분을 점유하는 자로서 점유자에 해당합니다. 점유자는 모든 관리단집회에 참석하여 의결권을 행사할 수 있는 게 아니라 ① 공용분의 관리에 관한 사항을 정하는 집회 ② 관리인의 선임 해임을 위한 집회 ③ 관리위원회 위원의 선임 해임을 위한 집회에 한하여 구분소유자의 승낙을 얻어 그 구분소유자의 의결권을 행사할 수 있습니다.

– 따라서 규약의 설정을 위한 집회의 경우에는 위 세 가지 사항에 해당하지 아니하므로 일반적인 경우 의결권을 행사할 수 없습니다. 그러나 점유자가 구분소유자로부터 의결권 행사에 관한 대리권을 수여받은 경우에는 의결권을 행사할 수 있습니다. (승낙과 대리권은 다름 대리권은 위임장이 필요함)

20. 점유자의 의견 진술권

– 점유자는 관리단집회 목적사항에 관하여 이해 관계가 있는 경우 집회에 출석하여 의견을 진술할 수 있습니다.(집건법 제40조)

21. 건축물 대장이란

- 건축물대장은 구조 용도 층수 등 건축물의 표시에 관한 사항과 건출물 소유자의 성명 주소 소유권지분 등 소유자 현황에 관한 사항을 등록 관리하는 대장을 말합니다. 건축물대장은 건축물 종류에 따라 일반건축물대장과 집합건축물대장으로 구분할 수 있는데 건축물대장 기재 및 관리 등에 관한 규칙에 의한 집합건축물은 집합건축법의 적용을 받습니다.

22. 건축물의 등록

- 건축물을 신축하거나 건축물대장에 기록된 사항이 변경된 경우 소유자는 1개월 이내에 건축물 등록신청을 하셔야 합니다. 소유자가 변경된 경우에는 변경된 날로부터 1개월 이내에 새로운 소유자가 신청하여야 합니다. 이를 위반하면 집건법 제66조에 의거 100만원 이하의 과태료에 해당합니다.
- 소관청은 구청 건축과로서 건축물대장의 등록 시 소속 공무원에게 건물의 표시에 관한 사항을 조사하게 할 수 있습니다. 해당 공무원은 일출 후 일몰 전까지 그 건물에 출입할 수 있으며 점유자나 그 밖에 이해관계인 에게 신문하거나 문서의 제시를 요구할 수 있습니다.
- 소관청은 관계 공무원의 조사결과 신고내용이 부당하다고 인정할 때에는 그 취지를 적어 정정할 것을 명하고 신고내용을 정정하여도 그 건물의 상황이 규정에 맞지 않을 때에는 등록을 거부하고 건물 전체를 하나의 건물로 하여 일반 건축물대장에 등록하여 야 합니다. 이 경우 소관청은 일반건축물대장에 등록한날로부터 7일 이내에 신고인에 게 그 등록거부사유를 서면으로 통지하여야 합니다.

23. 소관청의 직권조사 및 처리

- 소관청은 구청 건축과로서 건축물대장의 등록 시 소속 공무원에게 건물의 표시에 관한 사항을 조사하게 할 수 있습니다. 해당 공무원은 일출 후 일몰 전까지 그 건물에 출입할 수 있으며 점유자나 그 밖에 이해 관계인에게 신문하거나 문서의 제시를 요구할 수 있습니다.
- 소관청은 관계 공무원의 조사결과 신고내용이 부당하다고 인정할 때에는 그 취지를

적어 정정할 것을 명하고 신고내용을 정정하여도 그 건물의 상황이 규정에 맞지 않을 때에는 등록을 거부하고 건물 전체를 하나의 건물로 하여 일반 건축물대장에 등록하여야 합니다. 이 경우 소관청은 일반건축물대장에 등록한날로부터 7일 이내에 신고인에게 그 등록거부사유를 서면으로 통지하여야 합니다.

24. 집건법상 하자담보책임이란?

- 집합건물법에서는 사업주체에 대한 하자보수보증금 제도가 없습니다. 공동주택관리법이 적용되지 않는 상가나 오피스텔 등의 경우에는 하자이행보증서를 반드시 작성할 필요은 없으나 다만 당사자간에 합의에 의해 작성하는 것은 얼마든지 가능합니다.
- 집합건물법에서 분양자와 시공자는 구분소유자에게 담보책임을 지게 됩니다. 이는 민법 제667조 및 제668조를 준용합니다 분양자과 시공자의 담보책임에 관하여 이 법과 민법에 규정된 것보다 매수인에게 불리한 특약은 효력이 없습니다.(집건법 제9조제4항)

25. 하자담보책임의 존속기간 및 기산시점

- 담보책임에 관한 구분소유자의 권리는 하자보증기간 내에 행사해야 합니다.(집건법 제9조의2)

1) 건물의 주요구조부: 내력벽 기둥 바닥 보 지붕틀 및 계단 및 지반공사의 하자 – 10년
2) 그 밖의 하자: 하자의 중대성 내구 연한 교체가능성 등을 고려하여 5년의 범위에서 대통령으로 정하는 기간(시행령 제5조)
   (1) 기산일 전에 발생한 하자: 5년
   (2) 기산일 이후에 발생한 하자
      가. 대지조성공사 철근콘크리트공사 철골공사 조적공사 지붕 및 방수공사의 하자 등 건물의 구조상 또는 안전상의 하자 : 5년
      나. 건축설비 공사 (이와 유사한 설비공사를 포함)목공사 창호공사 및 조경공사의 하자 등 건물의 기능상 또는 미관상의 하자 : 3년
      다. 마감공사의 하자등 하자의 발견 교체 및 보수가 용이한 하자; 2년
   (3) 전유부분: 최초분양시 구분소유자에게 인도한 날

가. 최초 분양 및 입주시점

나. 중간 입주 시점

※ 구분소유자 마다 인도받은 날이 다른 경우 기산점이 다르므로 하자담보 기간도 달라집
니다.

(4) 공용부분

1) 임시사용승인일 (집합건물 전부에 대하여 임시사용 승인을 받은 경우)

2) 공동주택관리법에 따른 분활사용 검사일 또는 동별 사용검사일

3) 건축법에 따른 사용승인일

※ 하자로 인하여 건물이 멸실되거나 훼손된 경우에는 그 멸실되거나 훼손된날로부터
1년이내에 권리를 행사해야 합니다.

26. 재건축 및 복구 결의

– 건물노후화로 지나치게 많은 수리비 복구비용이나 관리비가 드는 경우 관리단집회은
그 건물을 철거하여 그 대지를 구분소유권의 목적이 될 새건물의 대지로 이용할 것을
결의할 수 있습니다. 다만 재건축의 내용이 단지내 다른 건물의 구분소유자에게 특별
한 영향을 미칠 때에는 그 구분소유자의 승낙을 받아야 합니다. (집건법 제47조)

① 재건축결의: 구분소유자의 5분지4 이상 및 의결권의 5분지4 이상의 결의에 따르며
결의를 할 때에는 아래의 사항을 정하여야 합니다

1) 새건물의 설계개요

2) 건물의 철거 및 새건물의 건축에 드는 비용을 개략적으로 산출한 금액

3) 건물의 철거 및 새건물의 건축에 드는 비용의 분담에 관한 사항

4) 새건물의 구분소유권 귀속에 관한 사항

27. 구분소유권 등의 매도 청구

– 재건축에 찬성한 각 구분소유자 (그의 승계인을 포함 또는 이들 전원의 합의에 따라
구분소유권과 대지사용권을 매수하도록 지정된 자(매수지정자)는 결의 내용에 따른
재건축에 참가할 것인지 여부를 확답할 것을 서면으로 촉구한지 2개월이 경과된 시점

으로부터 2개월 이내에 재건축에 반대하는 구분소유자에게 구분소유권과 대지사용권을 시가로 매도할 것을 청구할 수 있다.(집건법 제48조)

- 재건축결의⇒재건축 참가여부 확답(2개월이내 서면촉구)⇒재건축반대 의견전달⇒구분소유권 대지사용권의 시가매도 청구(회답 만료일로부터 2개월 이내)⇒건물명도기간 적용⇒철거공사 착수

28. 건물 멸실된 경우의 복구

- 건물가격의 2분지1 이하에 싱당하는 건물부분이 멸실되었을 때애는 각 구분소유자는 멸실한 공용부분과 자기의 전유부분을 복구할 수 있습니다 이 경우 공용부분을 복구한 자는 다른 구분소유자에게 지분비율에 따라 복구비용의 상환을 청구할 수 있습니다. (법 제50조)

29. 공동이익에 반하는 행위정지의 청구는 ?

- 구분소유자 또는 점유자는 건물의 보존에 해로운 행위나 그 밖에 건물의 관리 및 사용에 관하여 구분소유자 공동의 이익에 어긋나는 행위를 해서는 안된다(집건법 제5조)그러한 행위를 한 경우 또는 할 우려가 있는 경우 단리단 또는 관리단집회의 결의로 지정된 구분소유자 또는 점유자는 공동의 이익을 위하여 법원에 그 행위의 결과를 제거하거나 그 행위의 예방에 필요한 조치를 할 것을 청구할 수 있습니다.(집건법 제43조)

30. 사용금지의 청구

- 행위정지 청구로는 그 장애를 제거하여 공용부분의 이용확보나 구분소유자의 공동생활 유지를 도모함이 매우 곤난한 때에는 관리단 또는 관리단집회결의(구분소유자 4분지3 이상 및 의결권의 4분지3이상)에 근거하여 구분소유자의 전유부분 사용금지를 법원에 청구할 수 있습니다. 해당 결의를 할 때에는 미리 해당 구분소유자에게 변명할 기회를 주어야 합니다. (집건법 제44조)

31. 구분소유권의 경매

- 구분소유자가 아래행위를 할 경우 관리인 또는 관리단집회의 결의로 지정된 구분소유자는 4분지3 이상의 구분소유자 및 의결권의 동의로 법원에 해당 구분소유자의 전유부분 및 대지사용권의 경매를 명할 것을 청구할 수 있습니다. 이 경우 경매를 명한 재판이 확정되었을 때에는 6개월 이내에 그 청구를한 자는 경매를 신청할 수 있습니다. (집건법 제45조)

① 건물의 보존에 해로운 행위

② 그 밖에 건물의 관리 및 사용에 관하여 구분소유자 공동의 이익에 어긋나는 행위

③ 정당한 사유없이 주거의 용도로 분양된 부분을 주거이외의 용도로 사용하거나 그 내부벽을 철거하여 파손하여 증축 개축 하는 행위

④ 규약에서 정한 의무를 현저히 위반하는 행위

32. 전유부분 점유자에 대한 계약해지 및 인도 청구

- 점유자가 위의 경매청구의 조건이 되는 행위를 하여 공동생활을 유지하기 매우 곤난하게 된 경우에는 관리인 또는 관리단집회의 결의(구분소유자의 4분지3이상 및 의결권의 4분지3이상의 동의)로 지정된 구분소유자는 그 전유부분을 목적으로 하는 계약의 해지 및 인도를 청구할 수 있습니다.(집건법 제46조)

38. 집합건물 분쟁조정

● 집합건물에 관하여 분쟁이 있는 경우 분쟁조정위원회(서울시 집건법 분쟁조정위원회:213
3- 7100.7102))를 활용할 수 있습니다.

1. 분쟁조정 위원회란

- 분쟁조정위원회는 집합건물과 관련된 분쟁을 심의 조정하는 제도입니다 .많은 시간과
  비용이 소모되는 소송대신 분쟁조정위원회는 당사지 간의 의견을 조정하여 원만한 합
  의를 이끌어낼 수 있다는 장점이 있습니다.
  - 법원소송 ←1~7년   조정위원회 분쟁해결 →60일부터90일
  - 인지대←(최대수억 변호사 수임료 성공사례비)→위원회 수수료 없음
  - 2차 피해자←하자분쟁→ 신속한 분쟁해결

2. 분쟁의 내용

① 집합건물의 하자에 관한 분쟁

② 관리인 관리위원회 선임 해임 또는 관리단 관리위원회의 구성 운영에 관한 분쟁

③ 공용부분의 보존관리 또는 변경에 관한 분쟁

④ 관리비의 징수 관리 및 사용에 관한 분쟁

⑤ 규약의 제정 개정에 관한 분쟁

⑥ 재건축과 관련된 철거 비용부담 및 구분소유권 귀속에 관한 분쟁

⑦ 그밖에 대통령으로 정한 분쟁(건물의 대지와 부속시설의 보존 관리 또는 변경에
  관한 분쟁 규약에서 정한 전유부분의 사용방법에 관한 분쟁 관리비외에 관리단이
  얻은 수입의 징수 관리 및 사용에 관한 분쟁 관리위탁계약 등 관리단이 체결한 계약에
  관한 분쟁 집합건물 조정위원회가 분쟁의 조정이 필요하다고 인정하는 분쟁)

3. 분쟁조정 절차

- 신청인의 분쟁조정신청 → 상대방에게 신청사실 통지 → 상대방은 7일 이내 회신
- 가. 조정에 응할 경우 → 조정위원회 개최 60일 이내 종결(위원회 결의를 거쳐 30일의 범위내에서 한차례 연장 가능) → 조정안 제시(신청인 상대방 모두 14일 이내애 수락 여부 통보 → 서명 날인 후 합의성립
- 나. 조정에 응하지 않을 경우 → 조정 불개시 결정 → 조정 중지

※ 조정위원회는 신청자로부터 조정신청을 받은 뒤 바로 그 내용을 상대방에게 전달하게 되고 통지를 받은 상대방은 7일 이내에 조정에 응할 것인지를 조정위원회에 통지를 해야 합니다. 조정위원회는 이같은 절차를 60일이내 (조정위원회 의결로 30일의 범위내에서 한차례 연장가능)에 거쳐야 하고 절차를 마친 후 조정안을 작성하여 각 당사자에게 제시하여야 합니다. 당사자들은 조정안을 통보받은 날로부터 14일이내에 수리여부를 조정위원회에 통보하여야 하는데 당사자가 그 기간내에 조정안에 대한 수락여부를 통보하지 않을 경우 조정안을 수락하는 것으로 보게 됩니다. 조정안을 양 당사자가 수락한 경우 위원장과 당사자의 서명날인을 통해 협의가 성립됩니다. 당사자가 조정에 응하지 않을 의사를 통지하거나 조정안을 거부한 경우 및 당사자 중 일방이 소를 제기한 경우 조정은 중지됩니다.

4. 조정의 불개시 결정

- 조정위원회는 신청일로부터 60일 이내에 종결하여야 합니다. 다만 조정의 상대방이 분쟁조정 신청사실을 통지받은 후 7일이내에 조정에 응한다는 회신이 없거나 분쟁의 성질 등 조정에 적합하지 아니한 사실이 있다고 인정하는 경우에는 해당 조정의 불개시 결정을 할 수 있습니다. 이 경우 조정의 불개시 결정사실과 그 사유를 신청자에게 통보하여야 합니다.(집건법 제52조의5)

5. 분쟁조정 신청 방법

- 서울시 집합건물 분쟁조정위원회

1) 신청방법: 서울시청 1층 열린민원실 방문 및 우편접수(서울시 세종로 110 서울시청)
2) 서울시청 (집합건물 통합정보 마당 http://openad.seoul.go.kr)접속하여 집합건물

조정신청서 작성 후 등록

(서울시 집합건물 분쟁조정위원회 : 2133 - 7100,7102) 서울시 집합건물 표준관리규약에는 구분소유자가 150인 이상인 경우에는 통합정보마당에 관리비 명세를 의무적으로 공개하도록 하여 서울시 집건법 표준관리규약을 채택한 경우 온라인상에서 쉽게 찾아볼 수 있습니다.)

6. 과태료

1) 과태료란 행정상 일정한 의무를 이행하지 않거나 가벼운 벌칙을 위반자에게 부담하는 금전벌을 의미합니다. 집건법 제66조에서는 과태료에 관한 사항을 마련해 놓았습니다. 다만 다음의 어느 하나에 해당하는 경우 그 행위를 한 관리인 의장 규약 의사록 서면을 보관하는 사람에게는 100만원 이하의 과태료를 부과합니다

① 집합건물법 제26조에 의거한 사무보고를 하지 않는 경우

② 규약 집회의사록 결의서등을 보관하지 아니한 경우

③ 정보의 열람이나 등본의 발급청구를 정당한 사유 없이 거부한 경우

④ 집회 의사록을 작성하지 않았거나 거짓으로 작성한 경우

⑤ 건축물대장의 신청의무자가 등록신청을 게을리 한 경우

2) 건축물 대장과 관련한 과태료 부과

- 소관청은 주로 구청 건축과로서 건축물 대장의 신규 변경에 대한 직권조사를 할 수 있습니다. 1. 조사를 거부 방해하거나 기피한 사람 2. 문서를 제시하지 않거나 거짓문서를 제시한 사람 3. 질문에 대하여 진술을 하지 않거나 거짓으로 진술한 자에게는 200만원 이하의 과태료에 부과합니다.

> ※ 오피스텔에 살고 있는 세입자인데요 관리비가 너무 많이 나옵니다. 관리인의 비리가 너무나 심한 것 같아 감사를 해 주시고 처벌해 주세요

- 집합건물법 제26조에 따르면 관리인은 매년 1회 이상 구분소유자(점유자포함)에게 그 사무에 관한 보고를 하여야 하고 이해관계인은 그러한 보고의 열람을 청구하거나 자기의 비용으로 등본의 교부를 청구할 수 있습니다. 집건법 제26조 제2항에 의

거 관리비 세부명세에 대한 정보공개를 청구 할 수 있습니다. 이를 거부할 시 해당 구청 건축과나 분쟁조정위원회에 조정을 신청하거나 법원에 소송을 제기할 수 있습니다. 또한 관리인은 월1회 서면으로 관리비세부 명세서를 공개하여야 합니다.

– 집합건물법은 민사특별법으로서 건물소유관계나 대지 사용권 등 핵심사항만 규정하고 그 외에는 가급적 관리단집회 결의 내지 관리규약으로 정하도록 하여 관리단의 자율성과 사적자치의 원칙을 최대한 존중하고 있습니다. 이와 같은 이유로 현행 집합건물법에서는 공무원에게 조사권한과 시정명령 처벌을 할 수 있는 근거가 마련되어 있지 않아 감사 처벌을 할 수 없으며 자체적으로 관리단집회를 통해 외부회계감사를 진행할 수 있을 것입니다. 서울시 집합건물 표준관리규약에서는 감사의 선임 의무등을 규정해 놓은바 관리단 집회에서 규약으로 제정 개정하여 외부감사를 활용하셔야 합니다.

※ 얼마전에 관리단집회를 소집하였는데 관리규약을 정족수미달로 제정하지 못하고 관리인만 선임하였습니다. 이럴 경우 관리인의 임기는 어떻게 되는지 또한 현행 법규상 관리인의 연임횟수에 제한이 있는지 궁금합니다.

– 집합건물법 제24조 제2항에서 그 임기는 2년의 범위에서 관리인의 임기를 정해야 한다는 것입니다. 규약에서 달리 정한바가 없고 관리단집회 에서 구분소유자 및 의결권의 각 과반수로써 관리인이 선임되었다면 그의 임기는 2년으로 보아야 할 것입니다. 관리규약에서 관리인의 임기를 3년으로 정하더라도 그 임기는 2년내 에서 효력이 있습니다. 집합건물법은 관리인의 연임에 관한 사항을 규율하고 있지 않습니다. 따라서 관리인의 연임은 제한되지 않으며 연임횟수에 상관없이 관리인 선임절차에 따라 종전의 관리인을 다시 관리인으로 선임하는 것은 가능 합니다. 다만 규약으로 관리인의 연임을 제한하는 것도 가능하므로 규약에 따라 연임이 제한될 수 있습니다.

– 집합건물법에서는 관리인의 임기가 끝난 후 후임 관리인의 선임될 때까지의 공백상태에 대해서는 규율하지 않고 있습니다. 따라서 규약으로 공백상태를 어떻게 할지에 대해 규율하는 것이 가능할 것으로 보이며 판례에 따르면 규약에 관련규정이 없는 경우에도 후임관리인이 선임될 때까지 종전관리인이 직무를 수행할 수 있다고 보고 있습니다(민법 제91조 및 대법원 2005.3.25.선고 2004다65336 대법원 2007다6307 6월15일선고)

※ 저희 집합건물에서는 구분소유자가 이닌 사람이 관리인을 하고 있습니다. 이것은 법적으로 옳은지요?

– 집합건물법 제24조 제2항에 의하면 관리인은 구분소유자일 필요가 없다고 규정하고 있습니다. 이는 관리인을 선임하는데 있어 구분소유자 뿐만 아니라 세입자는 물른 전문가를 포함시켜 보다 효율적인 관리가 될 수 있도록 자격을 넓힌 것으로 해석됩니다. 따라서 관리단집회나 관리위원회 결의에 의해 관리인을 선임합니다.

※ 저는 10층짜리 상가에서 개인사업을 하고 있습니다.이 상가에는 관리소장이 있는데 관리비만 받고 하는 일이 없는 것 같습니다 관리소장의 업무와 관리소장은 누가 선임하는 지요?

– 집합건물법에는 관리소장에 관한 규정이 없습니다. 그러나 관리단집회나 관리위원회의 결의에 따라 선임된 관리인이 전문지식이 부족하거나 시간적 여유가 없어 관리업무를 직접 관리하기 곤란한 경우 관리인이 관리업무집행을 대리할 집행자가 필요하기에 관리소장을 두는 것이 일반적입니다.

- 법원이 관리인의 직무대행을 선임했다면 그는 관리단의 통상업무에 속하는 사무를
수행할 수 있으므로 관리단의 사무집행을 위한 분담금과 비용을 각 구분소유자 에
게 청구 수령하는 행위를 할 수 있을 것으로 사료됩니다. 집합건물법상 관리인의
선임이나 관리단집회 결의 등은 규약의 설정을 전제로 하지 않습니다. 따라서 관
리인 또는 그 직무대행자가 각 구분 소유자에게 관리비를 청구하였다면 이는 집합
건물법 제25조에 근거한 행위이므로 구분소유자는 해당 관리단에 규약이 설정되
지 않았다는 이유로 그 청구를 거부할 수 없을 것으로 사료됩니다. (대법원 2009.
7.9.선고 2009다22266)

※ 구분소유자에 한하여 관리위원회 위원으로 선출될 수 있는 것으로 알고 있는데 소
유자가 법인인 경우에 그 대표기관에 포함되는 것은 무엇 인지 등기이사나 사내이
사등도 대표기관으로 관리위원회 위원이 될 수 있는지 법인의 의결권은 누구에게
있는지요?

- 집합건물법상 법인이 구분소유자에 해당한다면 법인도 관리위원이 될 수 있습니
다.다만 관리위원의 피선거권을 가지고 있는 자는 구분소유자인 법인 그 자체이고
법인의 등기이사나 사내이사 등이 관리위원회 위원이 될 수 있는 것은 아닙니다.
법인의 의결권과 관련해서는 통상 법인의 대표인 이사가 의결권을 행사할 수 있
습니다. 다만 주식회사 같은 경우 상법을 적용받아 대표이사만이 대표권을 갖는
등 법인의 대표자는 일률적으로 정의할 수 없고 각 법인의 성격 정관 등기 등을 모
두 고려하여 대표권을 갖는 자가 관리위원으로서의 법인을 대표할 수 있습니다.
따라서 민 상법상 규정에 의해 누가 귀하의 법인의 대표권을 가지는 자를 살펴보
시고 법인 내에서 의결권을 행사할 자를 정하시면 될 것으로 사료됩니다.

※ 저의상가는 집합건물법을 적용받고 있는데 내규에 의거하여 장기수선충당금을 집행하고 있습니다. 이것이 정당한 것인지요?

- 집합건물법에서는 장기수선계획이나 장기수선충당금에 대한 규정을 두고 있지 않습니다. 다만 집합건물법에서 규정하지 않는 사항에 대하여 규약으로 정할 수 있도록 하였습니다. 따라서 구분소유자의 4분지3이상 의결권의 4분지3 이상의 찬성을 얻어 규약으로 정할 수 있습니다. 상가 내규가 집합건물법상 규약으로서 효력이 있다면 정해진 내규에 따라 장기수선충당금의 집행을 결의할 수 있습니다.

※ 오피스텔에서 관리단집회를 소집하고자 하는데 점유자(세입자)에게도 관리단집회에서의 통지가 필요한지요?

- 통상 관리단집회의 소집주체가 구분 소유자에게 사전에 집회 목적 일시 장소 안건 등에 대한 정보를 일괄 통지하는 것이 일반적이나 구분 소유자가 참석할 것을 관리단에 통지하지 않는 경우 보충적으로 점유자가 의결권행사를 할 수 있도록 점유자에게도 통지하여야 할 것입니다. 집회의 목적사항에 대해 이해관계가 있는 점유자가 있을 경우에 집회를 소집하는 자는 그 점유자에게 소집통지를 한 후 집회의 일시 장소 및 목적사항을 건물 내 적당한 장소에 게시하여야 합니다.

※ 오래된 빌라에서 위층과 아래층 거주자간 누수문제로 문제가 심각합니다. 어떻게 해결하나요?

- 우선 누수가 발생한 부분이 공용부분인지 전용부분인지 전문가의 점검이 필요합니다. 누수탐지 전문가의 점검결과 공용부분이라면 그 빌라 전세대가 그 보수비용을 같이 부담하고 전용부분일 경우 위층 소유자가 누수보수 책임이 있습니다. 누수전문가의 점검소견서를 받아 증거로 제시하시고 향후 민사소송으로 활용하실 수 있습니다. 3천만원 미만의 손해배상은 소액사건 심판절차에 따라 판사 직권조정으로 해결이 나므로 조속한 해결이 가능합니다.

※ 민법 제623조 임대차 보호법: 임대물에 하자가 발생하여 목적물의 용도로 사용이 불가능하다면 임대인은 수리 및 보수를 하여 임차인이 사용함에 있어 불편이 없도록 해야 한다. 단 임차인이 사용상 부주의나 과실로 인한 하자는 임차인이 원상복구 의무가 있다.

※ 집합건물법에서 서면결의란 어떤 것을 말하는 지요? 또는 법령 관리규약에서 관리인 선임과 같은 통상결의사항일 때 우편으로 동의서를 받는다면 통상결의처럼 2분지1 이상만 찬성하면 되는 것인지 아니면 5분지4 이상의 찬성을 받아야 하는 지요?

- 서면결의는 두가지 방식을 인정합니다. 첫째는 법 제41조에 따르면 관리단집회를 개최하지 않고 100%로 서면결의 또는 서면결의와 전자투표병행 또는 100%전자투표로 진행할 경우 구분소유자 및 의결권의 5분지4 이상 동의를 요합니다. 둘째는 법 제38조에 따르면 관리단집회 전날까지 서면결의(동의)를 제출한 경우 집회당일 직접투표와 합산하여 개별 안건에 대한 정족수를 계산하도록 하고 있습니다.

39. 관리단집회 흐름도

1. 관리단집회의 권한: 관리단의 사무는 집합건물 소유 및 관리에 관한법률 또는 관리규약으로 관리인이나 관리위원회에 위임한 사항외는 관리단집회의 결의에 따라 수행 합니다. (집건법 제31조)

2. 관리단집회 절차도

① 정기관리단집회:

1. 관리인은 매년 회계연도 종료후 3개월 이내에 소집 (집건법 제32조)

2. 관리인은 정기관리단집회에 출석하여 단리단이 수행한 주요내용과 예산 결산내역을 보고해야 한다 (집건법 시행령 제6조 제3항)

② 임시관리단 집회:

1. 관리인이 필요하다고할 때 (집건법 제33조)

2. 구분소유자 5분지1 이상의 소집청구 (규약으로 정수 감경가능)

　　　구분소유자 등: 1. 청구가 있는 1주일 내에 관리인이 2주일 이내의 날을 집회일로 하는 소집절차 불이행시 법원의 허가를 받은 구분소유자가 임시관리단 집회를 소집

3. 관리인이 없는 경우 구분소유자 5분지1 이상(규약으로 정수감경 가능)

③ 집회소집통지 :

1. 관리단이 1주일전에 구분소유권자 (공용부분의 관리 등 점유자가 의결권을 행사할 수 있는 경우 점유자포함)에게 다음 각 호의 사항이 포함된 통지서를 발송(규약으로 달리 정할 수 있다) (집건법 제34조 제16조 제2항

　　　(1) 회의 일시 장소 목적사항 (시행령 제14조)

　　　(2) 서면의결권에 필요한 자료 (시행령 제14조)

　　　(3) 전자투표에 필요한 기술적인 사항 (시행령 제14조)

(4) 의결권 대리행사에 필요한 사항 (시행령 제13조

2. 전유부분을 여럿이 공유하는 경우 정해진 의결권을 행사할 자에게 통지(시행령13조)

3. 구분소유자가 관리인에게 통지된 장소로 발송 장소 미통지시 전유부분으로 통지(시행령 제15조)

4. 건물내 주소 구분소유자는 건물내 게시로 소집통보 갈음(관리규약으로 정할 시)

5. 구분소유자 전원동의 시 소집절차 생략 소집가능 이 경우 통지사항 외 결의가능(집건법 제36조)

6. 통지한 사항만 결의(구분소유자 전원 동의시 통지사항 외 결의가능)

④ 개의 및 의결정족수

■ 특별사항

1. 구분소유자의 5분지4 이상 및 의결권의 5분지4 이상으로 의결(집건법 47조 50조)

   (1) 재건축결의 (집건법 제15조)

   (2) 멸실한 공용부분 복구결의 (집건법 제15조)

2. 구분소유자 4분지3 이상 및 의결권의 4분지3 이상으로 의결(집건법 제29조)

   (1) 공용부분의 변경 (집건법 제44조)

   (2) 규약의 설정 변경 폐지 (집건법 제44조)

   (3) 사용금지의 청구 (집건법 제45조)

   (4) 구분소유권의 경매청구 (집건법 제46조)

   (5) 전유부분의 점유자에 대한 인도청구 등(집건법 제46조)

■ 통상결의사항

공용부분 변경(구분소유자, 의결권의 4분지3)을 제외한 공용부분 관리는 구분소유자 과반수 이상 및 의결권 과반수로서 의결한다. (규약으로서 정수 감경 가능)(집건법 제16조 제36조 제38조)

⑤ 의결권

1. 구분소유자의 의결권의 지분은 규약에 특별한 규정이 없으면 전유부분 면적비율에 따

른다 . (집건법 제37조)

2. 전유부분을 여럿이 공유하는 경우 공유자는 의결권을 행사할 1인을 정한다.(법38조)

3. 구분소유자는 서면(관리단집회 결의 전까지)이나 전자적 방법(관리단집회 결의전까지) 또는 대리인을 통해 의결권 행사 가능 (집건법 제41조)

4. 법과 규약에 따라 구분소유자 5분지4 이상 및 의결권의 5분지4 이상 서면이나 전자적 방법 또는 서면과 전자적 방법으로 합의하면 관리단집회 에서 결의한 것으로 본다.(집건법 제41조)

5. 구분소유자들은 미리 그들 중 1인을 대리인으로 정하여 관리단에 신고한 경우에는 그 대리 구분 소유자들을 대리하여 관리단집회에 참석하거나 서면 또는 전자적방법으로 의결권을 행사할 수 있다 (집건법 제41조)

⑥ **점유자의 의결권 행사**

1. 점유자는 공유부분의 관리등에 관하여 다음 각 호의 경우외에 의결권행사가능(법16조)
    (1) 구분 소유권자와 점유자가 달리 정하여 관리단에 통지하거나 구분 소유자가 집회 이전에 직접 의결권을 행사할 것을 관리단에 통지한 경우
    (2) 구분 소유자권자의 권리와 의무에 특별한 사항을 미치는 사항을 구분 소유권자에게 사전에 동의를 받지 못한 경우 (집건법 제37조)

2. 동일한 전유부분을 여럿이 점유하는 경우 의결권을 행사할 1인을 정하여야 한다.

⑦ **점유자의 의견진술 등**

    (1) 점유자는 집회목적에 관하여 이해관계가 있는 경우 집회에 출석하여 의견을 진술할 수 있음 (집건법 제40조)
    (2) 소집통지내역 게시판에 즉시 게시할 것 (집건법 제40조)

⑧ **집회의 운영 의사록**

1. 관리단집회의 의장→관리인 또는 집회를 소집한 구분소유권자 중 년장자 (집건법39조) (규약에 특별한 규정 또는 관리단집회의 다른 결의를 한 경우 그러하지 아니하다)

2. 관리단집회 의사록 작성 → 의사록에는 의사의 경과와 그 결과를 적고 의장과 구분소

유자 2인 이상이 서명 날인한다. (집건법 제39조)

3. 현장에서의 관리단 집회 흐름도

(1) 관리단집회 사전준비 (2) 관리단집회 개최 안내문 작성 통지 (3) 서면이나 전자적 방법에 따른 의결수렴(결의사항 있을 때만) (4) 관리단 집회

가. 관리단 집회 사전준비

1. 소유주 주소 연락처 파악 (사무실에 비치된 임대차계약서 중간관리비 계산시 파악한 관리부동산 중개소에 협조요청

2. 집합건물의 소유 및 관리에 관한 법률에 따른 소집권자

① 집건법 제32조 정기 관리단집회 (회계종료 3개월 이내 →관리인)

② 집건법 제33조 임시 관리단집회

가. 관리인이 필요하다고 인정할 때

나. 관리인이 구분소유자 5분지1 이상이 (이 정수는 규약으로 감경가능)회의 목적 사항을 구체적으로 밝혀 관리단집회 소집을 청구

다. 나의 청구가 있는 후 1주일 이내에 관리인이 청구일로부터 2주이내의 날을 관리단 집회일로 하는 소집통지 절차를 밟지 아니하면 소집을 청구한 구분소유자는 법원의 허가를 받아 관리단 집회소집

라. 관리인이 없을 경우 구분소유자 5분이1 이상이 소집(규약으로 정수 감경가능)

3. 의결방법에 따른 사전준비

① 서면방법: 방문 우편 팩스 모두 제출가능 단 비밀보장 등을 위해 우편으로만 접수시 우체국과 요금수취인부담 이용계약체결 반송용 봉투제작

② 전자적 방법: 전자투표업체 선정 전자투표에 필요한 구분소유주 개인정보 수집 및 제공

③ 대리인 방법 및 위임장

나. 관리단집회 개최 안내문 작성 및 통지

1. 정기 관리단집회: 법 제26조 제1항에 따른 관리인의 사무보고내용 (시행령 제6조

제1항 제3항)을 작성하여 관리단집회일 1주일 전 통지

  2. 임시 관리단집회: 목적사항을 구체적으로 밝혀 서면결의에 필요한 정수의 서면이나 전자적 방법에 의한 의결권을 확보할 수 있는 기간을 예상하 여 통지(관리단 집회일 30일~60일 전통지)

다. 서면이나 전자적 방법에 따른 의견수렴

  1. 의결참여 독려 전화 아르바이트생 고용

  2. 매일 의견수렴 확인

라. 관리단 집회개최: 집회순서 → 개회선언 → 성원보고 → 안건상정 → 결의 → 폐회선언

  1. 개회선언 의장: 지금부터 ㅇㅇ오피스텔 관리단 집회를 선언합니다.(의사봉3타)

  2. 성원보고: 총무 또는 관리직원→구분소유주 ㅇㅇ명 중 서면결의서ㅇㅇ명 전자결의 ㅇㅇ명 대리출석 ㅇㅇ명 중 합계 ㅇㅇ명이 출석하여 과반수 출석으로 성원되었음을 보고 합니다.

  3. 안건상정 결의: 상정→ 표결 →본 안건의 결의 정족수는 법제ㅇㅇ조 제ㅇ항에 따라 구분소유주 ㅇ분의ㅇ 의결권의 ㅇ분지ㅇ입니다. 총 ㅇㅇ명 중 ㅇㅇ명이 출석하여 찬성ㅇㅇ표 반대ㅇㅇ표로 찬성한 구분소유주 ㅇ분의ㅇ 의결권의 ㅇ분지ㅇ 이 충족되었으므로 가결되었습니다.

  4. 폐회선언: 의장→구분소유주 여러분의 협조로 오늘의 의사일정을 모두 마치었습니다. 이로서 당 오피스텔의 관리단집회를 폐회합니다. 감사합니다.(탕 탕 탕 의사봉 3타)

40. 임대주택관리

★★★ 임대주택의 지방자치단체의 감사 ★★★

> ※ 공동주택 관리법 제93조 제2항에 의거 분양 임대 혼합단지에서 입주민 10분지3 이상이 서면으로 요청하면 지방자치단체에서 감사를 해 주는 것이 궁금합니다.

- 공동주택관리법 제93조 제1항 및 시행령 제96조에 의하여 행정지도 등 지도.감독은 할 수 있으나 임대주택 임차인 등의 요청에 의한 감사하는 것은 아니라고 사료된다. (국토부 주택건설공급과)

- **임대주택 시행규칙 제18조[관리비]** ⑥제1항 및 제4항에 따라 산정 징수한 관리비와 사용료의 징수 및 그 사용 명세서에 대하여 임대사업자(국가. 지방자치단체 한국토지주택공사 및 지방공사는 제외한다.)와 임차인과의 다툼이 있을 때에는 임차인 (임차인 과반수의 결의가 있는 경우만 해당 한다)또는 임차인대표회의는 임대사업자로 하여금 공인회계사법 제7조 제1항에 따라 등록한 공인회계사 또는 같은 법 제23조에 따라 설립된 회계법인 으로부터 회계감사를 받아 임차인 등이 열람이나 복사를 원할 경우 이에 응해야 함 ⑧ 제6항의 회계감사 비용은 임차인 또는 임차인대표회의가 부담한다.

> ※ 임대주택의 분양전환 시 입주자대표회의 구성 및 관리업무 인계인수는 어떻게 하나요?

- 임대주택의 분양전환 시 분양전환대상 세대수의 과반수가 분양전환 된 경우 분양전환 받은 입주자는 입주자대표회의를 구성하여 관리방법 등을 정하고 임대사업자로부터 관리업무를 인계받을 수 있습니다. 〈국토교통부 주거복지기획과- 수정일자 2014.12.30.〉

※ 임차인대표회의 동별 대표자로 계약자의 배우자가 가능한지요?

- 임차인대표회의는 민간임대주택법 제42조 제4항 및 제5항에 따라 임대주택의 동별 세대수에 비례하여 선출한 동별 대표자로 구성하며 동별 대표자로 될 수 있는 자는 당해 공동주택단지 안에서 계속하여 6월 이상 거주하고 있는 임차인(최초로 임차인대표회의를 구성하는 경우에는 예외)으로 구성합니다.
- 임차인이란 당해 공동주택의 계약자를 말하는 것이나 관리규약에서 별도로 정하지 않은 경우에는 분양주택 입주자의 범위와의 형평성을 고려할 때 당해 주택의 계약자 외에 계약자와 임대주택에 함께 거주하고 위임장 등 관계 증빙서류를 통하여 임차인을 대리함을 입증할 수 있는 배우자 및 직계존비속도 임차인대표회의의 동별 대표자로 선출될 수 있을 것으로 판단됩니다.(형제 자매는 제외) 〈 국토부 주거복지기획과 – 수정일자 2014.12.30.〉

※ 관리규약 제정에 따른 임차인대표회의가 의결권 행사 여부 및 자체 운영관리 가능 여부는 ?

- 임대주택의 임차인은 민간임대주택법 제52조 및 시행령 42조에 따라 임차인 대표회의를 구성할 수 있으나 임차인대표회의는 임대주택 관리규약의 제정 및 개정 관리비 임대주택의 공용부분 부대시설 및 복리시설의 유지 보수 하자보수 공동주택의 관리에 관하여 임대사업자와 임차인대표회의가 합의한 사항 등에 대해 임대사업자와 협의할 수 있도록 그 권한이 한정되어 있음. 〈국토교통부 주거복지기획과 – 수정일자 2014.12.30.〉

※ 임대아파트를 위탁관리하는 경우 위탁관리 수수료의 부담주체는?

- 임대사업자는 민간임대주택법 제51조 제2항 및 동법시행령 제41조 제3항에 따라 위탁관리하거나 자치관리 하도록 규정되어 있으므로 임대사업자가 임대주택을 위탁관리 하였을 경우 위탁수수료의 부담주체는 위탁자인 임대사업자입니다. 〈국토부 주거복지기획과 – 수정일자 2014.12.30.〉

※ 임대주택 일반관리비 중 복리후생비는 누가 부담을 해야 되는지요?

– 민간임대주택 시행규칙 제22조 제1항 관련[별표2]에 의한 관리비 항목의 구성 명세 중 복리후생비는 일반관리비 항목에 포함되며 아울러 민간임대주택법 제52조에 의하면 임차인대표회의는 관리비에 관한 사항에 대하여 임대사업자와 협의할 수 있는 바 관리비내역 등에 대하여는 임대사업자와 협의하시기 바랍니다. 〈국토교통부 주거복지기획과– 수정일자 2014.12.30.〉

※ 임대주택의 1.2층에 거주하는 임차인에게 승강기유지비(승강기전기료는 미부과)를 부과하는 경우 법적근거는?

– 민간임대주택법 시행규칙 제22조 제1항의 규정에 의하여 관리비 항목의 구성내역은 동 규칙 [별표2]와 같으며 관리비의 세대별 부담액 산정방법은 사용자 부담 및 공평한 부담의 원칙에 따르도록 되어있는 바 동 구성내역에는 승각기유지비가 포함되어 있으므로 임차인 등은 동 비용을 부담하여야 할 것입니다. 다만 임대사업자와 임차인의 별도로 약정하거나 합의하는 경우에는 귀 질의의 1.2층 임차인에게 승강기유지비를 미부과할 수도 있을 것입니다. 〈국토교통부 주거복지기획과 – 수정일자 2014.12.30.〉

※ 임대아파트에서도 입주민이 원하여 임차인대표회의가 관리주체에게 화재보험을 가입하여 관리비 부과 요구가 가능한 지요

– 임대주택에 대한 화재보험 가입은 임대사업자 부담으로 하여야 하며 동 화재보험료는 표준임대료의 항목에 포함되어 있습니다. 동 화재보험료는 관리비에 해당되지 않으므로 관리비에 포함될 수 없습니다. 다만 임차인의 요구에 의하여 임대사업자 또는 관리주체는 임차인의 재산에 대한 별도의 화재보험에 가입할 수 있을 것이며 이 경우에는 그 화재보험료를 임차인이 부담해야 할 것인바 이 경우에도 해당 화재보험료는 관리비에 포함되지 않으나 관리비고지서에 통합 고지하여 징구하는 것은 가능할 것으로 판단됨.〈국토부 주거복지기획과– 2014.12.30.〉

1. 아파트 잡수입을 임차인대표회의 의결을 통해 운영회의 운영경비로 사용하는 것이 가능한지요?
2. 잡수입을 사용할 수 없다면 임차인대표회의 운영비를 관리비고지서로 부과하여 징수할 수 있는지 아니면 별도의 고지서를 발급해야 하는지요?

- 1. 임대주택 단지 내 잡수입의 구체적인 사용용도 및 절차 등에 대해서는 민간임대주택법령에서 별도의 규정을 두고 있지 아니하므로 임대주택의 임차인대표회의 및 자생단체의 운영비와 관련하여 잡수입 사용 가능여부에 관하여는 관리규약에서 정하는 바에 따라 임대사업자 및 임차인대표회의 간 협의하여 결정할 수 있을 것입니다.

- 2. 민간임대주택법 제51조제5항 및 동법 시행령 제22조에 따라 임대사업자는 임차인으로부터 임대주택을 관리하는데 필요한 경비를 받을 수 있도록 하고 관리비는 인건비 등 일반관리비 청소비 경비비 소독비 승강기유지비 난방비 급탕비 수선유지비 지능형 홈네트워크 설비가 설치된 임대주택의 경우에는 지능형 홈네트워크 설비 유지비의 합계액으로 하며 관리비 항목 외에 어떠한 명목으로도 관리비를 징수할 수 없도록 하고 있습니다. 임차인대표회의에서 별도의 고지서 발급비용은 잡수입으로 처리할 수 있습니다. 〈공동주택관리지원센타 전자민원- 2014.06〉

※ 임대아파트의 관리규약 개정 방법은 ?

- 민간임대주택법 제52조제3항제1호에 따라 임차인대표회의가 구성된 경우에는 임대사업자는 임대주택 관리규약의 개정 및 제정에 관한 사항은 임차인대표회의와 협의하여야 하는 것입니다. 따라서 귀 공동주택의 관리규약을 개정하고자 한다면 임대사업자와 협의하여 관리규약으로 정한 절차에 따라 개정하시기 바랍니다.〈공동주택관리지원센타 2014.06〉

※ 임대아파트 단지 관리와 관련 임차인대표회의가 관리용역 계약등을 직접 체결하거나 관리업무를 직접 수행할 수 있는지요?

– 임대주택단지의 관리책임 및 권한은 임대사업자에게 있으며 임차인대표회의는 민간임대주택법 제52조의 규정에 의해 임대주택 관리규약의 제정 및 개정 관리비 공용부분 부대시설 및 복리시설의 유지 보수등에 관하여 임대사업자와 협의할 수 있도록 그 권한이 한정되어 있는 바 임차인대표회의가 관리용역 계약등을 직접 체결하거나 관리업무를 직접 수행할 수 없습니다. 다만 임대사업자의 부도 등으로 임대사업자의 관리업무 수행이 곤란한 경우에는 임대사업자로부터 관리업무에 관한 권한을 위임 받을 수 있슬 것으로 판단 됩니다.〈주거복지기획과2014.12.〉

※ 특별수선충당금 예치통장의 보관 주체는?

– 민간임대주택법 시행령 제43조제4항에 따라 특별수선충당금은 임대사업자와 임대주택 소재지를 관할하는 시·군·구청장의 공동명의로 금융회사등에 예치하여 별도로 관리하도록 되어 있고 공동주택관리법 시행령 제10조에 따라 분양전환 시 임대사업자가 최초로 구성되는 입주자대표회의에 인계하도록 규정되어 있는 바 특별수선충당금 예치금 통장의 관리는 임대사업자가 관리하여야 합니다.〈국토부 주거복지기획과 2014.12.30.〉

※ 임대주택의 분양전환 시 임차인이 요구하는 하자보수에 대하여 임대사업자 특별수선충당금을 사용하여 보수할 수 있는지 여부 및 임대주택의 임대사업자가 관할 지자체인 경우 특별수선충당금의 사용 시 관할 자자체장이 사용동의 여부?

– 임대주택법 시행령 제43조 및 공공주택특별법 시행령 제57조에 따라 임대주택의 특별수선충당금은 해당 임대주택의 장기수선계획에서 정하는 바에 따라 사용토록 하고 있는 바 하자보수 비용으로 사용할 수 없으며 임대주택의 임대사업자가 관할 지자체인 경우 특별수선충당금의 사용 시 관할지자체장의 승인을 받아 사용할 수 있을 것이나 이 경우에도 특별수선충당금은 하자보수 비용으로 사용할 수 없으며 하자보수는 시공사가 처리하거나 하자보수보증금 등으로 임대사업자가 부담해야 합니다.〈국토부 주거복지기획과– 2014.12.30.〉

- 공공건설임대(5년)아파트에서 공용부분 관리와 관련하여 발생된 수입에 대하여는 공공주택특별법령에서 특별히 규정하고 있지 않으므로 관리규약에 정한 바에 따르거나 임대차 계약서에 별도로 약정 협의하여 처리할 수 있을 것이나 관리주체가 관리하여야 할 사항으로 판단 됩니다. 〈국토부 주거복지기획과− 2014.12.30.〉

※ 임대아파트 단지내 보육시설 운영방법은?

- 단지 내 보육시설은 보육시설을 운영할 수 있는 자격을 가지고 있는 자가 운영하여야 할 것으로 사료되며 사업주체인 임대사업자는 일정한 차임 등을 받고 보육시설 운영자를 선정할 수 있습니다. 〈국토부 주거복지기획과− 2014.12.30.〉

※ 공공 임대아파트의 경우 가정어린이집 용도로 사용이 가능한 지요?

- 공공주택특별법상 공공임대주택의 경우 공공주택특별법 제49조의2 관련 표준임대계약서 제6조에 의거 임대주택 및 부대시설을 본래의 용도 외의 용도로 사용하는 행위를 금지하고 있으나 동 계약서 제10조에 따라 임대인의 동의를 얻는 경우에는 예외로 인정하고 있습니다. 따라서 임대주택 내 가정 보육시설 설치 가능여부는 해당 사업주체에게 문의하여 동의를 얻을 경우 가능한 사항입니다. 〈국토부 주거복지기획과− 2014.12.30.〉

※ 분양주택을 건설하기 위하여 96.12.9일자로 사업계획승인을 받은 후 분양주택의 일부를 임대주택으로 변경하기 위하여 99.4.28일 사업계획변경승인이 이루어진 경우 당해 임대주택의 임대사업자가 특별수선충당금을 적립할 의무가 있는 지요?

– 주택사업을 시행하는 과정에서 96.12.9일자로 이미 분양용 주택건설을 위하여 최초로 사업계획승인을 받았다 하더라도 99.4.28일 사업계획변경승인을 얻어 당해 주택을 임대주택으로 변경하였다면 임대주택으로의 건설이 확정된 99.4.28일을 최초 사업계획승인으로 보아 특별수선충당금을 적립해야 합니다. (국토부 주거복지기획과– 수정일자 2014.12.30.)

※ 공동주택

1. 아파트: 주택으로 쓰이는 층수가 5층 이상인 주택

2. 연립주택: 1개동 면적이 660㎡초과 4층 이하

3. 다세대주택: 연면적660㎡ 이하 4층 이하 19세대 이하

4. 기숙사: 학교 또는 공장등의 학생 또는 종업원 등을 위하여 쓰이는 것으로서 1개동의 공동취사시설 이용세대수가 전체 50%이상인 것을 말합니다.

※ 다중주택: 면적330㎡ 이하 3층 이하 기숙사형태의 원룸 욕실 있고 취사는 불가
※ 다가구주택: 연면적 660㎡ 이하 3층 이하

서울시 통합정보마당: 2133-7146, 0955

서울시 임대주택과: 2133-7052, 7054, 7056

서울시 무료법률상담소: 2133-7880

서울시 집건법: 2133-7038

서울시 이웃분쟁조정센타: 2133-1380

서울시 환경분쟁조정 위원회: 2133-7278

서울시 층간소음 상담실: 2133-7298

서울시 임대주택문화팀(혼합주택): 2133-7031~3

서울시 부조리(불합리규제)신고세타: 2133-7880

집합건물 분쟁조정위원회: 2133-7100-7102

집합건물 건추기획과 건축정책팀: 2133-7038

서울시 주택정책기획과: 2133-7038

하자분쟁조정위원회: 1599-0001, 031-428-1833

공정거래위원회: 044-200-4010

한국소비자원: 043-880-5500

서울고용노동청: 2231-0009

서울시 온라인상담순서: 서울시홈페이지-주택(아래쪽) - 주택종합상담실(위쪽) - 공동주택온라인상담(좌측)
　　　- 상담신청하려가기(아래쪽)

중앙공동주택관리 분쟁조정위원회: 031-738-3300

중앙공동주택관리 지원세타: 1600-7004

국토부 주택건설공급과: 044-201-3368, 044-201-3375, 044-201-3371, 044-201-3376

국토부 비리신고센타: 044-201-4867, 3379

입주자대표회의: 044-201-3374

사업자선정지침: 044-201-3368

장기수선계획: 044-201-3380

집건법 법무부심의관: 2110-3164~5

행정자치부 개인정보 보호과: 02-2100-4107

중앙선거관리위원회 온라인투표 지원센타: 070-7844-3760, 0802580-007

공동주택관리정보시스템: 1644-2828

국토부 하자분쟁조정위원회: 1599-0001.031.428.1833

우리가함께 행복지원센타: 1670-5757(공동주택관리지원센타)

입법예고확인: 국토부홈페이지 → 정보마당 → 법령정보 → 입법예고

주택관리사 정 병 문

주택관리사 제6회
공인중개사 제10회
행정관리사 제3회
조경사
주택관리사협회 서울시회 전 마포지부장
서울특별시 공동주택 상담위원

[개정2판]

관리소장 필수 지침서

2019년 4월 15일 1판 1쇄 인쇄
2019년 4월 20일 1판 1쇄 발행

저　　자　　정병문
발 행 인　　김용성
발 행 처　　법률출판사
　　　　　　서울시 동대문구 이문로 58 (휘경동) 오스카빌딩 4층
　　　　　　☎ 02) 962- 9154　팩스 02) 962- 9156
등 록 번 호　　제1- 1982호
ISBN　　　978- 89- 5821- 344- 4　13360
e- mail :　　lawnbook@hanmail.net